James D. Davidson

Die Quetsche

Der Niedergang des Mittelstands

pro-kontra

Zur politischen Ökonomie

Herausgeber
Kurt R. Leube · Wien
Albert H. Zlabinger · Jacksonville, FL/USA

James D. Davidson

Die Quetsche

Der Niedergang des Mittelstands

Philosophia Verlag · München · Wien

CIP-Kurztitelaufnahme der Deutschen Bibliothek
Davidson, James D.:
Die Quetsche: d. Niedergang d. Mittelstands/James D. Davidson.
[Übers. aus d. Amerikan. von Ursula Bischoff]
1. Aufl. – München: Philosophia-Verlag, 1982
(Pro – kontra)
Einheitssacht.: The squeeze ‹dt.›
ISBN 3-88405-021-4

Übersetzung aus dem Amerikanischen
von Ursula Bischoff
Titel der amerikanischen Originalausgabe
The Squeeze
Erschienen bei Summit Books, New York

ISBN 3-88405-021-4

Gesamtherstellung Mohndruck Graphische Betriebe GmbH, Gütersloh
Printed in Germany 1982

Danksagung

Wenn jemand eines Tages eine Doktorarbeit mit dem Titel »Die Geschichte der Danksagungen im Laufe der Jahrhunderte« schreiben sollte, hoffe ich, daß darin ein Abschnitt darüber zu finden ist, wie leicht man jemanden zu erwähnen vergißt, dem Dank gebührt.

Wie bei allen Büchern haben viele Menschen zur Entstehung dieses Buches beigetragen. Zunächst einmal schulde ich all denen Dank, die ich zitiert oder deren Gedanken ich anderweitig verwendet habe. Sie boten mir den konzeptionellen Rahmen für meine Arbeit.

Mein besonderer Dank gilt F. A. von Hayek. Seine anschaulichen und scharfsinnigen Erkenntnisse auf dem Gebiet der Sozialwissenschaften haben mein Interesse an der Theoretischen Nationalökonomie geweckt und beflügelt. Dem verstorbenen Dramatiker Maxwell Anderson möchte ich an dieser Stelle für seinen Ausspruch, die Regierung sei ein Geschäft, danken, ebenso wie Z. A. Pelczynski, John Flemming, William Bonner, Lewis Lehrman, Scott Burns, James Webb, Matt Valencic und Paul Craig Roberts, deren Ideen und Anregungen Eingang in dieses Buch gefunden haben.

Zweifellos hätte ich ihre Gedanken besser und flüssiger formulieren können, wenn dieses Buch nicht zu einem hektischen Zeitpunkt in meinem Leben hätte beendet werden müssen – als ich versuchte, die Zusammenkunft eines Ausschusses zur Reform der Bundessteuergesetzgebung zu organisieren.

Unter diesen Umständen war ich auf die Hilfe vieler guter Freunde angewiesen, zu denen ich Mark Hulbert, Jane Dittenhoffer und Kathy Britton zähle. Auch meinem Vater und meinem Bruder möchte ich für ihre tatkräftige Unterstützung danken, sowie Karen Chace, Margaret Payne, Marty Webber, Cathie Briskie und ganz besonders Lois Leyda, die unter großem Zeitdruck ein lesbares Manuskript erstellten. Mein Dank gebührt auch Elizabeth Philip, Rita Smith, Leonard Liggio, Theron Raines, Jim Silberman (der gewettet hat, daß ich etwas zu sagen hätte), Paul Bresnick (der mir geholfen hat, es besser zu

sagen), und meiner Mutter für ihre Vorschläge, ihre Ermutigung und ihre Unterstützung.
Ich möchte Milton Friedman für seine Kritik danken, ohne die sich sicher viele Fehler eingeschlichen hätten und die mich in Punkten, wo unsere Ansichten auseinandergingen, bestärkt hat.
Die Teilung der Verantwortung hört normalerweise da auf, wo es um Fehler geht. Mein Dank gebührt vielen; Fehler sind, nehme ich an, allein mir anzulasten.

James Dale Davidson

Inhalt

Perspektiven

»Und nun«, spricht Adam, »müssen wir noch einmal versuchen zu entdecken, wie unsere Erde beschaffen ist . . .«

Nathaniel Hawthorne

Das Erwachen aus dem amerikanischen Traum

»Man braucht Zeit, um eine Welt zu zerstören, aber Zeit ist auch alles, was man braucht.«

Bernard DeFoutenelle

»Nicht einmal unser Haus können wir behalten.«
»Ich habe mit sechzehn Kühen angefangen, am Jahresende hatte ich nur noch acht . . . wir mußten sie schlachten oder verkaufen, um über die Runden zu kommen.«
»Vor zehn Jahren hätte ich das, was wir jetzt verdienen, für ein Vermögen gehalten, aber heute können wir unseren Kindern nur das Übliche bieten – nichts Überdurchschnittliches.«
»Wenn man wartet, bis man sich ein Kind leisten kann, wird man nie eines haben . . . Vom Gehalt meines Mannes allein können wir nicht leben.«
»Für die Mittelklasse wird es keine Entlastungen geben . . . Ich glaube, daß überhaupt keine Erleichterungen in Sicht sind.«
»Mir bleiben nicht einmal 5 Dollar für mich selbst übrig. Früher, als wir beide noch gearbeitet haben, gab es nicht immer dieses Problem.«
»Es wird schlimm enden. Gott möge unserem Land helfen, wenn man uns weiterhin so an die Wand drückt.«

Das sind die Stimmen eines besorgten Amerika. Die Männer und Frauen, Durchschnittsbürger der größten Mittelklasse-Nation der Welt, fühlen sich unter Druck gesetzt und gekränkt. Viele glauben nicht mehr daran, daß sie an ihrem Lebensende finanziell besser gestellt sein werden als am Anfang. Das ist die genaue Umkehrung der amerikanischen Lebenseinstellung, daß jeder es mit Zähigkeit, Wagemut und Sparsamkeit zu etwas bringen könne. Diese Erwartung zog die Menschen nach Amerika, bevölkerte das Land; diese Hoffnung trieb die ersten Einwanderer, ein neues Menschengeschlecht in einem neuen Erdteil zu gründen. Sie gruben, pflügten, hackten den Boden und schufen aus dem Nichts eine der mächtigsten Wirtschaftsnationen der Geschichte. Zu diesen Leistungen spornte sie die zuversichtliche Überzeugung an, daß die Zukunftsaussichten im wesentlichen gut seien. War man ehrgeizig, konnte man es zu etwas bringen. Diese Einstellung bahnte Erfindergeist und Wachstum den Weg. Sie schuf, was Walt Whitman in den ›Grashalmen‹ als »eine bessere, frischere und lebendigere Welt« pries; sie trug dazu bei, daß sich der wagemutige, forschende Geist entfalten konnte.

Nun verlieren wir allmählich den Mut. Vielleicht ist es lediglich das soziologische Äquivalent zu dem launischen Wetter, das vorbeigeht. Wenn es so ist, dann werden die Amerikaner bald wieder zu ihrem Glauben zurückfinden, daß die Zukunftsaussichten besser und vielversprechender sind, als alle nüchternen Analysen besagen.

Wenn jedoch nicht alles wieder von selbst ins Gleichgewicht kommt, sondern wir tatsächlich mit neuen Lebensbedingungen konfrontiert werden, dann kann man die Auswirkungen nicht ernst genug nehmen. Falls es sich als richtig erweist, daß die Hoffnung der Mittelklasse auf sozialen Aufstieg, auf Verwirklichung der eigenen Vorstellungen zunichte gemacht worden ist, werden wir bald noch viel mehr verlieren.

Die Umkehrung jahrhundertealter Erfahrungen und Hoffnungen, daß die Zukunft mehr verspricht als die Gegenwart, würde nicht nur zu einem rückläufigen Verkauf fabrikneuer Autos oder zum Kursverfall der Aktien von Babynahrungsmittelherstellern führen, sie würde sich auch sehr negativ auf unsere Persönlichkeit auswirken. Der ›zuversichtliche Blick‹, den Robert Frost einst auf den Gesichtern der Passanten bemerkt hat, würde ausgelöscht werden. Er schrieb, nachdem er versucht hatte herauszufinden, ob Amerikanerinnen und Amerikaner ihre Arme befreiter hin- und herschwingen: »Es gibt nicht viel zu fürchten in einem Land, in dem es so viele Menschen mit einem so zuversichtlichen Blick gibt. Ich frage mich, woher sie alle kommen, und glaube fast, daß Gott sie gleich an der nächsten Ecke neu erschaffen hat.«[1]

Heute sind wir vielleicht nicht mehr so kühn und zuversichtlich. Die Gesichter auf den Straßen spiegeln die Sorgen wider, die den Durchschnittsbürger bedrücken. Falls Gott wirklich gleich an der nächsten Ecke steht, schaut er vermutlich mißtrauisch nach Taschendieben und Ganoven aus, wie alle anderen, wartet wie sie in einer Schlange auf den Bus, der wieder einmal Verspätung hat. Es gibt nicht mehr viele, die mit ›zuversichtlichem Blick‹ von der Arbeit nach Hause gehen, wenn die Kaufkraft ihres Gehalts ständig sinkt. Es gibt nicht mehr viele, die lächelnd ein Kaufhaus verlassen, wenn sie die Einkaufstüte mit Waren für 20 Dollar leicht in einer Hand tragen können, wenn sie für ihr mit Steuern belastetes, entwertetes Geld, mit dem sie auskommen müssen, immer weniger bekommen. Wenn gute, solide Bürger ihre letzten Ersparnisse von der Bank abheben, lassen sie ihre Arme nicht mehr schwungvoll hin- und herpendeln. Der Durchschnittsbürger hat nicht nur Angst vor Verbrechen, er fühlt sich auch durch viele, völlig legale Veränderungen eingeschüchtert und unterlegen. Wenn nichts mehr so läuft, wie es sollte, wenn jemand zu Fuß geht, weil sein Wagen in der Reparatur ist, und er befürchten muß, daß er nachher in einem noch schlimmeren Zustand ist als vorher, wenn im Fall einer Krankheit oder eines Unfalls auch noch die Angst dazukommt, was das wieder kosten wird, dann verliert der Mann auf der Straße mehr als sein Geld.

Die Einkommen in den akademischen Berufen haben sich durch Gesetze, Verordnungen und Tarifverhandlungen so vergrößert, daß das Recht selbst zum Staatsfeind geworden ist. Heute gibt es schon an jeder Ecke einen Rechtsanwalt. Charles Caleb Colton, ein Zeitgenosse des 18. Jahrhunderts, hat einmal gesagt: »Für Gerechtigkeit ist auf dieser Welt kein Platz. Es ist wie bei einem Schiffbrüchigen, der mitten auf dem Meer verdurstet.«

Die Krise in Amerika ist keine bloße Einbildung. Überall finden sich konkrete Anhaltspunkte dafür, daß die Kaufkraft des amerikanischen Durchschnittsbürgers gesunken ist. Das größte persönliche Problem besteht für die Amerikaner darin, mit ihrem Geld ›auszukommen‹. Man macht sich zwar immer noch Gedanken über die Gesundheit, die Karriere, Kindererziehung, die Langeweile im Alter, die Zunahme der Geschlechtskrankheiten in den Vororten und darüber, wie schwer es ist abzunehmen, aber die meisten Leute machen sich größere Sorgen um ihre finanzielle Situation. Eine Umfrage des Gallup-Instituts ergab, daß keine Sorge so schwer wiegt wie diese. Die Leute verdienen zwar mehr als früher, aber ihre Lebenshaltungskosten steigen immer stärker. Sie meinen, ihnen stünde ein höherer Lebensstandard zu; statt dessen müssen sie sparen und jeden Pfennig umdrehen.

Nähme die Kaufkraft weiterhin in gleichem Maß ab wie bisher, würde das Kapital der amerikanischen Durchschnittsfamilie 1985 nur noch die Hälfte des heutigen betragen.

Das wäre für Amerika eine Katastrophe, die um so schlimmer ist, da sie unter der Oberfläche gärt. Die sichere Erwartung einer langandauernden Krise läßt uns mehr erschrecken als eine unmittelbare Gefahr. Wenn ein Dieb nachts in Ihr Haus schleicht und Ihre Wertgegenstände stehlen will, sind Sie sicher aufgeregt, wütend und sofort bereit, sich gegen das Unrecht, das man Ihnen antun will, zu wehren. Aber der Verarmungsprozeß, der sich über Jahre oder Jahrzehnte erstreckt, entmutigt uns eher, als daß er uns zu Gegenmaßnahmen greifen läßt. Wir haben das Gefühl, daß sich das Mühlrad, das den Mechanismus antreibt, der gegen uns arbeitet, immer weiterdreht. All das ist abstrakt und unsichtbar. Wir wissen nicht, was geschehen wird; unsere normalen physischen und emotionalen Kräfte, mit denen die Natur den Menschen ausgestattet hat, um Gefahren abzuwenden, reichen hier nicht aus. Unter diesen Umständen ist es nicht verwunderlich, daß unser Optimismus schwindet und uns das Verständnis für diese Entwicklung fehlt.

Amerikas Durchschnittsbürger verarmen langsam, aber stetig. Aber man spricht nicht laut darüber, man versteht die Hintergründe oft gar nicht. Frustration und Unzufriedenheit haben tausend Zungen, aber alle erzählen eine andere Geschichte. Jeder von uns sieht nur seine eigenen Schwierigkeiten, die aber längst zu groß geworden sind, um noch länger als Privatangelegenheit betrachtet zu werden.

Die Faktoren, die zum Druck auf die Mittelklasse beitragen, sind zu kompliziert, um sie bis in alle Einzelheiten zu verstehen. Wir können bestenfalls einige Dinge klarstellen und einige Probleme, die uns zu schaffen machen, grundsätzlich zu erklären versuchen. Das ist mein Anliegen. Ich möchte versuchen, die Probleme der Mittelklasse in einem neuen Licht darzustellen, zumindest aber die Aufmerksamkeit auf die Zwangslage des

Durchschnittsbürgers zu lenken; denn er verdient es. Er ist der Gründer der größten Industrienation der Welt, auf ihn treffen die Worte aus Arthur Millers ›Tod eines Handlungsreisenden‹ zu: »Ich sage nicht, daß er ein großer Mann ist. Willy Loman hat nie viel Geld verdient, noch erschien sein Name in einer Zeitung. Er ist auch kein besonders edelmütiger Mensch. Aber er ist ein Mensch, und ihm ist etwas Furchtbares widerfahren. Deshalb sollte man ihm seine Aufmerksamkeit schenken. Er darf nicht einfach wie ein alter Hund begraben werden. Man muß den Menschen in ihm sehen!«

Aufstieg und Fall des Fortschritts

»... unter den Ideen, die in den letzten zwei Jahrhunderten den einzelnen wie auch die Allgemeinheit gleichermaßen gefesselt haben, ist keine bedeutender oder einflußreicher für die Zukunft als der Fortschrittsglaube.«

Charles A. Beard

Bei der Analyse der Zukunftsaussichten für den amerikanischen Durchschnittsbürger darf die Untersuchung der Methode und Doktrin des Fortschritts nicht fehlen. Die Tatsache, daß die Amerikaner, mehr noch als andere Menschen, immer fest an den Fortschritt geglaubt haben, trägt besonders dazu bei, daß wir das Phänomen der Verarmung der Mittelklasse erst jetzt erkennen. Erst heute wird ernsthaft darüber diskutiert, obwohl es schon vor Jahren erste Anzeichen dafür gab. Der uns angeborene Optimismus und unsere überlieferte Zukunftsgläubigkeit haben unseren Blick für die gegenwärtige Situation getrübt.

Mit anderen Worten – die Amerikaner haben traditionsgemäß geglaubt, daß die Zukunft besser sein müsse als die Gegenwart. Wir haben Mißbrauch mit unserer Gesundheit getrieben, haben geraucht, zuviel gegessen und zuviel getrunken, in der Hoffnung, daß die Medizin uns schon vor den Folgen schützen würde. Auf der gleichen Vorstellung basieren die Horrorfilme. Wenn Godzilla Tokio angreift und die Zivilisation zusammenbricht, wenn Tausende zu Tode getreten werden – das Ende der Geschichte kennt jeder. Irgendwo gibt es immer einen Wissenschaftler, der die Nerven behält und 90 % der verstörten ›Masse‹ im letzten Augenblick rettet.

Das ist die Doktrin vom Fortschritt. Es ist eine fatalistische Doktrin. Man glaubt, daß in Zukunft alles besser wird – nicht aus einem bestimmten Grund, sondern weil das der Lauf der Geschichte ist.

»Der Glaube an den Fortschritt«, sagt Baudelaire, »ist der Glaube des Müßiggängers ... Er verläßt sich darauf, daß seine

Nachbarn für ihn arbeiten.« Das mag sein, aber der Glaube an den Fortschritt hat auch sein Gutes. Die Vorstellung von einem besseren Leben entsprach oft genug der tatsächlichen Entwicklung während der letzten Jahrhunderte, so daß man sie getrost als ›Glaubensartikel‹ akzeptieren konnte. Der Fortschrittsglaube wäre nie entstanden, wenn es keine praktische Grundlage für die immer größeren Zukunftserwartungen gegeben hätte. Allein durch Optimismus hätte man sie nicht aufrechterhalten können, wie unsere Analyse noch zeigen wird.

Es gibt nur wenige Möglichkeiten im Hinblick auf die Zukunft – entweder sie wird besser, sie wird schlechter, oder, was realistischer ist, einiges wird besser, einiges wird schlechter. In fast jeder Kultur, die den Zukunftsbegriff kennt, war eine dieser beiden Überzeugungen dominierend.

Seit der Ausbreitung des Christentums bis hin zum Beginn der Industriellen Revolution sah man die Zukunft, zumindest was die materiellen Lebensbedingungen betraf, durchweg negativ. Da das Christentum eine apokalyptische Religion ist, waren seine ersten Anhänger unter den völlig entmutigten Völkern des Römischen Reiches zu finden. In jener Zeit wurde der Glaube an einen baldigen Weltuntergang noch durch eine rapide Verschlechterung der Lebensbedingungen verstärkt. Die Steuereinnehmer hatten die Bevölkerung so ausgeplündert, daß Bauern und andere Gewerbetreibende nicht mehr arbeiten wollten, um nicht weiterhin die hohen Reichssteuern zu bezahlen. Während der Regierungszeit von Kaiser Diokletian (284–305) verschwanden so viele Steuerpflichtige, daß Gesetze erlassen wurden, die sie zur Arbeit zwangen. Die Bauern durften ihre Felder nicht mehr verlassen. Andere Berufe wurden erblich, und diejenigen, die sich nicht an das Gesetz hielten, wurden bestraft. Millionen von Menschen flohen buchstäblich in die Arme der Barbaren. In den einst so fruchtbaren Regionen des Landes setzte eine Massenflucht ein. Da immer weniger Land bebaut wurde, brach bald das Ernährungssystem zusammen. Die Stadtbewohner hungerten. Millionen starben an Seuchen, was zu beweisen scheint, daß Naturkatastrophen und menschliches Elend oft Hand in Hand gehen. In kurzer Zeit war die Bevölkerung unter römischer Herrschaft um 20 Millionen Menschen gesunken. Der Handel ließ merklich nach, und die Lebensbedingungen

verschlechterten sich zusehends; sie sollten sich mehr als tausend Jahre lang nicht bessern.
Während der folgenden Jahrhunderte gab es nur wenig, das die negative Zukunftserwartung der Menschen hätte ändern können. Da die Handelsrouten verkürzt und die landwirtschaftliche Produktivität gesunken waren, waren die Handelsbeziehungen im Mittelalter fast noch primitiver als im Altertum. Die wenigen Menschen, die noch in den Städten blieben, fristeten ein kärgliches Dasein und waren fast ausschließlich auf die Nahrungsmittel angewiesen, die in ihrem Umkreis angebaut wurden. Selbst die einfachsten Bedürfnisse, z. B. die Versorgung mit Nahrung und Wasser, wurden nie lange genug und ausreichend befriedigt, um darauf für die Zukunft aufbauen zu können. Zwischen Naturkatastrophen und durchziehenden Armeen war das Leben, wie Hobbes so treffend schildert, »kurz, entbehrungsreich und brutal«.
Die Menschen glaubten fest daran, daß das Ende der Welt nahe sei. Fast jede Störung in der Natur, sei es nun ein Donnerschlag oder eine Sternschnuppe, genügten, um eine Massenhysterie auszulösen. Das blieb jahrhundertelang so. Im Jahre 999 z. B. hörten fast alle wirtschaftlichen Aktivitäten in Europa auf. Handwerker kehrten ihrer Arbeit den Rücken, Knechte verließen die Felder; Menschen aus allen Schichten verkauften oder ließen alles zurück und pilgerten nach Jerusalem, um dort zu beten und auf den Weltuntergang zu warten.
Ähnlich bemerkenswerte Beispiele für die negative Zukunftserwartung der Menschen wiederholten sich, vielleicht nicht ganz so spektakulär, bis zum Beginn der Industriellen Revolution. 1806 verließen die Bewohner von Leeds, England, und Umgebung ihre Heimat und brachen ins Heilige Land auf. Angeblich hatte eine Henne Eier gelegt, auf denen geschrieben stand: ›Christus kommt‹. Alle, die die Eier sahen, verfielen dem religiösen Wahn, denn es war ja zu lesen, daß ›Christus kommt‹. Die ganze Stadt wäre aufgebrochen, wenn nicht einige Skeptiker der Sache auf den Grund gegangen wären. Sie stellten fest, daß der Hühnerhalter die Eier beschriftet und der Henne wieder untergeschoben hatte. Das erzürnte zwar die Tierfreunde, aber die meisten lachten und kehrten wieder an ihre Arbeit zurück.[1]
Zu Beginn des 19. Jahrhunderts verlor der Glaube an Einfluß,

und die Menschen begannen, sich mehr für die materiellen Seiten des Lebens zu interessieren. Das lag weniger an der Unvereinbarkeit von Religion und Fortschritt als vielmehr daran, daß der Verfall des Christentums parallel zu einer Entwicklung verlief, die eine allmähliche Verbesserung der Lebensbedingungen ermöglichte: *die Ansammlung von Kapital.* Erst jetzt lernten die Menschen, von der Zukunft mehr zu erwarten als von der Gegenwart. Die Saat der modernen Lehre vom Fortschritt war gesät.

Weder die Allmacht des Geistes noch harte Arbeit, sondern die allmähliche Kapitalansammlung war die Basis des beispiellosen Wohlstandes unseres modernen Zeitalters. Diese Kapitalansammlung war der Hauptgrund für die verbesserte Lebensqualität, die die letzten zwei Jahrhunderte der Geschichte und insbesondere die amerikanische Geschichte kennzeichnet. Schöpferische Kraft gab es immer in der Geschichte der Menschheit. Selbst unsere Vorfahren, die – vor unserer sogenannten Zivilisation – um ihr nacktes Dasein kämpften, müssen schöpferische Anlagen gehabt haben, damit sie überhaupt ihr Leben ertragen konnten. Für unsere moderne Zivilisation wäre es gut, zu testen, ob wir unter ähnlich primitiven Bedingungen überleben könnten. Doch weder unser weit entwickeltes Denkvermögen noch die Tatsache, daß wir gelernt haben, harte Arbeit zu ertragen – die bei weitem nicht so hart ist wie früher –, haben die Erfindung von selbstabtauenden Kühlschränken oder Mikrowellenherden ermöglicht.

Fast alles, was dem Menschen lieb und teuer ist und ihm sein Leben erleichtert, ist auf die Ansammlung von Kapital zurückzuführen. Sie gab uns mehr Zeit für immer neue, immer kompliziertere und einträglichere Arbeiten. Heute können tausend Fernfahrer, mit Funk und der neuesten technischen Ausrüstung ausgestattet, mehr Nahrungsmittel in einer Woche transportieren als alle chinesischen Arbeiter zusammen noch vor einem Jahrhundert.

Durch die Kapitalansammlung kann der Mensch nicht nur seine Fähigkeiten, einen Lastwagen zu fahren, beweisen – sie gibt ihm gleichzeitig einen Freibrief dafür, mehr zu verdienen, indem sie neue Möglichkeiten bietet, seine Zeit zu nutzen. *Je größer die Kapitalansammlung früherer Generationen, desto wertvoller ist die*

Arbeit des einzelnen, selbst wenn er eine Funktion hat, die sich seit Jahrzehnten nicht geändert hat, oder er weniger kann als seine Berufskollegen früher. Beispielsweise werden die wenigen Butler, die es heute noch gibt, ungewöhnlich gut bezahlt. Obwohl sie heute viel weniger Arbeit haben, verdienen sie mindestens zehnmal mehr als die Butler vor vierhundert Jahren. Der Lohn der heutigen Butler steht in keinem Verhältnis zu ihrer tatsächlichen Arbeit. Sie verdienen deshalb mehr, weil ihre Arbeitgeber ihnen mindestens so viel zahlen müssen, wie sie in anderen Berufen verdienen könnten. *Da die Kapitalansammlung die Rentabilität einiger Arbeiten erhöht, erhöht sie indirekt den Wert jeder Arbeit.* Butlern geht es heute besser als früher, ob sie nun Eigenkapital besitzen oder nicht, weil irgend jemand zu einer allgemeinen Kapitalansammlung beigetragen hat. Würde die Gesellschaft generell weniger sparen oder von ihrem Kapital zehren, wären sie wieder ärmer, gleichgültig, wie gut sie ihren Tee servieren.

Die positive Zukunftserwartung unseres modernen Zeitalters ist im wesentlichen auf die verbesserte Ernährung und den Ausbau des Gesundheitswesens zurückzuführen, die durch die Kapitalansammlung ermöglicht wurden. Selbst heute, da wissenschaftliche und medizinische Errungenschaften in kürzester Zeit überall auf der Welt bekannt werden, haben die Gebiete mit der geringsten Kapitalakkumulation die höchste Sterblichkeitsrate zu verzeichnen.

Man kann auch sagen, daß viele Leistungen auf wissenschaftlichem und literarischem Gebiet nur deshalb möglich waren, weil die Kapitalansammlung den Menschen aus seinem Sklavendasein erlöst und seinen Forscherdrang freigesetzt hat; andernfalls wäre der Mensch bestenfalls ein guter Bauer geblieben, wenn er überhaupt die Schicksalsschläge der Vergangenheit überlebt hätte.

Es ist anzunehmen, daß sich die Lebensbedingungen weiterhin verbessern, solange auch weiter Kapital angesammelt wird. Deshalb ist der Fortschritt, aufgrund dessen sich die Menschen berechtigt glauben, faul zu sein, eine Folge der Kapitalansammlung. Natürlich sehen die meisten Menschen diese Beziehung nicht. Es dauerte Hunderte von Jahren, nachdem die Kapitalakkumulation begonnen hatte, bis sich das Zukunftsbild des Menschen änderte. Als das Wort ›Fortschritt‹ zum erstenmal im englischen Vokabular auftauchte, hatte es für die meisten noch einen negativen Beiklang. ›Fortschritt‹ war etwas, das seinen Lauf nahm, wie eine Krankheit im fortgeschrittenen Stadium, wobei der Patient verschiedene Leidensstationen bis zum Ende – Genesung oder Tod – durchlaufen mußte. Erst nach jahrhundertelanger, mehr oder weniger ungestörter Kapitalansammlung wurde den Menschen bewußt, daß die Zukunft vielversprechender sein muß als die Gegenwart.

Eine detaillierte Untersuchung aller Lebensbereiche würde zeigen, daß die Lehre vom Fortschritt nur bedingt anwendbar ist. Das gleiche gilt für die Annahme, daß alles schlechter wird. Es gibt in der Praxis aber viele Beispiele dafür, daß in Zukunft einiges besser und anderes schlechter sein wird. Selbst während der letzten zweihundert Jahre, die zweifellos durch spektakuläre Fortschritte gekennzeichnet waren, hat sich nicht alles verbessert. Seit Stradivari ist es z. B. um den Geigenbau sehr schlecht bestellt. Und in der Glasbläserei gibt es heute nicht viele Stücke, die sich mit denen, die man vor 75 Jahren gemacht hat, messen können.

Würde man jeden Aspekt menschlicher Aktivitäten genauer unter die Lupe nehmen, könnte man die Liste der materiellen Dinge, die während der letzten Jahrhunderte allgemeinen Fortschritts nicht verbessert wurden, endlos fortsetzen. Aber der springende Punkt dabei ist, daß wir erst überlegen müssen und uns nur langsam einfällt, welche Dinge im Laufe der Zeit nicht besser geworden sind. Deshalb muß ein Versuch, unsere Zukunftsaussichten realistisch einzuschätzen, an den Grenzen des menschlichen Verstandes scheitern. Wir sind geblendet von unseren eigenen Zukunftsvisionen. Aber unser Glaube an den Fortschritt darf uns nicht blind für die augenblickliche Situation Amerikas machen. Das Kapital des Durchschnittsbürgers wird nämlich *nicht* angespart. Im Gegenteil, wenn der Trend anhält, wird die amerikanische Durchschnittsfamilie in fünf Jahren nur noch über die Hälfte ihres heutigen Kapitals verfügen.

Das Informationsdefizit

»Der Meister sprach: ›Yu, soll ich dich das Wissen lehren? Was man weiß, als Wissen gelten lassen, was man nicht weiß, als Nichtwissen gelten lassen: das ist Wissen.‹«

Konfuzius

Ein wesentlicher Grund für die Zwangslage des Durchschnittsbürgers ist die Tatsache, daß die Gesellschaft mit einem immer größeren Informationsdefizit leben muß. Allein die Anzahl der Fakten und Informationen, die der Bürger braucht, um seine eigenen Interessen wahren zu können, wächst bedeutend schneller als seine Fähigkeit, sie zu sammeln und zu verstehen. Die riesige Menge von Systemen, mit denen man im Alltag konfrontiert wird, verlangt nicht nur eine blitzschnelle Reaktion – sie erhöht auch ständig den Umfang und die Komplexität der Informationen, die man braucht und verarbeiten muß. Politiker, Bankiers, Bürokraten, Anwälte, Ärzte und Finanzbeamte sind wie Vampire, die nur darauf warten, den Unwissenden auszusaugen. Die meisten Leute wissen einfach nicht, wie sie aufgrund von Gesetzeslücken Steuern sparen können, sie wissen nicht einmal genau, wie es um sie steht. Sie können die Arzt- und Krankenhausrechnungen nicht überprüfen. Sie kommen mit der Bürokratie nicht zurecht und können die geschliffene Sprache der Anwälte nicht verstehen oder sprechen.[1] All das hat dazu beigetragen, daß Amerika heute kränkelt.

Eine wesentliche Voraussetzung für einen kontinuierlichen Fortschritt besteht darin, daß die gesellschaftliche Entwicklung die geistigen Fähigkeiten des Durchschnittsmenschen nicht überfordert. Das bedeutet, daß Informationen, die notwendig sind, damit er aktiv am Leben der Gesellschaft teilnehmen kann, nicht zu schnell veralten dürfen. Sie müssen so dauerhaft und klar sein, daß alle sie verstehen können. Diese Fähigkeit, mit einem Minimum an Denkarbeit auszukommen, ermöglicht es dem Menschen zu überleben.

Der Philosoph Alfred North Whitehead sagte einmal: »Die Zivilisation macht Fortschritte, indem sie die Anzahl der Dinge vergrößert, die wir, ohne über sie nachzudenken, tun können. Denkvorgänge sind – wie das Austauschen der Kavallerie in einer Schlacht – in ihrer Anzahl streng begrenzte Vorgänge; man braucht frische Pferde, und man soll es nur in entscheidenden Momenten tun.«[2]

Er hatte sicher recht mit der Annahme, daß das Denken fast einer heroischen Tat gleichkommt. Der Mensch ist oft erstaunlich zurückhaltend, wenn er über seine eigenen Hoffnungen und Wünsche nachdenken soll. Deshalb ist etwas daran, wenn wir sagen: »Er hat schließlich zu sich selbst gefunden.« Man empfindet es als ganz normal, daß viele Menschen erst spät erkennen, was sie tun oder wie sie sein wollen. Um wieviel schwieriger ist es dann, sich mit den Vorstellungen, Hoffnungen und Handlungen anderer Menschen auseinanderzusetzen?

Daß wir ständig mit einem Informationsdefizit konfrontiert werden und trotz dieses Handicaps handeln müssen, gehört zu den weniger sichtbaren Aspekten des Lebens. Dabei kommt uns die sogenannte ›Selbsttäuschung‹ zugute. Wie wenig wir auch wissen, selbst wenn wir gar nichts wissen, wir nehmen einfach an, wir wüßten genug. Santayana sagt sehr treffend: »Die Natur hat es, Gott sei Dank, so eingerichtet, daß die meisten Fragen, die der Mensch nicht beantworten kann, ihm gar nicht erst einfallen.«

In der millionenjährigen Entwicklungsgeschichte des Menschen, bevor Gesellschaften, wie wir sie heute kennen, existiert haben, genügte es vielleicht zu wissen, wie man überlebt. Aber mit der immer stärkeren Abhängigkeit der Menschen voneinander wuchs die Zahl der Faktoren, die den einzelnen unmittelbar betreffen, ins Unermeßliche. Eine Revolution in Zaire, eine Hungersnot in Südostasien, das Treibgas in unseren Spraydosen und viele andere Dinge, die wir gar nicht kennen oder erkennen, können – jedes für sich oder alle gemeinsam – zu unserem Untergang führen.

Bei so vielen unser Leben beeinflussenden Faktoren können wir den ständig wachsenden Anforderungen an unsere Aufmerksamkeit nicht mehr gerecht werden. Deshalb haben wir notwendigerweise Mittel und Wege gefunden, den größtmöglichen

Nutzen aus einem Minimum an Informationen und Denkaufwand zu ziehen.
Zu den Dingen, die uns das Denken erleichtern sollen, gehören Statistiken, von denen Institutionen wie Einzelpersonen heute immer mehr Gebrauch machen – angefangen von den Arbeitslosenquoten bis hin zur durchschnittlichen Lebensdauer eines Fernsehgerätes. Solche Statistiken sind zweifellos in mancher Hinsicht von Nutzen, tragen aber leider wenig zur Verringerung oder Beseitigung des Informationsdefizits bei. Tabellen und Zahlen sind zwar sinnvolle Abstraktionen, aber da sie abstrakt sind, helfen sie dem Menschen wenig, das Leben oder die Zukunft besser zu verstehen.
Man muß nicht lange überlegen, wenn es heißt: 400.000 Haushalte, eine 7,2prozentige Steigerung der Lebenshaltungskosten, rückläufige Bautätigkeit, Staatsausgaben in Höhe von 500 Millionen Dollar oder ein Erdbeben, das 3,7 auf der Richter-Skala anzeigt. Wir sind mit solchen Zahlen zwar vertraut, aber die wenigsten Menschen können sich wirklich vorstellen, was sie bedeuten. Falls sich der Durchschnittsbürger überhaupt Gedanken über die Faktoren macht, die sein Leben beeinflussen, dann nur mit dem geringstmöglichen Denkaufwand.
Wir versuchen, mit unseren geistigen Aktivitäten so sparsam wie möglich umzugehen. Wir wollen sie nicht verschwenden, deshalb beschränken wir uns auf die Gebiete, die einen praktischen Nutzen versprechen. Darum hat der Mensch oft nur dann gute Ideen, wenn es um praktische Dinge geht. Es lohnt sich nur dann, über etwas nachzudenken, wenn ›es etwas bringt‹. Das heißt, in den meisten Fällen begreifen und überlegen die Menschen am besten, wenn es um ihre Arbeit geht. Allein von der Definition her bietet diese Art des Denkens die greifbarsten Vorteile. Wären andere Überlegungen nutzbringender, würde der Mensch nicht zögern, sie anzustellen. Beispielsweise liest ein Juwelier wohl kaum die Bedienungsanleitung für einen Traktor. Und weder der Traktorfahrer noch der Juwelier würde sich den Kopf über Zahlen und Theorien zerbrechen, um herauszufinden, ob die Erkärung eines Politikers, was Fortschritt bedeutet, auch wirklich den Fakten entspricht. Statt dessen verläßt man sich darauf, daß andere für einen denken, und schließt sich der Meinung der Allgemeinheit an.

Dieses Verhalten wirkt sich als besonders störend im politischen Bereich aus. Die meisten Menschen schenken dem gesamten Komplex der Phänomene, die man mit dem Wort ›Politik‹ umschreibt, nur wenig Beachtung. Wahrscheinlich beschäftigen sie sich weit intensiver damit zu überlegen, wo sie ihren nächsten Urlaub verbringen wollen oder ob sie Hähnchen zu Mittag essen sollen, als daß sie versuchen, die Politik zu verstehen. Ein großer Teil der Bevölkerung kennt nicht einmal die Kandidaten, die sich zur Wahl stellen, geschweige denn die Überzeugungen, die einer politischen Entscheidung zugrunde liegen. Eine von der Regierung finanzierte Studie der Universität von Texas zeigt, daß weniger als die Hälfte der erwachsenen amerikanischen Bevölkerung – nämlich 48% – sich überhaupt für die Regierung ›interessiert‹. Fast 26% erwiesen sich, was ihre Funktion als Bürger betraf, als ›unfähig‹. Die restlichen 26% kamen ›gerade so zurecht‹. 20% konnten nicht einmal gut genug lesen, um den Satz zu verstehen: »Wir bieten Chancengleichheit«. Weitere 14%, d. h. ungefähr 16,5 Millionen Erwachsene, waren nicht in der Lage, diese Behauptung selbst nachzuprüfen.[3] Die Studie verrät noch mehr, aber sie läßt kaum Hoffnung, daß die Öffentlichkeit insgesamt die Politiker bewußt beeinflussen und lenken könnte.

Die Politiker üben Macht über uns aus, weil wir die Fakten nicht kennen. Kein Bürger, sei er noch so brillant oder engagiert, kann alle Aspekte politischer Aktionen überblicken, um alle Einzelheiten in dem Zusammenhang, in dem sie der Politiker präsentiert, überprüfen zu können. Die Politiker verlangen zwar von uns, daß wir sehen, was sie geleistet haben – daß wir Änderungen im Steuerrecht, die Bedeutung eines Wasserkraftwerks oder einer Subvention erkennen –, aber wir müssen uns auch mit den Möglichkeiten befassen, die gegen diese Tatsachen sprechen. Wenn wir uns als Wähler schützen wollen, müssen wir die Bedeutung möglicher Veränderungen erkennen, noch bevor sie in Kraft treten. Wenn die Regierung den Bau von Atomkraftwerken vorschlägt, sollte sich der Bürger über die rivalisierenden Meinungen der Wissenschaftler informieren, um abwägen zu können, was Atomkraft für die Zukunft bedeutet.

Unter diesen Umständen ist es nicht verwunderlich, daß sich viele Leute überhaupt nicht mehr mit Politik befassen und die wenigen, die aktiv am Leben der Gesellschaft teilnehmen, voreingenommen sind. Um nicht tausend verschiedene Möglichkeiten abwägen zu müssen, schließt man sich lieber einer bestimmten Meinung an und erspart sich das Denken. Deshalb bezeichnet man Vorstellungen als ›konservativ‹ oder ›liberal‹, Kandidaten und ihre Politik als gut oder schlecht, entsprechend der Meinung, der wir uns angeschlossen haben – gleichgültig, ob es sich dabei um eine politische Partei, um Frauenorganisationen oder die Leser der New York Times handelt.

Früher war es vielleicht nützlich, zwischen ›wir und die anderen‹ zu unterscheiden. Als die Menschen noch in kleinen Horden gegeneinander primitive Kriege führten, war es sicher sinnvoll und notwendig, sich mit Gesinnungsgenossen zusammenzutun, um zu überleben. Als ihre Nachfahren sind wir vielleicht doch nicht ganz immun gegen das instinktive Bedürfnis, Partei zu ergreifen. Zweifellos hindert diese Neigung den Menschen daran, über politische und wirtschaftliche Probleme nachzudenken und sich so eingehend zu informieren, daß er seine Interessen besser wahren kann.

Heute versucht man hemmungslos, alles zu vereinfachen, alles, was für die Öffentlichkeit von Interesse ist, voreingenommen darzustellen oder in Klischees und Schlagworten auszudrükken. Das beruht in erster Linie auf purer Faulheit und ist eine Folge unserer Abneigung oder Unfähigkeit, die Entwicklungen um uns herum in allen Einzelheiten zu verstehen. Deshalb vereinfachen und reduzieren wir alles, halten an unserer vorgefaßten Meinung fest und denken in Klischees. Wenn jemand Demokrat ist und die Demokratische Partei gerade ein bestimmtes Thema in besonders günstigem Licht dargestellt hat, kann allein das die lästigen Überlegungen und Nachforschungen ersparen, die nötig wären, um die ganze Sache unparteiisch von allen Seiten zu betrachten. Das gleiche gilt für einen Anhänger der Republikanischen Partei. Vorstellungen, komplexe Themen und Programme werden, wenn überhaupt, voreingenommen betrachtet, weil die Trennung zwischen ›wir‹ und ›die anderen‹ den Menschen das Denken erspart.

Es gibt aber wahrscheinlich nicht einen unter hundert Menschen, der, so engagiert er auch sein mag, das Programm seiner Partei zusammenhängend erklären könnte. Niemand kann genau sagen, worin der Unterschied zwischen einem ›Konservativen‹ und einem ›Liberalen‹ besteht. Ebensowenig läßt sich ein treffendes Beispiel dafür nennen, wie sich die Linke von der Rechten grundsätzlich hinsichtlich ihrer Politik, ihres Programms oder ihrer Auffassung von Gerechtigkeit unterscheidet. Ändert man Namen und Daten und poliert die Schlagworte ein wenig auf, findet jeder in den Aussagen der ›anderen‹ etwas, das seinen Beifall findet. Wie unerfreulich der Gedanke auch sein mag – eine Rede Mussolinis über Zwangsmaßnahmen zur Beseitigung der Arbeitslosigkeit könnte heute ebenso bei einer Tagung der Demokratischen Partei in Massachusetts gehalten werden, und ein Angriff Stalins gegen die ›Sentimentalität‹ der Forderung nach materieller Gleichheit wäre Wasser auf die Mühlen der reichsten Wall-Street-Kapitalisten.

Das heißt nicht, daß politische Abstraktionen inhaltlos sind, sondern daß wir bei unseren Überlegungen von verschiedenen Voraussetzungen ausgehen. Wenn es um greifbare Dinge geht, z. B. um ein ›Tweed-Jackett‹ oder einen ›Tonkrug‹, hat niemand Probleme, die Bedeutung dieser Wörter zu erkennen. Anders verhält es sich mit dem politischen Wortschatz. Selbst allgemein bekannte oder wichtige Begriffe haben, wie in den Wörterbüchern nachzulesen ist, verschiedene Bedeutungen. Begriffe wie ›Freiheit‹, ›Gleichheit‹ oder ›Demokratie‹ werden nicht selten zur Darstellung diametral entgegengesetzter Sachverhalte benutzt. Raymond Williams, Professor für Dramaturgie in Cambridge, hat das ausführlich in seinem Buch *Key Words: A Vocabulary of Culture and Society* geschildert. Professor Williams beweist eindeutig, daß jeder wichtige politische und wirtschaftliche Begriff emotional belegt wird und somit manipulierbar ist. In der Politik gilt es als normal, Erklärungen abzugeben, die die Menschen überzeugen sollen, und wird bewußt versucht, auch mit rein beschreibenden Begriffen Lob oder Verachtung auszudrücken. Andersdenkende sind nur allzugern bereit, eine unbequeme Doktrin als ›reaktionär‹, ›radikal‹, ›sozialistisch‹, ›faschistisch‹ oder einfach als ›doktrinär‹ oder ›ideologisch‹ abzustempeln. Jeder, der etwas über den abstrakten Komplex von Regeln und Aktionen der Gesellschaft zu sagen hat, trifft auf Leute, die im eigenen Interesse andere glauben machen wollen, daß diese Vorstellungen dumm und falsch

und nur, wie Walter Scott einmal sagte, ›für Hitzköpfe und Leichtgläubige‹ sind.[4]
All diese Faktoren – die Unfähigkeit des menschlichen Verstandes, mehr als nur einen Bruchteil der Ereignisse wahrzunehmen, die Unbegreiflichkeit von Statistiken, insbesondere der Zahlen, die zur Buchführung einer modernen Gesellschaft gehören, das ständige Bedürfnis des Menschen, seine Meinung aufgrund von Schlagworten, emotionsgeladenen Parolen und Programmen zu bilden – wirken zusammen und erschweren es dem normalen Durchschnittsbürger, die Entwicklung um ihn herum ganz zu begreifen. Selbst in guten Zeiten ist der politische Diskurs wenig informativ. Wenn man sagt, daß jemand eine ›politische Rede‹ hält, will man eigentlich davor warnen, das, was der Redner sagt, ernst zu nehmen.
Was wir aber auch sagen oder glauben – politische Handlungen haben Folgen, die von den Politikern manchmal gar nicht beabsichtigt oder von der Öffentlichkeit nicht erwartet wurden. Die Wahlsprüche und Hirngespinste in der Politik führen zu spezifischen Handlungen, die sich auf unser Leben auswirken. Daß die Auswirkungen und Zusammenhänge oft kaum erkennbar sind, macht sie nicht weniger real. Wenn schließlich die Diskrepanz zwischen politischer Illusion und Wirklichkeit nicht länger verheimlicht werden kann, muß ein radikaler Umdenkprozeß einsetzen. Das heißt, wir müssen über Slogans und Parteilichkeit hinausgehen und unsere Wirtschaftslage, mit der wir uns normalerweise nur ungern befassen, weil sie so schwer zu verstehen ist, neu überdenken.
In Amerika wie auch in der gesamten westlichen Welt verarmen die Menschen immer mehr, und das nicht nur trotz, sondern oft gerade wegen der politischen Gegenmaßnahmen. Je mehr Einfluß die Politik auf die einzelnen Lebensbereiche gewinnt, desto größer wird das Informationsdefizit, mit dem die Gesellschaft weiter funktionieren muß. Unser Glaube an die Rhetorik und die Politik, der uns in diese Lage gebracht hat, kann uns nicht weiterhelfen. Selbst wenn wir die Ereignisse nicht in allen Einzelheiten verstehen können, sollten wir wenigstens das begreifen und versuchen, uns von diesem Glauben, der uns ein verzerrtes Bild der Realität vermittelt, zu lösen.
Beweise für die drohende Katastrophe kann jeder sehen, der se-

hen will; sie sind nicht nur statistisches Material. In jedem Einkaufszentrum sieht man mißmutige Menschen, die nicht mehr viel von der Zukunft erwarten, die ahnen, daß das, was sie heute kaufen, lange nicht mehr so gut ist wie früher, die erkannt haben, daß es nicht genügt, mehr Geld zu verdienen, wenn die Hamburger genausoviel kosten wie Steaks und die Bauern pleite gehen.

Etwas ist da falsch. Unsere Zukunft, wenn nicht sogar die Existenz der Mittelklasse selbst, steht auf dem Spiel. Wenn es um unser Überleben geht, ist es die Anstrengung wert, in neuen Bahnen zu denken. Wir müssen über die bestehenden politischen Zusammenhänge hinausdenken und zu einem neuen und besseren Verständnis der Faktoren gelangen, die für eine zufriedenstellende gesellschaftliche Entwicklung wichtig sind.

Die Illusionen der Politik

> »Wir dürfen Wirtschaft und Handel nicht als ein gesondertes, abgetrenntes Betätigungsfeld des Menschen betrachten, sondern als festen Bestandteil seines persönlichen und gesellschaftlichen Lebens. Der Schlüssel zum Verhalten des Menschen liegt in seinen wirtschaftlichen Aktivitäten, und zwar weniger darin, wie sich unsere wirtschaftliche Zielsetzung davon unterscheidet, wie wir unserem Vergnügen nachgehen, lernen oder politische und gesellschaftliche Ziele verfolgen, sondern vielmehr in den grundlegenden Prinzipien des Verhaltens und der Auswahl, die einander ähneln.«
>
> *Philip H. Wicksteed*

Die Politik gibt uns keine Antwort auf die Frage, warum der Lebensstandard des Durchschnittsbürgers sich ständig verschlechtert. Aber das Problem ist, wie bereits gesagt, nicht dadurch zu lösen, daß ein Machtwechsel im Parlament stattfinden müßte. Wenn es so einfach wäre, müßten wir eigentlich eine Fifty-fifty-Chance haben, alle Mißstände zu beseitigen. Früher oder später würde die Opposition wieder gewinnen, ihr Programm durchsetzen und der einstige Wohlstand wäre wiederhergestellt. Leider verhalten sich aber alle Parteien, die an die Regierung kommen, gleich. Es wäre zwar vermessen zu sagen, daß es gleichgültig ist, wer die Wahl gewinnt, aber meistens bedeutet es so wenig, daß der Bürger, der mit seinem Stimmzettel seinen Lebensstandard retten möchte, mit einem Kind zu vergleichen ist, das versucht, mit den falschen Buchstaben zu buchstabieren. Beide können es einfach nicht schaffen. Ein Grund dafür ist, daß uns eine allgemein anerkannte Philosophie fehlt, die genau beschreibt, was in unserer gemischten Wirtschaftsordnung vor sich geht.

Fast jeder Politiker, der in ein Amt berufen wird, trägt intellektuellen Ballast mit sich herum, der ihn daran hindert, Richtlinien zu finden oder eine Politik zu betreiben, die der Öffentlichkeit nützt. Er glaubt, nicht länger zur ›Masse‹ zu gehören. Er unterscheidet zwischen zwei Sektoren – dem öffentlichen und dem privaten –, die, wie er meint, nach verschiedenen Prinzipien arbeiten. Er leitet den öffentlichen Sektor, seine Aufgabe besteht nach seiner Auffassung darin, die Habgier der Wirtschaft zu zügeln und Institutionen einzurichten, die auf den Zielsetzungen Gemeinwohl, Gleichheit und Fairneß basieren. Der Politiker, sagt er sich – und sagt man sich –, habe sich um Wichtigeres als um die kleinen Probleme des ›Fußvolkes‹ zu kümmern. Er und seine Regierungspartei seien Schiedsrichter. Ihre Aufgabe sei es, die Spielregeln für die Allgemeinheit aufzustellen und dafür zu sorgen, daß sich alle Spieler daran halten. Diese Auffassung ist nichts als eine Illusion. Aber uns fehlt noch heute, fast zweihundert Jahre nach Beginn des Industriezeitalters, eine geeignete Methode zum besseren Verständnis der Volkswirtschaft.

Unsere Wirtschaftslehre ignoriert einfach, daß die Politik ein ebenso sicherer Weg zum Wohlstand ist wie die Wirtschaft. Jeder kann heute, mit Zustimmung einiger hundert Politiker, die Profitchancen bei jeder beliebigen wirtschaftlichen Aktivität beeinflussen. Eine Firma, die eine ausgezeichnete Schuhcreme herstellt und zu einem attraktiven Preis verkauft, kann durch die nächste Reform der ›Schuhcremeherstellungsverordnungen‹ Bankrott machen. Wenn man andererseits eine Schuhcreme herstellt, die schlecht und teuer ist, können die Hersteller trotzdem ein Bombengeschäft machen, wenn es ihnen gelingt, die Politiker davon zu überzeugen, daß dieses Produkt subventioniert werden muß. Diese Politiker unterstützen die Firma finanziell, würgen die Konkurrenz ab oder kaufen das Zeug tonnenweise, damit die Soldaten etwas zu fluchen haben, wenn sie damit ihre Stiefel putzen.

Das ist kein Einzelfall. Jeder, der heute die Zeitung liest, weiß, daß das zum normalen Wirtschaftsleben gehört. Tatsache ist jedoch, daß die meisten Wirtschaftstheoretiker diese Entwicklung nicht klar oder nur so weit erkennen, daß sie die Folgen politischer Einflußnahme als Sonderfall betrachten. Jetzt wird klar, warum so viele ›kluge‹ wirtschaftliche Überlegungen so unrealistisch sind. Sie gehen von zu begrenzten logischen Voraussetzungen aus. Man unterstellt, daß das Individuum in seinem eigenen Interesse, um seinen eigenen Profit zu erhöhen, am Produktionsprozeß teilnimmt – und sich dabei an die festgesetzten Regeln hält. Arbeitgeber, Angestellte und Arbeiter, nimmt man an, bemühen sich gemeinsam, Produkte von besserer Qualität zu niedrigeren Preisen anzubieten, nicht, weil sie sich aus religiöser Überzeugung für das Wohl der anderen verantwortlich fühlen, sondern weil sie dadurch mehr verdienen. Je besser sie die Wünsche der Verbraucher befriedigen können, desto höher ist ihr Profit und desto mehr steigt ihr Lebensstandard.

Das Problem dabei ist, daß man davon ausgeht, daß die Regeln bereits festgelegt sind. Wenn das den Tatsachen entspräche, könnte unsere heutige Wirtschaftswissenschaft mehr darüber sagen, was sich in der Realität abspielt. Aber die Politiker ändern ständig die Regeln, an die sich die Bürger halten müssen. Riesige Mengen von Verfügungen, Verordnungen und Gesetzen werden erlassen; daraus geht hervor, daß die Regeln offensichtlich *nicht* festgelegt sind. Man kann sie nicht nur verändern – sie befinden sich ständig in einer Phase des Umbruchs. Dadurch, daß die Politiker die Regeln verändern und somit letztlich bestimmen, welche Vorteile der einzelne durch seine Arbeit gewinnt oder behält, kann keine Theorie über das menschliche Verhalten, die die Politik ausklammert, klären, was in unserer Wirtschaft vor sich geht.

Unsere heutigen Wirtschaftstheorien sind einfach nicht zeitgemäß. Sie hätten vielleicht in vordemokratischer Zeit Gültigkeit gehabt. Vor Hunderten von Jahren, als man erstmals versuchte, das Verhalten des Menschen im Produktionsprozeß zu verstehen, hätte man getrost davon ausgehen können, daß die Spielregeln festgelegt sind. Selbst jene Personen, deren Pendants heute aufgrund ihrer Stellung in der Gesellschaft einen Präsidenten wählen dürfen, hatten damals wenig Macht. Ein politisches Amt war fast ausschließlich ein ererbtes Privileg. Nur ganz selten errang jemand, dem aufgrund seiner Geburt keine Machtstellung zustand, eine Position, die ihm erlaubte, die Gesetze der Gesellschaft, in der er lebte, zu ändern. Selbst die tüchtigsten Europäer des 18. Jahrhunderts hatten kaum eine Chance, König zu werden. Wenn sie nicht gerade zu den engsten Vertrauten des

Hofes gehörten, erwarteten sie auch gar nicht, daß der König und seine Ratgeber die Gesetze ihnen zuliebe ändern würden. Unter diesen Umständen wurde die Auffassung, daß der einzelne durch produktive Aktivität seinen Profit erhöhen kann, durch die Erfahrung bestätigt. Man hatte keine andere Wahl. Deshalb waren damals die verzerrenden Effekte, wenn man die Politik aus der Wirtschaftsanalyse ausklammerte, viel weniger schwerwiegend.

Die Auffassung, daß es eine Gesellschaftsordnung mit feststehenden Regeln gibt, wurde noch durch das streng rationale Zeitalter der Aufklärung bestärkt. Die These, daß es unabänderliche Wahrheiten gibt, die alle rational denkenden Menschen einstimmig anerkennen müssen, verdrängte die schwierige Frage, warum der Mensch Gesetzen gehorcht. Utilitarier wie Bentham versuchten, die Voraussetzungen zu definieren, unter denen eine Gesellschaft zu wirtschaftlichem Wohlstand gelangen konnte; sie gingen davon aus, daß das Allgemeinwohl in einer Gesellschaft rational Handelnder für jeden ein so erstrebenswertes Ziel sei, daß die Gesetze von allen freiwillig anerkannt würden. Sie glaubten, daß jeder mit der Gesetzgebung, die ja zu allgemeinem Wohlstand führen sollte, einverstanden sein müßte, weil das letztlich in seinem eigenen Interesse sei. Daß das nicht unbedingt stimmt, versuchte der verstorbene John Plamenatz, Professor für politische Wissenschaften an der Universität Oxford, zu beweisen:

»... nicht nur Bentham, sondern auch andere sind davon ausgegangen, daß es, wenn jemand will, daß die Gesetze von allen befolgt werden, auch letztlich in seinem eigenen Interesse sei, sich an die Gesetze zu halten. Das ist aber nicht immer richtig. Wenn z. B. ein Dieb seit langer Zeit mit großem Erfolg gearbeitet hat und annimmt, daß ihn seine Geschicklichkeit auch in Zukunft nicht im Stich lassen wird, liegt es keineswegs in seinem Interesse – auch nicht auf lange Sicht –, sich an das Gesetz zu halten, das ihm verbietet zu stehlen. Er ist jedoch daran interessiert, daß die anderen das Gesetz befolgen, denn wenn die Mehrzahl seiner Mitbürger das nicht täte, würde die Gesellschaftsordnung, auf die er ebenso wie ein ehrlicher Mann baut, um sein Ziel zu erreichen (oder seine Bedürfnisse maximal zu befriedigen), zusammenbrechen. Er ist auf lange Sicht daran interessiert, daß das Gesetz von allen anderen außer ihm und seinen Komplizen, falls er welche hat, befolgt wird.«[1]

Der Dieb steigert seinen Profit, wenn das Gesetz für ihn nicht gilt. Wenn er könnte, würde er das Gesetz so ändern, daß ihm erlaubt ist zu stehlen. Das würde seine Position, aus der Perspektive des Eigennutzes, verbessern, weil er vor Strafe sicher wäre und dennoch davon profitieren könnte, daß sich die anderen an das Gesetz halten. Und nicht nur der Dieb hätte ein Interesse daran, dafür zu sorgen, daß die Gesetze zu seinen Gunsten geändert würden. Wenn der einzelne eine Möglichkeit sieht, durch die Politik die Gesetze einer Gesellschaft zu verändern, um sich einen Vorteil zu verschaffen, dann werden die Gesetze *Mittel zum Zweck.*

Wenn wir uns fragen, wie die Gesellschaft funktioniert, müssen wir diesen Punkt in unsere Überlegungen mit einbeziehen. Wenn die Gesetze Mittel zum Zweck werden, sind sie logischerweise genausoviel wert wie Geschäfte, Vorratslager, Fabriken, Minen usw. Sie sind Faktoren, die wirtschaftliche Vorteile bringen, angefangen von der Hacke eines Botanikers bis hin zu den engen Hosen eines Rockstars. Daraus läßt sich schließen, daß *die Politik eine neue Form des Besitzes schaffen kann, die von ebenso großem wirtschaftlichen Wert ist wie materielle Wirtschaftsgüter.* Der frühere Vorsitzende des Obersten Gerichtshofes, William O. Douglas, sagte dazu:

»Wir leben in einer Gesellschaft, in der die wichtigste Form des Besitzes die Freigebigkeit der Regierung ist; man bezeichnet sie heute oft als ›die neue Art von Besitz‹. Die vielen Menschen, die für die Regierung arbeiten, gehören ebenso dazu wie verschiedene Arten von Regierungskontrakten, Subventionen, die Finanzierung wissenschaftlicher Projekte, die Wohlfahrt usw.«[2]

Dieser neue ›politische‹ Besitz unterliegt ebenso dem Wettbewerb wie jeder andere Sachwert. Deshalb darf man nicht länger davon ausgehen, daß Politiker und Bürokraten außerhalb des Wirtschaftsgefüges stehen und eine ›Schiedsrichter-‹ oder ›Schlichterposition‹ haben, um unparteiisch den Wirtschaftswettbewerb zu zügeln. Sie nehmen ebenso wie alle anderen am Wettbewerb teil.

Diese Überlegungen sind deshalb so wichtig, weil sie letztlich dazu beigetragen haben, daß heute so große Verwirrung entsteht, wenn es um den Begriff ›Wohlstand‹ oder ›wie man zu

Wohlstand kommt‹ geht. Erst wenn man sich darüber im klaren ist, daß Politiker und Bürokraten der Wirtschaft nicht ihren Willen aufzwingen können, sondern Teil der gesamten Wirtschaftsstruktur sind, kann man das Wirtschaftsleben von einem zeitgemäßen Standpunkt aus betrachten. Das bedeutet, daß der Politiker und der Bürokrat ebenso wie der Stahlbaron und der Autoverkäufer ihre eigenen Interessen verfolgen. Wir haben schon viel zu lange geglaubt, daß die Politiker, deren Hauptziel es sein müßte, dem ›öffentlichen Interesse zu dienen‹, auch genau das tun; daß ihre Entscheidungen, zumindest theoretisch, dem Wohle aller Bürger und nicht nur ihrem eigenen dienen. Es gibt keinen Beweis dafür, daß dem Politiker oder dem Bürokraten mehr am Wohl der Allgemeinheit liegt als Menschen, die einen anderen Beruf ausüben. Eben weil sie nur Menschen sind, handeln sie auch wie alle anderen Menschen. Der Staatswissenschaftler Morris P. Fiorina hat das folgendermaßen formuliert:

»Die meisten Menschen handeln in erster Linie in ihrem eigenen Interesse. Das heißt nicht, daß sie nur ihren Besitz vermehren, sondern daß sie primär die eigenen materiellen und immateriellen Ziele, und weniger die ihrer Mitmenschen vor Augen haben.«[3]

Damit will ich nicht behaupten, daß der Mensch immer, im engsten Sinn des Wortes, selbstsüchtig ist. Auch wenn er immer im eigenen Interesse handelt, schließt das nicht aus, daß er Frauen aus brennenden Häusern rettet, daß Eltern für ihre Kinder Opfer bringen und daß Menschen, die sich für Ideale wie Gerechtigkeit oder Freiheit einsetzen, mit Steinen gegen Panzer kämpfen. Das alles gibt es und widerlegt nicht unsere Behauptung, daß der Mensch sich primär eigennützig verhält. Die Vor- und Nachteile, die er berücksichtigt, wenn er handelt, müssen nicht immer materieller Natur sein. Die Erkenntnis, daß der Mensch ein kompliziertes Wesen ist – mit Wünschen und Entscheidungen, die in verschiedene Richtungen gehen –, läßt uns erst alle Aspekte der menschlichen Natur verstehen. Es ist viel ungerechter anzunehmen, daß das Verhalten des Menschen in vielen Bereichen nicht auf seiner eigenen Entscheidung basiert, sondern ihm von außen aufgezwungen wird. Zu behaupten, der Mensch sei engstirnig und grausam, wenn er seine eigenen Interessen verfolgt, wäre nicht nur falsch, sondern auch ein Armutszeugnis für den menschlichen Charakter. Wenn wir von Eigennutz sprechen, dann nur, um auf die Beziehungen zwischen allem Handeln hinzuweisen. Das Individuum handelt entsprechend seinen Vorlieben und Zielsetzungen und im Hinblick auf seine jeweiligen Vor- und Nachteile.

Wenn wir z. B. davon ausgehen, daß der Fabrikant ein Produkt X nur deshalb herstellt, um seinen Lebensstandard und den seiner Familie zu verbessern, wäre es falsch zu glauben, daß Politiker oder Bürokraten anders handeln. Die meisten Menschen wollen lieber mehr als weniger erreichen. Sie wollen den höchstmöglichen Lebensstandard. Obwohl sie ihren Mitmenschen durchaus nur das Beste wünschen, sind sie nur großzügig, wenn es ihre eigenen Interessen erlauben. Sie sind weder Heilige noch Narren. Weder der Shinola-Hersteller noch der Bürokrat werden grundsätzlich so handeln, daß sie ihrem Geldbeutel oder ihrem Lebensstandard schaden. So ist es im Leben nun einmal.

Die Menschen sind generell daran interessiert, soviel Geld wie möglich zu verdienen oder in ihren Besitz zu bringen. Nun fangen sie an zu erkennen, daß die Politik ebenso lukrativ ist wie jede andere Arbeit. Wenn man mit Hilfe der Politik die gesellschaftlichen Spielregeln ändern und neue abstrakte Formen des Besitzes schaffen kann, bieten sich dem einzelnen Möglichkeiten, die er ergreift, ohne die Interessen der Allgemeinheit zu berücksichtigen. Den meisten Menschen ist es egal, wie ihr Kapital zustande gekommen ist oder wer der rechtmäßige Besitzer ist. Für die meisten zählt allein der praktische Nutzwert. Ob nun ihr Wohlstand auf dem Besitz von Sachgütern oder in der De-facto-Kontrolle über immaterielle Werte, die die Politik geschaffen hat, beruht – sie nutzen die Gelegenheiten, die sich ihnen bieten.

Das ist auch die Philosophie von Leonid Breschnew, der über mehr als ein Dutzend Limousinen, Landhäuser und ein fast unbegrenztes Budget für persönliche Ausgaben und somit über mehr Reichtum als die meisten Sowjetbürger verfügt. Auch wenn er für die gesetzliche Abschaffung des Privateigentums stimmt, bleibt er einer der reichsten Männer der Welt, weil er de facto einen *Besitzanspruch* auf alle Produkte hat, die in der Sowjetunion hergestellt werden. Diese Tatsache wird besser verständlich, wenn wir die Analyse von Aleksander Bajt, einem jugoslawischen Marxisten und Nationalökonomen, betrachten. Er sagt:

»In der marxistischen Wirtschafts- und Gesellschaftstheorie heißt es, daß man vom Standpunkt der Produktionsverhältnisse, die den sozialen Gehalt einer Gesellschaft ausmachen, zwischen Besitz im ökonomischen und Besitz im rechtlichen Sinn unterscheiden muß ... Im ökonomischen Sinn ist der Besitzer eines Produktionsfaktors derjenige, dem der Gewinn, den dieser Faktor bringt, zufließt ... Der gesetzmäßige Besitzer muß nicht unbedingt der Nutznießer sein. Der rechtmäßige Besitzer eines Hauses z. B. muß nicht unbedingt der wirtschaftliche Nutznießer sein, das könnte z. B. ein Mieter sein, dessen Miete aufgrund von Mietverordnungen nicht so hoch ist wie die Wertminderung des Hauses, der also, mit anderen Worten, für die Dienste, die er in Anspruch nimmt, nichts bezahlt.«[4]

Wir können noch hinzufügen, daß Herr Breschnew der wirtschaftliche Nutznießer eines Palastes ist, selbst wenn dieser, im rechtlichen Sinn, dem Staat gehört.

Viele Menschen haben inzwischen erkannt, daß man über Kapital verfügen kann, ohne es im eigentlichen Sinne zu besitzen. Jeder Mensch, angefangen von Guru Maharaji bis hin zum kleinsten Beamten im Ministerium für Gesundheit und Erziehung, möchte lieber mehr als weniger Geld haben. Aber das heißt nicht unbedingt, daß man selbst im rechtlichen Sinn Produktivgüter besitzen muß. Das haben Genosse Breschnew ebenso wie die Manager vieler amerikanischer Konzerne bewiesen. Vom rechtlichen Standpunkt aus besitzen sie nicht mehr als einen Bruchteil des Vermögens, das sie verwalten. Sie profitieren lediglich davon. Die rechtmäßigen Besitzer sind für den Geschäftsablauf der meisten großen Firmen so unwichtig, daß man ganz auf sie verzichten könnte. Versicherungsgesellschaften gehören theoretisch eigentlich den Versicherungsnehmern. Aber durch das Kapital, das sie ansammeln, werden die Versicherungen immer reicher. Das liegt nicht daran, daß sie eine Gesetzeslücke ausnutzen oder gesetzwidrig handeln, sondern das resultiert aus der Tatsache, daß man Kapital nicht besitzen muß, um Nutzen daraus zu ziehen. Man muß lediglich darüber verfügen können.

Ein Grund dafür, daß heute so viele Sekten gegründet werden, ist, daß diese Glaubensgemeinschaften dem einzelnen eine gute

Möglichkeit bieten, an Kapital heranzukommen – ohne es im rechtlichen Sinn zu besitzen. 1964 begann ein Kalifornier namens Kirby Hensley, diese Einsicht zu vermarkten, indem er die Universal Life Church gründete. Nachdem er den Paragraphen 501(c) Absatz 3 des Einkommensteuergesetzes von 1954 eingehend studiert hatte, erklärte Hensley sein Haus als steuerfreie religiöse Institution. Nachdem seine diesbezügliche Eingabe beim Finanzamt bestätigt worden war, verlieh Henley allen Freunden und Nachbarn als Gegenleistung für eine Spende von zwei Dollar kirchliche Würden. Dadurch, daß die ›Würdenträger‹ ihre Habe der Universal Life Church anvertrauten, genossen sie große Steuervorteile, blieben aber trotzdem Nutznießer des Kapitals. Die Tatsache, daß die Universal Life Church in Amerika immer mehr Anhänger gewinnt, zeigt, daß selbst diejenigen, die nur über bescheidene Mittel verfügen, inzwischen gelernt haben, daß allein der wirtschaftliche Nutzen des Kapitals und nicht das Besitzrecht zählt.

Die drei Arten des Kapitals

»Die Unternehmer haben ihr Pionierdasein aufgegeben und machen sich nun an die Regierung heran. Der Industriemagnat Joseph Califano weiß genau, wie man zu Staatsanleihen kommt. Andere versuchen, den Gesetzgeber davon zu überzeugen, daß unbedingt hundert neue Düsenkampfflugzeuge gekauft oder ein bestimmter lokaler Wirtschaftszweig, z. B. die Schuhherstellung oder die Zuckerverarbeitungsindustrie, subventioniert werden müssen. Man kann ein Vermögen verdienen, wenn man errät, welche Verordnungen die Regierung erläßt.«

Die Herausgeber von HARPER'S

Für unsere Analyse ist es ganz nützlich, davon auszugehen, daß ein Mensch, der es im Leben zu etwas bringen will, drei Möglichkeiten hat, sein Geld zu verdienen: *mit Produktivkapital, mit Sachvermögen* oder, wie es Scott Burns in Anlehnung an Emerson formulierte, mit dem ›transzendentalen Kapital‹, *dem Transfereinkommen.*

Zum Produktivvermögen zählt jede Investition, die die Bedürfnisse nach zusätzlichen Gütern und Dienstleistungen befriedigt. Eine Druckerpresse gehört ebenso zum Produktivvermögen wie ein Anteil an der Druckerpresse oder der Firma, die die Druckerpresse herstellt. Auch Fernsehgeräte, Bowlingbahnen, Traktoren, der Werkzeugkasten eines Zimmermanns, selbst der Füller eines Schriftstellers sind Produktivkapital. Und natürlich muß man diese materiellen Güter nicht besitzen, um davon zu profitieren. Jeder Mensch verfügt z. B. über seine Zeit, die er investiert, manchmal auch, um produktiv zu arbeiten.

Obwohl die Produktion die Basis der Kapitalansammlung zu sein scheint, ist sie nicht immer einträglich. Das beweist die Entwicklung in Amerika während des letzten Jahrhunderts. Die 50.000 Dollar, die 1968 in Aktien angelegt wurden, waren 1978 nur noch die Hälfte wert. Diejenigen, die ihr Geld 1968 in Industrieobligationen investiert hatten, hatten 1973 40% ihres Vermögens eingebüßt. Die Kaufkraft sank so rapide, daß der Durchschnittsarbeiter heute de facto einige hundert Dollar weniger verdient als 1968. Daß in der Produktion heute nicht mehr viel zu verdienen ist, haben viele Leute zu spüren bekommen.

Im Gegensatz dazu dient die Investition in Sachwerte nicht der Produktion. Zum Sachvermögen gehören alle materiellen Werte, die nicht zur Bereitstellung zusätzlicher Güter und Dienstleistungen benötigt werden. Dazu gehören Diamanten, eine seltene Briefmarke, eine Eintrittskarte für ein Baseballspiel, das 1913 stattgefunden hat, ein Goldbarren oder auch das eigene Haus. Diese Investitionen sind in erster Linie unproduktiv, sie bringen keine greifbare Ausbeute. Der Diamant selbst ist das Endprodukt.

Es liegt in der Natur der Dinge, daß nur wenige Menschen vom Handel mit Sachwerten allein ihren Lebensunterhalt bestreiten können. Nur die Reichen können hoffen, vom Besitz und Verkauf von Sachvermögen bequem leben zu können. Die meisten Menschen müssen auf Produktivvermögen oder die dritte Form, das Transfereinkommen, zurückgreifen. Das bedeutet aber nicht, daß Investitionen in nichtproduktive materielle Werte nicht gewinnbringend sind. Im Gegenteil, eine Studie der Salomon Brothers hat gezeigt, daß Investitionen in chinesisches Porzellan im letzten Jahrhundert einen jährlichen Wertzuwachs von 19,2% zu verzeichnen hatten, Gold 16,3%, Münzen 13%, Diamanten 12,6% und Silber 9,1%. Da die Lebenshaltungskosten durchschnittlich um weniger als 7% pro Jahr gestiegen sind, hat sich die Anlage in Sachwerte gelohnt. Die Studie hat nicht übertrieben. Viele Investitionen in Sachwerte haben eine gute Rendite abgeworfen. Eine normale Briefmarkensammlung, die man 1966 noch für 1000 Dollar kaufen konnte, war 1976 bereits 10.799 Dollar wert. Ein Smaragd, der 1966 etwa 1000 Dollar kostete, ließ sich zehn Jahre später für 4000 bis 6000 Dollar verkaufen. Ein Rubin aus Thailand war 1966 25 bis 50 Dollar und 1976 800 Dollar wert. Eine Sammlung von Oldtimern schätzte man 1966 auf etwa 50.000 Dollar, die gleiche Sammlung würde heute auf circa 262.000 Dollar taxiert. Diese Rendite übersteigt bei weitem die, die zur gleichen Zeit die typischen Investitionen

in Produktivkapital abgeworfen haben. Selbst das Eigenheim hat heute eine größere Wertsteigerung zu verzeichnen als die Produktionsfaktoren, die zum Bau des Hauses beigetragen haben. Ein Haus, das 1966 noch 10.000 Dollar kostete, war 1976 bereits 20.000 Dollar wert, und der Wert steigt noch weiter.
Diese Entwicklung ist nicht unbemerkt geblieben. Mehr als 6 Millionen Anleger investierten ihr Geld statt in Aktien in nichtproduktive Sachwerte. Geld, das früher in Aktien angelegt oder gespart wurde, wird heute in Sachwerte investiert, weil der Anleger dabei eine höhere Rendite erwarten kann.
Aber den bei weitem größten Profit verspricht die dritte Form der Kapitalansammlung, die Einkommensübertragung. Diese Art des Vermögens kann man nicht im herkömmlichen Sinn als Kapital bezeichnen; sie ist eher ein Kapitalersatz, weil der einzelne von dem Kapital, das ein anderer besitzt, profitiert.
Eine reine Form der Einkommensübertragung wäre z. B. eine generelle Einzugsermächtigung, die den Inhaber dieser Urkunde berechtigt, alles, was er will oder braucht, bei Strafandrohung zu konfiszieren. Früher wurden viele derartige Dokumente ausgegeben, besonders zu Kriegszeiten. Beispielsweise besetzte 1512 die Rätische Republik (heute der Schweizer Kanton Graubünden) das reiche Tellina-Tal (das heute zu Norditalien gehört). Die Eroberer begannen sofort damit, die Bevölkerung auszuplündern. Wie man in einer Geschichte nachlesen kann, »gab es damals einen Richter, der über jeden, der ihm unter die Augen kam, aus welchem Grund auch immer, die Todesstrafe verhängte. Dank des katalysierenden Effektes, den die Angst auf die Großzügigkeit des Menschen hat, konnte er innerhalb von 15 Monaten ein Riesenvermögen ansammeln.«[1] Da die Drohung des Richters durchaus glaubhaft war und durch die Armee der Eroberer noch verstärkt wurde, lieferten die hilflosen Bewohner alles ab, was den Inhaber einer solchen richterlichen Verfügung interessierte. Diese Dokumente wurden genauso gehandelt wie andere Wertgegenstände. Sie waren sogar noch wertvoller als die Dinge, die man konfiszierte. Die eigentlichen Besitzer eines Vermögens waren also diejenigen, die eine richterliche Verfügung hatten. Sie konnten unter Androhung der Todesstrafe das Letzte aus ihren Opfern herauspressen. Unter diesen Bedingungen war das Transfereinkommen mehr

wert als jede Form von Produktivvermögen. Nur die Bewohner, die ihre Habe verstecken oder beiseite schaffen konnten, überstanden die Besatzung, ohne arm zu werden. Goldmünzen z. B., die leicht vergraben oder weggeschafft werden konnten, waren wertvoller als ein gutgehendes Geschäft oder ein Bauernhof. Zum Glück greift heute der Staat nach subtileren Maßnahmen, um zu seinem Geld zu kommen. Er verbreitet mit seinen Forderungen zwar nicht mehr Angst und Schrecken, aber das Prinzip ist das gleiche geblieben.

Wenn man heute nur selten offen darüber spricht, so liegt das nach Auffassung von Sir George Savile, Marquis von Halifax, einem Zeitgenossen des 17. Jahrhunderts, daran, daß »jeder, der sagt, was er denkt, als Volksfeind gilt«. Das stimmt nur zum Teil. Meistens wollen die Leute gar nicht darüber nachdenken, daß die Gewalt die Basis der politischen Macht ist – die Polizei würde uns sofort abführen, wenn wir uns weigern würden, die Forderungen des Staates anzuerkennen. Das Finanzamt könnte z. B. sagen, daß unser Steuersystem auf der ›freiwilligen Kooperationsbereitschaft der Steuerzahler‹ beruht, aber das entspricht wohl nicht ganz den Tatsachen. Der verstorbene Joseph Schumpeter hat einmal geschrieben: »Die Theorie, daß Steuern nichts anderes sind als Clubbeiträge oder daß sie notwendig sind, um bestimmte Dienstleistungen zu finanzieren, beweist nur, wie weit dieser Teil der Sozialwissenschaften von einer wissenschaftlichen Betrachtung entfernt ist.«[2] Nach wie vor werden wir vom Staat ausgeplündert, nur daß das heute in Form von Gesetzen geschieht und daß diejenigen, die sich dagegen auflehnen, selten zum Tode verurteilt werden. Aber eine harte Strafe bleibt: *Die steigenden Ansprüche an den Staat verringern den Wert des Produktivvermögens und verschlingen Jahr für Jahr Milliarden Dollar.*

Seit der hemmungslosen Ausplünderung des Tellina-Tales sind die Methoden zwar subtiler, aber dafür auch komplizierter geworden. Da die Politik heute in fast jeden Lebensbereich übergreift, werden immer mehr Ansprüche an den Staat gestellt. Die amtierenden Politiker brauchen die Stimmen von ungefähr 20% der Wahlberechtigten und fühlen sich deshalb verpflichtet, ihre ›Beute‹ mit möglichst vielen Wählern zu teilen. Millionen von Menschen arbeiten im Staatsdienst und verdienen so ihren Le-

bensunterhalt, oder sie verbessern bzw. sichern ihr Einkommen durch Forderungen an die Regierung.
Firmen wie Lockheed und General Dynamics wurden mit Hunderten Millionen Dollar subventioniert, um auch weiterhin mit Profit zu arbeiten. Wenn sie ihre Produkte nicht mehr verkaufen oder mit einer saftigen Investitionsrendite rechnen können, um ›flüssig‹ zu bleiben, können sie sich getrost auf den Staat verlassen. Unsere Gesetze geben ihnen das Recht, mit dem Einkommen anderer ihre eigenen Kosten zu decken.
Und nicht nur die Firmen, die Verträge mit dem Staat abgeschlossen haben, können mit der Hilfe des Staates rechnen, sondern praktisch jedes Unternehmen, das in finanziellen Schwierigkeiten steckt und es geschickt anfängt. Regierungsstellen auf allen Ebenen geben etwa 2000 Dollar pro Haushalt dafür aus, nicht verkaufte oder unverkäufliche Produkte aufzukaufen. Die meisten großen Firmen können, wenn auch nicht von Rechts wegen, auf staatliche Unterstützung rechnen, wenn sie sich in einer Krise befinden. Beispielsweise entging Chrysler Anfang der 70er Jahre angeblich nur durch die Intervention der Federal Reserve Bank dem Bankrott. Im Herbst 1979 klopften die Chrysler-Leute erneut in Washington an die Tür. Aber auch ohne Krise halten viele Wirtschaftsinstitutionen es schon fast für ihr verbürgtes Recht, mit Hilfe von Bestimmungen, Kontingenten, Zolltarifen und ähnlichen legalen Maßnahmen ihren Gewinn zu sichern, der unter freien Wettbewerbsbedingungen vielleicht in eine andere Tasche geflossen wäre. Und nicht nur die Industrie, auch Ärzte, Anwälte und andere Spezialisten profitieren von den Gesetzen, die ihnen einen beträchtlichen Anteil am Produktivvermögen garantieren.
Es ist nicht einfach, sich diese Vorteile und Vorrechte, die der Staat bietet, als Einkommensübertragung vorzustellen. Wieso kann eine Verordnung ebensoviel wert sein wie Ersparnisse auf der Bank oder irgendein Produktionsfaktor, z. B. ein Farbzerstäuber oder ein Computer?
Die Tatsache, daß staatliche Subventionen nicht gehandelt werden, trägt dazu bei, daß wir ihren Wert nur schwer schätzen können. Außer den Besitzern von Staatsanleihen hat niemand einen rechtmäßigen Anspruch auf staatliche Unterstützung.
Eine Ausnahme ist die Taxilizenz. Diese behördlich erteilte

Konzession berechtigt einen Fahrer, zahlende Gäste zu befördern. Taxilizenzen stehen heute hoch im Kurs. Die Kosten für den Erwerb einer Taxikonzession sind höher als die Betriebskosten eines Taxis. Sie können ein Auto kaufen oder mieten, tanken, einen Taxameter einbauen und sich Fahrgäste suchen – und das für einen Bruchteil des Geldes, das man in Großstädten wie New York oder Chicago für eine Taxilizenz ausgeben muß.[3] Wenn andere Formen des transzendentalen Kapitals, z. B. Gewerbescheine, Dokumente, die die Zollfreiheit garantieren, oder die Pensionsberechtigung von Beamten, verkauft werden könnten, würden sie bestimmt einen hohen Preis erzielen.

Zu den weniger erfreulichen Forderungen nach staatlicher Unterstützung gehören auch die Sozialzuwendungen für Arbeitsunfähige oder Personen mit verminderter Erwerbsfähigkeit, z. B. die Wohlfahrtsunterstützung, Arbeitslosenunterstützung und diverse Hilfsprogramme, die inzwischen für fast jede Form von Benachteiligung staatliche Beihilfen vorsehen.

Für Leute mit begrenzten Verdienstmöglichkeiten ist die Versuchung natürlich groß, mit der Erwerbsunfähigkeit ein lohnendes Geschäft zu machen. In den meisten Fällen ist es kein Problem, sich Erwerbsunfähigkeit bescheinigen zu lassen und diesen Zustand beizubehalten. Da die Beihilfen normalerweise nicht hoch sind, wird auch nicht gründlich nachgeprüft, ob die Empfänger auch wirklich unterstützungsbedürftig sind; clevere Leute können deshalb mehr kassieren, als ihnen zusteht, ohne daß sie mit empfindlichen Strafen rechnen müssen – nicht einmal dann, wenn es sich nachweislich um Betrug handelt. In einem Fall soll eine Linda Taylor aus Chicago im Laufe von fünf Jahren 400.000 Dollar erhalten haben, indem sie sich mit Hilfe von Perücken und Masken in 15 verschiedene Personen verwandelte. Den Berichten nach war sie als Farbige, Weiße, als Puertoricanerin und Filipino zwischen 20 und 50 Jahren aufgetreten. Sie hatte die Behörden so geschickt hinters Licht geführt, daß sie sich jeden Luxus leisten konnte: teure Autos, eine Dachterrassenwohnung, Urlaub im Ausland – und das alles von einem Einkommen, das größer war als das der meisten amerikanischen Familien.

Zugegeben – der Fall Taylor mag ein Einzelfall sein. Aber die

Tatsache, daß es überhaupt die Möglichkeit gibt, sich mit Hilfe von derartigen Einkommensverteilungsprogrammen um einiges zu bereichern, ist sehr aufschlußreich. Betrug in einer solchen Größenordnung könnte zu weiterem Mißbrauch führen. Robert Carlson, der frühere Leiter einer Wohlfahrtseinrichtung, berichtete, daß es vor einigen Jahren mindestens 900.000 unberechtigte Sozialhilfeempfänger gegeben hätte. In Michigan überprüfte man die Kartei der Fürsorgeempfänger und verglich sie mit den Lohn- und Gehaltslisten von nur zwei größeren ortsansässigen Firmen; dabei deckte man 6000 Fälle von möglichem Betrug auf. Als man in New York die Kartei der Familienbeihilfeempfänger und anschließend das Geburtenregister überprüfte, stellte sich heraus, daß für 100.000 Kinder, die gar nicht existierten, Kindergeld gezahlt wurde. Es gibt unzählige Beispiele dieser Art. 1976 kontrollierte das Arbeitsamt in Washington die Sozialhilfeempfänger und kam zu dem Schluß, daß 54% der Überprüften nicht bezugsberechtigt waren.

Ob die Unglücklichen nun wirklich ein Recht auf staatliche Unterstützung hatten oder nicht – die meisten lebten ganz gut davon. Und wenn man mit Arbeit weniger verdient, ist sie erst recht nicht zu verachten. In 34 Kreisen des Staates New York ist z. B. das Einkommen aus Sozialhilfen nebst anderen Vergünstigungen, beispielsweise Lebensmittelmarken, höher als der Lohn eines Durchschnittsarbeiters nach Abzug der Steuern. Es läßt sich anhand von Statistiken beweisen, daß Sozialhilfeempfänger im Kreise Hamilton 2834 Dollar mehr haben, als wenn sie arbeiten würden. Und landesweit gesehen, verfügt ein Vier-Personen-Haushalt, der von der steuerfreien Sozialfürsorge lebt, nur über einen Dollar weniger als der Durchschnittsarbeiter nach Abzug der Steuern.

Diese Zahlen zeigen, daß man sein Einkommen durch staatliche Beihilfen verbessern oder seine Freizeit in vollen Zügen genießen kann, wenn man als erwerbsunfähig gilt. 1977 konnten Berufstätige, wenig über 20 Jahre alt, die nicht länger als 1 ½ Jahre im Arbeitsprozeß standen, eine Invalidenunterstützung beziehen, die um 38% höher war als der Nettoverdienst, den sie vor Beantragung ihrer Rente hatten. Die Durchschnittsrente betrug monatlich 517 Dollar, steuerfrei, und die Höchstrenten lagen bei 1051 Dollar.

Die für die Durchführung dieser Einkommensverteilungsprogramme zuständigen städtischen Angestellten sind finanziell noch besser gestellt. Sie verdienen nicht nur mehr als diejenigen, die in der freien Wirtschaft arbeiten, sie profitieren außerdem noch manchmal von den laxen Kontrollen, die sie bei ihren eigenen Programmen durchführen. In New York City gab es in einem Zeitraum von sechs Monaten 805 Fälle von Betrug, in die städtische Angestellte verwickelt waren.[4] In Washington D.C. wurden 19 Angestellte des Arbeitsamtes beschuldigt, ihre Dienststelle um insgesamt 300.000 Dollar betrogen zu haben. In Kalifornien wurden ehemalige Mitarbeiter einer Sozialbehörde vor Gericht gestellt und verurteilt, weil sie in Abendkursen den Leuten beibrachten, wie man die Sozialämter betrügt. Die Schüler profitierten von den Tricks, die ihre Lehrer während ihrer Zeit als Sozialfürsorger gelernt hatten. Diese erklärten ihren eifrigen Zuhörern, wie man mit Hilfe falscher Personalangaben, falscher Wohnsitze und falscher Telefonnummern an Zuschüsse für nicht existierende Angehörige herankommt. Als Gegenleistung forderten sie zwischen 20 und 50% der Einnahmen ihrer prospektiven Fürsorgeempfänger. Es gibt noch viele Beispiele, die eines zeigen: Dadurch, daß man Bedürftige finanziell unterstützt, schafft man einen Markt für die Bedürftigkeit, der nie gesättigt wird. Wenn man für das bezahlt wird, was man nicht kann, hat man sein Geld leicht verdient. Daß die Leute auf lange Sicht der Versuchung nicht widerstehen können, so leicht zu Geld zu kommen, ist den Behörden nicht unbekannt, und deshalb ist es so schwer zu entscheiden, ob jemand unterstützungsbedürftig ist oder nicht.
Auch die Arbeitslosenunterstützung ist immer attraktiver geworden. Die Hälfte der Leute, die Arbeitslosenunterstützung beziehen, ist weder zeitweise noch endgültig entlassen worden. Eine Studie der Arbeitsämter zeigt, daß mindestens einer von fünf Arbeitslosen freiwillig arbeitslos bleibt. Oft ist es günstiger, nicht mehr zu arbeiten und statt dessen die steuerfreie Arbeitslosenunterstützung zu kassieren, zu der oft noch zusätzliche Beihilfen, z. B. Lebensmittelmarken, gehören.
Und nicht nur diejenigen, die die Arbeiten Professor Martin Feldsteins gelesen haben, mußten feststellen, daß die Arbeitslosenunterstützung eine echte Alternative zu den Löhnen und Ge-

hältern, die in der Wirtschaft verdient werden, sein kann. Die Zeitschrift *Fortune* berichtete, daß einige langjährige Gewerkschaftsmitglieder nun fordern, als erste entlassen zu werden. Sie handeln nur so wie alle anderen, die sich auf Staatskosten ein herrliches Leben machen. Der Staat New York schickt mehr als 20.000 Schecks pro Woche an Arbeitslose, die sich in Florida oder anderen Urlaubsorten aufhalten. Die Arbeitslosenunterstützung dient nicht mehr dazu, eine kurzfristige Periode der Arbeitslosigkeit zu überbrücken, sondern viele arbeiten nur noch kurzfristig, um die Arbeitslosenunterstützung nicht zu verlieren. Ein Mann gründete eine Firma, um in den Genuß der Unterstützung zu kommen. Er investierte nur so viel, wie unbedingt nötig war, entließ sich selbst und lebte dann so lange wie möglich vom Staat. Womit bewiesen wäre, daß manche Leute verstanden haben, worum es bei dieser Art der Kapitalansammlung geht. All das weiß jeder Automechaniker und jeder Friseur. Aber selbst wenn die Simulanten so erfinderisch sein sollten wie Edison, läßt sich nicht an der Tatsache rütteln, daß weder die übliche Sozialhilfe noch die Arbeitslosenunterstützung ausreicht, um dem normalen Fürsorgeempfänger einen höheren Lebensstandard zu ermöglichen. Obwohl die Höhe der Sozialzuschüsse in den verschiedenen Staaten variiert, gelingt es nur wenigen, ein effektives Durchschnittseinkommen von mehr als 8000 Dollar zu beziehen, auch wenn man alle zusätzlichen Vergünstigungen wie Lebensmittelmarken, allgemeine staatliche Beihilfen, Zuschüsse für Familien mit unterhaltsberechtigten Kindern, Fahrpreisermäßigungen für öffentliche Verkehrsmittel, Großhandelsrabatte, lokale und regionale Sozialleistungen, Wohngeld für Familien mit niedrigen Einkommen, Beihilfen für den Haushaltsvorstand und die generelle Unterstützung für Indianer hinzuzählt. Wenn man davon ausgeht, daß all diese Sozialzuwendungen netto ausbezahlt werden und steuerfrei sind, entsprechen sie etwa der jährlichen Rendite, die eine Kapitalinvestition von etwas unter 150.000 Dollar abwirft. Das ist natürlich mehr, als der normale Durchschnittsbürger besitzt, und deshalb könnte man sagen, daß auch derjenige, der nur in bescheidenem Maß von der Unterstützung durch den Staat profitiert, aus wirtschaftlicher Sicht durchaus einen höheren Anspruch auf Amerikas Reichtum hat. Aber es ist wenig im Verhältnis zu den weitaus höheren Invalidenrenten von Staatsbeamten.

Schauen wir uns einmal die Möglichkeiten an, die einem Polizisten in Washington offenstehen. Erst kürzlich wurde 97% aller pensionierten Polizisten und Feuerwehrleuten im Bezirk Columbia eine Invalidenrente zuerkannt, die natürlich steuerfrei ist. Einer dieser Polizisten ist Johnny Arellano. Er arbeitete ein paar Jahre bei der Washingtoner Polizei und schied mit 31 Jahren wegen einer Rückenverletzung aus dem Dienst aus. Ihm stehen monatlich 500 Dollar steuerfrei zur Verfügung – das würde ein Kapital von 100.000 Dollar an Rendite abwerfen. Sein Einkommen steigt noch, weil es inflationssicher ist. Um wieviel es steigt, läßt sich schwer abschätzen, aber sicher um einiges mehr als jede Zivilrente. Natürlich hat Arellano dafür mit einer Rükkenverletzung bezahlt. Aber deshalb ist er keineswegs völlig erwerbsunfähig. Wenn man den Anzeigen eines Washingtoner Sport- und Campingartikelgeschäftes glauben darf, ist Arellano noch sehr aktiv. Auf einer Anzeige ist er mit einem Rucksack auf dem Rücken zu sehen. Darunter steht:

»Arellano auf einer Radtour! Seine nächste Reise geht von Williamsburg in Virginia nach Seattle! Zur Zeit macht er Skiwanderungen. Als gebürtiger Amerikaner hat Johnny schon viel von den Schönheiten unseres Landes entdecken können.«

Wenn man ihm vorhalten würde, er wäre trotz seiner Verletzung noch bemerkenswert fit, wäre er sich keiner Schuld bewußt. Er erzählte der *Washington Post:* »Ich versuche nur, ein normales Leben zu führen. Warum auch nicht?«[5]

Tatsächlich ist Arellanos Transfereinkommen nicht einmal besonders hoch. Dieses Einkommen liegt sogar unter dem Durchschnitt, was zur Illustration recht interessant zu sein scheint. Für sein rundes Dutzend Dienstjahre bei der Polizei von Washington konnte er ein Transfereinkommen von jährlich ca. 6500 Dollar erwerben. Im Normalfall sammelt ein Polizist, der im Alter von 45 Jahren pensioniert wird, in neunzehn Dienstjahren ein Transfereinkommen von jährlich 20.107,93 Dollar an. Dies entspricht etwa der Höhe des Produktivkapitals, das er jährlich hätte ansparen müssen, um die normalerweise erwartete Gesamtrente eines Polizisten von 700.000 Dollar zu erreichen.

Nachdem seit dem 1. Januar 1977 82% der pensionierten Polizisten der Stadt und 83% der pensionierten städtischen Feuerwehrmänner für dienstuntauglich befunden wurden, wird ihr Einkommen auch noch steuerfrei sein. Das vergrößert natürlich das Äquivalent zum oben erwähnten Produktivkapital noch mehr. Um 700.000 Dollar nach Steuern, das heißt rein netto Gesamtrente zu erhalten, müßte man, nur überschlagsmäßig gerechnet, jährlich 28.725 Dollar ansparen. Das ist enorm viel Geld. Mehr als zweimal soviel wie das durchschnittliche Nettojahreseinkommen eines einfachen Arbeiters.
Die Invalidenrente der Beamten gehört natürlich zu den vielversprechendsten Möglichkeiten, Kapital anzusparen. Es ist deshalb kein Wunder, daß immer mehr Leute irgendwelche ›Gebrechen‹ entdecken, die sie zu einer Invalidenrente berechtigen. Keine Möglichkeit wird dabei ausgelassen. Ein Polizist beantragte Invalidenrente wegen eines ›steifen Zeigefingers‹.
Das klingt illegal, ist es aber nicht. Die Pensionsausschüsse geben normalerweise 98% der Rentenanträge statt. Die Rentenbewilligung ist bei ihnen eine reine Routineangelegenheit. Ein Ausschußmitglied gestand der *Washington Post*: »Man muß nicht einmal nach einer Gesetzeslücke suchen, durch die man hindurchschlüpfen kann. Die Tür steht für jeden weit offen.«[6]
Und jeder, angefangen bei Johnny Arellano bis hin zum früheren Polizeichef von Washington, Maurice J. Cullanane, ist hindurchmarschiert. Cullanane bezieht eine Invalidenrente von 31.000 Dollar pro Jahr, steuerfrei, wegen einer Knieverletzung, die ihm 1968 ein Demonstrant beigebracht hatte. Wenn Cullanane 69 Jahre alt wird – und das entspricht der durchschnittlichen Lebenserwartung –, hat er bis dahin mehr als eine Million Dollar erhalten; der Tritt ins Knie hat sich also genauso bezahlt gemacht wie Pelés artistische Beinarbeit, die Brasilien die Weltmeisterschaft einbrachte.
Damit will ich nicht sagen, daß Cullananes Verletzung simuliert ist. Das ist bei allen anderen Beamten, die Invalidenrente beziehen, vielleicht auch nicht der Fall. Aber es leuchtet zumindest ein, daß viele geplagte Polizisten und Feuerwehrleute ihre gesundheitlichen Schäden ein wenig übertrieben haben, um mit Hilfe ihrer Dienstuntauglichkeit ihren Lebensstandard zu verbessern. Das Leben teilt oft harte Schläge aus, und wir tragen im

Laufe der Zeit ganz sicher unsere Schäden davon. Wie angenehm ist es da, etwas zu finden, das schmerzt, aber 1000 oder 100.000 Dollar einbringt! Der Geist ist zwar willig, aber das Fleisch ist schwach.

Dieses Sprichwort trifft keinesfalls nur auf Washington zu. Ein Beamter, der eine Invalidenrente bezog, fand nach seiner Pensionierung eine neue Arbeit und verdiente durchschnittlich 64.000 Dollar im Jahr. Im Bericht eines Untersuchungsausschusses war nachzulesen, daß jemand von 1975 bis 1976 100.943 Dollar verdiente und gleichzeitig eine hohe Invalidenrente kassierte. Invalidenrenten stehen so hoch im Kurs, daß es inzwischen Berater gibt, die den Beamten zeigen, wie man am besten zu Abfindungen und Rentenzahlungen kommt. Ein Berater, der nur in einer Schiffswerft der Marine arbeitete, brachte 2500 Leute dazu, Rentenanträge zu stellen, wovon 90% bewilligt wurden. Ein 75jähriger Beamter im Ruhestand erhielt eine Abfindung von 42.000 Dollar, weil sein Gehör im Dienst gelitten hatte – obwohl er seit 1929 keinem größeren Lärm ausgesetzt gewesen war als dem, den eine Schreibmaschine macht.

Die Invalidenrente für Beamte hat zwar in manchen Fällen eine immense Höhe erreicht, sie ist aber keineswegs die einzige Art, sich mit Hilfe der Sozialleistungen des Staates zu bereichern. Die normalen Gehälter und Beiträge zur Altersversorgung, die der Staat zahlt, sind bei weitem höher als das, was durchschnittlich in Wirtschaft und Industrie gezahlt wird. Beispielsweise verdienten Zivilbeamte 1977 durchschnittlich 13.936 Dollar – das sind 22% mehr als der Durchschnittsverdienst in der Industrie, der bei 11.092 Dollar lag. Diese Differenz ist auf die unterschiedlichen Sozialleistungen zurückzuführen, die im Staatsdienst um 50% höher sind als in Wirtschaft und Industrie. Der Durchschnittsbeamte erhält z. B. doppelt soviel Urlaubsgeld – nämlich 1140 Dollar – wie ein Angestellter mit 636 Dollar. Auch das Krankengeld ist um 200% höher als bei den meisten Privatunternehmen. Aber das ist nur ein Aspekt der Ungerechtigkeit dieses Systems.

Beamte können sich mit 55 Jahren in den Ruhestand versetzen lassen und ihre volle Rente beziehen, Angehörige des Militärs noch früher. Bei einer durchschnittlichen Lebenserwartung würde sich die gesamte Rente auf 465.000 Dollar belaufen. Der

Rentenausschuß unter Vorsitz des früheren Rentenressortleiters Charles J. Zwick stellte im Gegensatz dazu fest, daß dem durchschnittlichen, nicht für den Staat arbeitenden Rentner nur 40% seines letzten Gehaltes zustehen – und das erst mit 62 Jahren. Er kann bis zu seinem Lebensende eine Gesamtrente von 135.000 Dollar erwarten. Aber seine Rente ist nicht gegen eine Inflation geschützt. Das heißt, wenn die Inflationsrate im nächsten Jahrzehnt weiterhin durchschnittlich um 7% steigt, jeweils 1000 Dollar der Zivilrente um 500 Dollar an Kaufkraft reduziert werden. Die Staatspension dagegen ist inflationsgeschützt. Von 1965 bis 1976 wurden die Pensionsbezüge um 156% angehoben, während die Lebenshaltungskosten um 80,4% gestiegen sind. Staatsbeamte beziehen also eine Pension, die von Anfang an drei- bis viermal höher ist als eine private Rente, aber das ist nur der Anfang. Je höher die Inflationsrate, desto vorteilhafter ist es, eine Staatspension zu erhalten.

Der Vorteil besteht darin, daß es mindestens 68 verschiedene staatliche Pensionspläne gibt, unter denen man wählen kann, und daß man gleichzeitig mehrere Renten beziehen kann. Militärangehörige können z. B. mit 38 Jahren den Dienst quittieren und bekommen 50% ihres Grundgehalts als Rente; ihnen bleibt also genug Zeit, um sich nach einem anderen Posten im Staatsdienst umzusehen. Mindestens 125.000 Personen profitieren auf diese Weise doppelt. Mehr als die Hälfte aller Beamten im Ruhestand ist außerdem noch sozialversichert. Für sie ist die Einzahlung in die Sozialversicherung eine lohnende Investition, denn sie leisten normalerweise nicht während ihres gesamten Berufslebens ihre Sozialversicherungsbeiträge, so wie andere Erwerbstätige. Und da sich mehr als die Hälfte aller Beamten nach ihrer Pensionierung eine Arbeit in der freien Wirtschaft sucht, haben sie auch Anspruch auf eine Sozialrente. Sie profitieren von einem Gesetz, daß eigentlich für Personen mit niedrigem Einkommen gedacht war. Dadurch, daß diejenigen, die wenig in die Rentenversicherung einzahlen, viel herausbekommen, können die, die doppelt profitieren, hundert- bis fünfhundertmal mehr Ertrag auf ihr investiertes Kapital erwarten.

Im Gegensatz dazu müßte ein Erwerbstätiger in der freien Wirtschaft, der sein Leben lang Sozialversicherungsbeiträge zahlen muß, mehr als hundert Jahre alt werden, um die Kapitalsumme

– mit Zinsen – zurückzubekommen, die er während seiner Berufstätigkeit in Form von Sozialversicherungsbeiträgen eingezahlt hat. Dazu kommt noch, daß bei zwei Drittel aller privaten Rentenpläne die Bezüge gekürzt werden, wenn der Versicherte gleichzeitig auch Sozialrente erhält. Das ist im Staatsdienst anders.

Jemand, der clever ist, kann den Staat pro Jahr um mehr als 75.000 Dollar schröpfen. Die ganz Gewitzten profitieren nämlich nicht nur doppelt, sondern dreifach, indem sie eine Rente vom Militär, eine Staatspension und eine Sozialrente beziehen. Es soll sogar Leute geben, die gleich vierfach ›absahnen‹, z. B. soll es Bundesrichter geben, die ihr volles Gehalt in Höhe von 65.000 Dollar auf Lebenszeit weiterbekommen, plus Altersruhegeld, plus Offiziersrente, plus Sozialversicherung. Wer weiß, wo die Grenze ist?

Es gibt so viele Möglichkeiten, seinen Lebensunterhalt durch Einkommensübertragungen zu verdienen, die vom materiellen Standpunkt aus sehr lukrativ sind, daß man sie einfach nicht länger ignorieren kann. Umverteilungseinkommen haben eine schnelle und sichere Wertsteigerung zu verzeichnen; darüber hinaus werden diejenigen, die davon leben, kaum damit rechnen müssen, daß man sie ›enteignet‹. Da jede Regierung am eigenen Profit interessiert ist, wird ihre Einkommensquelle nie versiegen; sie ist sicherer als jede andere Kapitalanlage. Es gibt nicht einmal Neider. Die Politiker ereifern sich geschickt über Ungerechtigkeiten und Mängel in der Verteilung des Produktivvermögens; über die viel größere Ungerechtigkeit bei der Verteilung der Transferzahlungen gehen sie wohlweislich hinweg. Und was die ganze Sache noch schlimmer macht – diese Art der Einkommensübertragung ist fast immer steuerfrei. Während ein Beamter auf seine Rente wartet, wächst sein unsichtbares Kapital immer mehr. Deshalb gehen die cleversten Leute – die, die genau wissen, wo Geld zu verdienen ist – in den Staatsdienst. Dort liegen nämlich ihre Chancen.

Das Problem ist, daß *Umverteilungseinkommen für die Gesellschaft keine Aktiva, sondern Passiva sind.* Jeder, der nur seine eigenen Interessen verfolgt und Anspruch auf diese Art des Kapitals erhebt, zehrt mit Hilfe des Staates vom Vermögen der anderen. Wohin führt das? *Die Erwerbstätigen werden ausgequetscht,*

je mehr sich der Wert produktiver Arbeit verringert und je größer die Belastungen für die produktiv Arbeitenden werden.
Die explosionsartige Zunahme der Transferzahlungen hat zur Folge, daß mindestens 70 Millionen Menschen – fast ein Drittel der Gesamtbevölkerung – ihr Einkommen vom Staat beziehen. Manche schätzen die Zahl noch höher. Welche Zahlen auch richtig sein mögen, fest steht, daß die Ansprüche an Industrie und Wirtschaft unvorstellbar hoch sind. Zu diesen Belastungen gehören Staatsschulden, Darlehen und Kreditgarantien des Staates, Hilfeleistungen für Hochwasser-, Erdrutsch- und anderweitig Geschädigte, Entschädigungen bei Pannen in Atomkraftwerken und die ständigen Subventionen bei Ernteschäden; dazu zählen auch die laufenden Zahlungen an die 68 staatlichen Pensions- und Rentenkassen und die Ausgaben für die Sozialversicherungen. Alle diese Verbindlichkeiten haben inzwischen eine Höhe von mindestens 15 Billionen Dollar erreicht – das ist ungefähr soviel, als wenn man Tag und Nacht, von Beginn unserer Zeitrechnung bis heute, pro Stunde 900.000 Dollar ausgegeben hätte.
Der Beratungsausschuß stellte fest, daß diese Summe den Gesamtwert aller in Amerika existierenden Produkte übersteigt. Alle materiellen Güter, jedes Stück Land in Privat- oder staatlichem Besitz, alle Kriegsschiffe, Tischtennisbälle, Brillantringe, Bekleidungsstücke, alle Bücher und Publikationen in den Buchhandlungen und Kaufhäusern unseres Landes haben zusammengenommen nur einen Wert von 6,2 Billionen Dollar oder 28.611 Dollar pro Kopf. Mit anderen Worten, *die Transferzahlungen des Staates sind höher als der Wert unseres Gesamtvermögens.*
Wir haben damit eine Situation geschaffen, in der derjenige am besten seinen eigenen wirtschaftlichen Interessen dient, der Forderungen an Industrie und Wirtschaft stellen kann. Damit haben wir eigentlich eine Art Wettbewerb angekurbelt, immer mehr vom volkswirtschaftlichen Gesamtvermögen zu verbrauchen. Aber wir stellen uns blind. Die Wirtschaftslage wird weiterhin anhand einer allgemein anerkannten Methode – der Errechnung des Bruttosozialprodukts – eingeschätzt, die aber nur die Ausgaben berücksichtigt. Die Wirtschaftslage kann sich also scheinbar verbessern, wenn das Produktivvermögen und die

Ausgaben wachsen. Aber da das Umverteilungseinkommen bei weitem höher ist als das, was sich mit produktiver Arbeit erwirtschaften läßt, kommt der Anstieg des Bruttosozialprodukts nur deshalb zustande, weil man von den Reserven zehrt, die die Wirtschaft in der Vergangenheit angelegt hatte. Das Bruttosozialprodukt steigt, je mehr Geld durch die Hände der Leute fließt, aber der Lebensstandard des einzelnen, des Durchschnittbürgers, verschlechtert sich immer mehr.
Daß wir heute so leben können – mit Alka Seltzer und Hummeressen, mit Waschmitteln und Wochenendhaus am Meer –, haben wir einzig dem Prinzip des *Wettbewerbs* zu verdanken, nicht nur dem Wettbewerb zwischen den Herstellern einzelner Produkte, sondern auch dem Wettbewerb zwischen den verschiedenen Möglichkeiten, zu Wohlstand zu gelangen. Wenn Industrie und Wirtschaft ein finanziell lohnenswertes Betätigungsfeld sind, wächst das volkswirtschaftliche Gesamtvermögen und folglich auch der Wohlstand des einzelnen. Das bedeutet ›Fortschritt‹.
Das heißt, daß für viele Menschen etwas getan wird. Wenn aber produktive Arbeit nicht mehr die gleichen oder sogar weniger Vorteile bietet, als wenn man von der Arbeit anderer profitiert, dann darf man sich nicht wundern, daß immer mehr scharfsinnige, geschickte und skrupellose Leute auf diese Weise ihr Glück versuchen.
Das ist der Hauptgrund dafür, daß der Staat in der westlichen Welt in den letzten Jahrhunderten zur größten Wachstumseinheit geworden ist. Im Staatsdienst zu arbeiten ist lukrativ. Die vielen Leute, die in Washington Schlange stehen, um einen Posten bei der Regierung zu bekommen, haben das erkannt. Sie wissen: Die besten Chancen, mehr als andere zu verdienen und sich mehr Luxus leisten zu können, bietet der Staatsdienst.
Diese Leute können sich vielleicht auf Staatskosten bereichern und es sich gutgehen lassen. Einzelne Unternehmen oder auch ganze Wirtschaftszweige leben möglicherweise in erster Linie von Umverteilungseinkommen anstatt von ihrem Produktivkapital. Aber das Wunder, das ihnen ihren Wohlstand ermöglicht, ist nicht mit der wunderbaren Brotvermehrung zu vergleichen. Es ist nichts als ein Trick, den die Leute anwenden, um auf Kosten anderer zu leben. Aber selbst wenn die anderen keinen Ein-

spruch dagegen erheben, werden ihnen bald die Mittel fehlen, die notwendig sind, um das System beizubehalten.
Daß eine Gesellschaft nicht das verbrauchen kann, was sie gar nicht besitzt, ist keine atemberaubende Entdeckung. Aber was das für uns bedeutet, haben wir immer noch nicht ganz erkannt. Solange wir glauben, daß Wirtschaft und Politik zwei getrennte und völlig verschiedene Bereiche sind und daß die Politiker aus edlen Motiven handeln, sehen wir nicht, wie einige Menschen aus Habgier die Wirtschaft ausquetschen. Sie verfolgen nur ihre eigenen Interessen und lassen sich auch dadurch nicht abhalten, daß Umverteilungseinkommen nicht auf ehrliche Art zustande kommen. Der Politiker oder Bürokrat, der zum ›Goldgräber‹ wird, hat sich nicht plötzlich verändert. Er bleibt der gleiche Mensch, ob er nun in seiner offiziellen Funktion hinter dem Schreibtisch sitzt oder ob er versucht, eine Hypothek für ein größeres und besseres Haus aufzutreiben, in das er sich nach seiner Amtszeit zurückziehen möchte. Er möchte, wie alle anderen, lieber mehr als weniger besitzen. Er ist keineswegs der neutrale Schiedsrichter, der die Habgier und das Profitdenken von Wirtschaft und Industrie bremsen muß. Auch er ist habgierig und denkt an seinen Vorteil. Daß man am Staat verdienen kann, ist wohl das größte Phänomen unserer Zeit.

Die Quetsche

»Der drohende Staatsbankrott rückte in greifbare Nähe. Um Abhilfe zu schaffen, griff man zu einem bewährten Mittel: zu Geldwertverschlechterung und Steuererhöhungen ...
Im 3. Jahrhundert gab es so unruhige und schlimme Zeiten, daß zahllose Menschen, besonders aus der bürgerlichen Mittelklasse, verarmten oder vor dem Ruin standen ... Die Verschwendungssucht des Staates, die ständige Einmischung in die Privatwirtschaft und die Inflationen weiteten sich zu einer Lawine aus, die vieles, was früher von Wert war, unter sich begrub und auslöschte.«

The Cambridge Ancient History, Band XII

T. S. Eliot

Die Geldquetsche

»... von allen Tricks, mit denen man versucht hat, die arbeitende Klasse hereinzulegen, war keiner wirksamer als der mit dem Papiergeld.«

Daniel Webster

Samuel Butler (II) sagte einmal, daß die drei wichtigsten Dinge im Leben eines Menschen seine Genitalien, sein Geld und seine Religion seien.

Es wäre schon ein großer Verlust für sein geistiges wie für sein Gefühlsleben, wenn der Mensch ebensowenig über die beiden anderen Dinge wüßte wie über Geld. Nichts, das so wichtig ist, wird so wenig verstanden. Man kann behaupten, daß die amerikanische Durchschnittsfamilie pro Jahr einige hundert Dollar einbüßt, weil die meisten Dinge im Zusammenhang mit unserem Geld nicht richtig verstanden werden, was sich wiederum auf die Inflation auswirkt.

Um zu sehen, wie man ausgequetscht wird, muß man zunächst einmal das Geld aus einer anderen Perspektive betrachten. Das heißt, wir müssen über die Tatsache hinaussehen, daß wir alle mehr Geld wollen. Jeder ist so beschäftigt damit, Geld zu verdienen und auszugeben, daß er vergißt, daß es eigentlich einem ganz anderen Zweck dient. Geld ist wunderbar, und zwar nicht nur, weil wir damit Brot und Butter kaufen können, sondern weil es ein Kommunikationsnetz schafft. Es ermöglicht dem Menschen, sich mehr Informationen zu verschaffen als durch die New York Times, durch Nachrichten, Post, Telegramme, Rauchsignale, Trommeln oder jede andere Kommunikationsform.

Das Auf und Ab der Preise liefert uns ungeheuer viele Informationen darüber, was in der Welt vor sich geht. Eine einfache Preisänderung macht aus einem komplizierten Netzwerk von Fakten brauchbare Informationen, die uns bei den täglichen Entscheidungen helfen. Wenn es plötzlich kaum noch Thunfisch gibt, steigt der Preis für Thunfisch. Dann werden Sie wahrscheinlich weniger Thunfischsalat essen, ohne daß Sie genau wissen müssen, welche Kombination von Ursache und Wirkung nun zu einer Thunfischverknappung geführt hat. Das ist der große und so wenig verstandene Vorteil des Geldes. Nobelpreisträger F. A. von Hayek formulierte es so:

»Wie wenig der einzelne doch wissen muß, um richtig zu handeln! In verkürzter Form, durch ein Symbol, werden die wichtigsten Informationen an die weitergegeben, die es angeht. Es ist mehr als ein bildlicher Ausdruck, wenn man das Preissystem mit einem Mechanismus vergleicht, der Veränderungen anzeigt, wie bei einem Telekommunikationssystem, bei dem man nur die Bewegungen bestimmter Zeiger oder Skalen beobachten muß, um sein Verhalten den Veränderungen anzupassen, von denen man auch nicht mehr wissen muß, als man aus Preisänderungen ablesen kann.«[1]

Um die eigentliche Funktion des Geldes verstehen zu können, braucht man Vorstellungsvermögen. *Wir sind allerdings so sehr damit beschäftigt, Geld zu verdienen und auszugeben, daß die eigentliche Funktion des Geldes – nämlich die Informationsbeschaffung – selbstverständlich für uns geworden ist.* Man muß jedoch dazu sagen, daß Geld zwar ein wichtiger Informationslieferant ist, daß es aber auch falsche Informationen liefern kann. Wenn die Währung nicht stabil ist und das Geld durch Inflationen an Wert verliert, werden wir nicht nur ärmer, sondern wir erhalten auch wertlose Informationen. Auf diese Art und Weise kann man durch die Manipulation des Geldes auch den Menschen manipulieren.

Weil wir Geld nur aus unserer persönlichen Perspektive sehen, glauben wir, daß mehr Geld uns reicher macht. Vom Standpunkt des einzelnen aus mag das richtig sein. Aber es muß nicht für das gesamte System zutreffen. Das muß der Durchschnittsbürger heute am eigenen Leib spüren. Er hat mehr Geld als je zuvor, aber er ist im Grunde ärmer als vor hundert Jahren. Der Durchschnittsarbeiter verdiente 1978 etwa 11.000 Dollar jährlich, aber die Kaufkraft seines Geldes war die gleiche wie 1967, als er noch 5000 Dollar pro Jahr bekam. Der Durchschnittsbürger hat aber heute nicht nur ein geringeres Realeinkommen, auch andere Formen seines Vermögens haben an Wert verloren: Bargeld, Scheckkonten, Ersparnisse, Renten, Versicherungen,

Aktien und Obligationen. Diese Vermögenswerte sind zum Teil auf andere Personen übertragen worden oder ganz verlorengegangen.

Die meisten Analysen, die sich mit den Auswirkungen der Inflation befassen, haben diesen Gesichtspunkt nicht berücksichtigt. Sie konzentrieren sich auf das Einkommen, besonders deshalb, weil Einkommensstatistiken leichter zu beschaffen sind. Der Vergleich zwischen der jährlichen Einkommens- und Inflationszuwachsrate zeigt, daß beide sich die Waage halten. Das ist aber nicht wahr. Die Einkommen sind zwar angehoben worden, um den Verfall der Kaufkraft zumindest teilweise aufzufangen, aber das gilt nicht für das *gesamte Vermögen.* Vermögenswerte mit einem Dollarnennwert sind geschrumpft. Eine Versicherungsgesellschaft kann den Wert Ihrer Lebensversicherung nicht mehr exakt berechnen – sie kann nur die Versicherungsprämien erhöhen. Die Banken können die Zinsen nicht so erhöhen, daß die Auswirkungen der Inflation berücksichtigt werden – das wäre illegal. Es gibt keine Möglichkeit, Millionen von Menschen für ihre Verluste zu entschädigen. Und wenn man die Auswirkungen der Inflation beseitigen könnte, würde man sie ihrer eigentlichen Funktion berauben: *Sie hatte schon immer die Aufgabe, Kapital von einer Person auf eine andere zu übertragen.*

Eine Inflation entsteht dadurch, daß mehr Geld in Umlauf gebracht wird. Je mehr Geld im Umlauf ist, desto weniger ist es wert. Da diejenigen, die zusätzliches Geld in Umlauf bringen, davon profitieren, gab es schon immer Inflationen in der Geschichte der Menschheit. Auch zu den Zeiten, als es noch kein Papiergeld, sondern Münzen gab, konnten die Herrscher, die bestimmten, wie viele Münzen geprägt wurden, ihre ›Schäfchen ins trockene bringen‹, indem sie die Münzen einfach abwerteten.

Betrachten Sie einmal folgenden Bericht über die Inflation im Römischen Reich:

»Der Staat wertete mehrmals das Geld ab und brachte immer neues in Umlauf. Die Prägeanstalten arbeiteten fieberhaft. Die Goldmünzen blieben zwar rein, aber sie wurden immer kleiner, so daß sie schließlich nur noch nach Gewicht gemessen wurden. Nach 256 hatte die Silberwährung des Reiches, hauptsächlich die Münze mit dem Antoniuskopf, 75 und später 98% ihres Silbergehaltes verloren; sie war dann nur noch ein Stückchen Kupfer, das man für Silber getauscht hatte.«[2]

Jedesmal, wenn die Münzen eingeschmolzen und neue geprägt wurden, profitierte die herrschende Elite des Landes. Wenn aus einer Silbermünze nach wiederholter Abwertung fünfzig gemacht wurden, brauchte man fünfzig neue Münzen, um den Wert einer alten Münze zu besitzen. Da die Bürger ständig gezwungen waren, das erneut entwertete Geld zu seinem Nennwert zu akzeptieren, bekamen sie den Geldwertverlust am meisten zu spüren, während die herrschende Oberschicht, die Einfluß auf den Kaiser hatte, erheblich davon profitierte. Die zusätzlichen Einnahmen des Reiches wurden zum Teil für das Heer verwandt, das immer besser besoldet wurde, und für die steigende Anzahl der Armen, die auf die Hilfe des Staates angewiesen waren. Es gab Zeiten, in denen ein Drittel der 1,2 Millionen freien Bürger des Römischen Reiches von Almosen lebte. Für die herrschende Klasse waren sie nur der Mob, der es dem Kaiser und seinen Vasallen ermöglichte, an der Macht zu bleiben.
Die Inflationswelle wurde im Mittelalter von den Feudalherren weiter angekurbelt. Jeder Edelmann, Graf oder Herzog fand, daß es ebenso wichtig sei, eine eigene Prägewerkstatt zu haben wie ein dunkles und modriges Verlies. Jeder beanspruchte für sich das ausschließliche Recht, in seinem Herrschaftsbereich die Münzen auszugeben. Sie zogen die Münzen ihrer Vorgänger ein, werteten sie ab, wenn die neuen in Umlauf gebracht wurden, und konnten so ihren Reichtum vergrößern.
Aber niemand, der im Lauf der Geschichte die Währung manipuliert hat, hatte dabei so freie Hand wie unsere heutigen Währungsinstanzen.
Keiner der Edelleute oder Könige hatte genug Macht, um eine hyperinflationäre Geldentwertung zu verursachen. In den verschiedenen Herrschaftsgebieten waren so viele verschiedene Münzen im Umlauf, die sich gegenseitig ›Konkurrenz‹ machten, daß dadurch nur eine langsame und bescheidene Inflation zustande kam. Dennoch wurde eine Münze wie der Maravedi, der früher einmal ein Dinar mit 65 Gran Gold war, so abgewertet, daß er aus dem Verkehr gezogen wurde, weil er zu klein ge-

worden war. Danach wurde daraus eine Silbermünze mit 27 Gran Silber. Auch diese Münze wurde wieder eingeschmolzen, nachdem sie schließlich nur noch 1,5 Gran Silber enthielt, was etwa der Größe eines winzigen Staubkorns entspricht (ein Gran hat 0,0648 g).[3]

Während die Potentaten in Europa ihren Gewinn hauptsächlich auf das beschränken mußten, was Gold- und Silbermünzen hergaben, waren die chinesischen Kaiser in der Lage, von mehrfachen Hyperinflationen zu profitieren, weil dort inzwischen das Papiergeld eingeführt worden war. Marco Polo berichtete, daß das Papiergeld »dem Großen Khan mehr Schätze eingebracht hat, als alle Könige der Welt zusammen besitzen«. Zum Glück konnten die europäischen Herrscher mit diesem Hinweis nichts anfangen. Obwohl es bereits 1189 in Hérault, Frankreich, die erste Papiermühle gab, experimentierte man hauptsächlich mit einer Währung aus Leder herum, die allerdings keine Basis dafür bot, sich mit Hilfe einer Inflation zu bereichern.

Solange Münzen die Währungsgrundlage bildeten, blieb die Profitsucht der Herrscher in Grenzen. Das Volk merkte schnell, wenn die Münzen kleiner wurden. Und selbst, wenn sie durch Abwertung eine andere metallische Zusammensetzung erhielten und Gold und Silber durch andere Legierungen ersetzt wurden, ließ sich, wie Archimedes im 3. Jahrhundert vor Christus bewiesen hatte, immer noch feststellen, ob eine Münze rein war. Obwohl viele Menschen betrogen wurden, besonders wenn das Geld nur leicht abgewertet wurde, konnte man an den Inflationen im Mittelalter nicht primär daran verdienen, daß man dem Volk Sand in die Augen streute. Den meisten Menschen war auf Anhieb klar, was da vor sich ging. Der Herrscher steckte das, was er mit der Prägung der Münzen verdiente, in die eigene Tasche.

Als Ende des 17., Anfang des 18. Jahrhunderts das Papiergeld eingeführt wurde, nahm die Inflation modernere Formen an. Reich werden konnte man jetzt nicht nur, wenn man mit dem Geld knauserte, sondern auch dadurch, daß man die Leute dazu verführte, es auf ganz neue Art und Weise auszugeben. Dazu brauchte man – wie heute – ein Bankwesen, das für eine *Kreditexpansion* sorgte.

Eine der bemerkenswertesten und interessantesten Formen der

Inflation im modernen Stil war das Mississippi-Projekt von John Law. Nach dem Tod Ludwigs XIV. im Jahre 1715 war die französische Wirtschaft am Ende. Die Leiche des berühmten ›Sonnenkönigs‹ war kaum im Grab, als auch schon ein großes Protestgeschrei wegen der hohen Steuern durchs ganze Land ging. Eine Prüfung der Staatsfinanzen zeigte, daß sich die Staatsschulden auf 3 Milliarden Livres beliefen. Das war schlimm, denn man hatte nur 3 Millionen Livres, womit man gerade die Zinsen bezahlen konnte. Man konnte das nötige Geld einfach nicht beschaffen, und so gab eine Gruppe am Hof, angeführt von Graf Saint-Simon, dem neuen Regenten den guten Rat, die Ständevertretung einzuberufen und den Staatsbankrott zu erklären, um eine Revolution zu vermeiden. Der neue König verzichtete auf den guten Rat und wertete statt dessen schnurstracks die Währung ab. Alle französischen Münzen wurden eingezogen und zum gleichen Wert wieder in Umlauf gesetzt, allerdings wurde ihr Silber- bzw. Goldgehalt um ein Fünftel reduziert. Dadurch gewann der Staat 72 Millionen Livres, und der drohende Staatsbankrott war zunächst einmal abgewendet.

Zu diesem Zeitpunkt erschien der schottische Abenteurer und Glücksritter John Law auf der Szene; er bat um die Erlaubnis, eine Bank zu gründen und Papiergeld herauszugeben. Obwohl Law kaum Französisch sprach, war die Regierung von seinem Plan sehr angetan. Am 5. Mai 1716 durfte Law auf königlichen Erlaß seine Bank eröffnen. Er zeigte sich dem Volk von seiner besten Seite: Er gab Papiergeld aus, das er jederzeit, auf Verlangen, zum Nennwert zurückkaufen wollte. Überall in Frankreich eröffnete er Zweigstellen, und die Reaktion des Volkes war sehr positiv. Während die Staatsanleihen aus der Zeit Ludwigs XIV. sich mit 80% Verlust verkauften, erzielten Laws Banknoten Preise, die weit über dem Nennwert lagen. Das Volk hatte sich übertölpeln lassen. Law verlor keine Zeit und machte aufgrund seiner Erfolge noch andere Privilegien geltend: Seine Bank hatte als einzige in Frankreich das Recht, Tabak zu verkaufen, kostbare Metalle zu verarbeiten, und wurde in ›Königliche Bank Frankreichs‹ umbenannt.

Zur gleichen Zeit kündigte Law an, daß er großzügig Kredite erteile. Er spekulierte dabei auf das Alleinrecht seiner Bank, in der Provinz Louisiana und am Mississippi Handel zu treiben, und erklärte den Leuten, daß es in diesem Gebiet wertvolle Metalle und andere Bodenschätze im Überfluß gäbe, die seine Bank für eine lohnende Geldanlage halte. Law erhielt zudem noch das vom König verbriefte Recht, dort Steuern einzutreiben und Münzen zu prägen, was das ganze Projekt natürlich noch verlockender machte. Das Volk fiel auf seine clevere Spekulation herein. 200.000 Aktienanteile wurden verkauft. Gleich danach, noch während der ersten Welle der Begeisterung, gab die Bank 1 Milliarde Livres in Papiergeld aus. Dadurch wurden die Münzen noch mehr abgewertet. Das Resultat war eine durch Spekulation entstandene Inflation von ungekanntem Ausmaß, die man heute als inflationistische Konjunktur bezeichnen würde.

Eine Zeitlang schien alles gutzugehen. Dann setzte die unvermeidliche Reaktion ein. Anfang 1720 hatten die Leute die ersten Schwierigkeiten, Laws Papiergeld in Hartgeld umzutauschen. Mehrere Gesetze wurden kurzfristig nacheinander erlassen, die den Umtausch von Papiergeld in Hartgeld einschränken sollten. Am 27. Mai 1720 gab die Königliche Bank Frankreichs überhaupt kein Hartgeld mehr heraus. In der Panik, die in den folgenden Wochen einsetzte, wurden Dutzende Menschen zu Tode getrampelt, als sie durch die verstopften Banktüren stürmen wollten, um ihr wertloses Papiergeld umzutauschen. Law floh nach Belgien, nur mit dem, was er auf dem Leib trug.

Wie bereits Elgin Groseclose bemerkt hat, ist Laws Geschichte deshalb so interessant, weil er das Papiergeld aus der Taufe gehoben hat.[4] Der künstliche ›Boom‹, der durch Laws massive Kreditausweitung ausgelöst wurde, ist ein gutes Beispiel, um zu zeigen, wie profitabel eine Inflation für die sein kann, die sie steuern. *Indem man die Leute dazu bringt, aufgrund falscher Informationen, die ihnen das monetäre System liefert, zu handeln, können die Nutznießer einer Inflation durch den Verkauf von Aktien, Land und anderen Vermögenswerten zu künstlich hochgetriebenen Preisen Geld verdienen.*

Der Inflation waren also keine Grenzen mehr durch die Chemie gesetzt. Vorher war es nur möglich, eine Münze um einige hundert Prozent abzuwerten. Durch das komplexe Kreditsystem der Banken ließen sich nun ›unsichtbare‹ Inflationen schaffen.

Man konnte jetzt zusätzliches Geld in Umlauf setzen, ohne daß sich das äußere Erscheinungsbild der neuen Währung veränderte. Dadurch boten sich den Nutznießern einer Inflation Möglichkeiten, die sie nicht hatten, als das Hartgeld noch primäre Währungsgrundlage war.

Diese neue Form der Inflation ist deshalb um so attraktiver für sie, weil sie viel raffinierter ist als die relativ primitive Abwertung der Münzwährung früherer Zeiten. Groseclose meinte dazu: »Durch die komplizierte Politik und die betrügerischen Manipulationen der Zentralbanken, durch ihre Deckungsverhältnistabellen und Kreditkontrolle haben sie uns so verwirrt, daß sie den Währungsmechanismus völlig in der Hand haben.«[5]

Laws Inflationssystem arbeitete im wesentlichen nach dem gleichen Prinzip wie unsere heutige Inflation. Aber unsere Form der Inflation ist viel raffinierter, weil den Zentralbanken viel bessere Mittel zur Verfügung stehen, um die Kreditexpansion weiter in Gang zu halten, und sie ist viel phantastischer, weil die Währungsausweitung und die Schulden Amerikas selbst das Vorstellungsvermögen eines John Law übersteigen.

Um besser zu verstehen, wie dieses System funktioniert, sollten wir uns die Geschichte der Gründung der Bank von England anschauen. Ende des 17. Jahrhunderts hatte ein Bankier namens William Paterson eine gute Idee. Er rechnete sich aus, wie er für sein Geld 139% Zinsen bekommen könnte. Er nahm 72.000 Pfund in Gold- und Silbermünzen – das meiste davon war geliehen –, gründete eine Bank und druckte dort Papiergeld, das den 16⅔fachen Wert der Münzen hatte. Dieses Geld – 1,2 Millionen Pfund – lieh er dem englischen König, der damit einen Krieg finanzierte. Da der König 8,3% Zinsen zahlte, bekam Paterson für sein tatsächliches Kapital von 72.000 Pfund 100.000 Pfund Zinsen. Für Paterson war das ein lohnendes Geschäft, der König war auch zufrieden, aber nicht das Volk. Da Paterson in Wirklichkeit nur 6% von dem Gold hatte, das er gebraucht hätte, um sein Papiergeld einzutauschen, betrog er die Steuerzahler, die dafür zu sorgen hatten, daß Patersons inflationärer Kredit getilgt wurde. Als das Volk anfing zu murren, erteilte der König Paterson das Alleinrecht zur Herstellung des Papiergeldes. So entstand die Bank von England und mit ihr das Prinzip, an das sich die Nutznießer einer Inflation halten: *Die beste Art,*

mehr Geld in Umlauf zu bringen, ist die, das Haushaltsdefizit der Regierung zu decken.
Das ist das Prinzip unserer Inflation. Wenn unsere Regierung ein großes Haushaltsdefizit aufzuweisen hat, wird dieses Defizit von unserer Bundesbank gedeckt, die die Staatsanleihen, die anderweitig nicht verkauft werden konnten, aufkauft. Aber dabei gibt die Bundesbank Geld aus, das es vorher gar nicht gab. Sie bringt nagelneues Geld in Umlauf, das bei den Banken deponiert wird. Sämtliche Banken sind damit berechtigt, sechs- bis zehnmal soviel Kredit zu gewähren. Das führt zu einer Währungsinflation. Wenn die Bundesbank ein Defizit von 50 Milliarden Dollar deckt, können die Banken Kredite in Höhe von 300 Milliarden Dollar gewähren und Zinsen dafür verlangen. Die zusätzliche Geldmenge verringert natürlich den Wert jedes Dollars, der im Umlauf ist. Das gleiche würde passieren, wenn ein Künstler nicht nur eine begrenzte Anzahl von Kunstdrucken produzierte, sondern so viel und so oft er will. Wenn es von einem Druck z. B. 100 Exemplare gibt und der Künstler sich entscheidet, daß er noch zehn weitere herstellen möchte, würde der Wert jedes Druckes um 10% sinken. Das gleiche passiert mit dem Dollar. Wenn der Geldvorrat um 10% erhöht wird, können Sie davon ausgehen, daß Ihr Geld um 10% weniger wert ist.
Das heißt nicht, daß man mathematisch sicher berechnen kann, in welchem Verhältnis eine Vermehrung des Geldvorrates zur Abwertung des Dollars steht. Die Inflation trifft auch nicht jeden in gleichem Maß. Das zusätzliche Geld, das die Banken in Umlauf bringen, wird nicht gleichmäßig an alle Bürger verteilt. Es fließt in Form von Krediten an einzelne, die dadurch auf Kosten der anderen profitieren. Inflationen sind in erster Linie auf eine hohe Staatsverschuldung zurückzuführen. Das liegt daran, daß der Staat der kreditwürdigste und zugleich der mächtigste Schuldner ist. Seine Verbindlichkeiten schaffen erst die notwendigen Voraussetzungen dafür, daß immer mehr Geld in Umlauf gebracht werden kann. Er sorgt außerdem dafür, daß die Kreditexpansion durch die Politik die nötige Rückendeckung hat.
Das zusätzliche Geld wird zuerst von den Personen ausgegeben, die von Transferzahlungen leben: von Staatsbeamten, Wohlfahrtsempfängern und den vom Staat favorisierten Wirtschaftsunternehmen, die mit Subventionen rechnen dürfen. Sie

verfügen als erste über dieses Geld und können es ausgeben, bevor die Preise steigen.
Nach und nach gelangt das Geld durch alle Kanäle des Systems bis zu dem Punkt, wo jedermann davon profitiert. Die Preise sind zu diesem Zeitpunkt vielleicht schon gestiegen, aber niemand weiß genau, wie weit sie noch steigen werden. Und genau da führt die Inflation durch die falschen Informationen, die das Preissystem liefert, zu Handlungen, die es sonst nicht gegeben hätte.
Nehmen wir den Fall Jones – eine typische amerikanische Durchschnittsfamilie mit all ihren Fehlern und Unzulänglichkeiten. Das Einkommen der Jones ist von 10.000 Dollar auf 11.000 Dollar pro Jahr gestiegen. Es kann sein, daß diese 11.000 Dollar nicht mehr, sondern weniger wert sind als die 10.000 Dollar, die die Familie im Jahr vorher verdiente. Aber die Jones haben keine direkten Vergleichsmöglichkeiten. Ihr inflationärer Dollar sieht genauso aus wie der, den sie vorher hatten; er ist nicht kleiner geworden, seine Farbe ist die gleiche geblieben, und sie können auch nicht hineinbeißen, ihn wiegen oder sonstwie prüfen, um zu sehen, um wieviel er weniger wert ist. Das Ergebnis ist, daß unsere Familie falsch informiert ist, ebenso wie Millionen andere seit Beginn dieser neuen Art von Inflation.
Lassen Sie uns weiter verfolgen, wie verhängnisvoll diese falschen Informationen sein können. Als die Jones noch dachten, sie hätten 10.000 Dollar zur Verfügung, hatten sie ausgerechnet, wie weit sie mit ihrem Geld kommen, und beschlossen, auf einen Swimming-pool zu verzichten. Statt dessen hatten sie einen Teil ihres Geldes gespart und den anderen Teil für Bekleidung, einen schönen Urlaub, für ein Essen in einem Nobelrestaurant oder für ein Abonnement von ›*Haus und Garten*‹ ausgegeben. Aber jetzt, da ihr Einkommen scheinbar gestiegen ist, beschließen sie, doch einen Swimming-pool zu kaufen. Sie nehmen also einen Kredit auf und schließen den Kaufvertrag ab. Sie sind nur eine von Zehntausenden Familien, denen der gleiche Irrtum unterläuft: Sie lassen sich zu Ausgaben verleiten, weil sie falsche Informationen durch ein inflationäres Geldsystem beziehen.
Ich möchte an dieser Stelle betonen, daß wir uns nur der Anschaulichkeit wegen auf die Swimming-pool-Industrie konzen-

trieren. Der Fehler, der dem Verbraucher hier unterläuft, ist nicht nur auf einen Wirtschaftszweig beschränkt, sondern in allen zu finden. Wir haben eine Branche herausgesucht, um einen allgemeinen Prozeß zu beschreiben, bei dem alle möglichen Industrie- und Wirtschaftszweige plötzlich bemerken, daß sie einen größeren Profit machen können als sonst. Das Anfangsstadium einer Inflation schafft eine Wirtschaftslage, in der fast jede wirtschaftliche Aktivität Erfolg und kaum jemand Mißerfolg hat.[6] Plötzlich werden Swimming-pools in Hülle und Fülle verkauft. Die Hersteller werden von der verstärkten Nachfrage überrascht. Sie haben ihre Kapazität nämlich auf den früheren, unverfälschten Bedarf abgestellt.

Da die Leute mehr Swimming-pools kaufen wollen, als die Hersteller produzieren können, wird die falsche Information weitergegeben und trägt dazu bei, das Verhalten der Informationsempfänger zu manipulieren. Die Swimming-pool-Hersteller lassen sich genauso täuschen wie die Käufer. Sie reagieren auf den Nachfrageboom, indem sie eine größere Menge der Swimming-pool-Elemente bestellen. Dadurch wird die Fehlinformation weiterverbreitet – sie verleitet nun die Hersteller von Umwälzpumpen und Vinyl-Verkleidungen für Swimming-pools dazu, nun auch ihre Produktion zu steigern. Auch sie sind verblüfft von der großen Nachfrage. Um ihre Kunden beliefern zu können, bauen sie eine neue Fabrik zur Herstellung von Umwälzpumpen. Sie können den Bau leicht durch Kredite finanzieren, weil die Banken die Zinsen künstlich niedrig gehalten haben. Das macht den Irrtum komplett. Sie stellen Hunderte oder Tausende von Arbeitern ein, die lernen, Umwälzpumpen herzustellen und zu warten. Einige sind ungelernte Arbeiter, die sonst nicht einmal den Mindestlohn wert gewesen wären.

Eine Folge der Geldentwertung ist, daß die Mindestlöhne noch mehr sinken. Dadurch finden viele Arbeitslose eine neue Anstellung, und zwar nicht nur bei den Firmen, die irrtümlicherweise einen konjunkturellen Aufschwung erwarten, sondern überall. Die Inflation baut die Arbeitslosenquote dadurch ab, daß mehr Leute für weniger Lohn beschäftigt werden; dadurch erübrigen sich arbeitspolitische Maßnahmen.

Schließlich steigen die Preise. Den Jones wird endlich klar, daß ihr Dollar einen Dime (10 Cent) weniger wert ist und daß sie nicht reicher sind als zuvor. Die Familie befindet sich jetzt in einer Zwangslage. Sie hat für den Kauf des Swimming-pools einen Kredit aufgenommen und muß ihn monatlich abzahlen. Das schafft sie nur, wenn sie ihre letzten Ersparnisse angreift, ihre Zeitschrift *Haus und Garten* abbestellt, ihren Urlaub zu Hause verbringt, den Kindern keine neuen Schuhe kauft und dreimal in der Woche Spaghetti ißt.

Währenddessen haben ihre Nachbarn, die auf den neuen Swimming-pool, den sie sich auch hätten leisten können, neidisch waren, sich jetzt dazu entschlossen, doch keinen zu kaufen. Sie haben bemerkt, daß sie weniger für ihr Geld bekommen, als sie anfangs angenommen hatten. Sie rufen also den Swimming-pool-Hersteller an und annullieren den Auftrag für ein ovales Schwimmbecken mit Sprungbrett. Viele andere Kunden schließen sich ihnen an. Die Swimming-pool-Hersteller müssen plötzlich feststellen, daß die Nachfrage trotz all ihrer Bemühungen wieder abflaut. Das bedeutet, daß die neu eingestellten Arbeitskräfte wieder entlassen werden müssen. Einige Kilometer weiter baut der Umwälzpumpenhersteller bereits seine neue Fabrik, um die nicht vorhandene Nachfrage befriedigen zu können. Entweder wird nun der Bau gestoppt und die Mitarbeiter werden entlassen, oder die Firma versucht, irgendwie zurechtzukommen und die Extrakosten und zusätzlichen Schulden zu verkraften – in der Hoffnung, daß der Umsatz auf lange Sicht vielleicht wieder steigt.

Die Kette der Ereignisse zieht sich durch die gesamte Produktionsstruktur. Die Hersteller, die die Swimming-pool-Elemente, die Werkzeugmaschinen, die Pressen und Hammerwerke, die man zur Produktion von Umwälzpumpen braucht, liefern – sie alle stehen vor dem gleichen Problem: Sie haben ihr Eigenkapital verbraucht, Kredite aufgenommen, neue Mitarbeiter eingestellt und noch mehr Rohmaterial bestellt, um noch mehr von den Sachgütern bereitzustellen, die für die Produktion von Umwälzpumpen benötigt werden. Sie haben sich genauso irreführen lassen wie die Umwälzpumpen- und Swimming-pool-Hersteller und die Kunden. All diese Leute wurden manipuliert und zu Reaktionen verleitet, die auf die falschen Informationen, die die Geldentwertung geliefert hat, zurückzuführen sind.

Dieser Prozeß wird als ›inflationärer Boom‹ bezeichnet. Aufgrund der Illusion, daß man zu Zeiten einer Inflation reicher ist als vorher, setzt eine hektische, fehlgelenkte Wirtschaftsaktivität ein.
Der falsche Wohlstand, der durch diesen Prozeß entsteht, kann nicht von Dauer sein. Hayek sagt dazu:

»Eine Inflation gibt der Wirtschaft nur für kurze Zeit Auftrieb – sie wirkt nur so lange stimulierend, wie sich die Leute täuschen lassen und ihre Hoffnungen nicht mit Gewalt zerstört werden. Der wirtschaftliche Aufschwung beruht auf einer Geldillusion. Sie ist deshalb so verhängnisvoll, weil selbst bei mäßigen Inflationsraten die negativen Auswirkungen nur durch höhere Inflationsraten abgefangen werden können.«[7]

Sobald das entwertete Geld das gesamte Wirtschaftsgefüge durchlaufen hat und sich in Preissteigerungen und erhöhten Lebenshaltungskosten niederschlägt, erkennen die Leute ihren Irrtum und geben weniger Geld aus. Wenn es dabei bliebe, müßten alle Swimming-pool-, Umwälzpumpen- und sonstige Hersteller ihre Konsequenzen ziehen. Sie müßten erkennen, daß sie irregeführt und manipuliert worden sind und daß ihre Investitionen ein Fehlschlag waren. Die Arbeiter würden ihren Job verlieren, und die Firmen könnten froh sein, wenn sie nicht den Konkurs anmelden müssen. Diese Phase des Inflationsprozesses nennt man Rezession oder Depression.
Wenn der Inflationsprozeß an diesem Punkt zu Ende wäre, würde alles normal weitergehen; einige wären ärmer als vorher und andere, die Inflationstreiber und Nutznießer, reicher.
Leider gibt es nur allzu viele Gründe dafür, warum der Inflationsprozeß zu diesem Zeitpunkt nicht zum Stillstand kommt. Die Nutznießer einer Inflation haben, wenn sie weitergeht, mehr zu gewinnen als zu verlieren, und paradoxerweise werden sie dabei noch von denen unterstützt, die die Inflation am schlimmsten zu spüren bekommen haben. Die Jones und die Swimming-pool-Industrie, die beide schlechte Erfahrungen gemacht haben, schließen sich vielleicht der Meinung von Politikern und Bankfachleuten an, die noch mehr Geld noch schneller in Umlauf setzen und somit den Inflationsprozeß noch verstärken wollen. Dadurch wird der Tag, an dem die Leute bemer-

ken, daß sie irregeführt worden sind, weiter hinausgeschoben. Wie in der ersten Phase des Inflationsprozesses muß die Inflationsrate höher sein als erwartet, damit die Leute mit vermehrter Wirtschaftsaktivität darauf reagieren. Die Familie rechnet also aufgrund ihrer Erfahrungen mit einer Inflationsrate von 10%. Um wirksam zu sein, muß die neue Inflationsrate also bei 11% und höher liegen. Wenn das der Fall ist, lassen sich die Leute wieder täuschen. Der Nachbar der Familie Jones kauft dann vielleicht endlich seinen ovalen Swimming-pool mit Sprungbrett, und eine erneute Kettenreaktion setzt ein, bei der noch mehr Kapital und menschliche Energie fehlgelenkt wird.

Je länger der Inflationsprozeß dauert, desto mehr zehren diejenigen, die von Umverteilungseinkommen leben, vom volkswirtschaftlichen Produktivvermögen, weil sie die ersten sind, die die Inflation vorantreiben und von ihr profitieren. Politiker und andere Angestellte der Regierung benutzen die Inflation, um einen noch größeren Anteil am volkswirtschaftlichen Gesamtvermögen in ihre Hände zu bekommen. Während einer Inflation werden automatisch die Steuern erhöht. Selbst wenn Ihr Einkommen so steigt, daß es mit der Inflationsrate Schritt halten kann, wirkt sich die Einkommensteuererhöhung so aus, daß Ihnen immer weniger von Ihrem effektiven Einkommen bleibt. Wenn die Inflationsrate um 10% steigt, erhöht sich die Einkommensteuer durchschnittlich um 16%; darauf werde ich im nächsten Kapitel eingehen. Dadurch kann der Staat über einen noch größeren Teil Ihres Vermögens verfügen und die Transferzahlungen erhöhen, auch wenn der Wert des Produktivvermögens sinkt.

Die Inflation entzieht der Produktion nicht nur die finanziellen Mittel, sie erhöht auch insgesamt die Bezüge all derer, die für den Staat arbeiten. Wenn der Geldwert sinkt, ist jeder für eine Anpassung des Einkommens an die Lebenshaltungskosten. Deshalb ist die Öffentlichkeit eher geneigt, die Anhebung der Beamtengehälter zu akzeptieren. Aber die meisten merken nicht, daß Beamte, die die gleichen Sorgen wie andere zu haben scheinen, sowieso schon überbezahlt sind. Durch die inflationsbedingte Erhöhung der Gehälter und Sozialleistungen profitieren sie erheblich von einer Inflation.

Das läßt sich anhand von Fakten beweisen. Wenn man sich die Beamtengehälter von 1929 bis heute anschaut, stellt man fest, daß Beamte in den Jahren mit hoher Inflationsrate besser bezahlt wurden als alle anderen Arbeitnehmer. Nur in den 50er Jahren, als die Inflationsrate niedrig war, verdienten sie – aber nur geringfügig – weniger als der Durchschnitt der in der Industrie und Wirtschaft Beschäftigten. Seit Mitte der 60er Jahre, als die Inflation richtig Fuß fassen konnte, sind die Bezüge der Beamten merklich erhöht worden.

Die Inflation erhöht auch den Profit der Personen, die nicht im Staatsdienst stehen, aber trotzdem vom Kapital der anderen leben. Zu Inflationszeiten erhalten z. B. die vom Staat favorisierten Firmen höhere Subventionen. Ärzte, Anwälte und andere Leute, die von Transfereinkommen leben, verdienen mehr, wenn die Inflationsrate steigt. (Auf diese Entwicklung möchte ich später im einzelnen eingehen.)

Die weitreichende Umschichtung von Produktivvermögen auf Transfereinkommen ist vielleicht die bedeutendste Wirkung der Inflation. Aber ohne die Banken wäre das nicht möglich. Banken sind die größten auf Umverteilungseinkommen abgestellten Institutionen, weil es ihr Privileg ist, neues Geld durch eine Schuldenexpansion in Umlauf zu bringen.[8] Wir haben ja bereits gesehen, daß die Öffentlichkeit auf die zusätzliche Geldmenge mit vermehrter Wirtschaftstätigkeit reagiert. Die Veränderungen in der Wirtschaft – eine Folge der fehlgelenkten Aktivitäten – verringern den Umfang produktiver Aktivitäten und den Gewinn aus produktiven Kapitalinvestitionen.

Unser heutiges Geld ist ›reines Kreditgeld‹. Die meisten Dollars, die heute im Umlauf sind, sind Kreditmittel. Als Gläubiger haben die Banken das größte Interesse an einer ständigen Vergrößerung der Geldmenge. Das heißt also, je mehr Kreditgeld die Banken in Umlauf bringen können, desto größer ist ihr Profit. Die einzige Beschränkung sind die Empfehlungen des Zentralbankrats; aber diese Empfehlungen dienen in erster Linie dazu, den Banken den maximalen Profit aus der von ihnen gesteuerten Inflation zu sichern. Unsere heutigen Bankiers haben bei einem völligen Zusammenbruch des Währungssystems – wie bei John Law, dessen Königliche Bank Frankreichs zu viel und zu schnell Geld in Umlauf brachte – nichts zu gewinnen. Eine jährliche Inflationsrate von beispielsweise 100% wäre unter heutigen Bedingungen weniger einträglich als eine gesteuerte

Inflationsrate von 5%, weil einerseits die Öffentlichkeit bei einer so drastischen Veränderung aufhorchen würde und es andererseits den Banken selbst schwerfallen würde, in dieser Situation für ausreichende Liquidität zu sorgen.

Die Rolle des Zentralbankrats läßt sich mit der Rolle eines Mannes vergleichen, der beim Pokern gibt, nach eigenem Ermessen neue Chips hervorzaubert und sie an seinen Lieblingsspieler austeilt. Dabei muß er natürlich sehr vorsichtig zu Werke gehen, damit die anderen Spieler nichts merken und nicht vor Wut den Spieltisch verlassen. Er darf nur so viele Chips ins Spiel bringen, daß sein Favorit gewinnen und den größten Pot einstecken kann. Wann der Zeitpunkt gekommen ist, an dem das Geld im Pot zurückgeht, ist natürlich eine Frage der Technik und der Erfahrung. Es ist jedenfalls wichtig zu wissen, daß die Banken als Gläubiger daran interessiert sind, die Inflation voranzutreiben, bis zu dem Zeitpunkt, an dem ihre Gewinne zurückgehen.

Durch die vorgeschriebene Mindestreserve und die gestaffelten Zinsen werden die Handelsbanken geradezu angespornt, für eine noch größere Kreditexpansion zu sorgen. Als Gläubiger können sie über effektive Vermögenswerte verfügen, die weitaus größer sind als das Geldkapital, das die Bankiers ursprünglich investiert haben. Aufgrund ihres Privilegs, neues Geld in Umlauf zu bringen, können sie dieses neue Giralgeld nach ihrem Gutdünken an kreditwürdige Kreditnehmer weitergeben. Die Schuldner verfügen somit über neue Vermögenswerte, während die anderen bei der Kreditverteilung leer ausgehen.

Die Inflation ist ebenso wie die Besteuerung ein Mittel zur Einkommens- und Vermögensumverteilung. Das ist der weitere Zweck der Inflation. Eine Vergrößerung der Geldmenge kommt denen zugute, die von der Kreditausweitung auf Kosten derer profitieren, die dafür mit der Abwertung ihrer gesamten Vermögenswerte bezahlen. Es ist vielleicht nicht richtig, zu behaupten, daß die Gesamtstruktur des Kreditwesens auf einer ›geplanten‹ Umverteilung basiert, aber sicher gehört das Umverteilungsschema dazu. Das Realvermögen geht von den Verlierern an die Gewinner über. Die Gewinner sind in erster Linie, neben dem Staat, die Kreditnehmer. Die Verlierer sind die Gläubiger oder Sparer.

Je größer die Wirtschaftseinheit (je größer ihr Bargeldzufluß und ihr Gesamtvermögen), desto größer sind die Kredite, die ihnen bewilligt werden. Da zu Inflationszeiten die Firmen finanzielle Vorteile haben, die durch Kredite finanziertes Sachanlagevermögen erwerben können, muß man die Prosperität eines Unternehmens in einem Wirtschaftssystem mit inflationärer Währung anders beurteilen als zu Zeiten, in denen die Währung stabil ist. Es zählt dabei nicht nur, wie eine Firma die Bedürfnisse der Verbraucher befriedigt und wie absatzfähig sie ist, sondern wieweit es ihr gelingt, schuldenfrei zu bleiben. Wie schon gesagt, hat die Investition in Sachwerte, die nicht der Herstellung dienen, eine viel größere Rendite zu verzeichnen als jede produktive Aktivität. Solange die Inflation anhält, können Grundstücke, Gebäude, Diamanten und Gold – praktisch alle greifbaren Dinge von Wert – eine lohnende Kapitalanlage sein, obwohl sie nichts produzieren. Deshalb müssen Firmen zu Inflationszeiten nicht so darauf bedacht sein, ihre Kunden zufriedenzustellen. Ein Wirtschaftshistoriker schildert die Auswirkungen einer Geldausweitung zu Beginn des 20. Jahrhunderts und geht dabei besonders auf diesen Aspekt ein: »Die Inflation arbeitete zugunsten der großen Firmen, die leichter von der veränderten Marktlage profitieren konnten; sie paßten ihre Preise der Inflationsrate an, bekamen von den Banken Kredite und profitierten von den wirtschafts- und finanzpolitischen Maßnahmen des Staates ... Große Firmen ... kauften zu günstigen Preisen ganze Industriebetriebe, Aktienpakete, Grundstücke und Gebäude auf.«[9]

Die heutigen Großkonzerne sind das beste Beispiel für die ›großen Firmen‹, die die Inflation dazu benutzen, um mit dem Erwerb von Sachanlagevermögen zu spekulieren. Sie verhalten sich ähnlich wie die passionierten Sammler. Anstatt Gold, Orientteppiche, Antiquitäten, wertvolle Bücher und dergleichen zu sammeln und zu verkaufen, sammeln die Konzerne Unternehmen. Diese Unternehmen stellen, wie Gold oder Kunstgegenstände, einen Wert dar, der trotz Währungsschwankungen beständig bleibt. Sie nehmen einen Kredit auf, kaufen ein Unternehmen auf, und wenn die Inflation hoch genug ist, haben sie daran verdient, auch ohne ihre Kunden zufriedenzustellen. Damit will ich nicht sagen, daß die meisten großen Firmen ihre

Kunden enttäuschen, aber sie geben sich zu Inflationszeiten vielleicht etwas weniger Mühe als sonst.

Da die Kreditnehmer während einer Inflation so eindeutige Vorteile genießen, fragt man sich vielleicht, warum überhaupt noch jemand spart. Die Antwort ist ziemlich kompliziert. Viele werden indirekt zu Gläubigern, wenn ihre Rentenfonds und Versicherungsprämien für Investitionen mit einem Dollarnennwert verwendet werden. Diejenigen, die die Anzahlung für ein Haus zusammensparen, tun das, um selbst einen größeren Kredit aufnehmen zu können. Einige sparen, weil sie eine Deflation befürchten. Aber die meisten sparen, weil sie nicht anders können. Aber die Erkenntnis, daß das Geld, das auf der Bank liegt, durch die Inflation immer mehr an Wert verliert, hat zu einer verminderten freiwilligen Spartätigkeit geführt. Fast ein Viertel der amerikanischen Familien, genau 23%, hat überhaupt keine Ersparnisse. Das sind fast dreimal so viele Familien wie vor fünf Jahren. Vier von zehn Familien sparen weniger. Von Januar 1977 bis Herbst 1978 ging die Anzahl der neuen Spareinlagen bei den Sparkassen um 50% zurück. Doch viele Familien sind dennoch Gläubiger. Wie sie auch persönlich darüber denken mögen – sie werden durch die Steuergesetze gezwungen, ihr Geld dem Staat zu leihen. Der Staat behält die Steuern zurück und zwingt den Arbeitnehmer, seine Lohnsteuern, noch bevor sie fällig werden, zu zahlen. Und ein beträchtlicher Prozentsatz dieser Lohnsteuereinnahmen wird dazu verwandt, die Staatsausgaben zu finanzieren.

Durch die Steuergesetze werden wir immer mehr von den Banken abhängig, denn wegen der hohen Steuern sind wir kaum noch in der Lage, etwas zu sparen; darauf werden wir später noch näher eingehen. Hunderte Milliarden Dollar, die man produktiv einsetzen könnte, werden dem volkswirtschaftlichen Gesamtvermögen entzogen und verbraucht. Die Kapitalschrumpfung – oder die Umwandlung von Produktivvermögen in Transfereinkommen – macht uns noch mehr von Krediten abhängig. Je höher die Steuern, desto mehr werden die Wirtschaftsaktivitäten durch Kredite finanziert und desto weniger durch Eigenkapital.[10]

Die Steuergesetzgebung unterstützt noch diese Tendenz durch eine Besteuerung, die den Kreditnehmer begünstigt. Ein Unternehmen, das einen Kredit aufnimmt, kann die Zinsen direkt von seinem steuerpflichtigen Einkommen absetzen. Aber ein Unternehmen, das mit dem Kapital der Aktionäre arbeitet, kann die Dividenden, die ja den Zinsen entsprechen, nicht von der Steuer absetzen. Deshalb nehmen immer mehr Personen wie Firmen Kredite auf, und es finden sich immer weniger Anleger, die bereit wären, ihr Geld in neue produktive und risikoreiche Wirtschaftsprojekte zu investieren. Aufgrund der unglücklichen Verkettung von Steuergesetzgebung und Inflation ist die Rendite bei den Investitionen in Produktivkapital im Durchschnitt gering. Selbst neue, gutgehende Firmen ziehen es vor, ihr Realkapital zu verringern, wie man am Rückgang des Aktienbestandes, selbst bei so zugkräftigen wie den Dow-Jones-Aktien, während des letzten Jahrzehnts gesehen hat.

Es ist klar, daß eine Währungsinflation, die lange andauert, eine nachhaltige Wirkung auf die Wirtschaft hat. Ein Wirtschaftssystem, das von Kreditgeschäften abhängig ist, ist zwangsläufig anders als eine Wirtschaft, die Spartätigkeit und Produktivität fördert. Die Leitung einer Firma geht von den Unternehmern an die Bürokraten über – an ›Hilfskräfte‹ –, die zwar Experten, aber nicht Besitzer sind. Die Firmenleitung wird dazu ermutigt, ihre Projekte durch Kredite zu finanzieren, weil sie durch eine größere Aktienbeteiligung ihre eigene Führungsposition gefährden könnte. Durch die Ausgabe von neuen Aktien könnte ein Machtblock entstehen, der Anspruch auf Mitbestimmung bei allen Unternehmensentscheidungen erhebt.

Der Staat schafft mit Hilfe der Banken eine Geldentwertung. Aufgrund des Geldwertschwundes ist nicht das produktivste, sondern das Unternehmen, das am besten mit Krediten jonglieren kann, das erfolgreichste. Das führt dazu, daß sich große Konzerne bilden. Die Steuergesetzgebung trägt zu immer größerer Verschuldung und zur Inflationsverstärkung bei und bewirkt dadurch, daß Kapitalinvestitionen allgemein weniger gewinnbringend sind als eine Finanzierung auf Kreditbasis. Damit verlieren viele unabhängige Unternehmer die Kontrolle über ihre Firmen, die in die Hände eines bürokratischen Managements übergeht. So wird aus einer Wirtschaft, die auf Kreditbasis arbeitet, eine bürokratische Wirtschaft.

Zu Inflationszeiten kann der Staat sicher sein, daß viele clevere

Geschäftsleute eine lang andauernde Inflation begrüßen, weil man in dieser Situation zu Wohlstand kommt, wenn man auf Kreditbasis Sachanlagevermögen erwirbt. Jeder, der so handelt, verfolgt die gleichen Interessen wie die Inflationisten. Heute machen es viele Amerikaner so. Die Schulden des amerikanischen Durchschnittsbürgers sind schneller gestiegen als sein Einkommen, nämlich von 1976 bis 1978 um 16,4%. Die Rückzahlungen von Hypotheken für Eigenheime belaufen sich inzwischen auf eine Gesamtsumme von 750 Milliarden Dollar und sind um 18,1% gestiegen. Und die Unternehmenskredite haben sich bis heute um 11% erhöht und belaufen sich auf etwas mehr als eine Billion Dollar. Seit Ende 1975 haben sich die Schulden der amerikanischen Wirtschaft um 42%, d. h. auf circa 4 Billionen Dollar, erhöht. Die Gesamtschulden sind schneller gestiegen als das Wirtschaftswachstum, und die gesamte Tilgungssumme ist, gemessen am Einkommen, heute größer als je zuvor.

Es ist eine Ironie des Schicksals, daß eine Inflation unerwartet kommen muß, damit sich die Investitionen, und zwar besonders die des normalen Durchschnittbürgers, lohnen. Wenn jeder für die nächsten 20 Jahre eine Inflationsrate von 13% erwartet, steigen die Preise so an, daß man daran sieht, welche Überlegungen dahinterstecken. Wenn z. B. jemand Schulden macht, um ein Haus, ein Grundstück oder andere ›inflationssichere Objekte‹ zu kaufen, erwirbt er sie zu einem Preis, auf den die erwartete Inflationsrate aufgeschlagen worden ist. Diejenigen, die Schulden machen, weil sie mit einer Wertsteigerung ihrer Objekte durch die Inflation rechnen, werden enttäuscht, wenn die tatsächliche Inflationsrate niedriger ist als die erwartete oder wenn nicht irgend etwas anderes geschieht, was ihnen doch noch den erhofften Gewinn bringt. Eine erwartete Inflationsrate von jährlich 13% bringt also weniger Wertzuwachs als eine unerwartete Inflationsrate von 5%. Nur eine Inflationsrate, die höher ist als erwartet, steigert den Realwert eines Objekts.

Viele haben gesehen, welchen Profit andere durch die Inflation gemacht haben, und kaufen erst jetzt auf Kreditbasis Objekte, deren Wert ihrer Meinung nach durch die Inflation steigen muß. Es ist aber möglich, daß diese Leute sich verkalkuliert haben. Wenn sie keine öffentlichen Gelder bekommen haben, für

die die Zinsen unter dem Inflationsniveau liegen, zahlen sie am Ende den vollen, effektiven Preis für das, was sie gekauft haben, und haben ein Verlustgeschäft gemacht.
Zu Beginn einer Inflation lassen sich zwar höhere Gewinne als sonst erzielen, aber in einer späteren Phase des Inflationsprozesses, wenn alle wissen, was sie zu erwarten haben, gibt es größere Verluste und mehr Konkurse als gewöhnlich. Es ist bekannt, daß auf eine Inflation normalerweise eine Depression folgt. Wenn nicht eine beschleunigte Währungsverschlechterung eintritt, sind die Verluste größer als der Profit. Professor von Hayek beschreibt diese Phase folgendermaßen:

»Nur eine unerwartete Inflation wirkt konjunkturanregend; sobald man mit einer Inflation rechnet, läßt sich der anfängliche wirtschaftliche Aufschwung nur dann beibehalten, wenn die Inflationsrate wächst. Wenn in dieser Situation die Preise nicht so hoch steigen, wie erwartet, tritt die gleiche Wirkung ein wie bei einer unerwarteten Deflation. Aber selbst wenn die Preise nur so hoch steigen, wie man erwartet hat, wäre die stimulierende Wirkung einer Inflation vorbei, und man würde klar und deutlich sehen, daß man während der Phase der Hochkonjunktur versäumt hat, für ausgleichende Maßnahmen zu sorgen.«[11]

Der Durchschnittsbürger wird finanziell so ausgequetscht, daß es keinen Zweifel mehr darüber geben kann, daß sich sein Lebensstandard verschlechtern muß. Einen Kredit aufzunehmen kann sich bei den hohen Zinsen heute kaum noch jemand leisten. Eine Durchschnittsfamilie muß heute etwa 23% ihres Einkommens opfern, um die Schulden zu tilgen, die sie gemacht hat. Nur ein Fünftel aller amerikanischen Familien ist schuldenfrei. Wenn die Inflationsrate nicht noch mehr steigt, können wir keine zusätzlichen Schulden mehr verkraften. Dann können wir einfach keine Kredite mehr aufnehmen. Wir können uns kein Auto, keine Haushaltsgeräte und keinen Swimming-pool mehr leisten. Die Folge davon ist eine Rezession – ein Konjunkturrückgang, der die Schuldenpyramide von Billionen Dollar zum Einsturz bringen könnte.
Diejenigen, die die Inflation steuern – nämlich die Politiker und Banken –, müßten das gleiche Desaster befürchten wie einst John Law mit seiner Königlichen Bank Frankreichs, dessen gewagte Kreditspekulationen 1720 ein jähes Ende fanden. Die amerikanische Regierung würde angesichts einer starken Re-

zession alles tun, was in ihrer Macht steht – wie das französische Königshaus im 18. Jahrhundert –, um einen völligen Zusammenbruch der Kreditstruktur zu verhindern. Das bedeutet, daß die Notenbank neues Geld in Umlauf bringen müßte. Eine Liquiditätskrise im In- oder Ausland könnte somit die Regierung in eine Hyperinflation treiben.

Wie schlimm sich solche Inflationen auswirken können, wenn die Preise stündlich steigen und die Anzahl der im Umlauf befindlichen Banknoten ins Astronomische steigt, können wir am besten sehen, wenn wir uns vor Augen führen, was in anderen Ländern in diesem Jahrhundert passiert ist.

Die Erfahrungen, die Deutschland mit der Inflation gemacht hat, sind allgemein bekannt. 300 Papierfabriken und über 2000 Druckmaschinen arbeiteten rund um die Uhr, um immer mehr wertloses Papiergeld herzustellen. Die Druckerschwärze war reine Verschwendung. Hausfrauen schoben Handkarren vor sich her, die mit Papiergeld beladen waren. Eine Frau stellte ihren Handwagen vor einem Geschäft ab und ging mit einem Armvoll Banknoten in den Laden, um eine Kleinigkeit einzukaufen. Als sie nach einigen Minuten zurückkam, mußte sie feststellen, daß jemand ihren Handwagen gestohlen hatte. Das Papiergeld lag im Rinnstein. Sogar die Diebe zogen etwas Handfestes dem wertlosen Papiergeld vor. Als die Druckmaschinen endlich stillstanden, wurde die Bevölkerung aufgefordert, das alte Geld gegen neues einzutauschen. Das Tauschverhältnis war 1 Billion Mark Papiergeld gegen 1 Goldmark.

Im Juli 1937 setzte in China eine noch katastrophalere Geldentwertung ein. Sie war 150mal schlimmer als die Hyperinflation nach dem Ersten Weltkrieg in Deutschland. Und im Gegensatz zu Deutschland, wo sich die Inflation auf einige wenige Jahre konzentriert hatte, dauerte sie in China länger als ein Jahrzehnt an. Die Preise stiegen in der Zeit um $151{,}73 \times 10^{12}$.[12]

Robert P. Martin, der als Auslandskorrespondent in Shanghai arbeitete, als die Währungskatastrophe ihren Höhepunkt erreicht hatte, schrieb:

»Ich kann mich erinnern, daß ich einmal 17 Pfund Papiergeld mit mir herumschleppte, um meine monatlichen Rechnungen zu bezahlen … Nur diejenigen, die überhaupt keine Arbeit hatten, waren nicht ›Millio-

näre‹. Der Lebenshaltungsindex, der die Inflation abbauen sollte, überstieg bald 1 Million Yuan pro Kopf und stieg noch weiter an. Niemand sparte oder versuchte zu sparen. Bis Mitte des Sommers waren die Geschäfte leer, weil die Leute zur Sicherheit Waren und Lebensmittel auf Vorrat gekauft hatten. Ein großes Warenhaus hatte im Erdgeschoß nur noch ein paar Hüte übrig ...
Man konnte nicht feststellen, wie die Armen und Arbeitslosen sich über Wasser halten konnten. Kinder standen an den Türen der Restaurants und warteten auf ein paar Krumen Abfall. Frauen in schmutzigen Lumpen sammelten auf den Docks ein paar Reiskörner ein, die aus einem zerrissenen Sack gefallen waren. Und zum erstenmal waren Leute, die gebildet waren und Englisch sprachen – vermutlich Lehrer –, Bettler.«[13]

General Laurence S. Kuter war während seiner Militärzeit mit einigen anderen amerikanischen Offizieren 1948 in China stationiert. Einige Tage bevor die Kommunisten die Macht übernahmen, ging er mit seinen Kollegen in Peking zum Essen. Er berichtet:

»Wir genossen wohl das letzte elegante Pekingente-Dinner im ›Wagon-Lits‹; diese Zeremonie hatte angeblich dort ihren Ursprung. Sobald die Gäste in einem privaten Speisezimmer Platz genommen hatten, wurde eine große, fette, weiße Ente um den Tisch, der für sechs Personen gedeckt war, herumgeführt. Als letzter Gang wurde eine Entensuppe aus einer Terrine serviert, in der sich die Knochen der Ente befanden. Dieses köstliche Essen kostete 50 Millionen (chinesische) Dollar.«[14]

Wahrscheinlich die schlimmste Inflation der Geschichte hatte Ungarn nach dem Zweiten Weltkrieg. In etwa einem Jahr kletterten die Preis dort um $399{,}62 \times 10^{27}$. Um überhaupt das Ausmaß dieser Inflation begreifen zu können, muß man sich folgendes vorstellen: Der Wert der neuen ungarischen Währungseinheit in Form von alten Ein-Pengö-Noten wäre aufeinandergestapelt 3200 km hoch gewesen und hätte aneinandergereiht eine Ausdehnung bis zum nächstgelegenen Stern gehabt, am Mond, Mars, an den großen Planeten vorbei, durch die Milchstraße hindurch – eine Entfernung von 100.000 Lichtjahren. Mit anderen Worten, man hätte einen Stapel von 6 Milliarden Pengö-Banknoten haben müssen, um die Kaufkraft eines Pengö vor der Inflation zu haben. Die Ungarn stellten sehr schnell den Druck weiterer Ein-Pengö-Banknoten ein. Aber sie erlangten dadurch Berühmtheit, daß sie Banknoten in astrono-

mischer Höhe druckten: Im Juli 1946 wurde in Budapest eine 100-Quintillionen-Pengö-Note herausgegeben.
Diese Art der Hyperinflation, bei der die Banknoten schließlich nach Trillionen, Quadrillionen und Quintillionen gemessen wurden – wie die Entfernungen zu den Sternen –, trifft, zumindest im Augenblick, noch nicht auf amerikanische Verhältnisse zu. Aber was passieren wird, wenn die mit Sicherheit zu erwartende Kreditkrise wirklich eintritt, kann niemand sagen. Es ist unwahrscheinlich (obwohl nicht unmöglich), daß der Dollar völlig wertlos wird, wie die Währungen in Deutschland, Ungarn, Griechenland und China einmal waren. Schlimmstenfalls müssen wir mit einer Inflation wie in den lateinamerikanischen Ländern rechnen, wo durch eine langsame Währungsausweitung die Inflationsrate zwei- und dreistellig, jedoch noch nicht zehnstellig ist.
In guten Jahren lag die Inflationsrate bei derartigen Hyperinflationen bei 20%. In schlechten Zeiten stiegen die Preise um 50% oder sogar um 100% und mehr. In Uruguay lag die durchschnittliche Inflationsrate während der 70er Jahre bei fast 70%. In Argentinien stiegen die Preise im ersten Halbjahr 1978 um 175%.
Obwohl diese Zahlen noch verständlich sind, kann man sich kaum vorstellen, was sie für den einzelnen Menschen bedeuten. Die wenigen Menschen, die man in einer solchen inflationären Wirtschaft noch zur Mittelklasse zählen kann, müssen gleichzeitig zwei oder drei Jobs annehmen und an allen Ecken und Enden knausern. Ein Uruguayer sagte: »Man kann nur durchhalten, wenn man seine Ausgaben für Essen, Strom und Licht, Reisen, Fahrten und dergleichen auf das Allernötigste beschränkt.« Das heißt: Verzicht auf jede Art von Luxus und möglichst zu Hause bleiben. Ein Einwohner von Montevideo beschrieb das Leben, das er führt, so: »Im allgemeinen kann man nichts mehr oder kaum noch etwas mit seiner Freizeit anfangen. Man trifft sich nicht mehr in den kleinen Kneipen in der Nachbarschaft, um über Politik oder Fußball zu diskutieren. Einmal im Monat auswärts zu essen ist ein Luxus, und einen Kino- oder Theaterbesuch können wir uns erst recht nicht mehr leisten. Deshalb sind die Straßen um 9 Uhr abends praktisch leer.«

V. S. Naipauls Bericht über die Inflation in Uruguay malt ein noch düstereres Bild der wirtschaftlichen, politischen und moralischen Verfassung dieses Landes, in dem die Einwohner nach jahrzehntelanger Inflation völlig den Mut verloren haben:

»Die Armee, die sich hauptsächlich aus Soldaten zusammensetzt, die aus der Mittelklasse oder vom Lande stammen, hat die Macht übernommen und trifft die Anordnungen. Die Zinsen sind, ebenso wie die Steuern, auf 42% gesenkt worden ... die Inflationsrate liegt in diesem Jahr wieder bei 60%. ›Die Preise steigen hier nicht nur jeden Tag‹, sagte ein Geschäftsmann, ›sie steigen auch nachts ...‹
Die Geschäfte haben kaum noch Waren; ... die letzten drei oder vier Restaurants, die es in dieser Millionenstadt noch gibt, haben nicht immer Fleisch auf der Speisekarte; und das Brot wird zum Teil aus Zukkerhirse gebacken ...
Von insgesamt 1 Million Arbeitskräften arbeiten fast 250.000 für den Staat. PLUNA, die staatliche Luftfahrtgesellschaft Uruguays, hat normalerweise 1000 Angestellte und ein Flugzeug, das einsatzfähig ist. Die Leute, die für die staatliche Ölgesellschaft ANCAP arbeiten, versuchen, zu ihren Büros zu kommen, bevor sie aufmachen, weil es dort mehr Angestellte als Stühle gibt ...«[15]

So ist das Leben nach einer langanhaltenden Inflation. Vielleicht steht uns das alles noch bevor. Wir sind, genauso wie die Lateinamerikaner, tief verschuldet. Und wenn wir einen Arbeitsvertrag unterschreiben, rechnen wir uns bereits unsere Rente aus. *Wir versuchen, uns Lebensbedingungen anzupassen, die zu unserem Untergang führen können.* Unsere Inflationsrate in diesem Jahrzehnt ist bereits höher als die Venezuelas. Die lateinamerikanischen Länder, die früher unsere Dollars gehortet haben, um sich gegen den überdimensionalen Verfall ihrer eigenen Währung abzusichern, haben, genauso wie die internationalen Banken, den Dollar fallengelassen. Jetzt werden in Buenos Aires, Rio und Bogotá Schweizer Franken gehortet.
Der Dollar ist heute nur noch halb soviel wert wir vor 10 Jahren. Wenn die Inflationsrate weiterhin 10% beträgt, ist er in etwa 7 Jahren wiederum nur die Hälfte wert, und wenn die Inflationsrate auf 13% steigen sollte, tritt das gleiche schon in 5 Jahren ein. Wenn man alle 10 Jahre die Geldmenge vervierfachen muß, um zurechtzukommen, tritt eine solche Geldwertverschlechterung ein, daß der Lebensstandard einfach niedriger sein muß. Seit der Dollar immer mehr an Wert verliert, gehen viele Leute

erst später in Pension, arbeiten immer mehr Frauen mit, und die Männer nehmen zwei oder drei Jobs gleichzeitig an. Das gesamte Preisniveau ändert sich. Die Preise für die lebensnotwendigen Dinge wie Wohnung, Essen, Kleidung und Gesundheitsfürsorge steigen ständig, und man kann sich immer weniger Luxus leisten. Keiner kann sich wirtschaftlich verbessern. Ein 84jähriger Mann aus Minneapolis sagte: »In meiner Jugend habe ich gespart. Aber ein junges Paar, das heute 24.000 Dollar oder 25.000 Dollar im Jahr verdient, kann keinen Pfennig zurücklegen.« Die Inflation bewirkt nur, daß eine Menge Papiergeld den Besitzer wechselt, aber der einzelne behält kaum etwas davon zurück.

Nicht jeder kann sich gleich gut auf die Geldabwertung einstellen. Diejenigen, die weniger einfallsreich oder flexibel sind, sind die ständigen Verlierer. Und diejenigen, deren Einkommen mit der Inflationsrate steigt, müssen ebenso hart dafür arbeiten wie die Galeerensklaven: Sie müssen Augen und Ohren offenhalten, um die Währungsschwankungen ausgleichen zu können.

Daß wir unter diesen Umständen kapitulieren, ist verständlich. Durch die Inflation haben wir die Orientierung verloren. Unsere Vorstellung, daß harte, produktive Arbeit zu materiellem Wohlstand und Fortschritt führt, ist zunichte gemacht worden. Die Tugenden der Mittelklasse sind durch die Inflation umgekehrt worden: Sparsamkeit wird jetzt bestraft, vermehrter Konsum belohnt. Der schwer und ständig arbeitende Mann wird von den Kreditnehmern und Spekulanten übers Ohr gehauen. Das Geld wird selbst Spekulationsobjekt. Es stellt keinen positiven Wert mehr dar, sondern es wird erst durch die Schulden der anderen in Umlauf gebracht. Und da das gesamte Währungssystem auf einer Schuldenpyramide aufgebaut ist, die immer größer wird, können nicht einmal die Finanzexperten sagen, welchen Wert der Dollar in sechs Monaten noch haben wird.

Wird nun die drohende Liquiditätskrise zum Einsturz dieser Schuldenpyramide und somit zu einer verheerenden deflationären Wirtschaftskrise führen? Oder können Politiker und Bankiers die Währungsexpansion weiterhin fortsetzen, bis sie schließlich überhaupt nicht mehr in den Griff zu bekommen ist? Wer kann uns diese Fragen beantworten? Vielleicht die Finanzexperten und Spekulanten, aber sicher nicht der Durchschnittsbürger. Was immer auch aus unserer Währung werden mag, er ist immer der Verlierer. Er kann seine Erwartungen nicht von einem Tag auf den anderen ändern, wie es die Inflationisten tun müssen. Er kann nicht von einer Seite des Marktes auf die andere hinüberwechseln und morgens Dollars kaufen, um sie nachmittags wieder zu verkaufen. Er ist immer der, ›mit dem man es machen kann‹. Er arbeitet für Geld. Er bringt sein Geld zur Bank. Er ist nur indirekt der ›Macher‹ – wenn er Schulden macht. Aber wenn erst einmal Schulden da sind – wie bei den meisten Amerikanern heute –, kann er sie nicht von einer Stunde zur anderen loswerden, wie er vielleicht möchte, wenn unser Währungssystem durch eine Liquiditätskrise völlig zusammenbrechen sollte.

Der Durchschnittsmensch braucht Monate oder sogar Jahre, um sich der veränderten Währungssituation anzupassen. Aber je anfälliger das System auf bestimmte, auch unbedeutende Einflüsse reagiert, desto kürzer wird die Zeitspanne, in der wir auf Veränderungen reagieren müssen, um die Kaufkraft des Dollars zu erhalten. Was unter diesen Umständen auch passieren mag – der Durchschnittsbürger wird immer der Leidtragende sein.

Tatsache ist, daß unter den augenblicklichen Bedingungen die Erwartungen, die wir in die Kaufkraft unserer Währung setzen, gar nicht erfüllt werden können. Viel zu viele Menschen zehren von den Reserven, die unseren künftigen Lebensstandard sichern sollten. Wir sind wie Hausfrauen, die die Äpfel für ihren Kuchen alle vom gleichen Zweig pflücken wollen. Statt der Äpfel horten wir Geld, Kreditgeld, wobei wir alle die gleichen Vermögenswerte mit unseren Hypotheken belasten. Das durch Kredite in Umlauf gesetzte Geld dient als Grundlage für eine weitere Schuldenexpansion und führt zu einer neuen Geldschwemme. Die Schulden der Verbraucher, die Hypotheken, Firmenkredite und ganz besonders die Staatsverschuldung, zu der auch die Schulden der Gemeinden und Länder zählen, tragen zum weiteren Währungsverfall bei. Produktive Arbeit bringt nur noch wenig Gewinn und ist deshalb kaum verlockend. Wie sollen wir da für ausreichende Reserven sorgen, um die bereits bestehenden Ansprüche an unsere Kaufkraft von morgen zu befriedigen? Wir sind durch unser Währungssystem so manipuliert worden, daß wir weniger produktiv arbeiten, aber mehr ausgeben, als wir verdienen. Eines Tages wird man uns die Rechnung dafür präsentieren, und die wird höher sein als die, die wir für die Währungsmanipulation zahlen müssen.

Die Steuerquetsche

»Der Mensch ist, biologisch betrachtet, das schrecklichste Raubtier und auch das einzige, das seine Artgenossen systematisch ausbeutet.«

William James

Die meisten Menschen ahnen instinktiv, wie es in Wahrheit um unser Steuersystem bestellt ist. Wenn man sie mit diesem Thema konfrontiert, weichen sie aus, wie man einem Raufbold ausweicht – und das aus dem gleichen Grund. Niemand nimmt gern eine Ungerechtigkeit hin, gegen die er sich nicht wehren kann. Eine solche Ungerechtigkeit ist unser Steuersystem. Es ist wie ein Schlag ins Gesicht, und es erinnert uns ständig daran, daß wir die Unterlegenen sind. Deshalb wollen die meisten Leute gar nicht wissen, was es damit auf sich hat.
Ein weiterer Grund dafür, daß wir nur ungern über dieses Thema nachdenken, ist der, daß es nicht unmittelbar zu unseren Alltagsproblemen gehört, sondern eher in die uns fremde Welt der Buchhalter und Finanzbeamten. Und wenn man nicht gerade für diesen Beruf geboren ist, macht man sich nur ungern Gedanken darüber.
Dieses Dilemma wirft ein anderes Problem auf, nämlich die Frage, wie man mit den verschiedenen politischen Implikationen fertig werden soll. Die Geheimnisse des Steuersystems zu lüften, ohne allen anderen von seinen Entdeckungen zu berichten, ist fast unmöglich. Es wäre vielleicht, wie so oft der Fall, besser, wenn sie ein Geheimnis blieben. Es wäre z. B. ziemlich unerfreulich, wenn wir entdecken müßten, daß unser Nachbar, mit dem wir zusammen Feste feiern, von der Ungerechtigkeit des Steuersystems profitiert.
In fast jedem Bekanntenkreis gibt es beispielsweise Leute, die von Staatsgeldern leben und beträchtliche Steuervorteile genießen.
John C. Calhoun, ehemaliger Vizepräsident der Vereinigten

Staaten, beschrieb das Verhältnis von Steueropfer zu Steuernutznießer folgendermaßen:

»Wie hoch die Steuern auch sein mögen, die die Steuerzahler abführen müssen, sie bekommen sie in Form von staatlichen Beihilfen oder Sozialleistungen zurück. Steuereinnahmen und Steuerausgaben in Form von Sozialzuwendungen gehören nun einmal zu den fiskalischen Maßnahmen des Staates ...
Daraus folgt logischerweise, daß einige Leute mehr Steuern zahlen, als sie in Form von Sozialleistungen zurückbekommen, während andere, die weniger Steuern zahlen, mehr von den Sozialzuwendungen profitieren. Deshalb sind Steuern für die Letztgenannten natürlich ein großes Plus, für die anderen sind sie jedoch eine große Last. Diese Konsequenz ist unvermeidbar. Sie ergibt sich aus der Beschaffenheit des gesamten Prozesses, mögen die Steuern auch noch so gerecht verteilt sein ...
Durch die steuerpolitischen Maßnahmen des Staates werden die Steuerzahler folglich in zwei Kategorien eingeteilt: in diejenigen, die eigentlich die Steuern zahlen und natürlich ausschließlich den Staat unterstützen, und in die anderen, die in Form von Sozialleistungen die Steuereinnahmen des Staates zurückbekommen – oder kurz gesagt, in *Steuerzahler* und *Steuerverbraucher.*«[1]

Die meisten Amerikaner resignieren lieber, anstatt sich mit Calhouns Überlegungen auseinanderzusetzen und möglicherweise zu den gleichen Schlußfolgerungen kommen zu müssen. Was man allgemein über die Steuern denkt, spiegelt sich in dem Sprichwort wider: ›Steuern sind der Preis, den wir für die Zivilisation zahlen.‹ Inwieweit das der Wahrheit entspricht, bleibt normalerweise unausgesprochen. Vielleicht soll das heißen, je mehr Steuern wir zahlen, desto weiter entwickelt sich unsere Zivilisation. Oder aber man will damit einfach nur sagen, daß das Gute auch immer eine schlechte Seite hat, die man akzeptieren muß, so wie man z. B. sagt: ›Die Abende im Sommer sind zwar sehr schön, aber leider gibt es dann auch sehr viele Mücken.‹ Zweifellos verstehen die meisten Menschen nicht, wozu Steuern eigentlich gut sein sollen. Und nur wenige wissen, wie hoch die Steuern überhaupt sind. Ein Durchschnittsbürger begreift genausowenig, wieviel von seinem Geld für Steuern abgezogen wird, wie er weiß, wo der nächste Rücktriftpunkt im Weltall ist. Das ist nicht erstaunlich, weil kaum jemand weiß, was ein Rücktriftpunkt ist, geschweige denn, an welcher Stelle im Weltraum er zu finden ist, aber jeder schon einmal etwas von Steuern ge-

hört hat. Doch die astronomisch hohe Steuerbelastung ist fast genauso unbekannt wie die Geheimnisse der Astronomie.
Die weitverbreitete Illusion, daß die Steuern gar nicht so hoch sein können, wie es scheint, zeigt nicht nur, wie ungern die Öffentlichkeit über die Bürde nachdenkt, die ihr der Staat aufhalst, sondern sie ist auch ein Beweis dafür, wie geschickt manche Politiker diese Last vor uns verbergen. Es ist ihnen bisher nur allzugut gelungen. Wenn man einmal die Kongreßprotokolle oder die Veröffentlichungen der Steuergremien aufmerksam liest, stellt man fest, daß selbst die Kongreßmitglieder genauso wenig über das wahre Ausmaß und die Verteilung der Steuerlast wissen wie wir. Das liegt zweifellos daran, daß die politischen Überlegungen, die hinter dem Steuersystem stehen, soweit wie möglich verschleiert werden *sollen*. Aufgrund dieser Erwägungen haben wir heute extrem komplizierte Steuergesetze und eine überlappende Besteuerung auf möglichst vielen Ebenen. Das enthebt den Staat der lästigen Aufgabe, die Steuern ständig erhöhen zu müssen, und führt letztlich dazu, daß selbst Kongreßmitglieder so konfus werden, daß sie nicht mehr wissen, was sie tun. Beispielsweise hat der Kongreß vor einigen Jahren unbeabsichtigt das Körperschaftssteuergesetz aufgehoben. Sechs Monate lang bemerkte niemand, weder die Juristen, die das Gesetz ausgearbeitet hatten, noch die Kongreßmitglieder, die für das Gesetz gestimmt hatten, oder der Präsident, der das Gesetz unterzeichnet hatte, den Unterschied. Auch den meisten Steuerzahlern fiel nichts auf, und deshalb ist anzunehmen, daß die Steuereinnahmen trotz der Aufhebung des Gesetzes wohl nicht merklich zurückgegangen sein können. Jeder merkte, daß die Daumenschrauben des Staates nicht gelockert wurden, sondern daß nur noch einige Phrasen mehr in die Steuergesetze und Verordnungen aufgenommen wurden, die sich inzwischen meterhoch in den Ablagen türmen.
Der einfache Bürger, der versucht zu verstehen, was all diese Steuerbestimmungen zu bedeuten haben – und vor allem für ihn bedeuten –, hat eine denkbar schlechte Startposition. Wie bereits gesagt, hat er wenig Lust, noch mehr schlechte Neuigkeiten zu erfahren; er bleibt lieber bei seiner ›Was-ich-nicht-weiß-macht-mich-nicht-heiß‹-Haltung. Jeder, der versucht, das Geheimnis der Steuergesetzgebung zu lösen, muß damit rechnen,

daß er seine ›politische Unschuld‹ verliert. Aber die einzelnen Kategorien der Steuertheorie so auszulegen wie die Politiker und Finanzexperten, wäre genauso irreführend. Solange man ihre Definitionen ungeprüft akzeptiert, kann man nicht erkennen, was die Steuerlast für uns bedeutet.

Gehen wir z. B. von der Konzeption des ›Einkommens‹ aus. Wenn Sie das Geld, das Ihnen tatsächlich bleibt, als Einkommen bezeichnen, sind Sie blind für das, was Ihnen verlorengeht – das Geld, das an das Finanzamt geht, ohne daß Sie es je zu Gesicht bekommen. Und das ist nicht die einzige falsche Vorstellung, die wir haben.

Die effektive Steuerlast pro Familie liegt heute bei circa 10.000 Dollar. Das ist, selbst bei unserem Währungsverfall, viel Geld.

Da ist zunächst einmal die Einkommensteuer, die sich 1978 durchschnittlich auf 1602 Dollar pro Familie bei einem Einkommen von 16.009 Dollar, ohne aufgegliederte Steuerfreibeträge, belief. Wir haben die Einkommensteuer deshalb als Beispiel gewählt, weil sie einem zuerst einfällt, wenn man an Steuern denkt, und weil sie wohl am häufigsten mißverstanden wird. Denken wir doch einmal an die Debatten, die es gab, als der Vorschlag gemacht wurde, Einkommensteuer zu erheben. Entweder hatten die Befürworter den eigentlichen Zweck ihres Vorschlags total mißverstanden, oder aber die ganze Sache war ein haarsträubender Betrug. Die Einkommensteuer sollte nämlich die Steuern *auf Dauer senken* und die Steuern *transparenter* machen. Professor Amasa Walker sagte vor dem Kongreß, daß die Einkommensteuer den großen Vorteil habe, daß sie für den Steuerzahler »klar und verständlich« sei. Das mag vielleicht 1913 so gewesen sein, aber wenn heute jemand behauptet, daß unsere Steuergesetze ›klar und verständlich‹ sind, hat er nie solche Absätze wie den folgenden gelesen:

> Wenn die Fakten, die notwendig sind, um den (nichtsteuerpflichtigen) Basiswert des steuerpflichtigen Grundvermögens unmittelbar vor dem Tod eines Erblassers zu bestimmen, der Person, die Vermögen aus der Erbmasse erwirbt, nicht bekannt sind, wird der Basiswert eines solchermaßen erworbenen Vermögenswerts als der Verkehrswert zu dem Zeitpunkt veranschlagt, an dem der Erblasser diesen Vermögenswert erworben hat.

Die Leute, die diesen Absatz verstehen, sind wahrscheinlich auch in der Lage, den Originaltext der Bibel zu entziffern. Aber es geht klar aus den Unterlagen der Finanzämter hervor, daß die meisten Steuerzahler nicht wissen, worum es geht. In einem Rechenschaftsbericht der Einkommensteuerbehörde, Akte 6230, heißt es: »Rund die Hälfte aller Einkommensteuererklärungen ist falsch.« Wir wissen heute längst, daß unsere Steuergesetze nicht mehr ›klar und verständlich‹ sind.

Der größte Fehler, den wir machen können, wäre, zu glauben, daß ›die Großen‹ ungeschoren davonkommen und daß man nur die Gesetzeslücken zu schließen brauche, um den ›kleinen Mann‹ zu entlasten. Uns würde es wie manchen Erben ergehen, die auf den Tod eines reichen Verwandten hoffen – wir würden leer ausgehen. Daß die Steuerlast von unseren Schultern genommen und den ›Großen‹ aufgebürdet wird, werden wir wohl kaum erleben. Die Quelle der ›Großen‹ ist längst versiegt. Sollte man versuchen, Lücken in der Steuergesetzgebung zu füllen, dann würde nur der Durchschnittsverdiener, der jetzt schon den Löwenanteil der Steuerlast zu tragen hat, noch mehr ausgequetscht.

1975 zahlten 50% der Einkommensbezieher mit einem bereinigten Bruttoeinkommen von 8931 Dollar oder mehr 92,9% der gesamten Steuern. Die Steuerzahler mit einem Einkommen von 23.420 Dollar und darüber waren mit 48,7% am gesamten Steueraufkommen beteiligt. Und die Bezieher der höchsten Einkommen, von 59.338 Dollar und mehr, zahlten 18,7% der gesamten Steuern. 1975 waren bei den Finanzbehörden 1149 Amerikaner mit einem Einkommen von 1 Million Dollar und mehr registriert. Es war bekannt, daß 13 dieser Großverdiener keine Einkommensteuer zahlten, dafür zahlten aber die übrigen 1136 durchschnittlich Steuern in Höhe von 1.011.000 Dollar. Wenn jeder von diesen Millionären und den anderen Personen mit einem Einkommen von mehr als 50.000 Dollar verdiente Pfennig besteuert worden wäre, hätte die Steuerbehörde nur zwei Wochen lang die Ausgaben des Staates decken können.

Im Gegensatz zu der weitverbreiteten Auffassung haben die Steuergesetze auch die Großverdiener nicht davon verschont, einen immer größeren Teil der Steuerlast zu tragen. 1970 mußten die 25% der Gesamtbevölkerung, die zu den Spitzenverdienern zählten, für 68,3% der Gesamtsteuern aufkommen, und 1977 zahlten sie bereits 72%. 1977 trugen diejenigen mit einem Einkommen von 17.000 Dollar und mehr, die 55,5% des Gesamteinkommens verdienten, 74,3% der gesamten Steuerbelastung.

Die ›Gesetzeslücken‹, die bestehen, wirken sich nur auf bestimmte Arten des Einkommens positiv aus. Der größte Teil des Geldes, das nicht besteuert werden kann, gehört der Mittelklasse und den sozial Schwachen, nicht den Reichen. Paul Craig Roberts hat dazu gesagt: »70% der Steuererleichterungen kommt den Steuerzahlern zugute, die nicht zu den Spitzenverdienern gehören.« Diese Behauptung wurde durch eine Studie des Forschungsamtes der Kongreßbibliothek untermauert: »Die Steuerreform als eine Maßnahme zu charakterisieren, die die Großverdiener ausquetschen soll, ist falsch ... Durch die Steuerreform sollen eine transparentere Besteuerungsbasis gefunden und bestimmte Steuerfreibeträge, Steuerausnahmeregelungen und Steuervorteile abgeschafft werden.« Mit anderen Worten: Der Versuch, die ›Gesetzeslücken‹ zu schließen, ist hauptsächlich dazu da, den normalen Steuerzahler noch mehr auszuquetschen.

Zu den neueren Reformvorschlägen gehören z. B. Steuerfreibeträge für persönliche Kredite und Hypotheken, eine Aufhebung der Vermögensteuerfreibeträge, die Besteuerung der Lohnnebenleistungen und der medizinischen Versorgung. Man hat sogar einige ganz gewagte Überlegungen angestellt, was man alles besteuern könnte: z. B. Ihren Arbeitseifer oder den Mietertragswert Ihres Hauses. Senator Orrin G. Hatch, Mitglied des Wirtschaftsausschusses, hat entdeckt, daß allein die Besteuerung der Lohnnebenleistungen eine Steuererhöhung von 240 Dollar pro Steuerzahler bringen würde. Das kommt dabei heraus, wenn man versucht, auch nur eine ›Gesetzeslücke‹ zu schließen. Geht man von den wesentlich vielschichtigeren Formen der Steuervergünstigungen und Steuerfreibeträge aus, könnte man, wenn diese Reformvorschläge angenommen würden, für jeden zusätzlichen Dollar, den man den höheren Einkommensklassen abziehen kann, drei Dollar von dem durchschnittlichen Steuerzahler einbehalten.

Präsident Carters Plan, das ›Drei-Martini-Essen‹ zu besteuern,

war in erster Linie ein Übergriff auf die Lohnnebenleistungen. Aber es steckte noch mehr dahinter. Nun sollten wir nämlich auch noch für unser ganz persönliches Vergnügen Steuern zahlen. Es zählte nicht mehr, daß wir Reise- und sonstige Spesen machen, um den Profit unserer Firma zu erhöhen. Diese Ausgaben müßten, laut Carter, besteuert werden, »weil sie dem eigenen Vergnügen dienen; nur so läßt sich die beabsichtigte Wirkung erzielen«. Das ist ein ganz neues Besteuerungsprinzip mit ziemlich großer Tragweite. Es geht davon aus, daß Ausgaben versteuert werden, weil sie dem Vergnügen und nicht in erster Linie dem Wohl der Firma dienen. Chefs mit hübschen Sekretärinnen müßten also mit einem Einkommensteuerzuschlag rechnen, da die Steuerreformer ja jetzt bereits das ›Drei-Martini-Essen‹ besteuern wollen. (Zum ›Drei-Martini-Essen‹ gehört normalerweise nicht einmal ein einziger Martini. Nur bei 8% der Geschäftsessen werden Cocktails getrunken. Die Durchschnittskosen für ein Mittagessen auf Firmenkosten beliefen sich 1978 auf 6.69 Dollar – und Geschäftsessen in Nobelrestaurants, die natürlich steuerlich höher veranschlagt würden, falls diese Reformvorschläge durchgehen, wären bestimmt kein Vergnügen mehr.)
Wie skrupellos die Einkommensteuerzahler ausgequetscht werden, sieht man daran, daß man sich in Washington intensiv darum bemüht, Hausbesitzer nach dem jährlichen Mietertragswert ihres Besitzes zu veranschlagen. Diese Art Steuern will man als ›steuerpflichtigen Mietwert der eigengenutzten Wohnung‹ deklarieren. Dabei geht man davon aus, daß ein Hausbesitzer in einer Wohnung lebt, für die er sonst Miete zahlen müßte. Rechnen Sie sich doch einmal aus, wie hoch die Miete wäre, die Sie für Ihr Haus bekommen könnten. Das ist der Betrag, den das Finanzamt auf Ihr Einkommen aufschlagen will; dadurch kommen Sie natürlich in eine höhere Steuerklasse, ohne auch nur eine müde Mark mehr gesehen zu haben. Paul Craig Roberts schrieb in einem Artikel, der in *Harper's Magazin* erschienen ist, daß diese Besteuerungsgrundlage ungeahnte Möglichkeiten biete, den Steuerzahler noch mehr zu belasten:

»Unter dieses Steuergesetz würde dann nämlich auch der eigene Gemüsegarten, die Arbeit der Hausfrau wie Kochen, ›Liebesdienste‹, Kindererziehung und Wäsche waschen fallen. Der vom Finanzamt veranschlagte Verdienst einer guten Hausfrau würde dann unter Umständen höher sein als Löhne und Gehälter der Ehemänner. Der Staat würde sich dann Ihr Haus ›unter den Nagel reißen‹, und Sie müßten Ihre Frau ›entlassen‹, um die offenstehenden Steuern, die sie vorher nicht bezahlen konnten, abführen zu können.«[2]

Dieser Aspekt der Steuergesetze kommt Ihnen vielleicht wie ein Witz vor, aber glauben Sie nur nicht, daß diese übertrieben dargestellten Steuerforderungen nicht durchgesetzt werden könnten. Die Politiker würden mit Sicherheit – wie schon früher – behaupten, daß diese Art der Besteuerung nur die Reichen trifft, genauso wie damals, als sie die Einkommensteuer eingeführt haben.

Seit 1913, als die ersten Steuersätze festgelegt wurden, ist die Zahl der Einwohner um 120% gestiegen, während die Anzahl der Einkommensteuerpflichtigen um ca. 24.000% gewachsen ist. Die niedrigeren Einkommensteuerklassen zahlen heute zweimal soviel Steuern wie damals die Millionäre. Ergebnis dieses langwierigen Prozesses ist, daß das Finanzamt heute nach jedem Dollar greifen möchte, was in den Analysen des staatlichen Haushaltsbudgets mit ›Steuerausgaben-Bilanz‹ vermerkt ist. Man betrachtet praktisch jeden Dollar, der nicht besteuert wird, als ›Ausgabe‹ des Staates. Mit anderen Worten – das Geld, das Ihnen nach Abzug der Steuern bleibt, ist ein Zuschuß des Staates an Sie. Senator John Glenn und einige seiner Gesinnungsgenossen haben schon einen Gesetzesvorschlag befürwortet, der die ›Zuschüsse‹ an Sie automatisch auf fünf Jahre begrenzen soll. Wenn der veranschlagte Mietwert Ihres Hauses für die politischen Zauberkünstler in Washington bereits als steuerfreies Einkommen zählt, dann ist die Vorstellung, daß durch weitere Steuerreformen die Steuerlast in Zukunft noch größer sein wird, gar nicht so abwegig.

Die Entwicklung der Einkommenbesteuerung während der letzten Jahre weist schon diese Tendenz auf. Viele Leute glauben zwar, daß der Kongreß die Steuern ständig senkt, aber in Wirklichkeit geschieht genau das Gegenteil. Durch die Inflation kommen wir in immer höhere Steuerklassen, und der Staat holt sich einen ständig wachsenden Anteil vom Einkommen des Durchschnittsbürgers. Durch den zunehmenden Währungsverfall brauchen Sie, um die gleiche Kaufkraft beizubehalten, immer mehr Geld. Selbst wenn Sie eine Gehaltserhöhung bekommen, bleibt die Kaufkraft in einem inflationistischen Wirtschaftssystem gleich oder geht sogar zurück. Trotzdem müssen Sie immer mehr Steuern zahlen; man tut so, als ob Sie für das Geld, das Sie nun zusätzlich verdienen, auch mehr kaufen könnten. James Lynn, ehemaliger Leiter des Ressorts Verwaltung und Budget, beschrieb die Situation folgendermaßen: »Um die laufenden und kommenden Ausgaben zu decken, hat die Regierung ein Programm für eine Reihe regulärer Steuererhöhungen aufgestellt, das den durchschnittlichen Steuerzahler zwischen 350 und 450 Dollar pro Jahr mehr kosten wird. Die Steuererhöhungen können auf unbestimmte Zeit fortgesetzt werden.«[3]

Mit einfachen Worten – auf jede Einkommenserhöhung von 10% folgt eine Steuererhöhung von 16,5%. Wenn diese Entwicklung weiter anhält, würden die Steuern bis zum Ende dieses Jahrhunderts, bei einem Einkommen von 17.763 Dollar im Jahre 1977, von 2167 Dollar auf 6289 Dollar steigen. Dadurch würden sich die Steuereinnahmen verdreifachen. In diesem Zeitraum würde der Steuerzahler (bei konstanter Währung) 43.916 Dollar durch die Inflationswirkung verlieren. Man muß jedoch hinzufügen, daß wir bei unserer Rechnung davon ausgehen, daß die Inflationsrate bis zur Jahrhundertwende, wie seit 1970, weiterhin bei 6,3% bleibt. Da aber diese Annahme im Augenblick genauso illusorisch ist wie die Vorstellung, daß die Zarenfamilie in Rußland je wieder an die Macht kommt, wird sich die ›Steuerschwemme‹ noch schlimmer auswirken.

Je schneller der Dollar an Wert verliert, desto schneller wird auch der Durchschnittsbürger in die nächsthöhere Steuerklasse rutschen und desto höher wird auch in den niedrigsten Einkommensklassen jeder zusätzliche Dollar besteuert werden. Falls der Kongreß die Inflationswirkung mit den üblichen Methoden ausgleichen will, wird er die Steuern für die niedrigsten Einkommensklassen senken. Diese Geste kostet ihn nicht viel, weil die unteren Einkommensklassen sowieso nur mit 7% zum gesamten Steueraufkommen beitragen. Deshalb würde der Staat durch eine Steuersenkung von 25% für Steuerzahler mit einem Einkommen von 10.000 Dollar oder weniger nicht soviel einbü-

ßen wie bei einer Steuersenkung von 6,5% für die oberen Einkommensklassen, die 75% der gesamten Steuerlast tragen. Das heißt, daß bei zunehmender Inflation die Steuerbelastung, die Sie zu tragen haben, immer größer wird.
Die Inflation wirkt sich aber nicht nur so aus, daß Sie immer mehr Einkommensteuern zahlen müssen – Sie müssen auch immer mehr Vermögenssteuer abführen. Die Kapitalzuwachssteuer ist heute nur noch eine Strafe dafür, daß Sie überhaupt Vermögen besitzen. Da der Dollar durch die Inflation weniger wert ist, steigen die Preise für Vermögenswerte. Das bedeutet aber nicht, daß ein Vermögensbesitzer dadurch mehr Kaufkraft hätte. Er hat möglicherweise sogar Verluste gehabt, muß aber für diese Verluste auch noch Steuern zahlen. Dr. Martin Feldstein, Professor der Wirtschaftswissenschaften in Harvard und Vorsitzender des Statistischen Bundesamtes, befaßte sich 1977 anhand der Unterlagen der Finanzbehörden mit den tatsächlichen Vermögenszuwachsraten. Er stellte fest:

»Der Steuerzahler hat 1973 Vermögenszuwachssteuern für nominelle Kapitalgewinne in Höhe von 4,5 Milliarden Dollar bei Aktien gezahlt. Wenn man aber den Kaufwert der Aktien mit dem Anstieg der Verbraucherpreise seit diesem Zeitpunkt vergleicht, sind die 4,5 Milliarden Dollar an nominellem Vermögenszuwachs in Wirklichkeit ein Realkapitalverlust von fast 1 Milliarde Dollar.«[4]

Wenn die effektiven Steuersätze für Kapitalzuwachsraten bei 100% liegen, fällt es dem einzelnen immer schwerer, den effektiven Wert seines Vermögens zu vergrößern oder sogar zu behalten. Unter den Bedingungen, die bei uns seit 1969 herrschen, müßten Sie Ihr Vermögen im Laufe von 6 Jahren verdoppeln, in 10 Jahren verdreifachen und in 16 Jahren verfünffachen, um den gleichen Vermögenswert zu behalten. Die Steuerreformgesetze von 1978 haben da auch nur für eine leichte Verbesserung gesorgt. Wenn die Inflationsrate weiterhin bei 7% bleibt, wäre die effektive Kapitalzuwachsbesteuerung für die Vermögenswerte, die der Inflation angepaßt sind, bei einer Besitzdauer von 7 Jahren (das ist die durchschnittliche Besitzdauer, die das Bundesschatzamt bei Aktienkapital festgelegt hat) immer noch höher als 100%. Wie Alice im Wunderland müssen wir immer schneller laufen, um am gleichen Platz stehenzubleiben.

Zusätzlich zu den Kapitalzuwachssteuern, die die Bundesregierung erhebt, muß der Durchschnittsbürger auch noch Einkommensteuer an den Staat und (in manchen Fällen) sogar Kommunalsteuern zahlen. Anfangs war diese Summe unbeträchtlich, aber 1977 betrug sie bereits 31 Milliarden Dollar, d. h. 585 Dollar pro Haushalt. Die staatlichen und lokalen Einkommensteuerbeträge sind, ebenso wie die Steuern, die bundesweit abgeführt werden müssen, mit der Inflation gewachsen. Aber die Einkommensteuer auf Länder- oder kommunaler Ebene macht im Gegensatz zu den Einkommensteuereinnahmen des Bundes nur einen geringen Prozentsatz der gesamten Kommunalsteuerlast aus. Die Vermögenssteuer, die 1977 insgesamt 64 Milliarden Dollar einbrachte, war mehr als doppelt so hoch und betrug 1200 Dollar pro Haushalt.

Die Umsatzsteuer zehrt ebenso an Ihrem Budget. Im März 1978 hat das amerikanische Wirtschaftsministerium 39 Milliarden Dollar - oder 735 Dollar pro Haushalt - verbucht.

Damit ist die Liste der Steuern, die Sie zahlen, keinesfalls vollständig. Denken Sie doch einmal an folgendes:

Bund und Länder kassieren zusammen 13 Cent Benzinsteuer pro Gallone Treibstoff oder mehr.

Bundessteuern muß man auch für solche Produkte wie Öl und Autoreifen zahlen.

Für jedes Telefongespräch, das Sie führen, zahlen Sie Bundessteuern, die in den Gebühren enthalten sind.

Auch Kinobesuch und Essen in Restaurants unterliegen der Vergnügungssteuer.

Für jedes Faß Bier muß man 9 Dollar Steuern zahlen. Staat und Kommunen liebäugeln bereits mit einer Erhöhung.

Auch der Tabak wird besteuert; dabei belaufen sich die Einnahmen des Bundes auf 70 Dollar pro Haushalt im Jahr.

In den meisten Bundesländern muß man eine Kraftfahrzeugsteuer zahlen. Außerdem erheben acht Staaten und der District of Columbia zusätzliche Steuern für Ihr Auto.

Diverse andere Steuern brachten 1977 den kommunalen und staatlichen Finanzbehörden 19 Milliarden Dollar ein, das sind circa 358 Dollar pro Haushalt. Dazu gehören Schenkungssteuern, Erbschaftssteuern und so weiter, die wir oft zahlen, ohne es zu wissen.

Bisher haben wir uns ausschließlich mit den mehr oder weniger sichtbaren Auswirkungen der Steuerquetsche beschäftigt. Was ist aber mit den finanziellen Einbußen, die nicht so offenkundig sind? Nehmen wir z. B. die Körperschaftssteuern. Zahlen Sie als Bürger und Verbraucher Körperschaftssteuern? Viele würden die Frage verneinen. Die Unternehmen, meint man, zahlen die Körperschaftssteuern aus ihrer eigenen Tasche. Wenn Sie nicht gerade Aktionär sind, gehen Sie diese Steuern nichts an. Wenn sie z. B. 950 Dollar pro Haushalt betragen, verlieren nur die Aktionäre 950 Dollar – einen Betrag, den der Staat nicht bei Ihnen kassieren kann.

Wenn man so argumentiert, geht man fälschlicherweise davon aus, daß jedes Mitglied der Gesellschaft völlig unabhängig ist; daß Ihr wirtschaftliches Glück oder Pech keinen Einfluß auf Ihre Nachbarn hat, wenn sie nicht gerade von Ihrem Geld leben. Viele gönnen ihren Nachbarn erst dann ihren Wohlstand, wenn sie selbst es zu etwas gebracht haben.

Aber dieses Thema ist in mancher Hinsicht viel komplizierter. Zunächst kommt eine Kapitalansammlung fast allen zugute, und zwar aus den Gründen, die wir in ›Perspektiven‹, als wir uns über den Fortschritt Gedanken gemacht haben, angeführt haben. Je mehr Kapital vorhanden ist, desto höher ist unser Lebensstandard. Einfach gesagt: Je mehr Kapital da ist, desto mehr Möglichkeiten bieten sich dem einzelnen, Geld zu verdienen, desto größer ist also der ›Trittbrett‹-Effekt. Durch diesen Prozeß steigt, wie wir gesehen haben, der Verdienst eines Butlers, obwohl ein Butler heute weniger leisten muß als früher.

Wenn wir das Einkommen eines Butlers nehmen, um die positive Auswirkung der Kapitalansammlung zu veranschaulichen, sehen wir gleich, daß Ausnahmen die Regel, daß jeder vom Fortschritt profitiert, bestätigen. Eine Vergrößerung des gesamten vorhandenen Produktivvermögens ist nämlich für diejenigen, die bereits ein beträchtliches produktives, statisches oder transzendentales Vermögen besitzen, nicht immer ein Vorteil. Die neuen Vermögensformen nutzen vielleicht dem Durchschnittsbürger oder dem Besitzer dieser neuen Vermögensform, aber sie bringen denen, die über bereits vorhandene Formen des Kapitals verfügen, finanzielle Nachteile. Der Grund dafür ist einfach. Neues Vermögen bringt Veränderungen mit sich. Der

Besitzer des alten Vermögens muß seinem Butler jetzt unter Umständen mehr Lohn zahlen. Und nicht nur das – eine Kapitalvergrößerung verringert oft den Wert früherer Investitionen. Als Sir Henry Bessemer eine neue, verbesserte Technik für die Stahlverarbeitung einführte, hatten alle dadurch Vorteile – bis auf diejenigen, die den Stahl noch auf konventionelle Art verarbeiteten. Die Unternehmer, die in ihren Roheisenfabriken und -werken den Stahl noch in Flammöfen herstellten, erlitten schwere finanzielle Verluste. Der Wert ihres Produktivvermögens fiel durch das neue Herstellungsverfahren, das erst durch die Vergrößerung des Produktivkapitals ermöglicht worden war.
Selbst wenn eine neue Investition nicht unbedingt zu einem technologischen Durchbruch führen, sondern nur einen bestimmten Arbeitsgang erleichtern soll, entsteht dadurch ein größerer Wettbewerb, und die Gewinne, die sich mit den bestehenden Kapitalformen erzielen lassen, gehen zurück.
Gleichzeitig hat eine Vergrößerung des realen Produktivvermögens eine negative Wirkung auf das Sachvermögen. Sachvermögen ist dann am wertvollsten, wenn Produktivität und Produktion rückläufig sind. Wenn das Produktivkapital durch die galoppierende Inflation schneller aufgebraucht wird, als es beschafft werden kann, ist das Sachvermögen, z. B. Grundstücke oder Schmuck, am wertvollsten. Aus Gründen, auf die wir später noch eingehen werden, ist eine Vergrößerung des gesamten Produktivvermögens für diejenigen, die, wie die Politiker und Bürokraten, von transzendentalem Kapital leben, keinesfalls wünschenswert.
Der Schriftsteller Louis Simpson hat gesagt, es sei der größte Wunsch der Politiker, »daß es dem eigenen Land schlechtgehe«. Das ist keine Unterstellung, die auf dichterischer Freiheit beruht. Es ist eine Tatsache, daß wirtschaftliche Schwierigkeiten, Katastrophen und Verschlechterung des Lebensstandards dem Staat viele Vorteile bringen. Das ist selbst in Washington so bekannt, daß man gar nicht erst darüber diskutiert. Jeder, der daran zweifelt, daß Zerstörung, Krieg und Wirtschaftskrisen dem Staat zu Wohlstand verhelfen, sollte einmal die einschlägigen Berichte darüber lesen. Dann wird er feststellen, daß in Krisensituationen die Ausgaben des Staates wachsen,

die Bezüge von Politikern und Beamten noch mehr steigen und immer mehr Politiker und Bürokraten Karriere machen. Wenn es einem Land wirtschaftlich gutgeht, wenn der äußere und innere Friede gesichert sind, dann haben die Politiker eine Randposition, und ihr Profit sinkt.
Aus dieser Perspektive gesehen, müssen einige der Bezieher von Transfereinkommen größtes Interesse daran haben, daß kein neues Vermögen, insbesondere von neuen Firmen, angesammelt wird. Und die hohen Körperschaftssteuern haben ja auch die beabsichtigte Wirkung, die Unternehmer zu entmutigen. Sie reduzieren den Lebensstandard der Verbraucher, weil die Unternehmer keinen Anreiz mehr sehen, neue Firmen zu gründen oder Neuerungen einzuführen. Der Wirtschaftsexperte Colin Clark schrieb in einem Kapitel, das große Beachtung verdient:

»Viele Verfechter einer hohen Besteuerung sind ernsthafte Gegner von Monopolen; aber wenn wir niedrigere Steuern hätten und nicht ausgeschüttete Gewinne steuerfrei wären, würden viel mehr Firmen gegründet, und die etablierten Unternehmen müßten mit großer Konkurrenz rechnen. Die Tatsache, daß die Steuern heute extrem hoch sind, ist ein wesentlicher Grund für die Monopolstellung vieler Unternehmen.«[5]

Die hohen Steuern, die den Unternehmen heute auferlegt werden, quetschen den Verbraucher deshalb noch mehr aus. Sie verhindern Lohnerhöhungen. Sie unterdrücken Neuerungen. Sie schränken den Wettbewerb durch neue Unternehmen ein oder ersticken ihn im Ansatz. Folglich werden die Preise, die der Verbraucher zahlen muß, künstlich hochgehalten. Es ist deshalb anzunehmen, daß durch Steuererleichterungen für die Unternehmen die Lebenshaltungskosten sinken würden. Nicht nur die Unternehmensgewinne würden durch solche Steuermaßnahmen steigen; produktive Kapitalanlagen würden dadurch wieder so attraktiv, daß viele neue Betriebe entstehen würden und sich damit das volkswirtschaftliche Gesamtvermögen erhöht.
Nach einiger Überlegung wird klar, daß jede Art von Steuern unter den augenblicklichen Bedingungen zu einer Verschlechterung der Lebensqualität beiträgt. Die hohen Körperschaftssteuern werden auch dem Durchschnittsbürger aufgebürdet.

Auch die Firmen, die eine Monopolstellung haben, profitieren auf lange Sicht nicht von der hohen Besteuerung. Sie wirkt sich nur so lange positiv auf die Bilanz aus, wie ihre Wettbewerbsfähigkeit darunter nicht leidet. Wenn die Steuern so hochgeschraubt werden, daß sie fast einer Zwangsenteignung gleichen, und kein oder nur wenig Kapital selbst bei den etablierten Firmen angespart werden kann, dann profitieren nur noch die Besitzer von transzendentalem Kapital. Den Unternehmen geht es genauso wie dem Rest der Gesellschaft.
Diese Situation gibt es bei uns schon seit einiger Zeit. Entgegen der allgemeinen Auffassung, daß Unternehmen wenig oder überhaupt keine Steuern zahlen, steht fest, daß der effektive Körperschaftssteuersatz in den letzten zehn Jahren nie wieder so niedrig war wie 1968, als er bei 52% lag. Laut Bundesamt für Statistik, einer Abteilung des Wirtschaftsministeriums, hat man aufgrund der Inflationswirkung die Unternehmensgewinne überschätzt und dadurch die Steuerbelastung noch vergrößert. Je höher die Inflationsrate, desto mehr Steuern zahlen die Unternehmen – trotz bestehender Gesetzeslücken. 1974, als die Inflationsrate, gemessen am Verbraucherpreisindex, bei 12,2% lag, stieg der Körperschaftssteuersatz auf 102%. Paul Craig Roberts erklärte:

»Das liegt daran, daß durch die Inflationswirkung die Unternehmensgewinne überschätzt werden; die Firmen werden gezwungen, ihre tatsächlichen Kosten, die durch die Abnutzung von Werksanlagen, Arbeitsgeräten und Inventar entstehen, in ihren Büchern niedriger anzugeben. Dadurch werden zu Inflationszeiten Unkosten zu steuerpflichtigem Einkommen, und die effektive Besteuerung der Unternehmensgewinne erhöht sich.«[6]

Zur Veranschaulichung braucht man sich nur anzusehen, was in den 20er Jahren in Deutschland passiert ist, als die Inflation solche Ausmaße annahm, daß die Preise nicht nur täglich, sondern stündlich stiegen. Ein Supermarkt kaufte z. B. einen Sack Mehl für 100.000 Mark und verkaufte ihn für 3.000.000 Mark. Er hatte dadurch aber keineswegs einen Gewinn von 2.900.000 Mark. Im Gegenteil, er machte ein Verlustgeschäft, wenn er, um seinen Lagerbestand aufzufüllen und im ›Rennen zu bleiben‹, den nächsten Sack Mehl für 5.000.000 Mark beim Großhändler bestellen mußte. Wenn er für seinen nicht vorhandenen Profit auch noch Steuern hätte zahlen müssen, wäre er wohl bald bankrott gegangen. Das gleiche spielt sich heute in den USA ab, Gott sei Dank aber in etwas bescheidenerem Maß.

Die wachsende Steuerbelastung für die Unternehmen vermindert den Wert des Produktivkapitals. Die Firmen, die an der New Yorker Börse zugelassen sind, haben seit 1968 die Hälfte ihres Betriebskapitals eingebüßt. Weitere Anhebungen der effektiven Steuersätze würden die Daumenschrauben noch stärker anziehen und die Lebenshaltungskosten noch schneller in die Höhe treiben.

Wie sich die diversen Steuern für Hersteller und Einzelhändler im einzelnen auf den Verbraucher auswirken, läßt sich überhaupt nicht abschätzen. Howard Jarvis behauptet, daß die Automobilindustrie bei jedem verkauften 8000-Dollar-Auto 4500 Dollar an Steuern mit einkalkuliert. Selbst wenn diese Berechnung zehnmal übertrieben ist – selbst wenn die direkten und indirekten Steuern nur 450 Dollar pro Auto betragen –, würden sie für den Verbraucher eine große Belastung darstellen. Und das gilt nicht nur für die Steuern bei Autos. Jedes Produkt, jede Dienstleistung ist mit einer Unmenge verschiedenartiger Steuern belegt. In einer Studie des Steuerausschusses wurde z. B. festgestellt, daß bei einem einzigen Laib Brot 151mal Steuern erhoben werden. Da ist es nicht verwunderlich, daß das Weißbrot soviel ›Luft‹ enthält.

Man könnte noch viel mehr darüber sagen, auf welche Art und Weise die Steuern, die andere zahlen, sich auch auf Ihre Lebensqualität auswirken, aber eines sollte inzwischen klar sein: Auch die Durchschnittsfamilie trägt mit an der Steuerbürde, die Unternehmen und Betrieben auferlegt wird. Sie muß darüber zwar nicht Buch führen oder irgendwelche Formulare ausfüllen, aber diese ›versteckten‹ Steuern gehen auch zu ihren Lasten.

Der Katalog der so oft unterschätzten Steuerbelastungen wäre nicht vollständig, wenn wir nicht auch eine der am wenigsten verstandenen, aber einschneidendsten Steuermaßnahmen mit aufnehmen würden: die Sozialversicherungsbeiträge. Keine andere Steuer ist in den letzten Jahren so gestiegen. Keine andere Abgabe wirkt sich so verheerend auf den Lebensstandard aus. Sie wird von Arbeitnehmern wie Arbeitgebern gleichermaßen

getragen und trägt wesentlich dazu bei, daß das Produktivkapital immer mehr schrumpft.
Nach dem am 1. Januar 1979 gültigen Gesetz kostete die Sozialversicherung den normalen Arbeitnehmerhaushalt 1403,77 Dollar an direkten Abzügen, einen gleich hohen Betrag, den der Arbeitgeber aufwenden mußte und etwa 2000 Dollar an verlorenem Einkommen. So reduzierten also die Sozialversicherungsbeiträge das Einkommen einer Mittelklasse-Familie von etwa 25.000 Dollar um 5000 Dollar auf 20.000 Dollar im Jahr 1979. Die Sozialversicherungsabgaben sind heute sogar höher als die Einkommensteuer. Sie sind in den letzten fünf Jahren um 100% gestiegen. Laut Gesetz vom 1. Januar 1979 soll der Beitragshöchstsatz für den Arbeitnehmer bis 1987 auf 3046 Dollar angehoben werden. 3046 Dollar gehen ihm noch indirekt durch den ›Arbeitgeberanteil‹ verloren; und bei einem allgemeinen Einkommensrückgang würde sich diese Summe noch erhöhen.
Wie ist es zu dieser Steuerbelastung gekommen? Als die Sozialversicherung vor 40 Jahren eingeführt wurde, mußte nur ein geringer Prozentsatz der Arbeitskräfte einen geringfügigen Sozialversicherungsbeitrag abführen. Die ersten Rentenempfänger hatten nur einen kleinen Betrag über einen kurzen Zeitraum eingezahlt. Zu diesen Rentnern gehörte Ida M. Fuller aus Ludlow, Vermont, die als erste eine Sozialrente bezog. Sie hatte bis zum Rentenalter 180 Dollar an Beitragszahlungen geleistet. Da ihr noch einige Jahre auf Erden vergönnt waren, bekam sie ein Vielfaches von dem zurück, was sie verloren hatte.
Im Laufe der Jahre mußten die Beitragszahler natürlich größere Summen über längere Zeit einzahlen. Heute ist der Höchstsatz um 4500% höher als die 60 Dollar, die Ida Fuller pro Jahr abgezogen wurden. Die Sozialversicherung ist deshalb nicht nur eine große Belastung für uns – sie spielt auch eine bedeutende Rolle dabei, wie wir uns auf unseren Ruhestand vorbereiten. Ida Fuller hätte schon eine Hellseherin sein müssen, wenn sie damals, Anfang der 30er Jahre, geahnt hätte, daß sie einmal eine Sozialrente bekommen würde. Bevor diese Rentenpläne aufgestellt wurden, hatte sie vielleicht das meiste von ihrem verdienten Geld gespart oder sonstige Vorkehrungen für ihr Alter getroffen. Die heutigen Ida Fullers können von ganz anderen

Voraussetzungen ausgehen. Erstens läßt sich wegen der hohen Steuern und der zunehmenden Inflation kaum noch etwas sparen, und zweitens ist es ja gar nicht mehr unbedingt notwendig zu sparen, wenn man weiß, daß einem die Sozialrente ohnehin sicher ist. Als Marty Feldstein 1971 die Situation analysierte, schätzte er die Gesamtsumme der künftigen Sozialversicherungsleistungen auf 2 Billionen Dollar. Das waren 60% aller anderen Vermögenswerte aller Haushalte zusammengenommen. Mit anderen Worten: Zu diesem Zeitpunkt war der Gesamtwert aller Sparkonten, Versicherungspolicen, Aktien und Wertpapiere, Autos und Häuser, Einrichtungsgegenstände, Weihnachtsbäume und Weihnachtsessen und aller anderen materiellen Güter zusammen nicht einmal doppelt so hoch wie das erwartete Einkommen aus der Sozialversicherung.

Es wäre schon ein wenig seltsam, wenn die Öffentlichkeit einen so beträchtlichen potentiellen Vermögenswert wie die Sozialversicherungsleistungen einfach ignorieren würde. Sie tut es auch nicht. Für sie ist die Sozialversicherung – das transzendentale Kapital der Mittelklasse – genausoviel wert wie Ersparnisse auf der Bank. Das enthebt den Durchschnittsbürger offensichtlich der Notwendigkeit, eigene Ersparnisse anzulegen. Laut Feldstein, der dieses Problem für einen Sozialversicherungsausschuß untersuchte, wurden 1971 aufgrund der Sozialversicherungsleistungen 61 Milliarden Dollar weniger gespart. Und da sich diese Zahlen mit dem tatsächlichen gesamten Sparaufkommen – nämlich 61 Milliarden Dollar im Jahre 1971 – deckten, kann man wohl davon ausgehen, daß die Sozialrenten die Spartätigkeit um die Hälfte reduzieren. Feldstein meint dazu: »Daß aufgrund der Sozialversicherungsleistungen nur noch halb soviel gespart wird, ist zwar erstaunlich, aber nicht unlogisch. Für die mittleren und unteren Einkommensklassen ist die Sozialversicherung ein vollständiger Ersatz für eigene zusätzliche Ersparnisse.«

Feldstein hat außerdem ausgerechnet, daß wegen der Sozialversicherung nicht nur der einzelne weniger spart, sondern daß die gesamte Spartätigkeit um 38% zurückgegangen ist. Die verminderte Spartätigkeit führt wiederum dazu, daß der produktive Kapitalstock um 38% geschrumpft ist. Wenn es die Sozialversicherung nicht gäbe, würde sich der Kapitalstock um 38% vergrößern, was, laut Feldstein, zu einer Erhöhung des Bruttosozialprodukts um 11% geführt hätte. Allein für 1972 hätte das eine Wertsteigerung der Güter und Dienstleistungen um 127 Milliarden Dollar zur Folge gehabt. Was bedeutet das nun für das persönliche Einkommen? Feldstein ist der Ansicht: »Wenn die (Sozialversicherungs-)Beiträge investiert, anstatt in Form von Transferzahlungen verbraucht worden wären . . ., wären die Löhne um fast 15% gestiegen.«

Das ungeheure Ausmaß der Sozialversicherungsbeiträge und -leistungen während der 70er Jahre hat die gesamte Spartätigkeit und somit das private Einkommen noch mehr verringert. Selbst wenn die Wirkung nur so wäre, wie Feldstein sie anhand der Daten aus dem Jahr 1971 beschrieben hat, hätte eine Durchschnittsfamilie bis 1979 fast 2500 Dollar Einkommen pro Jahr weniger gehabt.

Durch die Sozialversicherung werden die Ersparnisse einer Familie in Umverteilungseinkommen umgewandelt. Die Steuergelder werden sofort in Form von Transferzahlungen ausgegeben, wodurch wiederum der Lebensstandard des einzelnen sinkt. Je höher die Sozialversicherungsbeiträge, desto größer wird der Druck auf den Durchschnittsbürger.

Die Sozialversicherungsleistungen werden durch außerordentliche Steuern finanziert. Außerordentlich sind sie nicht nur deshalb, weil sie eine außerordentlich große Belastung darstellen, sondern weil der Steuerzahler auch einmal etwas vom Staat bekommt. Deshalb muß man dieses System nicht nur danach beurteilen, was es den einzelnen kostet, sondern auch danach, was es dem einzelnen bringt. Wir haben schon über Ida M. Fuller aus Ludlow, Vermont, gesprochen, für die die Sozialversicherung zweifellos ein gutes Geschäft war. Sie ging nicht nur als erste Sozialrentenempfängerin in die Geschichte ein, sie profitierte auch noch 35 Jahre lang von ihrer 180-Dollar-Investition.

Die Ähnlichkeit zwischen der ersten Rentnerin Ida Fuller, die großes Glück gehabt hatte, und den Beitragszahlern, die als erste auf das Ponzi-System gesetzt hatten, ist nicht zu übersehen. Fast jedes Schwindelunternehmen zeichnet sich dadurch aus, daß die ersten Investoren extrem hohe Gewinne erzielen. Selbst wenn die Betrüger nicht freie Unternehmer, sondern Politiker sind, muß der Profit sichtbar groß sein, um genügend Interessenten anzulocken, die das Projekt finanzieren und dem Initiator helfen, sein Schäfchen ins trockene zu bringen. Diese bewährte Methode wurde von Charles Ponzi zu einer Art Kunst erhoben. Von seinem Bostoner Büro aus bot Ponzi 1920 der staunenden Öffentlichkeit die Chance, »in 45 Tagen 50% Gewinn zu machen«.

Das war kein schlechter Handel, zumindest nicht für Ponzis erste Klienten. Sie bekamen die Hälfte des Geldes, das die nächsten eingezahlt hatten, usw. In Wirklichkeit gab es überhaupt keine Investitionen. Ponzi gab das Geld lediglich von einem zum anderen weiter.

Obwohl Ponzis Opfer, wie so viele Sozialversicherungsbeitragszahler heute, sehr zufrieden waren und ihn als ihren Wohltäter feierten, wenn er sich auf der Straße sehen ließ, schien einigen Zynikern die ganze Sache doch verdächtig. Schließlich stellte sich heraus, daß Ponzi 4 Millionen Dollar Betriebskapital und 7 Millionen Dollar an Verbindlichkeiten hatte. Seine Bilanz sah jedoch wesentlich besser aus als die unseres heutigen Sozialversicherungssystems, das nur über ein paar Milliarden verfügt, dagegen aber 10 Billionen 344 Milliarden Dollar (Wert vom 1. Oktober 1978) an Verpflichtungen hat. Leider ließen sich die Richter 1920 nicht von Ponzis Samariterrolle überzeugen – sie schickten ihn ins Gefängnis.

Der gravierende Unterschied zwischen Ponzis System, das ihm schließlich ein Armenbegräbnis irgendwo in Südamerika einbrachte, und dem Sozialversicherungssystem unserer heutigen Politiker, das ihnen zur Wiederwahl verhilft, ist die Macht der Steuerbehörden. Ponzis System und ähnliche Unternehmungen müssen fehlschlagen, weil die Anzahl der ›Blutsauger‹, die dafür sorgen, daß sich die ›Kette‹ lückenlos fortsetzt, von Natur aus begrenzt ist. Diese Probleme haben die Politiker nicht. Sie können die Kette endlos verlängern, indem sie jeden zwingen können, sich auspressen zu lassen. Dadurch, daß sie jeden in ihr System pressen – wie arm er dadurch auch wird –, kann ihre Einkommensquelle nie versiegen, und die Mängel des Systems werden kaschiert. Durch diese Rückendeckung können die Politiker ihrer Phantasie auf finanziellem Gebiet freien Lauf lassen. Solange sie immer neue Leute finden, die die Kette bilden, oder jeden zwingen, die Verluste mitzutragen, kann das System funktionieren. Aber niemand sollte sich einbilden, daß das System wirklich funktioniert. Es funktioniert nämlich genausowenig wie Ponzis System. Der einzelne Beitragszahler – der Durchschnittsarbeiter – muß Verluste hinnehmen, die selbst Charles Ponzi die Schamröte ins Gesicht getrieben hätten. Das System ist einfach deshalb noch nicht zusammengebrochen, weil wir grundlos darauf vertrauen, daß die Politiker die Verluste, die im Moment noch aufgefangen werden können, schon decken werden, indem sie der kommenden Generation noch größere Verluste aufhalsen. Das ist in Wahrheit damit gemeint, wenn man sagt, die Sozialversicherung sei ein Generationenvertrag.

Die Kosten der Sozialversicherung sind für einen jungen Menschen heute schon so erschreckend, daß der Alterungsprozeß eigentlich schon viel schneller einsetzen müßte. Jemand, der ein mittleres Einkommen von 16.000 Dollar hatte, mußte 1977 1937 Dollar an Sozialversicherungsbeiträgen abführen. Gleichzeitig verlor er noch einmal 2400 Dollar, die er zur Verfügung gehabt hätte, wenn aufgrund der Sozialversicherung die Spar- und Investitionstätigkeit nicht zurückgegangen wäre. Damit hatte er einen Gesamtverlust von 4337 Dollar. Aber das ist erst der Anfang.

Im nächsten Jahr, also 1978, wurden ihm bereits 2142 Dollar abgezogen, und wenn wir, ganz vorsichtig, davon ausgehen, daß er in diesem Jahr wieder 2400 Dollar verliert, hat er im Jahr 1978 monatlich 380 Dollar weniger an Einkommen. 1979 wurden die Beiträge um 31% angehoben. Bei gleicher Rechnung würden ihm nun 5200 Dollar verlorengehen. Aufgrund der Gesetzesreform von 1979 ist eine weitere Beitragserhöhung von 13% für 1980 vorgesehen. Dadurch würde sein Steueranteil auf 3176 Dollar jährlich steigen, und bei einem zusätzlichen Einkommensverlust von 2400 Dollar hätte er in diesem Jahr über 5500 Dollar weniger zur Verfügung. 1981 soll eine weitere Anhebung um 24% folgen, womit sich der Gesamtverlust auf über 6350 Dollar belaufen würde.

Selbst wenn es in den nächsten 35 Jahren keine Beitragserhöhungen gäbe, also bis die junge Generation ins Rentenalter kommt, würden einem jungen Menschen – wenn das System so bestehenbleibt wie bisher – bis zu seinem 65. Lebensjahr

734.885 Dollar an Grundkapital und Zinsen verlorengehen. Noch nie haben uns die Politiker eine so große Bürde aufgelastet und so wenig im Austausch dafür gegeben. John Brittain, Wirtschaftsexperte am Brooking-Institut, sagte ein wenig diplomatischer: »Wenn mehr junge Leute wüßten, was die Sozialversicherung für sie bedeutet, würden wohl mehr auf die Barrikaden gehen.«
Dieses Programm, von dem die Sozialversicherungsbehörden behaupten, es diene dazu, ›Ihre finanzielle Unabhängigkeit zu sichern‹, bewirkt genau das Gegenteil. Es ist fast eine Garantie dafür, daß unsere junge Generation in Zukunft ihr Rentenalter in Armut verbringen muß. Ein junger Mensch verliert fast ¾ Millionen Dollar an Kapital – eine größere Summe, als er zu Lebzeiten je verdienen könnte. Und wenn er dann kein überbesteuertes Einkommen mehr hat, kann er auch nicht auf sein Kapital zurückgreifen. Er wird von den Politikern und ihrer künftigen Strategie abhängig sein.
Wie hoch die Sozialrente auch in 35 Jahren sein wird, sie ist mit Sicherheit niedriger als das, was der einzelne verdient hätte, wenn er über sein Geld hätte frei verfügen können. Natürlich weiß niemand, nicht einmal die Behörden, unter welchen Bedingungen dann jemand eine Sozialrente beziehen kann. Niemand kann heute sagen, unter welchen Voraussetzungen man rentenberechtigt oder wie hoch das Mindestalter sein wird – 65 oder 85 Jahre. Laut einigen Gerichtsurteilen ist der Staat nicht verpflichtet, überhaupt etwas zu zahlen. Und die Politiker können die Rentenbestimmungen so oft ändern, wie sie wollen. Obwohl eine Altersgrenze von 85 Jahren übertrieben ist, ist es keineswegs unwahrscheinlich, daß das Mindestrentenalter hinaufgesetzt wird. Denken Sie nur an den Vorschlag des Social Security Advisory Council (Sozialversicherungsberatungsausschuß), das Rentenalter grundsätzlich auf 68 Jahre anzuheben. Und wenn diese Leute meinen, man sei erst ab 70 rentenberechtigt, können Sie auch nichts dagegen tun. Daß Sie Sozialversicherungsbeiträge leisten, berechtigt Sie, im Gegensatz zu privaten Investitionen oder privaten Rentenversicherungen, zu rein gar nichts.
Selbst unter den heutigen Bedingungen sterben viele Beitragszahler, ohne auch nur einen Pfennig von ihrem Geld wiedergesehen zu haben. Und wenn Sie es nicht geschafft haben, ein biß-

chen Geld zusätzlich zu dem, was Ihnen die Sozialversicherung wegnimmt, zu sparen, geht Ihr gesamtes angespartes Rentenkapital an den Staat über. Sie können es nicht vererben. Ihre Witwe erhält einen minimalen Betrag, vielleicht 300 Dollar, mit dem sie nicht einmal den Sarg bezahlen kann. Der Großteil des Kapitals plus Zinsen, das von den Beitragszahlern zeit ihres Lebens angespart wurde, fällt dem Staat zu. Der Effekt ist der gleiche wie bei einer Erbschaftssteuer von 100%.

Für unsere farbigen Mitbürger sieht die Situation noch schlechter aus. Ein farbiger Durchschnittsbürger erhält laut Statistik für einen noch kürzeren Zeitraum eine Sozialrente als ein Weißer. Das System bewirkt also, daß das Kapital der schwarzen Minderheit ebenfalls unseren Politikern und Bürokraten zur Verfügung steht.

Wenn der Durchschnittsbürger, statt Sozialversichungsbeiträge leisten zu müssen, sein Geld sparen oder investieren könnte, hätte er über jeden Pfennig seines brachliegenden Kapitals frei verfügen können. Er könnte sein Geld der Familie oder Freunden vererben oder es einem Verein zur Rettung der Murmeltiere vermachen; oder er könnte, wenn er beispielsweise erfährt, daß er nur noch kurze Zeit zu leben hat, sein gesamtes Kapital ›lockermachen‹ und es auf einer Weltreise verprassen.

Welche Maßstäbe man auch anlegt, die Sozialversicherung ist ein schlechter Handel für uns. Die Invalidenrente schneidet im Verhältnis zu anderen, privaten Rentenversicherungen, die monatlich nur 10 Dollar Beitrag kosten bzw. weniger als 5% der maximalen Sozialrentenversicherungsbeiträge ausmachen, noch schlechter ab. Bei einer privaten Erwerbsunfähigkeitsversicherung beginnt der Versicherungsschutz automatisch nach einem Monat. Sie zahlt, ob die erwartete Erwerbsunfähigkeit nun ein Jahr dauert oder länger. Die Sozialversicherung tritt jedoch erst sieben Monate nach Beginn der Erwerbsunfähigkeit in Kraft, und gezahlt wird auch nur dann, wenn zu erwarten ist, daß die Krankheit länger als ein Jahr dauert. Dadurch fallen 90% der Ursachen für eine Erwerbsunfähigkeit nicht unter den Versicherungsschutz. Sie bezahlen also Sozialversicherungsbeiträge, die zwanzigmal so hoch sind wie andere Beiträge, und erhalten dafür nur ein Zehntel der Leistungen, die sie von privaten Versicherungen erwarten können.

Es gibt bevölkerungswissenschaftliche Statistiken, die klar aufzeigen, daß sich diese Situation noch verschlechtern wird. 1947 kamen 22 Arbeitnehmer für einen Sozialrentenempfänger auf. 1957 waren es noch 6 und 1973 nur mehr die Hälfte, nämlich drei. Da wir seit 1957 einen Geburtenrückgang zu verzeichnen haben, ist es nur eine Frage der Zeit, wann das Verhältnis Arbeitnehmer zu Rentenempfänger zwei zu eins oder noch kleiner ist. Das bedeutet immer höhere Beiträge und niedrigere Renten. Das Amerikanische Institut für Wirtschaftsforschung hat geschätzt, daß bei gleichbleibender Entwicklung des Sozialversicherungssystems die Beitragszahlungen eines Tages 60% des Einkommens schlucken werden.[7] (Und das noch zusätzlich zu den Bundessteuern, Staatssteuern, Kommunalsteuern, Vermögenssteuern, Umsatz- und Konsumsteuern und allen anderen Formen größerer und kleinerer Plünderei.)

Die einzigen, die von der Sozialversicherung profitieren, sind die Politiker, Bürokraten und Bezieher von Umverteilungseinkommen. Sie profitieren in erster Linie deshalb, weil sich durch die Beitragszahlungen ihr verfügbares Kapital vergrößert hat. Die Beitragsgelder wandern direkt in die Staatskasse und werden sofort wieder ausgegeben. Wäre dieses Geld im produktiven Sektor geblieben, wäre es nutzbringender verwendet worden. Unzählige Milliarden wären in Fabrikanlagen und Maschinen investiert worden; dadurch hätte man neue Arbeitsplätze schaffen und bessere Produkte entwickeln können. Das gleiche Geld diente der Regierung dazu, den Vietnamkrieg zu finanzieren, Regierungsgebäude viermal zu streichen und Informationen über Sie und Ihre Mitbürger zu sammeln, auszuwerten und in Akten zu speichern. Ein Teil des Geldes geht schlicht irgendwo verloren. Der Minister für Gesundheit und Erziehung gab offen zu, daß seinem Ministerium in einem Jahr rund 7,4 Milliarden Dollar einfach ›gefehlt‹ haben. Und die Experten meinen, daß dem Staat, den Ministerien und den Behörden insgesamt jährlich 50 Milliarden Dollar verlorengehen. Diese Summe macht zwei Drittel aller Versicherungsbeiträge im Jahr 1977 aus.

Die Sozialversicherungsbeiträge sind in den letzten Jahren jedenfalls so hoch gewesen, daß den Politikern garantiert ein Einnahmenüberschuß bleibt, über den sie nach Belieben verfügen können. Sie verstehen es, auf wunderbare Weise in ihrer Buchführung Schulden in Vermögen umzuwandeln, und verteilen Schuldscheine für ihre Ausgaben; und dann behaupten sie, ihre Ausgaben seien ›Investitionen‹. Aber diese Schuldscheine stellen für den Steuerzahler keinen Vermögenswert, sondern eine Verbindlichkeit dar, der er nur nachkommen kann, wenn er noch mehr Steuern zahlt. Deshalb sind die Milliarden, die in die Sozialversicherung ›gebuttert‹ werden, kein Vermögenswert, der Ihre Altersversorgung sichert, sondern nur ein Zeichen dafür, daß der Staat in der Lage ist, durch die extrem hohe Besteuerung 40 Milliarden Dollar anzusammeln.

Natürlich gäbe es noch mehr über die Steuerquetsche zu sagen. Aber es würde mehrere Bücher füllen, wenn man die Ungerechtigkeiten und die Nachteile unseres Steuersystems, das den Durchschnittsbürger auspreßt, detailliert beschreiben wollte. Und dabei haben wir bisher noch nicht einmal die Erbschaftssteuer erwähnt, die in besonderm Maß zum Abbau des produktiven Kapitals beiträgt. Wir haben auch über andere Steuerarten noch nicht ausführlich gesprochen, z. B. über die Sonderumsatzsteuer für Luftverkehrsgesellschaften, über Importzölle und Einzelhandelssteuern, die, jede für sich, ihre besondere Wirkung haben. Dieses Thema noch weiter auszuführen ist wohl überflüssig. Selbst diese kurze Aufzählung sollte jeden überzeugen, daß wir mehr Steuern zahlen, als es auf den ersten Blick scheint.

Eine Durchschnittsfamilie mit einem Einkommen von 16.009 Dollar mußte 1977 fast 10.000 Dollar an Steuern abführen. Die Staats- und Kommunalsteuern allein beliefen sich schon auf 3451 Dollar, dazu kam noch die Einkommensteuer auf Bundesebene in Höhe von 1602 Dollar. Für die Sozialversicherung wurden weitere 4338 Dollar abgezogen. Dazu kam noch, daß wir aufgrund der indirekten Steuern höhere Preise in Kauf nehmen mußten. Wir zahlen Steuern für Treibstoff, Spirituosen, Tabakwaren, Geschenke, für die Dienstleistungen der Versorgungsbetriebe und für das, was wir erben.

Sie müssen kein Rechenkünstler sein, um zu sehen, daß man Ihnen immer mehr von Ihrem Geld abknöpft. Wenn es Ihnen gehören würde und Sie könnten es zur Bank bringen und Zinsen dafür kassieren, wären Sie in 40 Jahren Millionär. Sie hätten dann fast 1.350.000 Dollar beisammen. Diese Zahlen sind überwältigend, klingen absurd. Aber soviel steht fest – weitere 40 Jahre kann der Durchschnittsbürger eine solche Steuerlast nicht mehr tragen. Von 1967 bis 1978 stiegen die Steuereinnahmen des Staates um 212%, während die Bevölkerungszuwachsrate nur bei 10% lag. Das ist der Hauptgrund dafür, daß unser Lebensstandard immer schlechter wird. John Marshall meinte es ernst, als er schrieb: »Wer die Macht hat, Steuern zu erheben, hat auch die Macht zu zerstören.« Und die extrem hohe Besteuerung spielt eine wesentliche Rolle bei der Zerstörung unserer Lebensqualität.

Die Qualitätsquetsche

»Je mehr Geld in Umlauf gebracht wird, desto kleiner wird der Laib Brot.«

Slogan der Demokratischen Partei im Wahlkampf 1836

Andrew Jackson hat schon vorausgesagt, daß unsere Lebensqualität ruiniert würde, wenn so viel Geld gedruckt würde, daß der Preis für ein Pfund Schinken auf 4 Cent hinaufschnellt. Vielleicht hat er sich im Zeitpunkt geirrt, aber im Prinzip hatte er völlig recht: Eine Inflation kann sich auf fast jeden Bereich zwischenmenschlicher Beziehungen destruktiv auswirken.

Das ist zweifellos heute auch der Fall. Überall spürt man die Inflationswirkung. Die Produkte werden schlechter. Die Verkäufer werden immer unfreundlicher und unfähiger. Die Telefonvermittlung sagt Ihnen: »Bitte legen Sie auf, und versuchen Sie es später noch einmal. Wegen des großen Andrangs können wir nur dringende Anrufe durchstellen.« Wenn Sie den Wasserhahn aufdrehen, müssen Sie feststellen, daß nur noch trübes, schmutziges Wasser aus der Leitung kommt. Und wenn Sie die öffentlichen Verkehrsmittel benutzen wollen, geht der Fahrkartenentwerter nicht, die Türen öffnen oder schließen sich nicht, und der Zug bleibt zwischen den Stationen stecken ...

Die Inflation arbeitet gegen uns. Wir sind wie die Leute, die ein Lotterielos kaufen und hoffen, daß sie etwas gewinnen werden, was den Einsatz wert ist. Unsere Währung wird immer schlechter, die Produktivität geht zurück, was sich in Lohn- und Preiskontrollen widerspiegelt, und die Produkte, die wir kaufen, verlieren an Qualität. Ein ›Hamburger‹ aus der Imbißstube enthält heute mehr Fett als Rindfleisch. Die Kekse schmecken vielleicht noch ganz gut, werden aber mit weniger Mehl und weniger Rosinen gebacken. Je ärmer wir werden, desto armseliger werden auch unsere Nahrungsmittel: Auf den Krapfen ist weniger Zuckerguß, und das Loch in der Mitte ist auch größer geworden. Ein halbes Jahrhundert nachdem ein amerikanischer Vizepräsident gesagt hatte, es gebe für 5 Cent keine anständige Zigarre mehr, kann man für 5 Cent heute so gut wie nichts mehr kaufen. Dieses Gefühl könnte man natürlich für die Klagen eines nostalgischen Menschen oder eines Außenseiters halten. Seit unsere Geschichte uns kaum noch etwas bedeutet und wir nur noch an uns selbst glauben, geht man immer mehr dazu über, alle unangenehmen Dinge psychologisch zu deuten. Deshalb wird die Möglichkeit, daß die ›guten alten Zeiten‹ des Wohlstands tatsächlich vorbei sein könnten, entweder gar nicht in Betracht gezogen oder als das Gemeckere von Leuten, die sich nicht anpassen können oder wollen, abgetan. Dabei übersieht man das Wesentliche an einer Klage: Sie könnte ja tatsächlich berechtigt sein. Aber selbst wenn die augenblickliche Unzufriedenheit lediglich darauf zurückzuführen ist, daß die Menschen schon immer gern gejammert haben, würde uns das wenig Aufschluß darüber geben, ob unsere Lebensqualität tatsächlich leidet. Grund zum Klagen gab es immer. Schon in den Gesetzen des Hammurabi, 1750 vor Christus, wird die Besorgnis über die Schenken und die dort servierten wäßrigen Getränke deutlich. Wenn die alten Babylonier schon darin einen Grund sahen, in ihr Bier zu weinen, hätten wir wohl erst recht Grund dazu.

Die meisten unbegründeten Klagen über unsere Lebensqualität sind im Grunde ein Generationskonflikt, ein Ausdruck der Verachtung für unsere heutige Wohlstandsgesellschaft; nur wenige Menschen haben ein Gespür dafür, daß uns schlechte Zeiten bevorstehen. Die Ursache liegt oft darin, daß die ältere Generation unseren materiellen Fortschritt mißbilligt. Die materiellen Vorteile, die wir im Laufe der Zeit errungen haben, vom bezahlten Urlaub bis hin zum Polstersessel, haben einen gewissen Neid bei denen geweckt, die zu früh geboren wurden, um sie voll genießen zu können; deshalb sind viele der Meinung, daß diese Neuerungen nur ein Nachteil für die menschliche Gesellschaft sind und daß wir am Ende noch bedauern werden, sie überhaupt eingeführt zu haben.

Der Unterschied zwischen dieser Art der Klage und unserer Analyse ist gravierend. Wenn wir darauf hinweisen, wie sich die Qualität von Gütern und Dienstleistungen aufgrund von Inflation und gesetzlichen Bestimmungen verschlechtert hat, geht es uns keineswegs darum, das Leben aus der pessimistischsten Perspektive zu betrachten. Wir möchten nur Ihre Aufmerksamkeit auf ein Phänomen lenken, das bisher im dunkeln lag, weil nur wenige Leute ein Interesse daran hatten, es ans Licht zu holen. Sowohl die Werbung der Herstellerfirmen wie die politische Propaganda haben mit allen Mitteln versucht, uns einzureden, daß sich unsere Lebensqualität in materieller Hinsicht nur verbessert. Kein Hersteller würde für seine Produkte mit dem Slogan werben: »Kaufen Sie unsere neue Erbsensorte, die garantiert nicht haltbar ist.« Und kein Politiker würde sich im Wahlkampf mit folgender ›Leistung‹ brüsten: »Während meiner Amtszeit ist die Hälfte aller Parkbänke in unseren öffentlichen Anlagen verrottet.« Wenn wir eine solche Entwicklung bemerken wollen, müssen wir schon selbst nach Anzeichen dafür suchen.

Wir können uns dabei auch nicht auf die Statistiken verlassen – es gibt zu wenige, die uns Aufschluß über eine Qualitätsminderung geben könnten. Das liegt größtenteils daran, daß ›Qualität‹ nicht quantitativ meßbar ist. Dazu kommt, daß die meisten Institutionen, die über Statistiken verfügen, nur wenig daran interessiert sind, die Aspekte des Lebens zu untersuchen, die schlechter werden. Das ist – wie bei vielen anderen Menschen – wohl auch darauf zurückzuführen, daß sie so sehr vom Fortschrittsgedanken besessen sind, daß sie gar nicht mehr objektiv urteilen können. Sie verlassen sich blind auf das Bruttosozialprodukt, und deshalb gehen sie voreilig davon aus, daß der Lebensstandard gar nicht schlechter werden kann, wenn volkswirtschaftliche Leistung und Wohlstand steigen. Aber wie Seymour Melman, Professor für Betriebswissenschaft an der Columbia-Universität, gesagt hat, dienen die althergebrachten Methoden zur Bewertung der wirtschaftlichen Lage eher dazu, sie zu kaschieren, als sie aufzudecken:

»Es gibt immer noch einige Mythen, die verhindert haben, daß wir die Beweise für eine Verschlechterung der Wirtschaftslage sehen. Man hat uns gesagt, daß es uns gutgeht, solange das Bruttosozialprodukt wächst, gleichgültig welche Funktion die Dinge haben, die wir produzieren. Die eine Gruppe von Gütern und Dienstleistungen stellt ein produktives Wachstum dar: Das sind die Dinge, die zu unserem augenblicklichen Lebensstandard gehören oder für die künftige Produktion von Nutzen sind. Die zweite Kategorie repräsentiert ein parasitäres Wachstum: Dazu zählen die Güter und Dienstleistungen, die nicht Teil unseres heutigen Lebensstandards und nicht für die künftige Produktion von Nutzen sind.«[1]

Ein großer Teil der heutigen Machtstellung der Regierung beruht auf der Art des parasitären Wachstums, von dem Professor Melman spricht und das wir vorher mit Wachstum des ›Transfereinkommens‹ bezeichnet haben.
Während man sich auf offizieller Seite lieber in Schweigen hüllt, wenn es um die Verschlechterung des Lebensstandards geht, beginnt der normale Durchschnittsbürger, durch die Umstände gezwungen, zu verstehen, was da vor sich geht. Anhand einer Umfrage des R. H.-Bruskin-Instituts hat man versucht festzustellen, inwieweit die Leute eine Veränderung in der Qualität bei einer Reihe von Produkten zwischen 1966 und 1971 festgestellt haben. Einige Antworten wurden in der Zeitschrift *Money* veröffentlicht: »10% waren der Meinung, daß heute bessere Autos hergestellt werden, 64% sagten, die Autos wären heute schlechter; 16% waren der Ansicht, die Haushaltsgeräte seien heute besser, 45% hielten sie für schlechter; 19% glaubten, die Kleidung sei heute besser, 49% meinten, sie sei schlechter geworden; 9% hielten die Möbel, die heute hergestellt werden, für besser, 52% für schlechter.«[2]
Heute überbieten sich die Leute gegenseitig mit ihren Geschichten über die Unfähigkeit oder das Versagen bestimmter Systeme. Dieses Thema ist heute schon so sehr Bestandteil unseres alltäglichen Lebens geworden, daß es darüber bereits viele Witze und Karikaturen gibt. Sie können sich selbst davon überzeugen! Während in den Zeiten, in denen es den Leuten gutgeht, vornehmlich Witze über die Neureichen gemacht werden (Morton, der Klempner, geht mit seiner Frau in ein teures Restaurant und bestellt sich dort für 50 Dollar Salami und Eier), zeigen die heutigen Witze, wie unzufrieden man mit Produkten und Dienstleistungen ist. Mickey Marvin hat folgenden Ausspruch geprägt:

»Um das Verkehrsproblem in New York zu lösen, müßte die Stadt dafür sorgen, daß mindestens 75% aller Autos von den Straßen verschwinden. Nichts einfacher als das: Sie braucht nur meinen Automechaniker dazu.«[3]

Welchen Grund gibt es für die Qualitätsverschlechterung? Oberflächlich betrachtet, könnte man sagen: Wenn Handwerker und Dienstleistungsbetriebe mehr Geld für ihre Arbeit verlangen, als die Öffentlichkeit bereit ist dafür auszugeben, wird die Qualität schlechter. Früher boten sich dem einzelnen viel mehr Möglichkeiten, aufgrund der Kapitalansammlung produktiv zu arbeiten; heute ist das für die meisten Leute kein großer Anreiz mehr. Das führte, wie wir bereits gesagt haben, zwar dazu, daß sich der Lebensstandard erhöhte, aber gleichzeitig wurde es auch teurer, sich einen Butler oder ein Dienstmädchen zu halten. Diese Art des Rückschritts ist auf den wirtschaftlichen Fortschritt und nicht auf eine rückläufige Produktion zurückzuführen. Darunter hat die Qualität generell nicht gelitten, nicht einmal die Qualität der Produkte, die für einen begrenzten Verbraucherkreis hergestellt wurden. Nur wenn das gesamte volkswirtschaftliche Vermögen und das Einkommen des Durchschnittsbürgers schrumpft, findet man so viele schlechte Produkte, soviel Unfähigkeit und unzureichende Leistungen, wie das heute der Fall ist. Seit die Inflation zu einem ständigen Währungsverfall geführt hat, stellen viele Firmen lieber schlechtere Produkte her, als daß sie ihre Preise so weit erhöhen, wie es nötig wäre, um die Inflationswirkung auszugleichen. Bevorstehende und bereits vorhandene Preiskontrollen verstärken noch diese Tendenz.

Genauso wie die Leute durch die Inflation irregeführt werden und glauben, sie könnten mehr Geld ausgeben, als sie haben, lassen sie sich, zumindest zeitweilig, durch die Qualität der Waren, die sie kaufen, täuschen. Denken Sie z. B. einmal an die kaum sichtbaren und langsamen Veränderungen bei den Schokoladenriegeln. Im Laufe der Jahre wurden fast alle Schokoladenriegel, die man kaufen kann, aus billigeren Zutaten hergestellt, oder sie wurden langsam kleiner. Einige Riegel wurden so cremig aufgeschlagen, daß sie mehr Luft als Ingredienzen enthalten. Und da Luft zu den billigsten Bestandteilen gehört, sehen die Süßigkeiten noch genauso aus wie vorher, obwohl sie weniger Substanz haben. Bei anderen ist die Herstellung billiger geworden, weil man die alten durch neue Zutaten ersetzt hat: Heute nimmt man Schokoladenersatz anstelle des teuren Kakaos und streckt das ganze dann noch ein wenig; statt Mandeln

und Walnüssen findet man Erdnüsse – oder überhaupt weniger Nüsse.
Das gleiche geschieht mit dem ›Studentenfutter‹. Neu abgepackt werden ihm kleine Mengen aromatisierter, gebackener Mehlkügelchen zugefügt, eine Mischung, die, als der Dollar noch etwas wert war, unvorstellbar gewesen wäre.
Und dort, wo die Zutaten sich nicht sichtbar verändert haben, verkauft man kleinere Portionen in der gleichen Verpackung. Eine Firma hat in den letzten 20 Jahren ihre Schokoladentafeln vierzehnmal jeweils um wenige Gramm verkleinert.[4]
Daß sich solche minimalen Veränderungen schließlich auch summieren und der Verbraucher für etwas bezahlt, das er gar nicht mehr bekommt, sieht man daran, daß die Firma Hershey 1978 eine direkte Preiserhöhung für ihre Produkte ankündigte. Das löste einen raschen und beträchtlichen Anstieg der Kakaopreise auf dem Weltmarkt aus. Die Händler und Experten hatten offensichtlich gemerkt, daß die mögliche Alternative zu einer direkten Preiserhöhung nicht der weitere Verkauf des gleichen Produkts zum gleichen Preis war, sondern die Herstellung von neuen Schokoladentafeln mit weniger Schokoladengehalt. Die Entscheidung, die Preise anzuheben, war, im Grunde genommen, eine Entscheidung, die gleiche Qualität beizubehalten.
Viele Herstellerfirmen glauben, sich diese Entscheidung heute nicht mehr leisten zu können. Überlegen Sie z. B. einmal, wie schlecht der Telefondienst inzwischen geworden ist, der für jeden Amerikaner, der insgesamt ein Jahr seines Lebens am Telefon verbringt, so wichtig ist. In den letzten Jahren ist uns die Freude am Telefonieren oft genug vergangen, weil es immer häufiger zu Störungen oder Zusammenbrüchen des Fernsprechnetzes kommt, die in Verbindung mit den technisch weniger ausgefeilten Telefonverbindungen ins Ausland auftreten. Der Anrufer muß oft feststellen, wie schwierig es ist, den gewünschten Teilnehmer an die Strippe zu bekommen. Häufig ›überkreuzen‹ sich auch zwei Gespräche, und wir müssen mit anhören, wie ein Fremder fragt: »Hallo, George, wie geht's?«, während wir kaum noch verstehen können, was unsere Freunde uns zu sagen haben. Unser Telefonnetz ist heute auch immer öfter überlastet. Man hört das Besetztzeichen, aber nicht, weil

die Nummer, die man gewählt hat, besetzt ist, sondern weil die Leitungen belegt sind. Auch der Dienst am Kunden hat merklich nachgelassen. Es ist jetzt oft schwierig, die Vermittlung zu erreichen: Manchmal muß man es dreißigmal läuten lassen, bis jemand abhebt. Und auch das ›Fräulein vom Amt‹ selbst ist nicht mehr so höflich und hilfsbereit wie früher. In manchen Städten bekommt man praktisch überhaupt keine telefonische Auskunft mehr. Es gibt noch viele Dinge, die einen ärgern oder die schlecht funktionieren, die – wie Seymour Melman glaubt – darauf zurückzuführen sind, daß »man bei bestimmten Reparatur- und Instandhaltungsmaßnahmen spart«.[5]

Daß die Qualität unserer Produkte und Dienstleistungen immer mehr sinkt, ist überall zu sehen. Die Inflation erhöht die Kostenfaktoren eines Unternehmens, und gleichzeitig werden die Firmen von den Politikern und Verbrauchern unter Druck gesetzt, die Preise niedrig zu halten. Das Resultat ist in den meisten Fällen eine versteckte Preiserhöhung, die dadurch entsteht, daß die Produkte billiger hergestellt werden. Für Schuhe nimmt man heute schlechteres Leder oder andere Ersatzmaterialien. Die Sohlen werden geklebt, statt genäht. Die Hemden haben weniger Knöpfe. Nicht jeder bemerkt den Unterschied. Getränke, wie Bier oder alkoholfreie Getränke, werden in kleinere Flaschen abgefüllt. Und die Getränke selbst scheinen mit billigeren Zutaten und künstlichen kohlesauren Salzen hergestellt zu werden. Die Regale im Supermarkt sind voll von seltsam geformten Flaschen und Behältern, die davon ablenken sollen, daß weniger darin ist. Sie enthalten noch weniger von dem, was man eigentlich haben will, als die merklich kleineren, die sie offensichtlich ersetzt haben.

Insgesamt sind die Lebensmittel, die der Verbraucher in seinem Einkaufswagen hat, von schlechterer Qualität. Wenn am Zuckergehalt gespart wird, erspart man dem Kunden vielleicht ein paar Löcher in den Zähnen; aber vor einigen Jahren noch hätte die heutige Qualität der Waren den Ansprüchen der Verbraucher, die damals noch mehr Geld hatten, nicht genügt.

Das gilt ganz besonders für das Fleisch. Das Rindfleisch in den Supermärkten ist längst nicht mehr so gut wie früher; man findet heute dort kaum noch Fleisch von erstklassiger Qualität, und die meisten Supermärkte in großen Städten bieten nicht

einmal mehr Fleisch von mittlerer Qualität an. Meistens finden Sie nur Fleisch von minderer Qualität.
Da durch die Inflation die Supermärkte nur noch eine schmale Verdienstspanne haben, haben sie auch ihr Warenangebot eingeschränkt. Sie können es sich nicht mehr leisten, daß bestimmte Früchte und Gemüsesorten, was zwangsläufig passiert, verderben; deshalb haben sie nur ein kleines Sortiment oder nehmen manche Sorten ganz aus dem Angebot heraus. Deshalb gibt es kaum noch Tomaten zu kaufen, die etwas appetitlicher als Plastikbälle aussehen. Natürlich gereifte Tomaten verderben nun einmal schneller. Das Problem gibt es bei den Tomaten, die heute angeboten werden, nicht, weil sie gar nicht mehr natürlich reifen. Calvin Trillin hat einmal gesagt: »Die Tomaten sind heutzutage genauso haltbar wie ein Besenstiel.«[6]
Nicht nur bei Fleisch und frischen Lebensmitteln hat sich die Qualität verschlechtert, sondern auch bei den Konserven, die heute auf dem Markt sind. Die früher so strengen Bestimmungen hinsichtlich der Bakterien und Zersetzungsrückstände wurden mittlerweile gelockert; außerdem kaufen immer mehr Verbraucher Obst- und Gemüsekonserven aus der ›zweiten Wahl‹; diese Produkte, die meistens ein einfaches Etikett haben, machen heute schon ein Viertel des Gesamtverkaufs eines Produktes aus, z. B. bei den Brechbohnen. Und selbst die hochwertigen Produkte, die unter einem bekannten Markenzeichen laufen und das Etikett der Herstellerfirma tragen, sind heute nicht mehr so lange haltbar. Und die teurere Verpackungsmethode kann sich der Kunde heute einfach nicht mehr leisten.
Man könnte noch viel mehr über den wirklichen oder vermutlichen Qualitätsverlust der Produkte in unseren Supermärkten sagen, aber das ist uns allen durch die Schriften über gesunde Ernährung hinlänglich bekannt; nur ein Beispiel möchte ich noch erwähnen: Unsere Eier sind auch nicht mehr das, was sie einmal waren. Dadurch, daß das Hühnerfutter schlechter geworden ist, haben die Eier eine dünnere Schale und ein kleineres Eidotter.[7]
Durch die ständigen Preiserhöhungen und den kaum merklich geringeren Inhalt hat sich letzlich auch die Qualität verschlechtert. Der Verbraucher kümmert sich selten um genaue Maße und Gewichte. Im Gegenteil, er ist daran gewöhnt, Produkte,

deren Preis und Qualität er kennt, zu kaufen. Nicht einer von Zehntausenden würde auf den ersten Blick bemerken, daß eine Milchflasche nur zu 99% gefüllt ist. Wenn die Molkereien eine kleinere Menge zum gleichen Preis verkaufen, wird der Kunde um die fehlende Menge betrogen. Und wenn ein Karton Eier nur 11 Eier enthält, es aber aussieht, als ob 12 Eier darin wären, wäre der Käufer mit Recht entrüstet.

Weniger auffallende Veränderungen als ein fehlendes Ei in einem Zwölfer-Karton bemerkt man nicht immer auf Anhieb. Wenn eine Papierfabrik die Anzahl der Blätter bei einer Rolle Toilettenpapier von 650 auf 500 reduziert und gleichzeitig 20 Blätter weniger in die Küchenhandtuchrollen packt, ist die Folge ein Qualitätsverlust, den der Kunde vielleicht sogar bemerkt hat, ohne aber genau sagen zu können, worin der Unterschied besteht. Das führt zu dem wohlbekannten Spruch »Die Sachen sind heute einfach nicht mehr so wie früher«.

Es gibt etliche Beweise für diese Behauptung. Der Wirtschaftsexperte Joseph M. Kamen hat festgestellt, daß der Kunde, selbst wenn er nachweisbar den minimalen Qualitätsunterschied bei bestimmten Produkten nicht bemerkt hat, doch allgemein eine Veränderung feststellt. In einer Studie über geringfügige Qualitätsveränderungen für die *Harvard Business Review* berichtete Kamen, daß ». . . sich im Laufe der Jahre die fast unmerklichen Veränderungen so summiert haben, daß der Punkt erreicht worden ist, an dem man sieht, daß die Qualität so schlecht geworden ist, daß sie nicht mehr dem anfänglichen Standard entspricht«.[8]

Die Qualitätsminderung ist fast immer eine unvermeidliche Folge der Inflation, die das Realeinkommen des Verbrauchers verringert. Wenn sich die Leute ein bestimmtes Quailitätserzeugnis nicht mehr leisten können, bleibt den Herstellern keine andere Wahl, als ihre Ware billiger zu produzieren. Und sie können ihre Preise auch nicht um weniger als einen Penny erhöhen. Bei vielen Waren, inklusive der Artikel, die man heute noch in den Lebensmittelläden findet, ist der Verkaufspreis niedriger als ein Dollar. Deshalb können die Hersteller nicht umhin, ihre Preise um mindestens 1% zu erhöhen, wenn sie das Produkt nicht neu verpacken wollen. Im Gegensatz dazu kann eine Veränderung der Größe oder der Ersatz teurer durch billigere Ingredienzen auch eine versteckte Preiserhöhung sein, wenn auch eine weniger dramatische. Das ist der Grund dafür, warum, laut Kamen,

»die Mettbrötchen in den Verkaufsautomaten weniger Fleisch enthalten; ... auf den tiefgefrorenen Pizzas weniger Käse und Wurst ist; die Spindeln an den Angelruten weniger Kugellager haben«.[9]

Durch die inflationsbedingte Kostensteigerung summieren sich auch die Einsparungen, die man macht, wenn man Produkte von schlechterer Qualität herstellt. Als Eastern Airlines sich 1977 entschloß, den Passagieren die Kirschen in ihren Cocktails zu streichen, sparte sie allein dadurch 175.000 Dollar an Unkosten ein und fing somit die Inflationswirkung auf, durch die ihre 2-Millionen-Dollar-Einnahmen im folgenden Jahr abgewertet wurden. Obwohl dieser Schritt für die Gesellschaft vielleicht notwendig war, bekamen die Passagiere, die gern an ihren Cocktailkirschen knabberten, die Qualitätsminderung deutlich zu spüren.

Die inflationsbedingte Kostensteigerung hat bei vielen Herstellern zu einem geringeren Warenangebot geführt. Früher konnte man vielleicht noch unter vier Produkten wählen, heute werden nur noch zwei oder drei hergestellt. Die Qualitätsquetsche sieht man z. B. auch bei der Herstellung von Unterwäsche. Früher konnte ein Mann zwischen den Größen 30, 32, 34 und 36 wählen; heute bringt z. B. ›Fruit of the Loom‹, eine der größten Unterwäscheherstellerfirmen, nur noch die Größen 30–32 und 34–36 auf den Markt. Das bedeutet, daß die Unterwäsche nur mehr bei der Hälfte der Käufer richtig sitzt, nämlich bei denen, die Größe 31 bzw. 35 tragen. Die meisten Kunden, denen die früheren Größen gut gepaßt haben, sehen jetzt nur noch zwei gleichermaßen unerfreuliche Möglichkeiten: entweder zu kleine oder zu große Unterwäsche zu kaufen. So wirkt sich die Inflation im einzelnen aus.

Haltbare Waren haben sich ebenso qualitativ verschlechtert wie Frischwaren. Aber weil der Herstellungsprozeß komplexer ist, lassen sich Qualitätsminderungen besser kaschieren und kostensparende Veränderungen sogar noch als Vorteil deklarieren. Wenn man die Autoindustrie z. B. auffordern würde, zu den heutigen Preisen die gleichen Autos wie vor 10 oder 20 Jahren zu bauen, würden bei einem direkten Vergleich zwischen den heutigen und den früheren Modellen die heutigen sehr schlecht abschneiden. Es wäre z. B. klar, daß die Karosserien heute längst nicht so gut sind wie bei den älteren Modellen. Die einzelnen Teile sind nicht mehr so fest miteinander verbunden. Das Metall ermüdet leichter. Die Chromteile werden oft durch Plastik ersetzt. Bei der Innenausstattung sieht man die blanken Schrauben. Kurz: Die heutigen Modelle sind viel billiger in der Ausführung als die früheren. David E. Cole, Professor für Kraftfahrzeugbau an der Universität von Michigan, ein Verfechter der heutigen Herstellungstechnik, gibt zu, daß »die Kosten, ein Auto zu bauen, das bis ins Detail den alten Modellen entspricht, ungeheuer groß sein würden«.[10] Wenn man ein Duplikat der früheren Modelle anfertigen wollte, würden die Kosten ungefähr zwei- oder dreimal so hoch sein wie damals. Randy Mason vom Henry-Ford-Museum in Dearborn, Michigan, meint, wenn man heute ein gutes Buickmodell von früher genau kopieren wollte, würden sich die Kosten auf mindestens 20.000 Dollar oder mehr belaufen.

Andererseits ist es ein Trost, zu wissen, daß unsere heutigen Autos besser konstruiert sind. Das heißt, obwohl ein Modell heute schlechter gebaut ist, schneidet das fertige Produkt im Vergleich zum früheren in mancher Hinsicht besser ab. Beispielsweise brauchen unsere Autos nicht so oft zu Routineinspektionen wie früher. Sie müssen nicht alle 1000 Kilometer abgeschmiert werden, und auch ein Ölwechsel ist nicht mehr so oft erforderlich. Durch die verbesserten Zündanlagen kann man heute z. B. auf Unterbrecherkontakte ganz verzichten. Und da es sie nicht mehr gibt, braucht man sie auch nicht dauernd auszuwechseln oder an ihnen herumzubasteln.

Selbst die so offensichtlichen Qualitätsveränderungen in der Konstruktion haben schließlich doch noch einige Vorteile. Das wesentlich schlechtere Armaturenbrett, mit sichtbaren Schrauben und Bolzen, läßt sich leichter abschrauben, wenn größere Reparaturen notwendig werden. Und die zunehmende Verwendung von Plastik anstelle von Metallen, Stoff- und Holzteilen hilft nicht nur, Benzin zu sparen, sondern macht das Auto auch leistungsfähiger. Stahlbleche werden heute dünner gewalzt als je zuvor, dadurch hat der Motor eine geringere Last vorwärtszubewegen (das Auto wird aber auch, was man nicht vergessen darf, anfälliger für Beulen und Rostschäden). Die Handhabung ist deutlich verbessert worden, besonders, weil unsere Autos heute kleiner und leichter sind.

Experten wie David Cole folgern daraus, daß insgesamt gesehen heute bessere Autos als früher gebaut werden. Cole glaubt sogar, daß die Autobesitzer durch die Konstruktionsverbesserungen heute schon so verwöhnt sind, daß sie sich gar nicht mehr vorstellen können, wie es wäre, wenn ihre Vehikel zehnmal im Jahr zu den notwendigen Inspektionen in die Werkstatt müßten. Und wenn ein Auto heute, da alle anspruchsvoller geworden sind, tatsächlich einmal kaputtgeht, sei das offenbar viel ärgerlicher als früher.

Aber es läßt sich nicht leugnen, daß die Qualität sich generell verschlechtert hat, trotz aller Bemühungen der Detroiter Autohersteller. Aufgrund strenger gesetzlicher Bestimmungen und steigender Inflation hat die Autoindustrie ihre Produkte im letzten Jahrzehnt einfach nicht merklich verbessern können. *Wenn die Kosten steigen und das Realeinkommen sinkt, leidet die Qualität.*

Unsere Autos müssen zwar nicht so oft zu Routineinspektionen, dafür sind aber viel öfter teurere Reparaturen fällig. Ein Geschäftsmann aus Aurora, Indiana, beklagte sich in der Zeitschrift *The Christian Science Monitor:* »Mein alter Chevrolet, Baujahr 1957, war noch nach 200.000 Kilometer viel zuverlässiger und in besserem Zustand als mein Impala Coupé, Baujahr 1971, am ersten Tag. Bei meinem alten Wagen waren keine Reparaturen, nur Routineinspektionen nötig.«[11] Solche Klagen hört man nicht selten. Die *Harvard Business Review* berichtete über eine telefonische Umfrage bei 2400 Haushalten, die ergab, daß selbst die Fahrzeugbesitzer, die angeblich mit ihren Autos zufrieden waren, größere und mehr Probleme mit der Qualität hatten als bei jedem anderen regelmäßig oder unregelmäßig gekauften Artikel, inklusive der Waren, die sie per Katalog bestellt hatten.[12]

Jedenfalls wird der allgemeine Eindruck, daß die Autos heute von Material und Fertigung her schlechter sind als früher, von den Autoherstellern in Detroit nur bestätigt. Als Ford die Garantiezeit im August 1965 von 5 Jahren (oder 80.000 km) auf 12

Monate herabsetzte, wurde allen klar, wie das Werk die Qualität seiner eigenen Produkte einschätzte.
Daß die großen Automobilkonzerne ihre Garantiezeit verkürzen, zeigt auch, daß sie wahrscheinlich schon vorher ahnten, wie hoch die Inflationsrate im letzten Jahrzehnt klettern würde. Diese Firmen haben eine ungeheuer ausgeklügelte Kostenkalkulation entwickelt. Sicher hatten sie bemerkt, daß sich durch eine zunehmende Währungsverschlechterung nicht nur weniger am Verkauf von Neuwagen verdienen ließ, sondern daß auch die Reparaturkosten steigen würden.
Für jedes Produkt mit einer längeren Lebensdauer, das man nicht wegwirft, wenn es kaputtgeht (wie z. B. einen Taschenrechner), muß man Ersatzteile produzieren und irgendwo lagern. Mit der Inflation steigen deshalb auch die Reparaturkosten.
Zunächst einmal versuchen die Autohersteller, genauso wie die Hersteller von Schokolade oder Spulen für Angelruten, alles, was in ihrer Macht steht, um eine Preiserhöhung bei ihren Produkten zu vermeiden. Sie können, wie schon gesagt, die Größe ihrer Erzeugnisse verändern, billigeres Material verwenden oder ein Produkt in schlechterer Ausführung auf den Markt bringen. Darüber hinaus haben die Hersteller von langlebigen Gebrauchsgütern allen anderen einen Vorteil voraus: Sie können ihren Anteil an den Kosten, die während der gesamten Lebensdauer eines Produkts anfallen und die der Kunde beim Kauf mitbezahlt, verringern. Das heißt mit anderen Worten, es wird teurer, die Ware reparieren zu lassen. Anstatt einen Preis festzusetzen, der die Reparaturkosten während der Garantiezeit deckt, wie das bei den Modellen vor 1970 der Fall war, geben die Autohersteller nur noch eine kurze Garantiezeit und verdienen an jedem Neuwagen, den sie verkaufen, trotzdem mehr, ohne ihre Preise erhöhen zu müssen. Denn jetzt steigen die Reparaturkosten so an, daß sie in keinem Verhältnis mehr zu einer Preiserhöhung stehen. Als die 79er Modelle auf den Markt kamen, waren die Reparaturkosten bereits drei- bis viermal so hoch wie zu der Zeit, als man die langfristigen Garantiezeiten abschaffte. Da nun für die Automobilindustrie viel weniger Reparaturen in der Garantiezeit anfielen, reduzierte sie auch ihre Ersatzteillager. Dadurch stiegen die Preise für die Er-

satzteile, die noch gelagert wurden, und entschädigten die Hersteller für ihre verminderten Einnahmen beim Verkauf von Neuwagen, für die sie ja die Preise nicht erhöht hatten. Es ist tatsächlich so, daß die Autoindustrie durch den Verkauf von weniger Ersatzteilen die Inflationswirkung abfangen konnte. Selbst wenn das nicht ihre Absicht gewesen sein sollte, wären die Reparatur- und Ersatzteilkosten durch die Inflation gestiegen. Das liegt daran, daß kaum eine andere als die Herstellerfirma die Original-Karosserieteile und wesentliche Antriebsaggregate wie Motorblock und Getriebe herstellen kann. Diese Originalteile werden typbedingt hergestellt und für spätere Reparaturzwecke gelagert. Die Lagerkosten steigen mit den Zinsen. Der prospektive Käufer muß praktisch ein Darlehen für die Ersatzteile, die er später einmal braucht, aufnehmen und Zinsen für die gesamte Lagerzeit zahlen. Durch eine hohe Inflationsrate steigen die Zinsen und somit auch die Preise, die der Verbraucher für die größeren Ersatzteile zahlen muß. Die kleineren Ersatzteile, die oft von anderen, unabhängigen Firmen hergestellt werden, bleiben meistens gar nicht so lange im Lager. Wenn man überlegt, wie die Qualität unserer Autos nachgelassen hat, darf man nicht vergessen, wie schlecht der Zustand unserer Straßen geworden ist. Genauso, wie man beim Eisenbahnbau die Beschaffenheit der Schienen und Geleise nicht außer acht lassen darf, muß die Autoindustrie den Zustand der Autobahnen und Straßen berücksichtigen, wenn sie ein neues Modell auf den Markt bringt. Noch vor 10 Jahren waren die Straßen in gutem Zustand, heute fallen sie fast auseinander. Überall sieht man Dellen, Risse, Beulen und gähnende Löcher im Asphalt. Das beeinträchtigt nicht nur den Fahrkomfort und macht das Lenken schwieriger – dadurch werden auch die Autos beschädigt. Daß diese Schäden ein beträchtliches Ausmaß annehmen können, beweist die Tatsache, daß allein in New York über tausend Prozesse wegen Sachbeschädigung oder Verletzung der Insassen laufen, die auf die schlechten Straßen zurückzuführen sind. Aber der Schaden, der dadurch entsteht, daß der Wagen durch ein Schlagloch fährt und nicht mehr richtig gelenkt werden kann oder beschädigt wird, weil er hart aufsetzt, ist nur ein Aspekt des gesamten Problems. Auch die unzähligen kleinen Schlaglöcher, Furchen und Ausbuchtungen im Asphalt rütteln und schütteln das Vehikel durch; dadurch können sich Schrauben und Muttern lösen, es quietscht überall, die einzelnen Teile werden zu stark beansprucht, und Drähte und Schläuche, die andernfalls heil geblieben wären, lockern sich und gehen kaputt. Wenn die Straßen schon auseinanderfallen, darf man sich nicht wundern, daß das gleiche mit unseren Autos passiert.

Im 19. Jahrhundert ebnete die Fahrradindustrie – allen voran Oberst Albert A. Pope und General Roy Stone – dem Auto buchstäblich den Weg, indem sie die Regierung bestürmte, Asphaltstraßen zu bauen, die sich für ein Fahrzeug mit pneumatischen Reifen eigneten. Abgesehen von der kurzen Zeit der Depression wurden – bis vor einigen Jahren – unsere Straßen immer besser. Dadurch war es einfacher, Auto zu fahren. Wenn man den Wagen nicht hin- und hernavigieren muß, um Schlaglöchern und Furchen auszuweichen, ist man, wenn man nicht gerade zu den begeisterten Ralleyfahrern gehört, ganz zufrieden. Aber unsere heutigen Straßen stellen größere Ansprüche an unser fahrerisches Können. Die Zeiten, als die Autobahnen noch gut waren, sind wohl vorbei; symbolisch dafür: daß Teile der New Yorker Westautobahn zusammenbrachen.

Nicht nur die Qualität unserer Autos ist zurückgegangen, auch die Qualität vieler anderer teurer Produkte läßt zu wünschen übrig. Haushaltsgeräte sind heute längst nicht mehr so gut verarbeitet wie früher; man verwendet heute billigeres Material, und oft genug ist es schwer, den Kundendienst zu bekommen. Dadurch daß z. B. bei den Kühlschränken die Metallschübe durch Plastikschübe ersetzt wurden, hat man heute Probleme, die es früher nicht gab: Die Teile biegen sich durch oder brechen auseinander. Über die billigen Plastikgehäuse und -dichtungen hat schon manch einer geklagt. Eine Hausfrau sagte: »Vor 3½ Jahren habe ich mir einen teuren Kühlschrank gekauft . . . Die Gummidichtung an der Tür hat sich stetig so abgenutzt, daß kaum noch etwas davon übrig ist . . .«[13]

Andere Haushaltsgegenstände, z. B. Möbel, sind heute so schlecht gemacht, daß man es direkt auf den ersten Blick sehen kann. Solide Holzmöbel findet man kaum noch. Die Möbel, die früher aus Eiche, Teak oder Mahagoni gemacht wurden, werden heute aus Hartfaserplatten mit Holzfurnierung hergestellt. Einige bestehen sogar aus Kunstfasern, die wie Holz aussehen.

Die Metallteile wurden durch billigere Legierungen ersetzt, und die Einzelteile sind viel schlechter zusammengefügt als früher. Die Schubfächer passen nicht mehr richtig und sind weniger haltbar. Schnitzereien und liebevolle Kleinarbeiten sieht man immer seltener, und oft fehlen sie ganz.

Auch Produkte, die gefragt und teuer sind, z. B. unsere Wohnmobile, haben durch die Inflation an Qualität eingebüßt. Oft versagt hier die Stromversorgung, die Kabel sind schlecht verlegt, die Waschbecken tropfen, oder Türen und Wände fallen um. Ein Ehepaar sagte: »Unser Abwaschbecken in der Küche tropft schon vom ersten Tag an . . . Unsere Möbel fallen auseinander. Wir wohnen erst seit acht Monaten hier, aber es sieht aus, als würden wir schon seit achtzig Jahren darin hausen.«[14] Eine Studie über die Qualität der Wohnmobile, die der Sicherheitsausschuß für Kraftfahrzeuge durchgeführt hat, ergab, daß die Qualität so schlecht geworden ist, daß es überall »größere Beanstandungen gibt, z. B., daß die Kabel nicht sicher verlegt sind, das Dach undicht ist« usw., wodurch die Fahrzeuge extrem anfällig für Feuer- oder Sturmschäden sind.

Ein festes Haus wird nicht so leicht vom Sturm weggeweht, aber auch hier hat die Qualität nachgelassen. Schauen Sie sich doch heute mal in einem Neubau um: Die Verarbeitung ist schlecht, und die Materialien, die man noch vor einer Generation verwendet hat, wurden durch billigere ersetzt. Und die Teile, die man nicht sehen kann, sind mit Sicherheit von schlechterer Qualität, und das gilt vom Keller bis zum Dachgeschoß. Beim Bau von Dächern wird statt solider Feder- und Nutkonstruktionen aus Brettern und Leisten immer mehr Sperrholz verwendet. Holzböden oder geflieste Böden, wie wir sie von früher kennen, die länger hielten als die Teppiche, die man darauf legte, gibt es außer in Küche und Bad heute nicht mehr. In vielen neuen Häusern *sind* die Teppiche die Fußböden. Darunter ist nichts weiter als Abdichtungsmaterial und rohes, unbearbeitetes Sperrholz. Die Wand- und Deckenbalken, die früher aus harten Hölzern, z. B. aus Eiche, bestanden, sind heute aus weichem Fichten- oder Kiefernholz. Tür- und Fensterrahmen sind meistens gar nicht mehr aus Holz, sondern aus billigem Kunststoff, genauso wie die Bodenleisten. Die Innentüren bestehen aus einer Pappfüllung, die mit Sperrholz und manchmal sogar mit Kunststoff

verkleidet ist. Die Gipswände sind so dünn, daß man seine Faust hindurchstecken könnte, ohne sich anzustrengen.
Einige Veränderungen im Wohnungsbau sind natürlich vorteilhaft für uns. Die neuen Plastikrohre beispielsweise sind leichter zu installieren als die alten aus Kupfer oder verzinktem Eisen, und sie sind auch rost- und korrosionsbeständiger. (Wenn dieses neue Installationsmaterial einen Nachteil hat, dann den, daß es angeblich gesundheitsschädlich sein soll.) Die Stromversorgung hat auch Fortschritte gemacht. Wir haben heute eine Stromstärke von 200 bis 400 Ampère, so daß es, auch wenn viele elektrische Geräte gleichzeitig in Betrieb sind, keine Überlastung des Stromnetzes mehr gibt.
Aber welche technischen Vorteile es im heutigen Wohnungsbau auch geben mag – daß unsere Häuser heute von schlechterer Qualität sind als früher, läßt sich nicht abstreiten. Die Bauarbeiten sind schlecht ausgeführt. Überall hat man billiges Material verwendet. Die Wände sind nicht immer senkrecht. Die Türen hängen schief in den Angeln. Es gibt tausend Mängel, über die sich die Hausbesitzer beklagen: »Das Wasser läuft an den Wänden herunter in die Steckdosen. Die Wände haben Risse und sind schief. Das Haus ist eigentlich unbewohnbar.«[15]
Obwohl die Beschwerden sich natürlich gegen die Baufirmen und die Hersteller ähnlich schlechter Produkte richten, wenden sich viele Leute an die Regierung um Hilfe. Eigentlich ist das eine Ironie. Angesichts des wirtschaftlichen Abstiegs und der Qualitätsverschlechterung unserer Produkte, die auf eine schlampige Verarbeitung und die Verwendung von billigem Material zurückzuführen ist, beschweren wir uns meistens per Post, die ihrerseits Jahr für Jahr 2 Millionen Bürgern Anlaß zur Beschwerde liefert, uns teure Briefmarken verkauft und unsere Reklamationen weiterleitet. Postbeamte sind oft unhöflich. Die Dienstleistungen der Post haben sich allgemein verschlechtert. Briefe oder Päckchen werden heute langsamer als früher zugestellt. Ein Eilbrief kommt oft erst später an als die reguläre Post. Ein Brief von unserer Landesmitte bis zur Westküste ist heute meistens länger unterwegs als 1861, als die Post noch mit dem Ponyexpreß befördert wurde, der dafür planmäßig sechs Tage brauchte.
Und 30% der Postsendungen – wenn nicht sogar mehr – kom-

men in beschädigtem Zustand an. Obwohl die Post heute nur noch halb so viele Pakete befördert wie in den 60er Jahren, schafft sie es, immer mehr Pakete und Päckchen zu verstampfen, aufzureißen oder ganz kaputtzumachen. Bei einer Stichprobe, die in der Paketsammelstelle von Chikago durchgeführt wurde, stellte man fest, daß *3,7 Millionen* Postsendungen herumlagen, die nicht zugestellt werden konnten, weil der Inhalt aus Schachteln und Päckchen herausquoll, die Aufkleber mit den Adressen abgerissen und alle mehr oder weniger beschädigt waren ... Und auf diese Art Dienstleistung verläßt sich der unzufriedene Kunde – der noch immer hungrig ist, weil der Schokoladenriegel zu klein war –, um seine Beschwerden über die Qualitätsverschlechterung an die Regierung zu übermitteln.
Wenn der Beschwerdebrief den Adressaten tatsächlich erreicht, bricht das System auch hier zusammen. Laut *The Washington Star* gehen »Briefe und Anrufe von Einzelpersonen und Firmen meistens auf dem Amtsweg oder in einem Papierwust unter. Einige landen sofort im Abfalleimer«.[16] Laut Statistik haben nur 37% der Leute, die sich bei der Regierung beschwert haben, recht bekommen, während 80% der Verbraucher, die ihre Ware direkt bei den Firmen reklamieren, entschädigt werden. John Goodman, der sich mit dem Beschwerdebearbeitungsverfahren der Regierung beschäftigt hat, hat gesagt: »Wenn wir die Maßstäbe anlegen würden, die in der freien Wirtschaft üblich sind, würde jeder Sachbearbeiter gefeuert!«[17]
Der Grund dafür, daß die Regierung die Flut von Beschwerden über die Auswirkungen des wirtschaftlichen Abstiegs nicht effektiver handhabt, liegt darin, daß der Staat selbst nicht produktiv ist. Die angesehene englische Zeitschrift *The Economist* hat behauptet, daß im letzten Jahrzehnt die sinnvollen Ausgaben des Staates in der gesamten Westlichen Welt um 100% zurückgegangen sind.[18]
Daß der Staat sein Geld für so wenige sinnvolle Zwecke ausgibt, hat wesentlich dazu beigetragen, daß wir heute in fast allen Lebensbereichen die Qualitätsquetsche deutlich zu spüren bekommen. Der Zustand unserer Autobahnen und Straßen wird immer schlechter. Die Kriminalität nimmt zu. Die Gerichte haben Hochbetrieb. Wie wir im nächsten Kapitel sehen werden, haben die hohen Ausgaben des Staates auf dem Bildungssektor zu ei-

ner generellen Verschlechterung der Ausbildung geführt. Städtebauprogramme haben ein Vermögen verschlungen, und der Kommentar von Jane Jacobs aus *The Death and Life of Great American Cities* war noch nie treffender als heute:

»... Was haben wir mit den ersten Milliarden gemacht? Wir haben Wohnsiedlungen für einkommensschwache Familien gebaut, in denen man mehr Kriminalität, Vandalismus und soziale Hoffnungslosigkeit findet als in den Slums, an deren Stelle sie treten sollten ... Sie werden von allen gemieden, außer von den Taugenichtsen ... Die Einkaufszentren sind nur eine schlechte Imitation ... Die Spazierwege, auf denen sowieso niemand spazierengeht, fangen irgendwo an und sind plötzlich zu Ende. Schnellstraßen werden gebaut, und die Stadt verliert ihren Charakter. So baut man keine Städte, so zerstört man sie.«[19]

Obwohl die Regierung unsere Steuergelder recht großzügig ausgibt, wird unsere Lebensqualität schlechter.
Daß wir ausgequetscht werden, ist eine Tatsache, die darauf zurückzuführen ist, daß das Umverteilungseinkommen und die Inflation wächst. Durch die Ausplünderung unseres produktiven Sektors hat sich die Wirtschaftslage verschlechtert, genauso wie die Produkte, die wir heute kaufen können, und die Dienstleistungen, von denen wir abhängig sind. Insofern haben wir ganz recht, wenn wir sagen: »Heute ist alles schlechter als früher.«

Die Unterbeschäftigungsquetsche

> »Diplome sind für die Gesellschaft eine Scheingarantie, und diejenigen, die ein Diplom besitzen, leiten Scheinrechte daraus ab. Sie gelten offiziell als Menschen, die über ein bestimmtes Wissen verfügen ... und daher glauben sie, daß die Gesellschaft ihnen etwas schuldig ist. Keine Überzeugung wirkt sich nachteiliger aus – auf den Staat, den einzelnen (und ganz besonders auf die Kultur).«
>
> *Paul Valéry*

Wie sich die Quetsche auf dem Arbeitsmarkt auswirkt, verstehen nur wenige Menschen. Dafür gibt es mehrere Gründe; zu den wichtigsten gehört wohl, daß man nicht alle, die unterbeschäftigt sind, als ›Opfer‹ bezeichnen kann. Viele sind mit ihrem Arbeitsplatz und ihrem Einkommen ganz zufrieden und glauben, daß sie mit ihrer Arbeit einen wertvollen Beitrag zum Wohl der Gesellschaft leisten. Daß ihre Talente nicht voll zur Entfaltung kommen, scheint für die Gesellschaft ein größerer Verlust zu sein als für sie selbst. Andere wiederum – z. B. die Millionen Arbeitslosen und die weiteren Millionen, die über weit größere Qualifikationen verfügen, als ihr Arbeitsplatz erfordert – bekommen die Unterbeschäftigungsquetsche viel schmerzhafter zu spüren und zu sehen. Jemand mit einem hohen Einkommen, beispielsweise ein Beamter in einer gehobenen Laufbahn, der nicht produktiv arbeitet, wird genauso wie ein Arbeitsloser mit dem Problem konfrontiert, daß die Fähigkeiten und Fertigkeiten der meisten Menschen nur zu einem Bruchteil genutzt werden.

Aufgrund des Wachstums des Umverteilungseinkommens und des daraus resultierenden Produktionsrückgangs gehen immer mehr Menschen in den Staatsdienst. Deshalb tauchen heute die typischen Unterbeschäftigungssymptome auf: Die Arbeitsleistung geht zurück, die relativen Lohnsätze sinken, es werden kaum noch Neuerungen eingeführt, man klammert sich an veraltete Arbeitsgeräte, man ist zunehmend von Auslandsanleihen abhängig, um den laufenden Kapitalbedarf und den künftigen Kapitalbedarf für Investitionen zu decken, ein Qualitätsrückgang bei Gütern und Dienstleistungen ist zu verzeichnen.

In Amerika gibt es heute viele Menschen, die hohe fachliche Qualifikationen, aber keine Möglichkeit haben, ihre Ausbildung und ihre Fähigkeiten voll zu nutzen. Scott Burns hat einmal gesagt: »Wir haben eine Klasse für sich geschaffen, nämlich eine Truppe von Rechtsanwälten, Wirtschaftsprüfern, Ingenieuren, Managern und Technikern. Aber um die Infrastruktur unserer Wirtschaft, in die sie integriert werden sollen, haben wir uns nicht gekümmert.«[1]

Wie die uruguayische Fluggesellschaft, die tausend Beschäftigte und nur ein funktionstüchtiges Flugzeug hatte, ist es uns, dank unseres Erfindungsreichtums, gelungen, mehr Leute zu beschäftigen, die weniger produktive Leistungen bringen. Ob diese Leute nun gut oder schlecht bezahlt werden – fest steht, daß sie für weniger Arbeit bezahlt werden. Und weil sie weniger arbeiten, verbrauchen sie unser Produktivvermögen, anstatt es zu vergrößern, und tragen somit dazu bei, daß der Wohlstand der gesamten Bevölkerung abnimmt. Die Folgen sind bereits sichtbar. Der Lohn eines amerikanischen Durchschnittsarbeiters ist heute niedriger als der seiner ausländischen Kollegen. 1978 stand Amerika mit seinen durchschnittlichen Arbeitslöhnen nur noch an fünfter Stelle unter den zehn reichsten Industrienationen.

	1960	1970	1975	1978
USA	100	100	100	100
Kanada	80	83	96	91
Schweden	45	71	113	120
BRD	32	56	99	111
Belgien	31	50	105	120
Niederlande	25	51	104	116
Frankreich	31	42	72	84
Großbritannien	31	35	51	51
Italien	24	42	73	75
Japan	10	24	48	68

Vergleichen Sie selbst anhand der vorstehenden Tabelle, die nicht das Einkommen in Dollar, sondern den Prozentsatz des Verdienstes angibt, den ein ausländischer Arbeiter im Verhältnis zum amerikanischen Durchschnittsarbeiter hat.[2]

Diese Zahlen beweisen, daß immer mehr Amerikaner unterbeschäftigt sind. Die japanischen Arbeiter, die 1960 nur 10% des Lohnes bekamen, den ein amerikanischer Durchschnittsarbeiter verdiente, bekommen heute bereits mehr als 70%. Der Holländer, der 1960 nur ein Viertel des Verdienstes eines US-Bürgers hatte, bekommt heute 16% mehr als dieser. Für diese Entwicklung sind natürlich viele Faktoren verantwortlich, aber ganz besonders das unvorstellbare Wachstum und die Rentabilität des Umverteilungseinkommens in den USA.[3] Immer mehr Menschen versuchen, an diese neuen abstrakten Formen des Vermögens, die der Staat geschaffen hat, heranzukommen. Ausnahmebestimmungen, Zollvergünstigungen und Subventionen sichern zwar immer noch den Profit der etablierten Firmen, aber Neuerungen werden kaum noch eingeführt. Anstatt mehr Kapital in den produktiven Sektor zu investieren, um neue, qualitativ bessere Erzeugnisse auf den Markt bringen zu können, verlassen sich die Unternehmen auf ihre wirtschaftspolitischen Schachzüge, um die Nachfrage nach den bereits vorhandenen Produkten zu stimulieren. Die Folge ist, wie die Zeitschrift *Business Week* zusammenfassend beschrieb, daß es bei uns kaum noch neue Produkte gibt:

»Früher gab es noch Firmen, die zu ›Höhenflügen‹ fähig waren, die Polaroid-Kameras, Kopiermaschinen und Transistorgeräte entwickelten. Heute wird ihr Ideenreichtum durch ein übervorsichtiges Management, durch die Kapitalquetsche und durch staatliche Regelungen gebremst. Das Resultat: weniger Wirtschaftswachstum, weniger Arbeitsplätze und der Verlust ausländischer Märkte.«[4]

Der Produktionsrückgang in Amerika ist keine Bedrohung, mit der wir in ferner Zukunft vielleicht einmal konfrontiert werden könnten, sondern heute bereits eine anerkannte Tatsache. Ende 1978 hatten zwei Drittel der 67 Industriezweige, deren Produktionsentwicklung man verfolgt hatte, einen starken Produktionsrückgang zu verzeichnen. Mit dem Bergbau geht es schon seit 10 Jahren abwärts. Wie sich diese Entwicklung auswirkt, sieht man an der zunehmenden Zahl ausländischer Autofabrikate auf unseren Straßen und ausländischer Fernseh- und anderer Geräte in unseren Wohnungen. Der Import von Anlagegütern, z. B. von Großmaschinen, ist doppelt so schnell gewachsen wie der Export.

Diese schwankenden, aber dennoch beachtlichen Zahlen schlagen sich in unserem Handelsdefizit nieder und sind, wie Seymour Melman sagt, »ein Warnzeichen für eine echte Wirtschaftsmisere«.[5]

Weil wir nicht genug exportieren, um die Importkosten decken zu können, müssen wir das Geld irgendwo borgen; entweder müssen wir unsere eigenen Reserven angreifen, oder wir müssen Kredite aus dem Ausland in Anspruch nehmen. Beides haben wir bisher ausgiebig getan. Ausländische Zentralbanken haben mehr als 120 Milliarden Dollar unseres massiven Haushaltsdefizits gedeckt; dadurch konnte der laufende Kapitalbedarf in Amerika befriedigt werden. Weitere Hunderte Milliarden an ausländischen Krediten und Investitionen waren nötig, um unsere Produktion und Investitionstätigkeit auzukurbeln.[6] Neue Wachstumsgesellschaften auf dem Elektroniksektor – einer der wenigen Wirtschaftszweige unseres Landes, der noch konkurrenzfähig ist – sind auf ausländische Investoren aus Japan oder Deutschland angewiesen, um das nötige Betriebskapital aufzubringen.

Das sind die sichtbaren Zeichen unserer wirtschaftlichen Talfahrt. Obwohl sie kaum zu übersehen sind, hat man sie schon seit geraumer Zeit ignoriert. Wenn alle klar erkennen würden, wie schlecht es um unsere Produktionskapazität bestellt ist, würden wir uns vielleicht nicht mehr so bemühen, an Umverteilungseinkommen heranzukommen. Es wäre einfach zu taktlos, weiterhin an einer Form der Vermögensbildung festzuhalten, die so negative Auswirkungen auf die Produktion hat. Deshalb hat man sich erst gar nicht die Mühe gemacht festzustellen, wie ernst das Problem wirklich ist. Statt dessen schenkt man lieber neuen, beschwichtigenden Theorien Glauben, die den Produktionsrückgang erklären sollen. Wenn eine zunehmende Anzahl von Menschen weniger Arbeit hat – hat man uns erklärt –, ist das ein Zeichen des Fortschritts, ein weiterer Schritt zur Dienstleistungsgesellschaft. Wenn das Ausland neue und bessere Technologien entwickelt und unsere Position auf dem Weltmarkt geschwächt wird, können wir uns auch gratulieren – das zeigt nur, wie gut der Marshall-Plan und andere Nachkriegsmaßnahmen zum Wiederaufbau Europas und des von uns besiegten Kriegsgegners Japan waren. Durch die Bemühungen des Staates, den fortschreitenden Verbrauch unseres Produktivkapitals zu verschleiern, sind neue bürokratische Institutionen entstanden, die Millionen von Menschen den Zugang zum Umverteilungseinkommen ermöglicht und unsere Wirtschaft noch mehr ausgebeutet haben. Millionen Arbeitsplätze in der freien Wirtschaft sind verlorengegangen; die Regierung kaschierte diesen Verlust dadurch, daß sie Millionen neue Stellen im Staatsdienst schuf und die Leute dafür bezahlte, daß sie weniger arbeiteten; diese Maßnahmen konnte sie auch noch logisch begründen und rechtfertigen. Diese Verschleierungstaktik beherrschte das Interesse der Öffentlichkeit, beeinflußte die Berichterstattung und lenkte von den tatsächlichen Geschehnissen ab.

Von diesem Schachzug profitierte nur die ältere Generation, die bereits ihre Ansprüche an das transzendentale Kapital geltend gemacht hatte; die Jüngeren hatten das Nachsehen. Das wird deutlich sichtbar, wenn man bedenkt, welchen Einfluß das Bildungsniveau auf die beruflichen Voraussetzungen und die Arbeitsmöglichkeiten hat.

In den letzten Jahrzehnten wurde der Bildungsetat in den USA enorm erhöht.

Wir haben heute auf dem Bildungssektor die höchsten Pro-Kopf-Ausgaben der Welt. Während der 70er Jahre wurden Woche für Woche neue, staatlich geförderte Colleges mit einer Ausbildungszeit von 2 Jahren eröffnet. Als man sie mit den noch aufnahmefähigeren, 4 Jahren dauernden und ebenfalls staatlich geförderten Colleges koppelte, wurden Hunderttausende neue Stellen für Lehrer, Verwaltungs- und Büropersonal geschaffen. Gleichzeitig wuchs die Zahl der Studierenden auf 7 Millionen.

Was man auch sonst noch über diese Entwicklung sagen könnte – eins steht fest: Diejenigen, die heute ein College besuchen, das sie unter anderen Umständen nicht besucht hätten, sind nicht voll in den Arbeitsprozeß integriert. Das bedeutet, daß ihre Ausbildung in 9 von 10 Fällen nicht durch das laufende Einkommen, sondern von Ersparnissen finanziert wird. Ihre Ausbildungs- und Lebenshaltungskosten werden entweder durch Ferienjobs oder die Ersparnisse der Eltern gedeckt – oder durch unsere Steuergelder, die der Staat in Form von Ausbildungsbeihilfen, Darlehen oder Stipendien verteilt. Diese zusätzliche Anzahl von Studenten kann nur deshalb ein College besuchen, weil weitere Milliarden für ihre Unterstützung bereitgestellt werden. Dieses Geld ist für zusätzliche produktive Investitionen natürlich nicht verfügbar.

Ein weiterer unbestrittener Aspekt unseres Bildungsbooms ist, daß fast alle neuentstandenen Arbeitsplätze nur für Leute mit höherem Bildungsniveau zugänglich sind. Außer ein paar Hausmeistern haben heute fast alle Verwaltungsangestellten, Lehrkräfte und selbst die meisten Bürohilfen eine Collegeausbildung. Viele haben ein Diplom.

Um die gewaltigen Ausgaben im Bildungswesen richtig ermessen zu können, muß man auch die Kosten für die Ausbildung dieser Leute berücksichtigen. Aber die -zig Milliarden, die investiert wurden, um Lehrer aus- und weiterzubilden, dienten ebensowenig einem produktiven Zweck wie die Lehrer selbst. Wir würden es für einen genauso großen Verlust halten, wenn Milliarden Dollar in die Ausbildung einer riesigen Schar von Peitschenmachern investiert würden – es sei denn, man könnte ihre Fähigkeiten produktiv nutzen.

Ein weiterer Aspekt der Bildungsexplosion verdient Beachtung: Mit der doppelten und später dreifachen Erhöhung der Bildungsausgaben sank das Bildungsniveau. Einer von sieben Siebzehnjährigen kann heute weder richtig lesen noch schreiben. Selbst an den Universitäten, die als Bildungszentren für die Elite gelten, gibt es viele Studenten, die kaum das Alphabet kennen. Für Campbell Tatham, Englisch-Professor an der Universität von Wisconsin, scheint festzustehen, daß »manche Studenten keine Ahnung von Orthographie und Satzbildung haben. Aber darauf lege ich auch wenig Wert.«[7]

In Professor Tathams Englischkurs brauchen die Studenten keine Bücher zu lesen. Sie lesen die Schallplattenhüllen. Und wenn sie den Namen Charles Brockden Brown hören, glauben sie wahrscheinlich, es handele sich um Popstar Jackson Brownes jüngeren Bruder.

Dieses Beispiel – und es ist weiß Gott nicht das einzige – läßt nur die traurige Schlußfolgerung zu, daß unser heutiges Bildungsniveau nicht besonders hoch sein kann. Es gibt genügend Berichte über Lehrer, die nach Abschluß ihres Studiums »weder einfache Sätze bilden noch simple Brüche, wie ⅓ + ¼, addieren können«.[8]

Wie sehr wir uns über die Mängel unseres Bildungssystems selbst täuschen, sieht man daran, daß selbst unsere Lehrer der Meinung sind, man könne die Schüler nur in einer längeren Ausbildungszeit zum Lernen motivieren. Heute sollen die Kinder bereits in frühester Kindheit mit dem Lernen beginnen, und deshalb hat man an den meisten öffentlichen Schulen Vorschulstufen eingerichtet. Um die Arbeit der Eltern zu erleichtern, hat der Amerikanische Lehrerverband vorgeschlagen, den 11-Stunden-Schultag einzuführen und die Anzahl der Schultage pro Jahr auf 320 zu erhöhen. Damit würde sich die Zeit, die ein Schüler im Klassenzimmer verbringt, verdreifachen. Vorausetzung für die Durchführung dieses Programms wäre, daß auf fünf Schüler »eine qualifizierte Lehrkraft und zwei Hilfskräfte« kämen. Dadurch würden die Bildungsausgaben auf 40 Milliarden und die Zahl der unterbeschäftigten Lehrer auf 200.000 anwachsen. Die Vorteile soll angeblich der Schüler genießen. Man glaubt, daß er dreimal so gut lesen und schreiben lernt, wenn er dreimal soviel Zeit in der Obhut der Schule verbringt. Aber diese Vorstellung ist absurd. Vorteile haben dadurch nämlich nur die Lehrer, die bereits im Schuldienst sind, weil sie noch mehr Geld verdienen, und die Lehrkräfte, die zusätzlich in den Schuldienst übernommen werden müssen und Anspruch auf unsere Steuergelder geltend machen. Nicholas von Hoffman hat dazu gesagt:

»Die Lehrer haben die Eltern beschämt, haben Schuldgefühle bei ihnen geweckt, indem sie ihnen eingeredet haben, daß die Kinder, wenn die Klassenstärken nicht reduziert werden – d. h. mehr Lehrer dafür angestellt werden, daß sie weniger arbeiten –, nie anständig lesen lernen. Mit Hilfe des Slogans ›Das Beste ist gerade gut genug für unsere Sprößlinge‹ haben sie ihre eigene Situation erheblich verbessert.«[9]

Mit welch bemerkenswertem Erfolg unsere Lehrer den Bedarf nach ihren vom Staat bezahlten Dienstleistungen erhöht haben, sieht man auch an den bürokratischen Richtlinien, die den Verwaltungsapparat auf dem Bildungssektor beträchtlich vergrößern. Je mehr sinnlose Bestimmungen erlassen werden, desto intensiver bemühen sich die Verwaltungsangestellten, diese Bestimmungen zu erfüllen. Das bedeutet, daß Akten, die praktisch für niemanden und zu keiner Zeit von irgendeinem Nutzen sind, angelegt und aufbewahrt werden müssen. Die Einstellungsverordnungen am Reed College in Oregon haben sich z. B. folgendermaßen ausgewirkt: Laut Bestimmungen mußte das College die freien Stellen für Lehrer öffentlich ausschreiben, anstatt – was völlig ausreichend gewesen wäre – das Lehrerpersonal mit Hilfe der eigenen ›akademischen Kanäle‹ zu rekrutieren. Folglich stieg die Anzahl der Bewerber von 500 auf 6000. Die Bestimmungen erforderten, daß für jeden Bewerber eine Akte angelegt werden mußte, mit einer formalen Beurteilung seiner bisherigen Berufserfahrung, seiner Qualifikationen, seines physischen Gesundheitszustandes und einer Begründung, warum er *abgelehnt* wurde. Die Verwaltungskosten für diesen Unsinn beliefen sich auf ca. 40.000 Dollar. Und das war nur einer von zehntausend Fällen, in denen durch die Bürokratie in unserem Bildungswesen Zeit und Talent vergeudet wurden.

Normalerweise nutzen solche umfangreichen, völlig unwichtigen Aufgaben nur denen, die dafür bezahlt werden. Die Verwaltungsangestellten, die Millionen von Akten anlegen, sammeln und ablegen, haben vielleicht ganz nützliche Gedanken, während sie arbeiten.

Wenn das so ist, wäre ihre Zeit vielleicht doch nicht so sinnlos vergeudet, wie man meinen könnte. Fest steht jedoch, daß die Schüler des Reed College, deren Ausbildung der eigentliche Grund für die obengenannten Bemühungen war, kaum etwas davon hatten, daß Verwaltungsangestellte viel Zeit und Mühe für solche Dinge verwendeten.

Der wachsende Bildungsetat in unserem Lande dient nur den eigennützigen Interessen der Lehrer. Für sie bedeuten die hohen Bildungsausgaben, daß ihr Einkommen gesichert ist. Sie tragen dazu bei, daß unsere Zukunft doppelt belastet ist: Erstens haben sie einen riesigen Teil unseres Kapitals verbraucht, wobei gleichzeitig ihre sonst vielleicht produktiv nutzbare Arbeitsleistung verlorengeht; und zweitens haben sie unserer Jugend zu einer denkbar schlechten Startposition ins Leben verholfen. Sie haben zu der verbreiteten Auffassung, daß Bildung das Sprungbrett zum Erfolg sei, noch gewissenlos ihre Version hinzugefügt: »Mehr Bildung führt zu größerem Wohlstand.« Das Resultat: eine ganze Generation fehlgeleiteter Kinder, wie die von John Hardy, dem Fahrradhändler aus Winesburg, Ohio:

»Hardy war ... wie Tausende anderer seiner Zeitgenossen ein eifriger Verfechter des Bildungsgedankens. Er hatte seinen Weg ohne die Bildung gemacht, die man aus Schulbüchern erwirbt, aber er war davon überzeugt, daß er heute etwas ›Besseres‹ wäre, wenn er eine bessere Schulbildung gehabt hätte. Mit jedem, der seinen Laden betrat, unterhielt er sich darüber, und seine Familie wurde schon nervös, weil er ständig über dieses Thema sprach.
Er hatte zwei Töchter und einen Sohn, und mehr als einmal drohten die Mädchen, die Schule zu verlassen. Prinzipiell taten sie nur so viel für die Schule, wie nötig war, um drastische Strafen zu vermeiden. ›Ich hasse Bücher ...‹, erklärte Harriet, die jüngere der beiden Schwestern, leidenschaftlich.«[10]

Wie Sherwood Anderson glaubt, kann man Bildung auch dann für wichtig halten, wenn man von Büchern gar nichts hält. So sieht unsere Einstellung heute aus. Uns ist aus den Jahren, die wir in irgendwelchen Bildungsinstitutionen verbracht haben, hauptsächlich eine Überzeugung geblieben: daß ein Diplom der Schlüssel zum Erfolg ist. Schüler und Studenten, die kaum richtig lesen können und ihre Zeit in Englischkursen damit verbringen, Schallplattenhüllen zu entziffern, haben anschließend zwar wenig fundiertes Wissen, aber die Auffassung, daß ihre ›Studien‹ sie berechtigen, einen interessanten und lukrativen Beruf zu ergreifen. Sie glauben, aufgrund ihres Diploms einen Anspruch darauf zu haben. Sie erwarten, im Leben mit allen Schwierigkeiten fertig zu werden, weil sie mehr Bildung genossen haben, die ja die Voraussetzung für die annehmlichen Dinge im Leben sein soll. Das Abschlußzeugnis hat die gleiche Funktion wie der Führerschein: Man darf sich nicht in das Verkehrsgewühl stürzen, wenn man ihn nicht besitzt. Und so werden die jungen Amerikaner, nachdem sie brav getan haben, was man von ihnen verlangt hat und wofür sie denn auch das nötige Stück Papier bekommen haben, mit der ernüchternden Tatsache konfrontiert: Die Jobs, die sie suchen, gibt es gar nicht.

Professor Richard Freeman und Professor J. Herbert Holloman glauben, daß der Prozentsatz der Collegeabsolventen, die einen Job annehmen, der weit unter ihren Fähigkeiten liegt, seit Anfang der 60er Jahre drastisch gestiegen ist. In den 70er Jahren mußten ein Drittel der männlichen und zwei Drittel der weiblichen Absolventen eine Arbeit annehmen, die nichts mit ihrem Studiengebiet zu tun hatte. Einige Jahre zuvor waren es noch 10% der jungen Männer und 13% der jungen Frauen. Die Anzahl der Arbeiter, die ein oder zwei Jahre lang ein College besucht haben, hat sich seit 1966 verdoppelt. Laut Bericht des Instituts für Sozialforschung sind diese überqualifizierten Arbeiter viel unzufriedener und rastloser als ältere Arbeiter mit weniger Ausbildung.

In Zukunft werden wir wohl noch mehr unzufriedene Arbeitskräfte haben, wenn ihre Zukunftsträume von dem Beruf, für den sie ausgebildet wurden, sich nicht erfüllen.

Die Zahl der jungen Leute, die 21 Jahre alt wurden, war 1979 um 85% größer als 1960. Und der Prozentsatz der Leute, die eine Arbeit suchen, ist noch größer. Aufgrund der sozialen Veränderungen, die es einer Frau heute kaum noch erlauben, nur Hausfrau zu sein, weil eine Familie mit nur einem Einkommen den gewohnten Lebensstandard nicht mehr aufrechterhalten kann, suchen Millionen von Menschen nach gut bezahlten Jobs, die es zur Zeit nicht gibt.

Bis 1985 müßten durchschnittlich 30.000 neue Arbeitsplätze pro Woche geschaffen werden, damit die zusätzlichen Arbeitskräfte untergebracht werden können, und dazu kommt noch, daß alte Arbeitsplätze verlorengehen und durch neue ersetzt werden müssen. Laut Schätzung des *U. S. News & World Report* handelt es sich dabei um weitere 30.000 Arbeitsplätze, wodurch die gesamte Anzahl der benötigten Arbeitsplätze pro Woche auf 60.000 steigen würde.[11]

Es ist keineswegs unmöglich, so viele Arbeitsplätze zusätzlich zu beschaffen. Aber unter den gegenwärtigen Bedingungen sind die Chancen, dieses Ziel zu erreichen, genauso gering wie die Chancen, in einer Wundertüte einen Diamanten zu finden. Im letzten Jahrzehnt konnte die Wirtschaft nur durchschnittlich 35.000 neue Arbeitsplätze pro Woche bereitstellen. Und das ist schon erstaunlich, wenn man bedenkt, welche Last unserer Wirtschaft durch die Transferzahlungen aufgebürdet worden ist. Bei unserem Produktionsrückgang und unserer schwachen Position auf den Weltmärkten scheint es fast ausgeschlossen, daß die erforderlichen Arbeitsplätze jemals beschafft werden können.

Am meisten haben die jungen Leute darunter zu leiden. Viele kommen zu spät, um noch einen gut bezahlten Arbeitsplatz zu finden. Die Hoffnungen, die man ihnen gemacht hat, lassen sich nicht realisieren. Professor Freeman und Professor Holloman schreiben: »Welchen Maßstab man auch anlegt – der wirtschaftliche Status der College-Absolventen wird zunehmend schlechter; und besonders unsere Jugend hat nur noch geringe Aussichten, einen angemessenen Arbeitsplatz zu finden.«[12]

Es ist eigentlich eine Ironie des Schicksals, daß ein maßgeblicher Faktor für die schlechten beruflichen Zukunftsaussichten der jungen Generation ausgerechnet die Erweiterung der Bildungsinstitutionen ist, in denen sie viele Jahre ihres Lebens verbracht hat. Die vielen Milliarden, die der Bau von neuen Schulen verschlungen hat, von denen es heute fast so viele gibt wie Tankstellen, die Milliarden, mit denen überflüssige Lehrer und noch überflüssigeres Verwaltungspersonal bezahlt worden sind, und die weiteren Milliarden, die für irgendwelche unwichtigen schulpolitischen Maßnahmen und Lappalien vergeudet wurden – all diese Ausgaben verringern die Chancen, daß ein junger Mensch am Ende seiner ›Ausbildungsirrfahrt‹ in eine Arbeitswelt entlassen wird, in der sich auch für ihn ein Platz findet. *Die Ausgaben, die im Namen der Bildung entstanden sind, haben eher zur Verschlechterung als zur Verbesserung der beruflichen Zukunftsaussichten in Amerika beigetragen.*

Im Gegensatz zur weitverbreiteten Annahme läßt sich zwischen höherem Bildungsetat und Wirtschaftswachstum kein direkter Zusammenhang nachweisen. Tatsache ist, daß die enorme Belastung, die die Bildungskosten für unsere Wirtschaft darstellen, die weit höher sind als in Ländern wie Frankreich, Deutschland und Japan, die ein größeres Wirtschaftswachstum haben, uns

Amerikanern stark zusetzt. Selbst wenn es wahr wäre, was aber offensichtlich nicht der Fall ist, daß der Grad der Zivilisation in einem Land wächst, wenn jeder einzelne so viel an Bildung mitbekommt, wie er aufnehmen kann, wäre das kein Beweis dafür, daß jeder dadurch materielle Vorteile hat. Wenn die Behauptung, daß mehr Bildung immer von wirtschaftlichem Nutzen sei, plausibel wäre, hätte man sich schon längst dafür stark gemacht, die Ausbildungszeit bis zum 50. Lebensjahr zu verlängern. Aber daran denkt niemand, weil uns nämlich längst klargeworden ist, daß das Leben ein viel besserer Lehrmeister ist als die Schule und daß ein Pflanzensammler, Anstreicher oder Büroangestellter in der Praxis viel mehr lernt als aus grauer Theorie.

Wenn Bildung über einen bestimmten Punkt hinaus wirklich von Vorteil wäre, d. h., wenn man dadurch sein Einkommen beträchtlich verbessern könnte, dann würden sich diejenigen, die es sich leisten können, mit einer ganzen Schar von Privatlehrern umgeben. Aber das tun sie normalerweise nicht, weil wirkliche Bildung eine ganz persönliche Angelegenheit ist und alles, was über ein bestimmtes Maß hinausgeht, zum Konsumgut wird, zu einem Angebot, das man annimmt, weil es einem Spaß macht – wie bestimmte Freizeitangebote, z. B. Surfen oder Tennis spielen. Und zweitens lernt man, solange man jung ist, weil das die einzige Zeit ist, in der man es sich leisten kann. Wenn man älter wird, ist einem die eigene Zeit zu wertvoll, um sie auf der Schulbank zu vertrödeln. Und da man durch eine zusätzliche Ausbildung finanziell kaum Vorteile hat, wäre es erstaunlich, wenn man außer den Jungen auch noch andere Leute in den Schulen antreffen würde.

Diesen Beobachtungen liegt die Ansicht zugrunde, daß die formale Bildung nicht unbedingt die kognitiven Fähigkeiten eines Menschen verbessert. Das wurde auch in neueren Studien von Sozialwissenschaftlern und Psychologen hervorgehoben. Sie haben versucht, die Faktoren aufzuzeigen, die für den beruflichen Erfolg ausschlaggebend sind; dabei spielen nach ihrer Meinung die angeborene Intelligenz und das Milieu eine entscheidende Rolle. Die Ansicht, daß diese beiden Faktoren die Grundlage für wirtschaftliche Vorteile bilden, die durch das erweiterte Bildungsangebot eigentlich allen zugute kommen sollten, wurde insbesondere von Professor Christopher Jencks in seinem Buch *Inequality: A Reassessment of the Effect of Family and Schooling in America* (Ungleiche Chancen: Die Bedeutung von Elternhaus und Schule in Amerika) vertreten.[13]

Eine noch interessantere Analyse der vorherrschenden Meinung, Bildung könne den wirtschaftlichen Status verbessern, lieferte Caroline Bird in ihrem Buch *The Case against College* (Argumente gegen das College). Obwohl sie selbst an einem College unterrichtet, ist sie der Ansicht, daß die Schule weniger zu den wichtigen Lernerfahrungen beiträgt als Freunde, Elternhaus und praktische Arbeit. In dieser interessanten Abhandlung hat Frau Bird den wirtschaftlichen Wert der Collegeausbildung folgendermaßen beurteilt: »Wenn ein Absolvent des Princeton-College im Jahre 1972 die 34.181 Dollar, die seine Ausbildung bis zum Examen gekostet hat, auf einem Sparkonto mit 7,5% Zinsen angelegt hätte, hätte er mit 64 Jahren über 1.129.200 Dollar verfügen können.« Das, folgert sie, »wären 528.200 Dollar mehr als der Gesamtverdienst eines männlichen College-Absolventen und fünfmal soviel wie die 199.000 Dollar, die er zwischen 22 und 64 zusätzlich verdient hat, weil er eine abgeschlossene Collegeausbildung hatte«.[14]

Ob und inwieweit die Bildungsausgaben einer wirtschaftlichen Analyse unterzogen werden sollten, ist eine interessante Frage. Zweifellos hat der Lernprozeß auch einige positive Aspekte, die sich nicht in einer nüchternen wirtschaftlichen Bilanz ausdrükken lassen, z. B. die Freude am Lernen. Vielleicht gehört das Lernen sogar zu den erfreulichsten Beschäftigungen im Leben, die man nicht einmal aufgeben muß, wenn man älter wird. Der Lernfähigkeit sind weniger physische Grenzen gesetzt als der Freude am Fußballspiel oder am Schwimmwettkampf. Und nicht zu vergessen sind all die Bildungsmöglichkeiten, die uns das Fernsehen erschlossen hat, um unser Bildungsbedürfnis zu befriedigen und unseren Horizont zu erweitern. Aber mit der Freude am Lernen allein kann man die enormen Bildungsausgaben heute genausowenig rechtfertigen wie mit der Begründung, daß wir dadurch ein höheres Bildungsniveau erreicht haben. Es steht heute nämlich keineswegs fest, ob unser derzeitiges Bildungssystem nicht auch in dieser Hinsicht völlig ungeeignet ist. Die Statistiken zeigen, daß selbst die elementarsten Aspekte des

Lernens nicht richtig beherrscht werden. Und da heute so viele Leute nach Beendigung ihrer Collegezeit weder richtig lesen noch schreiben oder rechnen können, ist es ja wohl nicht gerade einleuchtend, wenn man den heutigen Bildungsaufwand damit rechtfertigt, daß der Intellekt geschärft und der Horizont erweitert wird.

Im Gegenteil, wir haben uns nie darum bemüht, würdige Nachfolger für Aristoteles und Shakespeare heranzuziehen. (Man sollte noch erwähnen, daß Shakespeare größtenteils Autodidakt war. Einige Shakespeare-Forscher, beispielsweise A. L. Rowse, haben behauptet, daß sein Mangel an formaler Bildung in künstlerischer Hinsicht ein Plus und kein Manko gewesen sei.) Bildung soll uns den Zugang zur Sonnenseite des Lebens garantieren. Bildung gilt als wirtschaftliche Investition. Darum kommt man, wenn es um das Thema Bildung geht, auch immer wieder auf die beruflichen Zukunftsaussichten zu sprechen. Auch die Lehrer und Bildungslobbyisten können an nichts anderes mehr denken. Ihnen geht es aber nicht darum, uns so viel Wissen zu vermitteln, daß wir die Geheimnisse des Lebens verstehen können, sondern ihnen geht es in erster Linie darum, ihr eigenes Portemonnaie zu füllen. Wenn es überhaupt eine allgemein anerkannte Philosophie gibt, dann ist es diese: Wir streben nach Bildung, weil wir reich, und nicht, weil wir weise werden wollen.

Leider sieht die Wirklichkeit ganz andes aus. Wir verlassen uns auf unsere Investitionen in das ›menschliche Kapital‹, das die Schulen schaffen; dabei verbrauchen wir nur unsere Reserven und verlieren die Summen, die wir insgesamt investieren, aus den Augen. Wir geben für die Bildung mehr aus, als man mit der Begründung, das sei eine Investition in das Wirtschaftswachstum,[15] rechtfertigen könnte; dabei nehmen wir sogar Lehrer in Kauf, die nicht einmal Brüche addieren können, und Politiker, die ihr Budget nicht ausgleichen können oder wollen.

Bevor wir unsere Betrachtungen über die Rolle, die die Bildung bei der Verstärkung der Unterbeschäftigungsquetsche spielt, abschließen, sollten wir an einem weiteren Beispiel zeigen, warum wir gerade dem Bildungssystem die Schuld am Wirtschaftsrückgang zuschieben, wo doch viele andere Ausgaben und Bestimmungen genauso dazu beigetragen haben. Seymour

Melman z. B. behauptet, daß die Unterbeschäftigungskrise in erster Linie auf die außerordentlich hohen Ausgaben für den Verteidigungshaushalt zurückzuführen ist, durch die der Wirtschaft viele Arbeitskräfte und viel Kapital verlorengehen. Melman glaubt, daß aufgrund der hohen Verteidigungsausgaben die Leistungsfähigkeit der amerikanischen Wirtschaft stark gelitten habe.[16] In gewisser Hinsicht hat er vielleicht recht: Wenn unsere Streitkräfte über weniger Menschen und Material verfügen würden, wie das z. B. in Japan und Deutschland der Fall ist, und wir trotzdem genausoviel Geld in unser Bildungswesen investiert hätten, wie wir getan haben, würde es uns heute wirtschaftlich vielleicht – ja fast sicher – besser gehen. Die vom Militär vergeudeten oder sonstwie nicht produktiv genutzten Gelder übersteigen bereits die ohnehin schon enormen Bildungsausgaben.

Trotzdem gibt es noch genügend Gründe, einen beträchtlichen Teil der Schuld an der augenblicklichen Unterbeschäftigungskrise auf unser Bildungssystem abzuwälzen, und zwar nicht nur, weil soviel Geld auf dem Bildungssektor verschwendet wird, sondern weil die Folgen unseres Bildungshungers vielleicht weniger sichtbar, aber dafür um so schwerwiegender sind. *Die Rolle, die die Bildung heute spielt, ist sowohl für die Ursachen wie für die Wirkung der Unterbeschäftigung symptomatisch.*

In gewissem Ausmaß ist der heutige Bildungsboom ein Versuch, sich angesichts einer ungewissen Zukunft ein wenig abzusichern. Daran läßt sich wiederum erkennen, daß es uns nicht ganz leicht fällt, uns an ein Leben anzupassen, das immer komplizierter wird, für das man immer mehr Wissen braucht, das einem im Prinzip verschlossen bleibt. Wir wissen zwar einiges über unseren unmittelbaren Lebensraum und können, wenn wir aufmerksam beobachten und bereit sind zu lernen, unser Wissen erweitern; aber wir können genausowenig alles wissen, was man braucht, um sein Leben zu meistern, wie wir ständig schnell rennen können. Wir können zwar einige Minuten lang rennen, um den Bus noch zu erwischen, aber ganz ohne Bus kommen wir nicht ans Ziel. Und genauso ist das bißchen Wissen, das wir haben, nur ein Bruchteil der zeitlichen und räumlichen Besonderheiten, die uns über die wirtschaftliche und geschichtliche Entwicklung Aufschluß geben können. Wir wissen nicht, was wir eigentlich wissen müßten. Es ist im Prinzip unvorstellbar, daß ein Mensch, der an einem herrlichen Sommertag auf einer bestimmten Straße entlangfährt, um ein bestimmtes Produkt einzukaufen, genau weiß, wann er von zu Hause wegfahren muß, um zu vermeiden, daß er genau zu dem Zeitpunkt an einer bestimmten Kreuzung ist, wo ein Lastwagenfahrer die Kontrolle über sein Fahrzeug verliert. Man kann sich zwar absichern, indem man nach rechts und nach links schaut, aber man kann nicht im voraus wissen, was passieren wird. Und man kann auch nicht mit Bestimmtheit voraussagen, was man wissen muß, um Erfolg im Leben zu haben. Ebensowenig, wie man die Faktoren, die zur Kreativität eines Menschen beitragen, ›berechnen‹ kann, können die Experten voraussagen, welche Faktoren für den wirtschaftlichen Erfolg verantwortlich sind. Selbst sichtbar ungebildete Leute haben es mit Hilfe von Vorahnungen, Intuition oder besonderen Kenntnissen, zu denen nur sie Zugang hatten, zu etwas gebracht, während andere, die ihre Nase in ihre Bücher gesteckt haben, nicht weil sie gern lesen, sondern weil sie dadurch viel Geld zu verdienen hofften, keinen Hinweis darin entdeckt haben, wie man zu einer ›Villa mit Swimming-pool‹ kommt.

Deshalb ärgern wir uns so über das Unberechenbare. Irgendwie scheint es uns falsch, fast eine Art Betrug zu sein, wenn jemand irgendwo und irgendwann eine Idee hat, die ›einschlägt‹, z. B. einen Reißverschlußbeutel herstellt. Dieser Beutel hält vielleicht unsere Lebensmittel frisch oder verhindert, daß sie im Kühlschrank nach Fisch schmecken, und wir sind auch ganz zufrieden, daß es so etwas gibt; aber wir wären nicht darauf gekommen, ein solches Produkt herzustellen, und hätten nicht gedacht, daß es ein solcher Verkaufschlager werden könnte.

Unser Bildungssystem ist Ausdruck unserer Ängste und Wünsche, selbst wenn sie widersprüchlich und unzusammenhängend sind. Wir wollen den Fortschritt. Wir wollen Reichtum und Wohlstand. Aber wir können es nicht ertragen, daß man nicht berechnen kann, wie sich diese Wünsche realisieren lassen. Das ist auch einer der Hauptgründe dafür, warum wir ständig und mit Fleiß die Rolle des Unternehmers herunterspielen. Sein Erfolg hängt, mehr als bei den meisten anderen Menschen, davon ab, wie gut er künftige Entwicklungen einschätzen kann. Er sieht Möglichkeiten, die andere übersehen. Er nimmt Risiken auf sich, die andere meiden. Meistens hat er sich verkalkuliert und muß den Preis dafür zahlen. Aber wenn er seine wirtschaftlichen Unternehmungen angesichts ungewisser und unvorhersehbarer künftiger Entwicklungen gut koordinieren kann, trägt er damit nicht nur zur allgemeinen Kapitalakkumulation bei, sondern hat dadurch selbst wirtschaftlichen Erfolg. Das Wissen, das zu seinem Erfolg geführt hat, kann man nicht in Büchern finden, es ist keine ›gegebene Größe‹.[17] Das Know-how des wirtschaftlichen Erfolgs läßt sich nicht erlernen oder mit Hilfe einer exakten Wissenschaft, bei der es um bekannte Größen und absolute Werte geht, bestimmen. Wirtschaftlicher Erfolg ist eine Sache der Urteilsfähigkeit, der exakten Voraussicht und des Zusammenspiels von Hoffnungen, Erwartungen und unserem zweifellos unvollständigen Wissen.

Daß wir uns weigern, diesen unvorhersehbaren, unberechenbaren und fast absurd erscheinenden Aspekt unseres Lebens als solchen anzuerkennen, merkt man besonders daran, daß wir heute so großen Wert auf die formale Bildung legen. Dahinter steht der brennende Wunsch, Erfolg zu einer Routineangelegenheit, zu einer Kunst, deren Technik erlernbar ist, zu machen. Da sitzt jemand drei Monate lang drei Stunden pro Woche in einer Vorlesung über ›Die Entwicklungsgeschichte des Jo-Jo‹. Sein Fleiß wird belohnt; er bekommt gute Noten; und wenn er genügend gute Noten gesammelt und genügend Zeit investiert hat, macht er sein Examen. Daß das, was er gelernt hat, wohl nicht reicht, um einen Doktortitel zu erwerben, läßt sich noch voraussehen. Aber das verstärkt nur noch den Wunsch, Erfolg zu einer Routinesache zu machen. Und wenn jedem, der die erforderliche Anzahl von Jahren auf der Schulbank verbringt, der Doktortitel sicher wäre, würde er automatisch erwarten, auch im weiteren Leben Erfolg zu haben. Das beweist, daß viele glauben, sie besäßen allein aufgrund ihrer Bildung und ›Qualifikationen‹ die Voraussetzungen für Leistungsfähigkeit und exakte Voraussicht der wirtschaftlichen Entwicklungen, die die Grundlage für den Erfolg im Berufsleben bilden.

Die meisten Menschen, die unterbeschäftigt sind, sind von eben

dieser Vorstellung ausgegangen. Die Zeit, die sie in der Schule verbracht haben, hat ihnen ein Diplom eingebracht. Die Zeit, die sie am Arbeitsplatz verbringen, sichert ihnen ihren Gehaltsscheck, einen vierwöchigen Urlaub, Genesungsurlaub und mit 55 Jahren 75% ihres letzten Gehaltes als Rente.
Es ist einleuchtend, daß wir unter diesen Umständen nicht mehr genau wissen, wie produktiv wir eigentlich wirklich sind. Aber das ist es nicht allein. Unser Wunsch, unsere Zukunft mit Hilfe der Bildung zu sichern, ist z. T. auch auf das Bedürfnis zurückzuführen, den unangenehmen Prüfungen, die uns das Leben oft auferlegt, aus dem Weg zu gehen. Aber was für eine Ironie des Schicksals ist es, daß sich diese ›Ausweichmanöver‹ jetzt als völlig unbrauchbar erweisen. Damit jeder Erfolg haben kann, mußten wir das Bildungsniveau so weit senken, daß es seinen eigentlichen Zweck gar nicht mehr erfüllt. Wir haben uns verrechnet, als wir dachten, daß die Bildung uns vor dem Unberechenbaren schützen kann, und wir haben Milliarden ausgegeben, nur um zu entdecken, daß, wie Caroline Bird so treffend sagt, »aus rein finanzieller Sicht eine Collegeausbildung zu den schlechtesten Investitionen gehört, die ein junger Mensch machen kann«.[18]
Heute entlassen wir unsere junge Generation, ohne Rücksicht auf das, was sie wirklich kann, in eine Arbeitswelt, die sowieso nicht mehr ›heil‹ ist, weil viel zu viele Arbeitskräfte, einschließlich vieler Lehrer, dafür bezahlt werden, daß sie nicht produktiv arbeiten. Dadurch ging die gesamte produktive Arbeitsleistung der Gesellschaft noch mehr zurück, wurde unglaublich viel menschliche Energie am falschen Platz verbraucht, erhielt die Infrastruktur unseres Produktivvermögens keine Chance, sich so zu entwickeln, daß mehr Menschen ihren Fähigkeiten entsprechend in den Arbeitsprozeß integriert werden konnten.
Und diesen Verlust bekommt jeder von uns zu spüren, die Arbeitslosen ebenso wie diejenigen, die von den vergeudeten Talenten anderer Menschen keinen Nutzen haben. Ein hoher Regierungsbeamter z. B., dessen Fähigkeiten und Ausbildung ihm eine Spitzenposition in der ›Gehaltshierarchie‹ des Staates eingebracht haben, nutzt wahrscheinlich nur einen Bruchteil seines eigentlichen Könnens. Er mißt seine Produktivität vielleicht nur

daran, wie schnell er seine Arbeit erledigt und die Blumen auf der Fensterbank in seinem Büro gießt, aber das ist ein Maßstab, mit dem er seine persönliche Befriedigung, und nicht den Beitrag, den er zum Wohl der Gesellschaft leistet, mißt. In Washington sitzen Leute, die viele Jahre ihres Lebens damit verbracht haben, buchstäblich nichts zu tun. Das Landwirtschaftsministerium hat sich fast ein Jahrzehnt mit der metaphysischen Frage ›Was ist ein Landschinken?‹ beschäftigt. Seit 1971 versucht man, eine Antwort auf diese Frage zu finden; man hat inzwischen mehr Zeit damit verbracht, als Dr. Johnson brauchte, um *A Dictionary of the English Language* zu schreiben. Als die Bürokraten versuchten zu definieren, was eine Mausefalle ist, umfaßte der offizielle Bericht darüber mehr als 100.000 Wörter und war länger als Joseph Conrads Novelle *Heart of Darkness.*

Das ist Unterbeschäftigung. Talente werden vergeudet. Unterbeschäftigung herrscht, wenn auf einer Baustelle zwei Männer herumstehen und nur einer arbeitet; wenn Feuerwehrleute nach 50 Jahren zum erstenmal zu einem Einsatz abkommandiert werden; wenn Drucker und Setzer, die für eine riesige Zeitung in einer Großstadt tätig sind und nicht unmittelbar an der Herstellung der Zeitung mitarbeiten, nur am Arbeitsplatz erscheinen, damit ihr Gehalt gesichert ist. Hier wird menschliche Energie sinnlos vergeudet. Leute, die zu großen Leistungen fähig wären, tun im Grunde nichts anderes, als die Zeit ›totschlagen‹. Wirtschaftsexperte Jude Wanniski behauptet, es gäbe in Washington wahrscheinlich Leute, die für den Staat Filme wie ›So putzt man sich richtig die Zähne‹ machen, die eigentlich nach Hollywood gehörten, um eine zweite Folge von *Vom Winde verweht* zu drehen. Viele kompetente und einfallsreiche Leute haben sich, in ihrem eigenen Interesse, auf die Seite der transzendentalen Kapitalisten geschlagen, wo ihre Talente verkümmern. Aber oft müssen wir nicht nur für ihren Lebensunterhalt aufkommen, sondern auch noch für die zusätzlichen Kosten, die sie verursachen. Diese Kosten sind nämlich weit höher als ihre Gehälter, die wir zahlen. Denken Sie doch nur einmal an den Papierwust, den die Behörden verschwenden. 100 Tonnen Abfall müssen Tag für Tag aus ihnen weggeschafft werden.

Einige Leute würden diese und andere Kosten, für die wir aufkommen müssen, um den bürokratischen Apparat in Gang zu halten, mit der Begründung rechtfertigen, daß wir damit schließlich Arbeitsplätze für unser ›überschüssiges‹ Arbeitskräftepotential schaffen. Viele, die befürworten, daß immer mehr Menschen im Staatsdienst beschäftigt werden, geben zu, wenn sie einmal ganz ehrlich sind, daß im Staatsdienst wenig oder gar nichts Produktives geleistet wird, außer daß Millionen von Menschen ein gesichertes Einkommen haben. Schauen Sie sich einmal folgenden Kommentar in *The Washington Post* von Fred Reed an, einem Journalisten, der für *The Federal Times,* Washingtons Hausblatt für Regierungsangestellte, schreibt. Reed stellt eine kurze Betrachtung über die Arbeitslage in Amerika an:

»Privatunternehmen kann man nicht so einfach zwingen, Arbeitskräfte einzustellen, die völlig sinnlose Arbeiten verrichten – aber die Regierung. Man hat eine zusätzliche Dienststelle zur Untersuchung der Arbeitsbedingungen unserer Regierungsangestellten eingerichtet, die zum Tummelplatz für hochbezahlte Beamte geworden ist. Unsere Beamten sind Schmarotzer, und zwar nicht deshalb, weil sie nicht arbeiten wollen, sondern weil es keine Arbeit für sie gibt.«[19]

Reed schildert seine Beobachtungen mit überraschender Ehrlichkeit, aber auch er denkt im Kreis, wie viele andere, die nach einer rationalen Erklärung für die vom Staat mitverschuldete Unterbeschäftigungskrise suchen. Es stimmt einfach nicht, daß es nicht genügend Arbeitsmöglichkeiten gibt. Es fehlen oft nur die finanziellen Mittel, um Arbeitsplätze bereitzustellen. Heute bauen wir z. B. Mikrowellenherde und haben dadurch Arbeitsplätze geschaffen, die noch vor einem Jahrhundert unvorstellbar gewesen wären. Zu diesem Zeitpunkt war die Infrastruktur des Kapitals, durch die solche Arbeitsplätze erst ermöglicht wurden, noch nicht vorhanden. Der wachsende Wohlstand einer Gesellschaft schränkt die produktiven Arbeitsmöglichkeiten nicht ein, sondern vergrößert sie. In den Frühstadien der menschlichen Entwicklungsgeschichte gab es nur wenige Erwerbsmöglichkeiten, wie man heute noch bei den Ureinwohnern verschiedener Kontinente beobachten kann. Über das Sammeln von Kräutern und Beeren, die Jagd oder ein paar primitive handwerkliche Berufe kam selbst der einfallsreichste Buschmann nicht hinaus, weil ihm das nötige Kapital fehlte.

Ohne die finanziellen Mittel hat man kaum eine Chance, produktiv zu arbeiten. Deshalb gibt es in den wirtschaftlich unterentwickelten Ländern weniger produktive Arbeitsmöglichkeiten als in Ländern, die über eine hochentwickelte Kapitalstruktur verfügen.

Die Behauptung, daß zu wenig Arbeitsmöglichkeiten vorhanden seien, ist deshalb völlig falsch. Es gibt immer Dinge im Leben, die verbesserungsbedürftig sind, um so mehr, wenn es einer Gesellschaft wirtschaftlich gutgeht.

Tatsache ist, daß die meisten Menschen, die im Staatsdienst arbeiten und unterbeschäftigt sind, ihren Beruf freiwillig gewählt haben. Im Staatsdienst läßt sich eben viel mehr verdienen als in der freien Wirtschaft, und deshalb haben sich viele einfallsreiche und talentierte Leute für die einfachere Art des Geldverdienens entschieden. Daß man für diese Posten normalerweise eine bestimmte Ausbildung braucht und Zeit investieren muß, um die beruflichen Voraussetzungen zu erfüllen, ohne produktive Leistungen vorweisen zu müssen, hat dazu geführt, daß immer mehr Leute die Schulbank drücken, um die Qualifikationen zu erwerben, die man braucht, um leichter und mehr Geld zu verdienen.

Einige Analysen zeigen, daß für viele Leute, die unterbeschäftigt sind, beispielsweise Sozialhilfeempfänger oder diejenigen, die so lange wie möglich Arbeitslosenunterstützung kassieren, die finanziellen Einbußen extrem hoch wären, wenn sie eine produktive Arbeit annehmen würden. Martin Anderson schätzt, daß sie durch die staatliche und bundesweite Einkommensteuer, durch Sozialversicherungsbeiträge und den Verlust der Sozialhilfen fast 75% von den 8.300 Dollar verlieren würden, die sie mehr einnähmen, wenn sie einen Arbeitsplatz hätten.[20]

Man braucht nicht viel Phantasie, um sich vorzustellen, warum viele Menschen lieber von der Unterstützung des Staates leben, als arbeiten zu gehen, vor allem, weil das viel einträglicher ist (wenn man noch die Fahrtkosten und die Kosten für Arbeitskleidung mit berücksichtigt und bedenkt, wie lästig es ist, jeden Morgen so früh aufstehen zu müssen).

Aber darüber hinaus gibt es viele Arbeitslose, die aufgrund bürokratischer Barrieren, z. B. wegen der Mindestlohn-Bestimmungen, keinen Arbeitsplatz finden. Arbeitswillige ohne besondere fachliche Qualifikationen haben dadurch automatisch geringere Chancen auf dem Arbeitsmarkt. Wirtschaftsexperte Walter E. Williams meint dazu:

»Niedrige Löhne lassen sich zwar mit mangelnden fachlichen Qualifikationen erklären, aber nicht auch die Arbeitslosigkeit schlechthin. Ob jemand qualifiziert ist oder nicht, das kann man nur relativ sehen; es hängt nämlich davon ab, ob jemand seinen Lohn wert ist. Beispielsweise würde man einen qualifizierten Zimmermann für 4 Dollar Stundenlohn einstellen, aber nicht für 10 Dollar pro Stunde. Und das gleiche Prinzip gilt für alle möglichen Dinge. Ein Anzug von der Stange läßt sich nicht zum gleichen Preis verkaufen wie ein maßgeschneiderter Pierre-Cardin-Anzug.«[21]

Wir haben viele Millionen Amerikaner für unsere produktiven Beschäftigungsmöglichkeiten ›disqualifiziert‹, genauso wie wir Millionen andere ermutigt haben, ihre Talente mit unproduktiver Arbeit zu vergeuden. Gleichzeitig haben die hohen Steuern und die Inflation dazu beigetragen, daß die Firmen weniger Arbeitskräfte einstellen.

Das haben die meisten Leute zu spüren bekommen, aber es gibt auch Ausnahmen. Kurzfristig haben zumindest zwei Gruppen, bewußt oder unbewußt, von der Unterbeschäftigungskrise profitiert. Dazu gehören zunächst einmal die Besitzer von Anlagekapital, die zwar hohe Steuerbeträge abführen mußten, damit Millionen Arbeitslose unterstützt werden konnten, deren Produktionsanlagen dafür aber länger genutzt werden konnten. Wenn nämlich ein hoher Prozentsatz der Bevölkerung nur einen geringfügigen oder überhaupt keinen produktiven Arbeitsbeitrag leistet, führt das zu einer langsameren wirtschaftlichen Entwicklung oder sogar zu einem wirtschaftlichen Rückschritt. Die etablierten Firmen, die bereits über ein beträchtliches Anlagevermögen verfügen, bleiben dadurch, zumindest zeitweise, von einem starken inländischen Konkurrenzdruck verschont.

Wenn weniger Leute das nötige Kapital aufbringen können, um eine eigene Firma zu gründen oder neue Projekte zu finanzieren, die die alten Produktionsverfahren unwirtschaftlich machen, gibt es keinen echten Wettbewerb. Dadurch behalten die alten Produktionsanlagen länger ihren Wert. Ebenso wie veraltete Maschinen in den abgelegensten Winkeln der Erde noch von großem Nutzen sein können, lange nachdem sie in wirtschaftlich weiter entwickelten Regionen unbrauchbar geworden sind, können diese veralteten Produktionsanlagen in einer Wirtschaft mit erheblich eingeschränktem Wettbewerb ihren ursprünglichen Wert behalten (andernfalls hätten sie nämlich ausrangiert werden müssen). Aufgrund der Wettbewerbsbeschränkung können also manche Leute von der Unterbeschäftigungslage profitieren.

Aber wie positiv sich diese Nebenwirkungen auch für die Besitzer von Produktivvermögen auswirken mögen – einen zehnmal größeren Nutzen haben diejenigen, die vom Transfereinkommen leben. Wenn Millionen Menschen keinen produktiven Arbeitsbeitrag leisten, geht der allgemeine Wohlstand zurück; infolgedessen sinkt der generelle Lebensstandard und glaubt der Durchschnittsbürger, er müsse nur für den Fortbestand oder den Ausbau der Bürokratie stimmen, damit Abhilfe geschaffen werden kann.

Die Verflechtung von Wirtschaft und Politik hat die Grenze zwischen Schein und Realität, zwischen unserer traditionellen Auffassung von Vermögensverhältnissen und ihrer wirklichen Funktion verwischt. Unsere gemischte Wirtschaftsstruktur hat dazu geführt, daß die Rolle, die die Arbeit in unserem Leben spielt, entstellt wird. Früher war die Arbeitsplatzbeschaffung ein notwendiger Kostenfaktor, heute ist sie fast eine Art Luxus geworden. Noch größere Verwirrung entstand dadurch, daß viele Arbeitnehmer dafür bezahlt werden, daß sie weniger arbeiten. Wir haben einen Präzedenzfall geschaffen, weil die Möglichkeiten, sich mit Hilfe der ›neuen‹ Vermögensform, der Staatsgelder, zu bereichern, für Millionen von Menschen der einfachste und beste Weg ist, ihre wirtschaftlichen Interessen zu wahren. Der erste Schritt auf diesem Weg besteht darin, mit Hilfe unseres Bildungssystems die notwendigen Qualifikationen zu erwerben. 44% unserer siebzehnjährigen Schulabgänger suchten 1978 eine Arbeitsmöglichkeit, viele wurden enttäuscht. Sie träumten von Jobs, die es nicht gibt und die es nicht geben kann. Dieser gravierende Unterschied zwischen Hoffnung und Realität ist für die ältere Generation, die sich bereits ihren Anteil an unserem Produktivvermögen gesichert hat, weniger direkt spürbar. Aber die junge Generation ist unmittelbar davon betroffen. Sie wird samt ihren Diplomen in eine Außenseiterposition abgeschoben, während ihr die Reden der Politiker über die Ungerechtigkeit der Arbeitslosigkeit noch in den Ohren nachklingen.

Die Quetsche im Gesundheitswesen

»Wenn es in einem Land viele Gesetze gibt oder viele Ärzte, ist das ein Zeichen dafür, daß es krank ist.«

Voltaire

Für die Gesundheitsfürsorge zahlen wir mittlerweile 2500 Dollar pro Jahr und Haushalt. 1950 betrugen die Kosten noch 321 Dollar; seither steigen sie ständig, und ein Ende ist nicht abzusehen. Wenn diese Entwicklung anhält, würde am Ende unseres Jahrhunderts ein Sechstel unseres Einkommens an Ärzte und Krankenhäuser gehen. Das ist eine Menge Geld. Dagegen wäre der Tribut, den die Kirche im Mittelalter von ihren Gläubigen forderte, nur ein Almosen. Sie verlangte nur ein Zehntel von ihren Anhängern, und als Gegenleistung bot sie dafür noch die Aussicht auf das Ewige Leben. Möglicherweise war das sogar eine gute Investition. Zumindest kann man sich vorstellen, daß das Scherflein, daß man dem Priester in die Hand drückte, seine Wirkung tat und der Spender nach seinem Aufenthalt in diesem Jammertal direkt in den Himmel kam. Was man auch über dieses kosmische Wunder denken mag, von dem Pascal sagt, daß es jeden Preis wert sei – das Geld, das wir auf dem Gesundheitssektor ausgeben, ist weniger gut angelegt. 1972 beliefen sich die durchschnittlichen Kosten eines Krankenhausaufenthalts noch auf 788,51 Dollar, 1978 bereits auf 1602,13 Dollar; und in 4 Jahren werden sie sich noch einmal verdoppelt haben, ohne daß wir nennenswerte Resultate im Gesundheitswesen sehen. Das wahre Wunder, das die heutige Medizin vollbringt, besteht darin, daß so viele Menschen so viel Geld für so wenig an Leistung bezahlen.

Es kann keinen Zweifel darüber geben, daß Ärzte und Krankenhäuser der Menschheit einen nützlichen Dienst erweisen. Es wird immer Kranke und Verletzte geben, die auf ihre Hilfe angewiesen sind. Und es ist auch richtig, daß die meisten Ärzte verantwortungsbewußte, hilfsbereite Menschen sind, die ihr Bestes tun, um den Patienten zu helfen. Aber damit läßt sich nicht entschuldigen, daß auf dem medizinischen Sektor heute soviel Geld verdient wird.

Eine Durchschnittsfamilie muß heute den Lohn von fünf bis sechs Wochen Arbeit hinblättern, um Arzt- und Krankenhauskosten zu bezahlen. Und das ist weit mehr, als diese Dienstleistung wert ist. Ärzte beziehen ein mittleres Einkommen von circa 70.000 Dollar nicht dafür, daß sie der Menschheit einen Dienst erweisen, sondern weil sie das Monopol auf diese Dienstleistung haben.

Ärzte gehören zu den Beziehern von Transfereinkommen, die aufgrund staatlicher Bestimmungen einen Anspruch auf das Vermögen anderer erheben. Und diese Bestimmungen tragen mehr noch als andere Faktoren dazu bei, daß die medizinische Versorgung so wahnsinnig teuer geworden ist. Wegen dieser staatlichen Bestimmungen kann der Patient nicht mehr frei über sein weiteres Schicksal entscheiden. Ärzte, Laboratorien und Krankenhäuser profitieren aufgrund ihrer Monopolstellung von der Krankheit eines Menschen. Das führt zu zwei Arten von Betrug: zu arglistiger Täuschung, weil viele Patienten nicht mehr für die ärztliche Versorgung, die sie in Anspruch genommen haben, zahlen, und zu unbewußtem Betrug durch die Art und Weise, wie das gesamte System funktioniert. Es gibt nachgewiesenermaßen Fälle, in denen skrupellose Ärzte Visiten in Privatkliniken in Rechnung gestellt haben, obwohl sie einfach nur einmal durch das Krankenhaus gegangen sind.

Zahnärzte haben schon Rechnungen für 41 gezogene Zähne geschickt, alle aus dem Mund eines Patienten! Dieser Mißbrauch zeigt, daß es noch größeren Mißbrauch gibt, daß heute nämlich allgemein ein Geschäft mit der Krankheit gemacht wird. Genauso wie die Zünfte im Mittelalter ein Monopol auf die Materialien hatten, die sie für ihre Arbeit brauchten (Juweliere waren die einzigen, die Gold bekamen), ist die Krankheit inzwischen zu einer sicheren Einkommensquelle für unsere Ärzte geworden. Sie ziehen aus der Krankheit ihrer Patienten finanzielle Vorteile, weil sie verhindern, daß sich der Kranke anderswo für weniger Geld Hilfe holt, und weil ihnen dadurch ein unangemessen großer Teil des volkswirtschaftlichen Gesamtvermögens zufließt.

Da die Ärzte aufgrund staatlicher Bestimmungen eine Monopolstellung auf die medizinische Versorgung haben, konnte man verschleiern, was die moderne Medizin heute wirklich leistet. In den meisten Fällen kann man sich mit mehr Geld nicht mehr Gesundheit kaufen. Die Monopolstellung hat dazu geführt, daß wir fälschlicherweise annehmen, daß die bessere medizinische Versorgung für die niedrigeren Sterblichkeitsziffern verantwortlich ist. Das ist ein weiteres Beispiel dafür, daß der blinde Glaube an den Fortschritt zu Überzeugungen geführt hat, die einer nüchternen Analyse nicht standhalten. Tatsache ist nämlich, daß die Verfeinerung der ärztlichen Kunst nur einer der Faktoren, und oft nur ein unbedeutender, ist, die zur Verbesserung des Gesundheitswesens seit der Industriellen Revolution beigetragen haben.

Bankiers, Erfinder, Unternehmer und andere Berufsgruppen, die ihren Beitrag zur Kapitalakkumulation geleistet haben, haben mehr für die nationale Gesundheit getan als alle Ärzte zusammen. Das ist gar nicht so seltsam, wie es zunächst vielleicht scheinen mag.

John Deere und John Lane, die den Pflug aus Stahl entwickelt haben, oder Obed Hussey und Cyrus Hall McCormick, die Erfinder der Mähmaschine, haben mehr geleistet, um das Gesundheitswesen zu verbessern und die Sterblichkeitsrate zu senken, als die Ärzte. Die Kapitalansammlung, die sie und andere Menschen ermöglicht haben, führte zu einer Erhöhung der menschlichen Arbeitsleistung. Sie retteten vielen Menschen das Leben, weil die Bauern mit Hilfe ihrer Maschinen nun in kürzerer Zeit mehr ernten konnten. Durch die bessere Ernährung wurden die Menschen widerstandsfähiger gegen Infektionskrankheiten.

Die höhere Lebenserwartung verdanken wir nicht nur den Erfindern und Herstellern der ersten landwirtschaftlichen Geräte. Jeder, der zur Vergrößerung des Volksvermögens beitrug, half, das Gesundheitswesen zu verbessern. Die stahlverarbeitende Industrie trug durch die Herstellung von Pflug und Mähmaschine genauso dazu bei wie die Minenarbeiter, die Schmiede und alle anderen produktiv arbeitenden Menschen. Sie alle machten es möglich, daß »die Güterzüge und Lagerhäuser gut gefüllt waren«, wie Walt Whitman es nannte.

Die Statistiken über die Lebenserwartung während der letzten Jahrhunderte untermauern nämlich keineswegs die These, daß in erster Linie die Medizin – mehr noch als die verbesserte Lebensqualität – zur Senkung der Sterblichkeitsrate beigetragen habe.
Es ist richtig, daß ein Neugeborenes heute eine viel höhere Lebenserwartung hat als früher. Aber das liegt primär daran, daß die meisten Kinderkrankheiten heute nicht mehr unbedingt tödlich verlaufen. Und das war schon so, *bevor* die medizinische Wissenschaft die richtigen Behandlungsmethoden entdeckte. Ivan Illich, der für sein Buch *Medical Nemesis* dieses Problem in verschiedenen Kulturkreisen untersuchte, schrieb:

»Die Sterblichkeitsziffern bei Röteln, Diphtherie, Keuchhusten und Masern bei Kindern bis zum 15. Lebensjahr zeigen, daß zwischen 1860 und 1965 fast 90% der Patienten gerettet werden konnten, und das noch vor der Einführung von Antibiotika und Impfstoffen.«[1]

Daß die Kindersterblichkeit zurückging, war zweifellos auch darauf zurückzuführen, daß sich das Verhältnis Mensch – parasitärer Mikroorganismus zugunsten des Menschen entwickelte. Die Erreger, die für die zumeist tödlich verlaufenden Infektionskrankheiten verantwortlich waren, starben im Laufe der Zeit mit den Menschen, die von diesen Krankheiten befallen waren, aus. Dadurch wurde die Ansteckungsgefahr für die nächsten Generationen geringer.
Der Rückgang von Infektionskrankheiten in städtischen Gebieten (die nicht auf chronische Unterernährung zurückzuführen waren) läßt sich nicht nur durch medizinische Faktoren erklären. Die Verbesserung der sanitären Einrichtungen und der Qualität des Trinkwassers brachten ebenso entscheidende Fortschritte auf dem Gebiet des Gesundheitswesens wie die bessere Beheizung der Wohnungen. Im 17. Jahrhundert war der Wein auf dem Tisch des Sonnenkönigs in Versailles noch gefroren. Heute brauchen nicht einmal die Slumbewohner Angst haben zu erfrieren. Sie sind, im Gegensatz zu unseren Vorfahren, an Seife, an persönliche Sauberkeit und an eine hygienische Essenszubereitung gewöhnt. Und all diese Dinge wurden erst durch den wachsenden Wohlstand ermöglicht.
Die Bevölkerungsstatistiken zeigen auch, daß nichtmedizini-

sche Faktoren die wichtigste Rolle bei der Erhöhung der Lebenserwartung spielen. Dr. Johan Bjorksten arbeitete mit Daten des Statistischen Bundesamtes und der Metropolitan-Versicherungsgesellschaft, um herauszufinden, wie sich die Lebenserwartung eines 60jährigen Mannes von 1789 bis heute verändert hat. Erstaunlicherweise mußte er feststellen, wie er der Fachzeitschrift *The Relevant Scientist* mitteilte, daß sich seither kaum etwas geändert hat. Bjorksten erklärte: »Ein 60jähriger heute hat die gleiche Lebenserwartung wie 1789!«[2] Diejenigen, die damals überhaupt eine Chance hatten, so alt zu werden, waren in erster Linie die Wohlhabenden, die sich eine bessere Ernährung und bessere materielle Lebensbedinungen leisten konnten; und das scheint unsere Annahme zu bestätigen, daß *der Wohlstand eines Volkes wichtiger für den Rückgang der Sterblichkeitsrate ist als die medizinische Versorgung.*

Während der ersten Hälfte des 19. Jahrhunderts stieg die Lebenserwartung eines 60jährigen langsam an und erreichte 1875 den gleichen Stand wie heute. In den folgenden Jahrzehnten, ungefähr bis 1920, war die Lebenserwartung niedriger als im 18. Jahrhundert. Das lag an der zunehmenden Verstädterung und in gewisser Hinsicht auch daran, daß nun zwar mehr Menschen genug zu essen hatten, aber die notwendigen Verbesserungen der Wohnverhältnisse, der sanitären Einrichtungen und der Versorgung mit sauberem Trinkwasser viel zu langsam erfolgten.

Da die Bevölkerungsrate rapide stieg, verstärkt durch die Einwandererwellen, entstanden viele Slums in den großen Städten, und die Lebensbedingungen der älteren Menschen wurden schlechter als im 18. Jahrhundert. Um besser zu verstehen, welchen Einfluß das auf die Gesundheit hatte, braucht man sich nur folgenden zeitgenössischen Bericht vom Leben in den New Yorker Slums anzusehen:

»Im Archviertel gab es immer natürlichen Gestank, aber dieser Gestank wurde noch größer und intensiver durch künstliche Ursachen. Die Einwohner leben auf engstem Raum zusammen und halten genauso wenig von Sauberkeit wie von Frömmigkeit. Die Straßen, die noch vor kurzer Zeit gepflastert waren, sind jetzt mit stinkendem Müll übersät, den die Bewohner, allen Gesetzen der Würde und der Gesellschaft zum Trotz, mitten auf die Straße kippen. Auf den Gehsteigen türmen sich faulende Gemüsereste, und der Arm der Behörden ist so schwach, daß kaum etwas unternommen wird, damit wenigstens an den heißesten Sommertagen dieser stinkende Unrat weggeräumt wird oder sich gar nicht erst ansammeln kann. Im Winter kommen noch riesige Aschehaufen zu den Küchen- und Lebensmittelabfällen hinzu, und überall liegt Schmutz, so daß die Straßen nur für die Pferdegespanne und Vehikel befahrbar sind, denen eine Berg-und Talfahrt durch den Dreck nichts ausmacht ... Im Sommer werden die Abfallhügel nur deshalb kleiner, weil der Wind sie gleichmäßig auf den Gehsteigen verteilt; gleichzeitig wird der Gestank, der durch die Kälte noch ein wenig gedämpft wurde, noch unerträglicher. An diesem Gestank und den zusätzlichen natürlichen Gerüchen dieser Wohngegend würden an stickigen Sommertagen wohl nur die Bestattungsunternehmer ihre Freude haben, aber die Einwohner, die mit ihrem letzten Atemzug diesen Gestank einatmen müssen, sind als Kunden weder als Tote noch als Lebende willkommen.«[3]

Als die sanitären Einrichtungen und die Wohnverhältnisse Ende des 19. und Anfang des 20. Jahrhunderts verbessert wurden, stieg auch die Lebenserwartung – bis zu den 30er Jahren. Als während der großen Depression das Einkommen schrumpfte, hatten die meisten Leute wenig zu essen und wenig Kohle, um ihre Wohnungen im Winter zu heizen. Die katastrophale Wirtschaftslage reduzierte, ungeachtet der medizinischen Leistungen, die Lebenserwartung und war dafür verantwortlich, daß die Menschen wieder anfälliger für normale Krankheiten wurden.

Diese Änderungen der Lebenserwartung sind jedoch nur Randerscheinungen, entscheidend ist, wie wenig sich die Lebenserwartung insgesamt geändert hat.

Als die Lepra im Abklingen war, waren die Ärzte in erster Linie ›Knochenflicker‹, Mystiker oder Feldschere.

Im 13. Jahrhundert hatte fast jede größere Stadt ein eigenes Leprahospital, und es gab in Europa fast 19.000 Leprakranke.[4] Aus welchen Gründen auch immer – die Lepra trat später immer seltener auf, und einige Jahrhunderte danach war sie, bis auf einige abgelegene Gebiete wie Skandinavien, fast völlig ausgerottet. Aber an dieser Entwicklung hatte die ärztliche Kunst keinen Anteil.

Die Aussicht auf ein langes Leben hängt auch heute noch von anderen als medizinischen Faktoren ab. Statistisch gesehen hat der Mensch bessere Chancen, länger zu leben und seine Gesundheit zu erhalten, wenn er sich selbst darum bemüht, anstatt sie den Ärzten zu überlassen. 1965 wurde in Alameda County, Kalifornien, eine Studie an 7000 Menschen durchgeführt und festgestellt, daß ein direkter Zusammenhang zwischen hoher Lebenserwartung und einem ›gesunden Lebenswandel‹ besteht. Das bevölkerungsstatistische Institut des Gesundheitsamtes in Kalifornien stellte in einer spezifischen Studie die ›sieben goldenen Gesundheitsregeln‹ auf. »Das sind Dinge, die man bereits in frühester Kindheit lernen sollte«, meint Dr. Lester Breslow, Rektor der Fakultät Öffentliche Gesundheitspflege an der Universität von Los Angeles, der an dieser Studie mitgearbeitet hat. Die sieben Regeln sind:

Frühstücken Sie jeden Morgen.
Rauchen Sie nicht.
Essen Sie regelmäßig und nicht zwischen den Mahlzeiten.
Schlafen Sie acht Stunden.
Halten Sie Ihr normales Gewicht.
Nehmen Sie pro Tag nie mehr als einen oder zwei alkoholische Drinks zu sich.
Treiben Sie regelmäßig Sport.

Die Studie zeigt, daß ein 45jähriger Mann erwarten kann, noch 33 Jahre zu leben, wenn er sich an sechs der sieben Regeln hält. Seine Lebenserwartung würde um 5 Jahre sinken, wenn er nur vier oder fünf der Regeln befolgt. Und wenn er nur drei oder vier beherzigt, würde sich seine Lebenserwartung um 11 Jahre verringern, d. h. auf 66,6 Jahre.
Wenn man die um 11 Jahre höhere Lebenserwartung eines Menschen, der die sieben goldenen Gesundheitsregeln beachtet, mit der gestiegenen Lebenserwartung während der letzten zwei Jahrhunderte vergleicht, stellt man fest, daß der einzelne viel größeren Einfluß auf seine Lebensdauer hat als die Ärzte mit ihrer Kunst. Dr. Breslow meint dazu: »Die Lebensgewohnheiten eines Menschen wirken sich viel stärker auf die Gesundheit und die Lebensdauer aus als alle medizinischen Einflüsse.«[5]
Um noch einmal zu rekapitulieren: Es gibt Beweise dafür, daß es der besseren Ernährung und anderen nichtmedizinischen Faktoren zu verdanken ist, daß mehr Menschen die Kinderkrankheiten überstehen. Nachweislich kann der Mensch, wenn

er gesund lebt, seine Lebenskraft viel länger erhalten und somit die Verfallserscheinungen des Alterungsprozesses hinausschieben. Aber bisher hat noch niemand eine Methode gefunden, die chronischen, altersbedingten Krankheiten aufzuhalten oder auszurotten. Die moderne Medizin hat noch immer kein Mittel gegen arteriosklerotische Herzkrankheit, gegen bösartige Zellwucherungen, Bluthochdruck, Altersdiabetes, Leberzirrhose und Nierenversagen gefunden, die man heute eher für Symptome des Alterungsprozesses hält als für individuell auftretende Krankheiten, die man eher bekämpfen könnte. Selbst wenn man die Symptome auch nur einer dieser Krankheiten ausschalten könnte, würde die Lebenserwartung nur geringfügig steigen. Beispielsweise würde die durchschnittliche Lebenserwartung nur um 2 Jahre steigen, wenn ein Mittel gegen den Krebs gefunden würde, wie aus den Daten des Amerikanischen Krebsforschungsinstitutes hervorgeht.[6]

Aber dieses Wunder in der Medizin ist in absehbarer Zeit noch nicht zu erwarten, geschweige denn die vielen Wunder, die geschehen müßten, wenn man jedes einzelne Symptom des Alterungsprozesses bekämpfen wollte. Diese Leistungen kann unsere heutige Medizin bei ihrem gegenwärtigen Wissensstand nicht vollbringen.

Was bedeutet das alles? Das bedeutet einfach, *daß es im Gegensatz zur weitverbreiteten Auffassung den Ärzten nicht gelungen ist, unser Leben zu verlängern.* Das beste Mittel, am Leben zu bleiben, ist, gesund zu bleiben, und das hängt in erster Linie davon ab, was man selbst dafür tut, und nicht davon, was die ärztliche Kunst vermag. Denn die Dinge, die unsere Gesundheit durch Veränderungen, die außerhalb unseres Einflußbereiches liegen, beeinträchtigen, kann auch der Arzt nicht in den Griff bekommen. Eine Veränderung der Wirtschaftslage, die Qualität von Nahrungsmitteln, Wohnungen und sanitären Einrichtungen sowie das Zusammenleben der Menschen – all das sind die Faktoren, die größeren Einfluß auf die Sterblichkeitsrate haben als die medizinische Versorgung und die ärztliche Kunst.

Ich möchte damit nicht andeuten, daß Ärzte und Krankenhäuser überflüssig seien. Das ist eindeutig nicht der Fall. Ärzte leisten viele wertvolle Dienste. Sie behandeln Wunden, verteilen

Antibiotika und greifen bei akuten Verletzungen und Krankheiten ein; damit helfen sie uns, zu überleben und die körpereigenen Abwehrkräfte zu stärken. Gute Ärzte – und davon gibt es viele – beruhigen und ermutigen ihre Patienten. Selbst wenn sie damit nicht mehr erreichen, als der Medizinmann irgendeines Stammes, der mit Hilfe magischer Kräfte Kranke heilt, wäre es falsch, ihre Verdienste zu schmälern.

Es wäre genauso falsch, sich ausschließlich auf den physischen Gesundheitszustand zu konzentrieren und dabei die Rolle der psychischen Verfassung herunterzuspielen. Der sogenannte ›psychosomatische‹ Effekt ist für den Gesundungsprozeß genauso wichtig.

Es gilt heute bereits als erwiesen, daß die Macht des Geistes über den Körper so groß ist, daß Placebos – Medikamente ohne pharmakologische Wirkstoffe – die gleichen chemischen Reaktionen im Körper auslösen wie therapeutisch wirksame Medikamente. Die biochemische Struktur unseres Gehirns ist so komplex, daß sie den Willen, gesund zu werden, in eine direkte Reaktion des Körpers umsetzten kann.[7] Der Heilerfolg ist jedoch von dem Vertrauensverhältnis zwischen Arzt und Patient abhängig. Deshalb ist unsere oft unrealistisch hohe Meinung von der Allmacht unserer heutigen Medizin vielleicht doch noch nicht ganz unnütz. Daß wir vom Arzt erwarten, daß er uns helfen kann, aktiviert vielleicht die Heilkräfte unseres Körpers.

Doch das ist nur ein Aspekt dieses Themas. Leider gibt es neben der positiven auch noch eine negative Seite, und die macht sich in letzter Zeit ganz besonders bemerkbar. Es sind nicht nur viele Menschen von unseren Ärzten kuriert worden, sondern es sind genauso viele durch sie noch kränker, zum Krüppel oder geradewegs umgebracht worden. Es ist allgemein bekannt, daß ärztliche Kunstfehler zu einem echten Problem geworden sind. Ivan Illich beschreibt das folgendermaßen:

»Schmerzen, Funktionsstörungen, Folgeschäden und andere gesundheitliche Probleme treten heute nach ärztlicher Behandlung ebensohäufig auf wie nach Verkehrs- und Arbeitsunfällen oder aufgrund von Kriegsverletzungen; deshalb breitet sich die negative Wirkung der modernen Medizin noch schneller aus als die ansteckendste Seuche.«[8]

Die Ärzte behandeln ihre Patienten nicht nur mit Medikamenten, die süchtig machen oder schädliche Nebenwirkungen haben; sie sind auch oft für ihren Tod verantwortlich. Laut *U.S. News & World Report* »sterben rund 30.000 Menschen jährlich an den Reaktionen, die bestimmte Medikamente in ihrem Körper auslösen«.[9] Und die ›Stümperei‹ mancher Ärzte kostet weitere Menschenleben. 1975 stellte ein Untersuchungsausschuß des Senats fest, daß »25% aller Laboruntersuchungen in Amerika nicht der Norm entsprechend oder einfach falsch waren«. Das bedeutet, laut *Reader's Digest*, daß »Millionen Amerikaner möglicherweise völlig unnötig ins Krankenhaus geschickt, operiert oder falsch behandelt werden, was in manchen Fällen tödlich endet«.[10] Viele Krankenhäuser sind längst nicht mehr der richtige Ort, eine Krankheit auszukurieren, sie sind zu einer direkten Gefahrenzone geworden. Illich weist darauf hin, daß die »durchschnittliche Unfallhäufigkeit in Krankenhäusern größer ist als in der gesamten Industrie, ausgenommen im Bergbau und im Hochbau«.[11] Jeder 12. Patient, der in ein Krankenhaus eingeliefert wird, zieht sich dort Verletzungen oder Krankheiten zu, die er nicht hatte, als er kam. Krankenhäuser, in denen auch noch Forschung betrieben wird, sind noch gefährlicher; hier erkrankt jeder 5. und stirbt jeder 30. Patient. Wenn Sie zwei Jahre im Krankenhaus verbringen müßten, wären Sie ein Todeskandidat – gleichgültig, mit welcher Krankheit Sie eingeliefert worden wären.
In diesen Statistiken sind noch nicht all die Schäden aufgeführt, die Millionen Menschen davontragen, weil sie sich unklugerweise einer völlig überflüssigen Behandlung unterziehen. In seiner Zeugenaussage vor dem Untersuchungsausschuß des Senats hat Dr. Sidney Wolf vom Gemeinnützigen Gesundheitsforschungsinstitut angedeutet, daß fast 3,2 Millionen Amerikaner pro Jahr grundlos operiert werden. Das führt nicht nur zu großen postoperativen Schmerzen, sondern auch zum Tod von 16.000 Menschen.
Diese Fakten lassen vermuten, daß die zigtausend Prozesse, die gegen Ärzte wegen falscher Behandlung laufen, wohl zu Recht angestrengt worden sind. Auch wenn die heutige Medizin einigen Menschen hilft – es gibt viele andere, denen sie schadet. Fachleute behaupten sogar, daß es noch mehr Prozesse gegen

Ärzte und Krankenhäuser gäbe, wenn mehr Menschen Anzeige erstatten würden. Aber nur für einen von 35 Patienten, deren Genesungsprozeß verzögert worden ist, die zusätzliche Schäden davongetragen haben oder die aufgrund falscher Behandlung gestorben sind, wurden rechtliche Schritte eingeleitet. Es ist eigentlich eine Ironie des Schicksals, daß 1976, als ein großer Prozentsatz der Ärzte in Los Angeles ›streikte‹, um gegen die Prämienerhöhung für die Ärzteversicherung zu protestieren, laut *The Washington Post* »die Stadt einen beträchtlichen Rückgang der Sterblichkeitsquote« zu verzeichnen hatte.[12] Patienten, die andernfalls ihr Leben dem Arzt anvertraut hätten, mußten auf seine Dienste verzichten. Nach dem Streik stieg die Sterblichkeitsrate wieder an.

Trotz der fragwürdigen Vorteile und der eindeutigen Nachteile der medizinischen Versorgung hätte kein so großes finanzielles Imperium entstehen können, das mit Bruttoeinnahmen von über 150 Milliarden Dollar rechnen kann, wenn Ärzte und Krankenhäuser nicht so privilegierte Bezieher von Transfereinkommen wären. Diese Privilegien, die sie aufgrund gesetzlicher Bestimmungen genießen, haben das Profitdenken auf dem medizinischen Sektor erst ermöglicht.

In dem Bericht eines Senatsausschusses über die Lohn- und Preisstabilität hat man viele Aspekte des medizinischen Monopols untersucht. Hier sieht man, was die meisten Leute ohnehin schon wußten, daß das Einkommen der Ärzte ständig steigt. Seit 1950 ist ihr Einkommen sogar noch größer geworden, als aus dem Verbraucherpreisindex hervorgeht. Anhand dieser Zahlen hatte man berechnet, daß das Einkommen der Ärzte um 43% schneller gestiegen ist als die übrigen Preise. Dabei blieb aber unberücksichtigt, daß die Ärzte 1950 noch viele Patienten zu betreuen hatten, für deren Behandlung der Kranke selbst oder die Wohlfahrt aufkamen. Das heißt, daß vielen Patienten, besonders für chirurgische Eingriffe oder andere teure Behandlungsmethoden, weniger berechnet wurde. Als die Kosten der medizinischen Betreuung jedoch stiegen, schlossen viele Leute private Krankenversicherungen ab, die die Ärzte noch höher als die Privatleute bisher honorierten. Leistungen der Wohlfahrt wurden stark reduziert, und so ließen sich Mehreinnahmen der Ärzte von 20% wunderbar vertuschen.

Die steigende Anzahl der privat versicherten Patienten hat zur Folge, daß der Durchschnittsbürger noch mehr für die medizinische Versorgung zahlen muß. Einerseits muß sich der Patient nicht mehr um so viele Dinge kümmern, seit die Ärzte ihr Honorar bei einer dritten Partei, den Versicherungen, kassieren. Der Arzt sagt dem Patienten, welche Untersuchungen erforderlich sind, welche Spezialisten er aufsuchen soll oder welche spezifischen Behandlungsmethoden notwendig sind, wann und wie oft er kommen muß, welche Medikamente er braucht, ob er ins Krankenhaus gehen und sich operieren lassen muß. Wenn die Versicherungen die Kosten voll übernehmen, fragt sich der Patient nur selten, ob all diese Maßnahmen auch sinnvoll sind.
Wie dieses System funktioniert, hat ein Untersuchungsausschuß des Senats getestet; die Rechercheure wurden von Dr. Freeman Carey aus dem Ärztestab des Weißen Hauses sorgfältig untersucht und für »gesund erklärt«. Dann gingen sie zu verschiedenen Ärzten, um ihre ›Erkältung‹ behandeln zu lassen. Da sie privat versichert waren, ließ man ihnen eine fürstliche Behandlung zuteil werden. In einem Ärztezentrum an der Lower East Side in New York wurde ein Rechercheur mehrmals geröntgt, ihm wurden mehrere Male Blut und Urin abgenommen, und er bekam vier verschiedene Rezepte für Medikamente, die, wie ein Arzt sagte, gegen sein ›Asthma‹ seien. Ein anderer Rechercheur mußte sich in der gleichen Klinik diversen Tests unterziehen und sprach dann drei Minuten lang mit einem Arzt, der ihm eröffnete, daß er an einer Bronchitis und einer Infektion der oberen Atemwege leide.[13]
In *Reader's Digest* wurde ein Fall veröffentlicht, in dem eine Mutter mit fünf Kindern, die in New York lebte, glaubte, eines ihrer Kinder sei krank. Da sie sich keinen Babysitter leisten konnte, mußte sie ihre gesamte ›Brut‹ in eine benachbarte Klinik mitschleppen. Was dort passierte, beschrieben die Reporter Dan Thomasson und Carl West:

»Fünf Stunden später war die gesamte Familie völlig überflüssigerweise von sämtlichen Ärzten des Hauses untersucht worden, angefangen vom Hals-Nasen-Ohren-Spezialisten bis hin zum Orthopäden. Auf ihren Protest hin sagte man der Mutter: ›Was wollen Sie denn? *Sie* müssen das doch nicht bezahlen!‹«[14]

An diesen und ähnlichen Beispielen sieht man: Je größer die Versicherungsleistungen sind, desto weniger Lust hat der Patient, gegen die hohen Arzt- und Krankenhauskosten zu protestieren.
Da die Zahl der Privatversicherten von 54 Millionen im Jahre 1950 auf 170 Millionen angestiegen ist, gab das den Ärzten die Möglichkeit, ihr Honorar automatisch zu erhöhen. Anstatt nach festgelegten Tarifen bezahlt zu werden, forderten sie nun das ›übliche, angemessene Honorar‹ für ihre Bemühungen. Das bedeutet normalerweise, daß der Arzt jeden Betrag, den er in Rechnung stellt, auch bekommt, solange er mit seinen Honoraren für die gleiche Behandlung nicht zu den zehn teuersten Ärzten im Umkreis gehört. Dieses System garantiert ihm ein ansehnliches Einkommen, weil die Versicherungen 90% aller Arztrechnungen anstandslos bezahlen, wie überhöht sie auch sein mögen. Dieser gesetzmäßige Zahlungsmodus für die Dienstleistungen von Ärzten und Krankenhäusern widerspricht allen Gesetzen von Angebot und Nachfrage. Je mehr Ärzte es also in Ihrem Umkreis gibt, desto höher sind ihre Honorare. Wenn Sie für Ihre ärztliche Betreuung weniger Geld ausgeben wollen, gehen Sie am besten in eine Gegend, in der es noch nicht so viele Ärzte gibt.
Es gibt genügend Beweise dafür, daß der gesamte Komplex der medizinischen Technologie viel billiger wäre, wenn die Monopolstellung aufgehoben würde. Bei unserem heutigen System muß nämlich der Patient die allgemeinen Kosten für die Anschaffung und Wartung der komplizierten, teuren und oft völlig überflüssigen medizinischen Geräte tragen. Illich hat behauptet, daß die besten und nützlichsten medizinischen Geräte normalerweise »nicht teuer in der Anschaffung sind, man zur Bedienung kaum Fachkenntnisse braucht und die zusätzlichen Material- und Wartungskosten für die Krankenhäuser minimal sind«.[15] Diese Geräte sind für die Behandlung kranker oder frisch operierter Patienten unbedingt notwendig. Im Gegensatz dazu gibt es aber viele völlig überflüssige Geräte zur Diagnose und Behandlung relativ selten auftretender Krankheiten, die aber jeder Patient mitbezahlen muß. Welche Vorteile sie auch für den Patienten bieten mögen – die Sterberate wird dadurch nicht reduziert.

Ein Beispiel: Ein Mann namens Jesse Bailey starb am 3. April 1977 nach 31 Stunden Aufenthalt in einer Klinik in Connecticut; seine Witwe erhielt eine Rechnung über 8125,55 Dollar. Bailey starb an akutem Nieren- und Herzversagen. Anhand der Rechnung kann man erkennen, wie viele Ärzte und Chirurgen, Geräte, Untersuchungen und exotische Medikamente aufgeboten wurden. Jede zusätzlich gewonnene Stunde seines Lebens kostete 250 Dollar. Und diese Kosten werden jedem Bürger aufgrund der Monopolstellung von Ärzten und Krankenhäusern aufgeladen.

Der Patient, der einfache, aber wirkungsvolle medizinische Dienstleistungen in Anspruch nimmt, muß nicht nur die kostspieligen und oft wenig effektiven Technologien mitbezahlen, sondern er muß auch tief in die Tasche greifen, damit der Arzt eine Dividende für sein Umverteilungseinkommen – die Erlaubnis, zu praktizieren – erhält. Fast jeder Patient zahlt deshalb mehr, als er eigentlich müßte, weil die Ärzte ein Monopol auf die medizinische Versorgung haben.

Jeder Mensch, der einigermaßen intelligent und urteilsfähig ist, d. h. jeder, der lesen kann und in der Lage ist, ein Auto durch das Verkehrsgewühl zu steuern, könnte es, nach einigen Monaten Ausbildung, mit jedem Arzt aufnehmen, wenn es um bestimmte Dienstleistungen geht.

Man könnte genügend nicht professionelle ärztliche Hilfskräfte in kurzer Zeit und mit geringem Kostenaufwand einsetzen; dadurch würde ein Preiswettbewerb im Gesundheitswesen entstehen. Der Patient müßte dann nur einen Bruchteil der Kosten tragen, die er heute für die medizinische Versorgung aufbringen muß.

Würde sich dadurch nicht die Qualität der ärztlichen Versorgung verschlechtern? Sind die Geheimnisse des Heilens für den medizinischen Laien nicht zu undurchsichtig und kompliziert? Diese und ähnliche Fragen drängen sich auf, Fragen, die uns genauso eingeimpft worden sind wie unser Glaube an die wunderwirkende Kraft der Medizin. Ob die Kritik, die man in Fachkreisen übt, wenn medizinische ›Ignoranten‹ ihre Hände nach dem Monopol der Profis ausstrecken, berechtigt ist, läßt sich leicht feststellen.

Wenn es stimmen würde, daß ein Laie die gleiche Ausbildung

braucht wie ein Arzt, um jede Krankheit, mit der er konfrontiert wird, behandeln zu können, ließe es sich nicht mit dem gesunden Menschenverstand vereinbaren, daß man über alle möglichen Krankheiten Bescheid wissen muß, wenn man im Praxisalltag doch nur bestimmte Krankheiten zu Gesicht bekommt. Wenn ein Nichtmediziner eingewachsene Fußnägel, Venenentzündungen oder eine ähnlich begrenzte Kategorie von Krankheiten behandeln müßte, könnte er sich die dafür benötigten Fachkenntnisse in wenigen Monaten aneignen. Deshalb sind die Argumente gegen den freien Wettbewerb auf medizinischem Sektor, wenn es um verschiedene spezifische Krankheiten geht, einfach nicht stichhaltig.

Nimmt man die medizinische Versorgung in Amerika genauer unter die Lupe, stellt man fest, daß die Ärzte den Nicht-Medizinern ohnehin schon viele verantwortliche Aufgaben übertragen haben. Man hat ihnen meistens nur nicht erlaubt, ein echtes Gegengewicht zur Monopolstellung der Ärzte zu schaffen. Beispielsweise sind es fast immer die Sanitäter, die als erste an einer Unfallstelle auftauchen und Erste Hilfe leisten. Sie stellen die entscheidende Diagnose und beginnen mit der Versorgung des Patienten. Und da es bei uns mittlerweile fast 16.000 zivile ärztliche Hilfskräfte gibt, braucht man nicht viel Phantasie, um sich vorzustellen, daß sie auch zu Aufgaben herangezogen werden könnten, die sonst die Ärzte übernehmen.

Die Hauptaufgabe der Ärzte besteht doch oft nur darin, ihr Honorar zu kassieren. Dr. Paul Feldstein, Wirtschaftswissenschaftler an der Universität von Michigan, bewies in einer Studie, daß bei 48% aller operativen Eingriffe in Amerika nicht der Arzt die Anästhesie überwachte, sondern eine Krankenschwester oder ein medizinisch-technischer Assistent, wobei jedoch der Anästhesist den vollen Betrag von 100 Dollar berechnete. Da die OP-Schwestern nur ein Viertel dieses Betrages erhalten, können die Ärzte aufgrund ihrer Monopolstellung Unsummen verdienen.

Ein weiterer stichhaltiger Beweis dafür, daß Nicht-Mediziner genausoviel leisten können wie Ärzte, ist William MacKay, der sein Studium abbrach und als Vertreter für medizinische Geräte arbeitete; er führte Hunderte von Operationen durch, setzte künstliche Hüftgelenke und Kniescheiben ein, und die Patienten glaubten, sie seien in der Obhut eines Chirurgen. MacKay betrog seine Patienten nicht, er gab sich nicht als Arzt aus, aber er besaß echte chirurgische Fähigkeiten. Er verkaufte lediglich seine medizinisch-technischen Geräte, bis man ihn eines Tages bat, im OP zu assistieren. Er behauptete sogar, wenn er der Aufforderung nicht Folge geleistet hätte und gelegentlich sogar selbst operiert hätte, als die Chirurgen nicht mehr weiter wußten, hätte er seine Geräte nicht verkaufen können.

Was MacKay im OP erlebte, kann jeder, der gute Nerven hat, in seinem Buch *Salesman-Surgeon: The Incredible Story of an Amateur in the Operating Room* (Ärztevertreter-Chirurg: Die unglaubliche Geschichte eines Amateurs im Operationssaal) nachlesen.[16] Das Buch beschreibt, wie MacKays Doppelrolle ans Tageslicht kam, nämlich bei einem Prozeß gegen einen New Yorker Chirurgen, der während einer Operation, die MacKay leitete, einem Patienten das Bein brach. MacKay war derjenige, der das gebrochene Bein richtete und ein künstliches Hüftgelenk einsetzte. Die Untersuchung der Staatsanwaltschaft von Long Island ergab, daß MacKays Aktivitäten gar nicht so ungewöhnlich waren. Für den Staatsanwalt war MacKays Tätigkeit natürlich deshalb interessant, weil er illegal praktizierte und somit gegen das Gesetz verstieß. Aber MacKay lieferte den Beweis dafür, daß der Gesetzgeber sich irrt, wenn er den Patienten verbietet, sich von Nicht-Medizinern behandeln zu lassen. Obwohl MacKay sein Studium abgebrochen hatte, war er den ausgebildeten Chirurgen in der Praxis weit überlegen. Er zeigte ihnen, wie man seine medizinischen Kenntnisse richtig nutzt. Und er war es auch, der den Schaden, den sie angerichtet hatten, wieder reparierte.

Es gibt viele Beispiele dafür, wie gut Nicht-Mediziner den Arzt ersetzen können. Maos Kulturrevolution z. B., mit der man so viele absurde Dinge bemäntelte, brachte dem chinesischen Volk einen ganz großen Vorteil: ›den barfüßigen Doktor‹. Die ›Roten Garden‹ übertrugen nämlich den Bauern die medizinische Versorgung und bewiesen damit, wie leicht die Geheimnisse der Medizin zu durchschauen sind. Ihre Methode, die Experten zu verjagen und sie durch willige, aber unwissende Laien zu ersetzen, funktionierte nicht auf allen Gebieten so gut. Die Bauern waren einfach nicht klug genug, Fabriken zu leiten oder den

Ernteertrag der Kolchosen zu erhöhen. Sie konnten weder die Abc-Schützen unterrichten noch einen zoologischen Garten führen. Auf diesen Gebieten erwiesen sich die ›Hauruck-Methoden‹ der kommunistischen Machthaber als Fehlschlag. Aber auf medizinischem Sektor war ihre Methode erfolgreich, vielleicht deshalb, weil Gesundheit keine Ware ist, sondern ein individuelles Gut, das man weder zum Gemeingut machen noch bei einem renommierten Doktor kaufen kann. Es besteht jedoch kein Zweifel darüber, wie Ivan Illich bemerkt, daß die ›barfüßigen Ärzte‹ einen wertvollen Beitrag zur ärztlichen Versorgung leisten:

»Die Leistungen der Chinesen im Gesundheitswesen Ende der 60er Jahre haben, vielleicht sogar eindeutig, eines bewiesen, daß nämlich fast alle wirksamen Behandlungsmethoden in wenigen Monaten erlernt und von Millionen von medizinischen Laien erfolgreich angewandt werden können.«[17]

Die medizinische Versorgung kann also wirksam und billig sein.
Dr. Carroll Berhorst praktiziert in Chimaltenango, Guatemala, und zwar in einer Art und Weise, die ihm bei uns nicht gestattet wäre. Nicht, weil er ein Psychiater wäre. Er ist keiner. Er ist auch kein Akupunkteur und verschreibt keine verbotenen Medikamente. Dr. Carroll Berhorst ist ein Kleinstadt-Arzt, der erkannt hat, daß die ärztliche Versorgung billiger werden muß. Er hat in Chimaltenango eine 100-Betten-Klinik, in der er arme Mayas betreut. Aber er kümmert sich nicht selbst um alle Patienten. Er hat ein bemerkenswert erfolgreiches paramedizinisches Ausbildungsprogramm aufgestellt; dort können die Indianer lernen, wie man Krankheiten diagnostiziert und behandelt. Seine Schüler sind verläßlich, und sie behandeln ihre Patienten, die meistens in abgelegenen Gebieten wohnen, gut und billig. Seine Hilfskräfte sind in 90% aller Fälle in der Lage, die richtige Diagnose zu stellen und die richtige Behandlungsmethode anzuordnen. Die Fälle, die sie nicht diagnostizieren oder behandeln können, geben sie an Dr. Berhorst weiter. Er ordnet dann die weitere Behandlung an.
Dieser einzigartige, bemerkenswerte Mann hat gezeigt, wie unsere Gesundheitsfürsorge sein könnte. Anstatt sich auf seine

Fachkenntnisse zu berufen und medizinische Laien auszuschließen, hat Dr. Berhorst das Selbstvertrauen und die Autonomie der Indianer gestärkt. Er hat sie gelehrt, sich selbst zu helfen. Er hat die Medizin entmystifiziert und damit Tausenden von Menschen geholfen, Menschen, die unter wesentlich schlechteren Bedingungen leben als der Durchschnittsamerikaner. Seine Patienten sind insgesamt unterernährt. Die sanitären Einrichtungen sind äußerst primitiv. Diese Menschen bieten den besten Nährboden für tropische Krankheitserreger. Berhorst hat sie gelehrt, mit Hilfe wirksamer medizinischer Techniken die Verantwortung für sich selbst zu übernehmen. Und die Indianer zahlen, wenn sie können, für die Behandlung durch die Laienärzte und den Klinikaufenthalt.
In dieser Beziehung genießen sie Vorteile, die der Durchschnittsamerikaner nicht hat. Sie zahlen nur für die ärztlichen Dienstleistungen, die sie tatsächlich in Anspruch nehmen. Sie zahlen nicht die Dividende für das Transfereinkommen des Arztes. Dr. Berhorst hat auch nicht mit Hilfe von Gesetzen sein Recht auf die Behandlung von Krankheiten und Verletzungen bei den Mayas geltend gemacht. Wenn er genauso wie unsere amerikanischen Ärzte wäre, hätte er die ärztliche Kunst mystifiziert, anstatt sie transparent zu machen. Er hätte keine Indianer ausgebildet, ihnen wirksame medizinische Behandlungsmethoden gezeigt und ihnen somit eine Hilfe zur Selbsthilfe gegeben. Sie wären ihm wahrscheinlich in jedem Fall dankbar gewesen, allerdings auch ärmer und vielleicht auch weniger gesund. Aber weil Dr. Carroll Berhorst in erster Linie ein verantwortungsbewußter Arzt ist und keiner, der die Gesetze zu seinen Gunsten manipuliert, waren seine Bemühungen um die Gesundheitsfürsorge so erfolgreich.
Die Großverdiener im amerikanischen Gesundheitswesen benutzen ihre privilegierte Stellung dazu, uns auszubeuten. Alle Bürger und Patienten zahlen viel mehr, als die medizinische Versorgung wert ist. Wir haben uns dabei auf einen schlechten Handel eingelassen, weil jeder von uns aufgrund der Monopolstellung der Ärzte und Krankenhäuser die teuren und oft unwirksamen Behandlungskosten mitbezahlen muß. Sie haben uns im Hinblick auf unsere Gesundheit ›enteignet‹, wie Illich es nennt, und sie machen uns etwas vor. Wie die Medizinmänner

irgendeines Urwaldstammes haben sie uns die Vorstellung eingeimpft, daß nur sie die magische Kraft besitzen zu heilen. Diese Täuschung sichert ihre Existenz.
Ärzte und Krankenhäuser quetschen den Patienten regelrecht aus; sie verlangen ein Zehntel vom Verdienst eines Durchschnittsbürgers. Sie sind nicht nur eine Bedrohung für unsere Wirtschaft, sondern, auf lange Sicht, auch für unsere Gesundheit. Ihre überhöhten Forderungen an uns tragen dazu bei, daß unser Lebensstandard sinkt. Aufgrund der besseren Wirtschaftslage war es möglich, die Lebenserwartung vieler Menschen zu verlängern, weil die Ernährung besser und die Widerstandskraft gegen Krankheitserreger größer wurde; geht die Produktionsleistung aber zurück, wird auch der allgemeine Gesundheitszustand schlechter. Es ist sogar möglich, daß unsere einkommensschwachen Mitbürger schon heute aufgrund der hohen Arzt- und Krankenhauskosten eine niedrigere Lebenserwartung haben. Vielleicht versuchen sie am Essen zu sparen, um die Kosten für die medizinische Versorgung aufbringen zu können. Das ist besonders gefährlich bei älteren Leuten, für die eine gute und gesunde Ernährung genauso wichtig ist wie ärztliche Betreuung und Medikamente. Geschichten über ältere Mitbürger, die eine Mahlzeit durch Tee und Kekse oder sogar Tierfutter ersetzen, sind sicher nicht aus den Fingern gesogen. Wenn man sich überlegt, welche indirekten Schäden dadurch für die Gesundheit entstehen und welche direkten Schäden inzwischen bekannt sind – Zehntausende von Toten, Hunderttausende, die Schäden aufgrund falscher Behandlungsmethoden der Ärzte und Krankenhäuser davongetragen haben, und die riesige Verschwendung menschlicher Energie, weil die Bevölkerung die Nachteile der ärztlichen Monopolstellung zu spüren bekommt –, dann kann man wohl kaum daran zweifeln, daß das amerikanische Gesundheitswesen wenig taugt.
Der Unterschied zwischen einem Gesundheitssystem, das einen effektiven Beitrag zum Gesundungsprozeß leistet, und unserem gegenwärtigen Gesundheitswesen, das auf der Monopolstellung unserer medizinischen Einrichtungen basiert, ist enorm groß und gravierend. Das eine stärkt die Autonomie und verbessert die Lebensqualität jedes einzelnen. Das andere bewirkt lediglich, daß mit der Krankheit ein Geschäft gemacht wird.

Unsere Abhängigkeit von den medizinischen Institutionen, die entstehen konnte, weil das Gesundheitswesen eine politische Macht ist, hat zur Folge, daß unsere Wirtschaft ausgequetscht wird und sich unsere Lebensqualität verschlechtert.
Sollte Ihr Stoffwechsel unter dem Druck dieser Quetsche leiden, kann ein Besuch beim Arzt wohl kaum Abhilfe schaffen!

Die Quetsche im Wohnungsbau

»Wo wir lieben, ist Heimat, wir können sie zwar verlassen, aber unsere Herzen bleiben dort.«

Oliver Wendell Holmes

»Vor seinem Tod sollte jeder Mensch ein Haus bauen.«

Plato

1950 hatten noch 7 von 10 amerikanischen Familien genug Geld, um ein Haus der mittleren Preisklasse zu kaufen, doch im November 1978 war das nicht mehr der Fall.[1] So wirkt sich die Quetsche aus. Inflation, Steuererhöhungen und politische Fehlplanung haben unsere Hoffnungen, einmal ein eigenes Haus zu besitzen, drastisch reduziert. Die Quetsche auf diesem Sektor hat nicht nur dazu beigetragen, daß weniger neue Wohnungen gebaut werden, sondern daß es uns immer schwerer fällt, unseren Besitz auch zu erhalten. Viele Hausbesitzer haben wegen der hohen Grund- und Vermögenssteuern, der steigenden Wasser- und Stromkosten und der gigantischen Material- und Arbeitskosten keine andere Wahl, als ihre Häuser verfallen zu lassen. Wenn sie sich keinen neuen Anstrich leisten können, blättert und bröckelt der alte ab, und das ungeschützte Holz verrottet. Und nach kurzer Zeit ist ein solide gebautes Haus kaum mehr bewohnbar.

Der normale Verfallprozeß wird noch durch die Politiker beschleunigt, die nicht nur die Reserven verbraucht haben, die für die Instandsetzung dringend nötig gewesen wären, sondern die den Verfall regelrecht gefördert haben. In vielen Städten stehen ganze Stadtteile leer, weil es finanziell wesentlich günstiger ist, die Gebäude verfallen zu lassen, als sie zu sanieren, obwohl wir eigentlich eine Abneigung gegen derartig sinnlose Verschwendung haben. Hunderttausende von Häuserblocks sind dem Vandalismus zum Opfer gefallen – angeblich aus Gründen der Wirtschaftlichkeit. Und viele Häuser wurden erst gar nicht gebaut, weil es so teuer war, alte Gebäude abzureißen und neue auf den Grundstücken zu errichten, daß viele Bauprojekte ersatzlos gestrichen wurden.

Obwohl diese künstliche Wohnungsknappheit, verstärkt durch die Inflation, den Wert der bereits vorhandenen Häuser erhöhte, haben viele Hausbesitzer mit einem mittleren Einkommen effektiv nichts von der Wertsteigerung. Um ihr Haus verkaufen zu können, brauchen sie erst einmal eine Wohnung, in die sie selbst einziehen können.

Das ist ziemlich schwierig, zumal die Mittel, die man braucht, um Bauten und Instandhaltung zu finanzieren, immer knapper werden. Weder die Baufirmen noch die Hauskäufer, Vermieter oder Mieter haben genug Geld, um die durch die politische Planung entstandenen Kosten im Wohnungsbausektor aufbringen zu können.

Ein Beispiel dafür, wie sich die Quetsche im Wohnungsbau auswirkt, ist der Fall der Millionenerbin Louise Vanderbilt, die sich einer Mieterschutzorganisation angeschlossen hatte und in den Mietstreik getreten war. Die monatlichen Kosten ihrer beiden Apartments in einem im Viktorianischen Stil erbauten Häuserblock in Newport, Long Island, waren so hoch, daß sie sie nicht mehr aufbringen konnte. Als sie sich weigerte, die Miete zu zahlen, mußte sie laut Gerichtsbeschluß ausziehen. Wenn schon eine Vanderbilt vor die Tür gesetzt wird, wer kann sich denn dann noch eine anständige Wohnung leisten?

Als die ersten Vanderbilt-Erben noch ihr 100-Millionen-Dollar-Vermögen verprassen konnten, hatte eigentlich jeder die Chance, einmal besser zu wohnen als seine Eltern. Zu der Zeit war es noch, im Gegensatz zu heute, Sache des einzelnen, wie er wohnen wollte. Auch die Leute mit niedrigem Einkommen konnten, wenn sie wollten, ein Haus kaufen oder bauen. *The Ladies' Home Journal* druckte ein ganzes Jahr lang eine Serie von Artikeln wie »Schritt für Schritt, Dollar für Dollar ... Unser Weg zum Eigenheim«. In diesen Artikeln berichteten »rund 100 Leute, wie sie mit einem Durchschnittsgehalt von 15 Dollar bis maximal 30 Dollar pro Woche ihr Haus zusammengespart hatten ...«.[2] Es wäre aus mehreren Gründen ganz interessant, sich einmal anzuschauen, was für Häuser damals die Leute mit einem Einkommen von 780 Dollar pro Jahr gebaut haben. Daran

sieht man um so deutlicher, wie wenig unser Geld heute noch wert ist.
Daran sieht man auch, wie selbstverständlich es damals war, im eigenen Haus zu wohnen. Und auf viele dieser Häuser könnte man heute noch stolz sein. Man baute nicht nur die einfallslosen Reihenhäuser, die zur Jahrhundertwende zu Tausenden für die Hilfs- und Facharbeiterfamilien entstanden. Einige der Bauten, die innerhalb von 5 Jahren von einem Einkommen, das nicht einmal 1000 Dollar betrug, abbezahlt wurden, sind wirklich imposant. Vergleichen Sie doch einmal die Häuser, die die Leute mit einem Verdienst von 16 Dollar pro Woche gebaut haben – wovon sie 8 Dollar sparen konnten –, mit den Häusern, die man sich heute leisten kann, wenn man 100.000 Dollar verdient: Früher bekam man, wenn man 8 Dollar pro Woche sparte, ein Haus mit zweieinhalb Stockwerken, viktorianischen Erkerfenstern, zwei Eingangshallen, alles komplett unterkellert. Heute wäre man froh, wenn die Vermögenssteuer für das gleiche Haus nur *8 Dollar pro Tag* betragen würde. Nur wenige Leute können heute in 5 Jahren genug Geld sparen, um den vollen Preis für irgendein x-beliebiges Haus hinlegen zu können, geschweige denn für ein so solide gebautes und geräumiges, wie es sich zur Jahrhundertwende noch jeder Durchschnittsarbeiter mit einem Durchschnittsverdienst leisten konnte.
Nicht jeder hatte vor 75 Jahren ein eigenes Haus, aber – und das ist hier der springende Punkt – jeder hätte sich ein eigenes Haus leisten können. Früher war es viel leichter zu bauen. Die Lebenshaltungskosten waren viel niedriger, so daß jeder, der wollte, auch sparen konnte. Die Ersparnisse behielten den gleichen Kaufwert, anstatt durch die Inflation an Wert zu verlieren. Wenn man dann mit dem Bauen anfangen wollte, suchte man sich einfach ein Grundstück, ein passendes Hausmodell und ließ es sich so schnell wie möglich von erfahrenen Handwerkern, die damals noch gute Arbeit leisteten, errichten. Der zukünftige Hausbesitzer brauchte wahrscheinlich keine Baugenehmigungen einzureichen. Und wenn, dann zahlte er höchstens die Bearbeitungsgebühren; die Behörden waren damals noch kein Hindernis. Man mußte keine Beamten bestechen, damit das Haus auch in den Bebauungsplan paßte. Man brauchte keine seitenlangen schriftlichen Begründungen oder einen An-

walt, der die Baupläne mit einer endlosen Folge von Eingaben durchsetzte. Im großen und ganzen mußte man sich damals nur darum kümmern, daß das Haus, den eigenen Anforderungen entsprechend, hingestellt wurde. Man mußte auch nicht 5 bis 10% mehr zahlen, um die Kosten für überflüssige Arbeiter zu finanzieren, die infolge der Vereinbarung mit den Gewerkschaften eingestellt werden müssen.
Wenn jemand zur Jahrhundertwende ein Haus kaufte, war es billig, weil er nur für das Haus zahlte. Er finanzierte nicht das massive Haushaltsdefizit der Regierung mit, das heute dazu beigetragen hat, daß die Zinsen und die Preise für ein Haus um mehr als das Doppelte gestiegen sind. Weil er selbst sparen konnte, mußte er nicht hohe Zinsen für Darlehen und Hypotheken bezahlen. Er mußte keine Grunderwerbssteuern und andere Gebühren entrichten, mit denen heute ein Heer von Bürokraten bezahlt werden muß. Die Parzellierung kostete nur ein paar Cents, und nicht, wie heute, 1011 Dollar, wie es 1974 in San Diego, Kalifornien, in einer überbürokratischen Kommune der Fall war. Er brauchte weder direkt noch indirekt das Honorar der Anwälte und Experten innerhalb und außerhalb der Behörden zu bezahlen, deren ›Mithilfe‹ beim Bau eines Hauses nur zu zeitlichen Verzögerungen und zusätzlichen Kosten führt.
Früher zahlte jemand, der ein Haus kaufte, nur für das Kaufobjekt. Heute zahlt er für eine ganze Armee von überflüssigen Bürokraten, die nichts Produktives leisten und deren Aufgabe nur darin zu bestehen scheint, die konstruktive Arbeit anderer zu durchkreuzen oder zu verhindern.
Und das ist der Hauptgrund dafür, daß es immer teurer wird, ein Haus zu kaufen, zu bauen oder zu mieten – obwohl wir heute Bautechniken entwickelt haben, die das Bauen leichter und billiger machen könnten. Früher fällte man das Bauholz noch von Hand, heute haben wir dafür weniger Arbeiter, die in kürzerer Zeit das benötigte Holz mit tragbaren Motorsägen zurechtschneiden. Wir verfügen über neue und bessere Installationstechniken; die Rohre und Leitungen für Apartment- und Einfamilienhäuser werden heute in den Fabriken in Massen produziert und zusammengesetzt. Wir haben synthetische Ziegelsteine und Seitenverkleidungen aus Aluminium, die nicht

einmal gestrichen werden müssen. Die Massenproduktion von Kupferdrähten, Steckern und Schaltern wurde verbessert und vollautomatisiert, selbst die Herstellung von Ziegeln und Quaderblöcken. Bei unseren heutigen Kenntnissen sollten wir eigentlich in der Lage sein, billigere und bessere Wohnungen und Häuser zu bauen. Aber das können wir nicht. Das liegt nicht etwa daran, daß das Rohmaterial oder die Arbeitskräfte knapper geworden wären oder daß unsere Ansprüche an die Qualität viel größer sind als früher; wir können die gleichen Häuser heute nur noch zu einem viel höheren Preis herstellen.

Aus einem ganz besonderen Grund können wir heute nicht besser und billiger bauen, obwohl es uns aufgrund der verbesserten Bautechniken eigentlich möglich sein sollte. Ein Faktor hat sich so verändert, daß alle Fortschritte im Bauwesen seit der Jahrhundertwende zunichte gemacht worden sind: das ist die Politik. Der Staat bürdet uns heute Kosten auf, die es früher nicht gegeben hat. Das kann man nicht genug betonen. *Der Staat ist ein größerer Hemmschuh im Wohnungsbau als irgendeine andere natürliche Ursache.* Aufgrund der Inflation, der hohen Steuern und staatlicher Bestimmungen können sich heute viele Leute kein Haus mehr leisten, und Mietobjekte sind ebenfalls unwirtschaftlich geworden.

Die Inflation hat sich auch drastisch im Wohnungsbau ausgewirkt. 1950 kostete ein Haus der mittleren Preisklasse noch circa 8000 Dollar. Die Zinsen für die Hypotheken beliefen sich auf 4,5%. Mit einer Hypothek ließen sich 75% der Baukosten decken; die durchschnittlichen monatlichen Zinsen dafür lagen bei 22,50 Dollar. Da die Inflationsrate in den 50er Jahren niedrig war, stiegen die durchschnittlichen Kosten für ein Haus der mittleren Preisklasse bis 1960 nur geringfügig – auf 11.500 Dollar. (Das lag hauptsächlich daran, daß die Häuser größer wurden.) 1960 zahlte man, wenn man ein Haus kaufte, 4,9% Zinsen; das waren bei einer 75%igen Hypothekenbelastung 35,22 Dollar Zinslast monatlich. Als der Dollar während der Zeit des Vietnamkriegs an Wert einbüßte, passierten zwei Dinge: Die Preise für neue und bereits gebaute Häuser zogen gewaltig an, und die Zinsen wurden erhöht. 1972 kostete ein Haus bereits 38.300 Dollar, die durchschnittlichen Zinsen beliefen sich auf 7,3%. Eine Familie, die bauen wollte, mußte jetzt für eine Hypo-

thek von 75% monatlich 175 Dollar Zinsen zahlen. Dazu kamen noch zusätzliche Kosten und anteilmäßige Gebühren, die es früher nicht gab und die mit der Inflation stiegen, zum Teil, um die höheren Zinsen zu kaschieren. 1972 betrugen diese Kosten schon 0,83% des Hypothekenwertes und ergaben eine Belastung von 20 Dollar pro Monat. 1977 kletterte der Preis für ein neues Haus mit zunehmender Inflation auf 53.400 Dollar, die Zinsen stiegen auf 8 ¾%, also pro Monat auf 292 Dollar. Die zusätzlichen anteiligen Kosten und Gebühren machten nun 1,3% der Hypothek oder 43 Dollar im Monat aus. Durch die Geldentwertung kostete ein Mittelklasse-Haus 1978 bereits 63.000 Dollar, die Zinsen für eine Hypothek lagen bei 11% oder 433 Dollar monatlich plus 60 Dollar Zusatzkosten und Gebühren. Mit anderen Worten: 1978 zahlte man mehr als zwölfmal soviel Zinsen für eine Hypothek wie 1960 und achtzehnmal mehr als 1950. Rechnet man dann noch die anteilmäßigen Kosten dazu, waren die gesamten Zinskosten 1978 vierzehnmal höher als 1960 und einundzwanzigmal größer als 1950.
In Wirklichkeit haben auch die angeblich an die Inflation angepaßten Einkommen nicht mit dem Tempo der Inflationsverstärkung ›Schritt halten‹ können. Die Lohnerhöhungen, die die allgemein höheren Lebenshaltungskosten ausgleichen sollten, reichen nicht aus, um die Kostensteigerungsrate im Wohnungsbau noch zu verkraften. Das liegt daran, daß sich durch die zunehmende Geldentwertung die Hypothekenbelastung verdoppelt hat. Sowohl die Grundpreise für ein Haus wie die Zinssätze sind geometrisch gestiegen. Deshalb ist die Zinsbelastung für den prospektiven Hausbesitzer heute weit höher. Wenn der Kaufpreis für ein Haus sich verdoppelt, sind auch die Zinssätze doppelt so hoch, und die monatlichen Zinszahlungen vervierfachen sich. Steigt der Kaufpreis um das Dreifache, sind die Zinsen für ein Darlehen neunmal so hoch usw. Dieser Aspekt der Inflation führt uns an den Rand eines mathematischen Abgrundes. Wir haben keinen Grund, einen Luftsprung vor Freude darüber zu machen, daß wir endlich erkannt haben, worin das Grundproblem liegt, nämlich, daß das Einkommen zwölf- bis vierzehnmal so hoch wie 1960 sein müßte, damit es sich auch der Durchschnittsbürger wieder leisten kann, ein Haus zu kaufen oder zu bauen.

Wenn die Leute auch weiterhin Häuser kaufen, wie das ja der Fall ist, dann wohl eher deshalb, weil sie in Panik geraten, wenn sie an die Inflation denken, und nicht, weil sie sich wirklich ein Haus leisten können. Sie sehen, daß ihr Geld ständig an Wert verliert und daß Grundbesitz zu den wenigen inflationssicheren Investitionen gehört; deshalb machen sie hohe, oft zu hohe Schulden, um etwas in der Hand zu haben, wenn es zu einer galoppierenden Inflation kommen sollte. Es ist nicht einfach festzustellen, wie stark die inflationsbedingte Nachfrage nach Häusern zurückgehen wird, wenn der Durchschnittsamerikaner es sich einfach nicht mehr leisten kann, sich so zu verschulden. Mit großer Wahrscheinlichkeit müssen viele Leute, die ein Haus zu einem künstlich überhöhten Preis gekauft haben, große Verluste hinnehmen. Auch diese Verluste gehen auf das Konto der Inflationswirkungen im Wohnungsbau.

Es ist jedoch keineswegs so, daß die gesamten Preiserhöhungen beim Kauf oder Bau eines neuen Hauses allein auf die zunehmende Geldentwertung zurückzuführen sind. Wie bereits gesagt, staatliche Bestimmungen sind genauso dafür verantwortlich.

Nehmen Sie z. B. die Bauvorschriften. Je nachdem, wo Sie bauen, müssen Sie aufgrund der bestehenden Bauvorschriften mit 10% zusätzlichen Kosten rechnen. Die Bauvorschriften in politisch aktiveren Gebieten, z. B. in New York, wo die Baugewerkschaften mit Erfolg die Automatisierung vieler Bauarbeiten verhindert haben, sind noch strikter. Installationsanlagen, die außerhalb des Bauprojekts am Fließband hergestellt und dann erst eingebaut werden könnten, müssen in New York vor Ort und mühsam per Hand gefertigt und angebracht werden. Wenn der Bauherr sich nicht an diese Bestimmungen gehalten hat, wird er von der Bauaufsichtsbehörde gezwungen, die bereits installierten Rohre wieder herauszureißen und sie gegen handgefertigte, teurere auszutauschen.

So absurd sind manche der eigentlich überflüssigen Bauvorschriften. Wenn es allein um die Sicherheit auf der Baustelle ginge, wäre es besser, flexible Richtlinien aufzustellen, wie es in Frankreich bereits bei den Versicherungsgesellschaften üblich ist. Aber die starren Bauvorschriften bleiben, weil sowohl die Gewerkschaftsmitglieder wie die Bauaufsichtsbehörden Kapital daraus schlagen können. Mit Hilfe dieser unproduktiven Baubestimmungen können korrupte Bauaufsichtsbeamte z. B. die Bauherren erpressen. Stephen R. Seidel berichtet in seinem Buch *Housing Costs and Government Regulations*, daß ein geheimer Untersuchungsausschuß in New York entdeckte, daß »sämtliche städtischen Angestellten in New York in irgendeinen Fall von Korruption verwickelt waren oder zumindest davon wußten«.[3] Die Korruption war so weit verbreitet, daß ein mittlerer Beamter sein Gehalt dadurch verdoppeln konnte. Natürlich hat der Durchschnittsbürger keine Vorteile von dieser Art Dividende aus dem Transfereinkommen, sondern nur Nachteile.

Die wohl negativste Auswirkung der Baubestimmungen macht sich darin bemerkbar, daß das Wohnungsangebot eingeschränkt wird. Darunter haben am meisten die einkommensschwachen Familien zu leiden, die hohe Mieten zahlen müssen, wenn sie nicht – so macht man ihnen weis – unter unzumutbaren Wohnbedingungen leben wollen. Wenn die Baubehörden billige und vielleicht sanierungsbedürftie Wohnhäuser für unbewohnbar erklären und schließen und gleichzeitig verhindern, daß angemessene, erschwingliche neue Wohnungen entstehen, verdrängen sie das eigentliche Problem, indem sie die Kosten auf alle Mieter abwälzen und schließlich die Qualität der verfügbaren Wohnungen vermindern. Anstatt neue Wohnungen, insbesondere Mietwohnungen, zu bauen, die sich auch der Einkommensschwache leisten kann, baut man Wohnungen, die als Verkaufsobjekte angeboten werden und die ausschließlich für Leute mit einem höheren Einkommen gedacht und erschwinglich sind. Die unteren Einkommensklassen gehen leer aus.

Baupolizeiliche Verordnungen und Baubestimmungen sind wenig geeignet, die Wohnverhältnisse zu verbessern; sie bewirken lediglich, daß sich die Wohnkosten insgesamt erhöhen. Wenn es wirklich wahr wäre, daß man mit Hilfe behördlicher Bestimmungen bessere Wohnverhältnisse schafft als durch eine günstige Entwicklung des Wirtschaftswachstums, dann bekäme man das Wohnungsproblem leicht in den Griff, nämlich dadurch, daß man die in den Bauvorschriften enthaltenen Normen so anhebt, daß qualitativ bessere Wohnungen entstehen. Beispielsweise könnte man fordern, daß eine Wohnung einen eingebauten Computer und Sensoren enthält, die den Thermostat der Heizung automatisch regulieren, je nachdem, in welchen Räumen sich die Bewohner gerade aufhalten. Oder man könnte verlangen, daß auf jedem Dach Solarzellen und auf jedem Grundstück eine eigene Wiederaufbereitungsanlage für das Trinkwasser installiert werden.

Diese und ähnliche architektonische Maßnahmen könnte man in die Bauvorschriften aufnehmen. Daß das bisher unterblieb, ist ein offenes Eingeständnis, daß die Bauvorschriften eben nicht zur Verbesserung der Wohnqualität beitragen. Die meisten Leute würden derartige Anforderungen sowieso für unpraktisch halten, weil sie sie aufgrund ihrer finanziellen Lage nicht erfüllen könnten. Sie denken nur ›praktisch‹, wenn die Kosten auf eine weniger bemittelte Minderheit abgewälzt werden, die dadurch gezwungen wird, höhere Mieten zu zahlen, und sich gar keine Wohnung mehr leisten kann.

Aber nicht nur die einkommensschwachen Familien werden durch die völlig überflüssigen Baubestimmungen ausgequetscht; jeder von uns bekommt die Wohnungsmisere zu spüren. Aufgrund dieser Bauvorschriften kann nämlich kaum noch jemand seinen eigenen Wohnkomfort verbessern; daran ist insbesondere die Entstehung des Transfereinkommens schuld.

Baupolizeiliche Bestimmungen und Bauvorschriften haben bewirkt, daß unsere Wohnungen teurer sind und das Angebot geringer geworden ist. Die Bebauungsrichtlinien und Flächennutzungsplanungen haben diese Entwicklung noch vorangetrieben, weil dadurch die Preise für Baugrundstücke stiegen. Wirtschaftsexperte Anthony Downs schätzt, daß durch die Bebauungsrichtlinien und die Flächennutzungsplanungen die Preise für Baugrundstücke in den Stadtrandgebieten um 25% höher liegen, als nötig.«[4]

Bebauungsrichtlinien und Flächennutzungsplanungen bewirkten, daß die Grundstückspreise in die Höhe schossen. 1000 qm Bauland, das 1950 noch für ein paar hundert Dollar zu haben war – weniger als 10% des Kaufpreises eines Hauses –, kostete 1970 bereits rund 5000 Dollar oder 20% des Kaufpreises eines Hauses. 1975 stieg der Grundstückspreis auf 10.800 Dollar und betrug 25% des durchschnittlichen Kaufpreises eines neuen Hauses. Weil ›Nullwachstums-Zonen‹ und Planungsprogramme das Angebot an Baugrundstücken reduzieren, werden

die Preise für die Parzellen, die als Bauland freigegeben sind, in die Höhe getrieben. Das beste Beispiel dafür lieferte San Diego, Kalifornien; dort taten sich Politiker und Baubehörden zusammen und leiteten eine künstliche Grundstücksverknappung ein, indem sie in den Stadtrandgebieten die Bebauung einer Gesamtfläche von 12.000 Hektar untersagten. Folglich konnten die Grundstücksbesitzer, die bereits eine Baugenehmigung besaßen, von dieser Neuregelung profitieren. Die Preise für winzig kleine Grundstücke mit 550 qm stiegen von 7500 auf 17.500 Dollar. Daran sieht man, wie die Preise durch Bebauungsvorschriften und Flächennutzungsplanungen in schwindelerregende Höhen getrieben werden. Grundstücke zu erschwinglichen Preisen, d. h. 30 bis 50% unter dem landesüblichen Durchschnitt, gibt es nur noch im Süden und Westen unseres Landes, in Regionen, die von den Bauplanern bisher noch verschont geblieben sind. Aber da die Behörden in diesen Gebieten auch schon von Bundesgesetzen und Verwaltungsdirektiven stark unter Druck gesetzt werden, striktere Baubestimmungen einzuführen, muß man auch hier in absehbarer Zeit mit einer künstlichen Baugrundstücksverknappung rechnen. Dadurch würde die Bevölkerungszuwachsrate in diesen Regionen, die bislang größer war als in den stärker politisch beeinflußten Zonen im Nordosten und mittleren Westen, gebremst.
Die gesamte Entwicklung auf dem Bausektor während der letzten Jahrzehnte stellt in gewissem Maß den Versuch dar, behördlichen Eingriffen nach Möglichkeit zu entgehen. Bereits im Jahre 1950 stellte Miles Colean fest, daß »eine lockere staatliche Regulierung und eine Senkung der Baukosten in den Außenbezirken zur Folge haben, daß Geschäfte und Wohnblocks aus den Stadtzentren nach und nach verschwinden und schließlich die Grundstücke im Stadtkern billiger werden«.[5] Als die strikten Baubestimmungen dann auch auf die Stadtrandgebiete ausgedehnt wurden, entwickelte sich der Westen und Süden und z. T. auch der ländliche Norden zum bevorzugten Einzugsgebiet. Fast immer war diese Entwicklung auf einen schwachen politischen Einfluß zurückzuführen. In den Regionen, in denen staatliche Institutionen noch nicht genügend Macht haben, um aus den Bauvorschriften und den behördlichen Baukontrollen Kapital zu schlagen, ist die Wohnungsmarktlage besser. Es ist

aber zu erwarten, daß sich die Situation auch hier ändert, je mehr es den Behörden gelingt, diese potentielle Einkommensquelle für sich zu erschließen. Der Gipfel der Absurdität besteht dann letzten Endes darin, eine so detaillierte und starre Bebauungsplanung durchzuführen, daß die Grundstückspreise so steigen, daß es sich finanziell gar nicht mehr lohnt, Bauland zu kaufen. Wenn z. B. in der Bauplanung nur eine einzige Parzelle zum Bau eines Einkaufszentrums vorgesehen ist, erhält der Besitzer dieser Parzelle eine Monopolstellung. Ist er selbst vielleicht nicht daran interessiert, ein Einkaufszentrum zu errichten, steigt der Grundstückspreis aufgrund des damit verbundenen Monopols so hoch, daß es niemand kaufen und darauf bauen kann. Vielleicht ist es gerade das, was die Planer im Sinn haben.

Amerikas erste Bebauungsrichtlinien wurden in New York erlassen, damit der Wert der Villen der reichsten und berühmtesten Einwohner der Stadt, die sich durch die Wirtschaftsexpansion bedroht fühlten, erhalten blieb. Land war damals für die aufstrebende Bekleidungsindustrie zur Errichtung von Fabrikgebäuden und Wohnungen für die Arbeiter so wertvoll geworden, daß sich die High-Society gezwungen sah, nach Manhattan Island auszuweichen. Mit Hilfe des Generalbebauungsplanes hoffte sie, in ihren Häusern bleiben zu können, ohne unerwünschte Nachbarschaft zu bekommen. Aufgrund ihres politischen Einflusses gelang es ihr, ein Gesetz durchzusetzen, das von nun an die wesentlich lukrativere Nutzung des Landes verbot.[6] Dadurch blieb den Astors, Stewarts und Vanderbilts erspart, neben Krethi und Plethi wohnen zu müssen – zumindest für eine bestimmte Zeit. Dadurch gab es natürlich auch weniger Wohnmöglichkeiten für die ärmere Bevölkerung. Die Planungsbestimmungen dienen heute noch dem gleichen Zweck: Sie sichern bestimmte wirtschaftliche Interessen (vornehmlich der Reichen und Mächtigen) gegen neue, rivalisierende ab, wobei Außenstehende daran gehindert werden, den Status quo zu verändern. Bernard Siegan meinte dazu:

»Die Bebauungsplanung gibt den Bewohnern eines bestimmten Gebietes die Möglichkeit, Einfluß darauf zu nehmen oder zu bestimmen, wer sich in ihrem Wohngebiet ansiedeln darf und wer nicht. Außerdem können sie aufgrund ihres Einflusses oder ihrer Privilegien verhindern, daß der einzelne oder der Wohnungsmarkt allgemein vom Filtereffekt, der durch ein erweitertes Wohnungsangebot entsteht, Nutzen zieht. Dadurch schränkt man die Mobilität und das Wohnungsangebot ein, trägt zu sozialen und wirtschaftlichen Spannungen bei, wovon insbesondere Familien mit einem mittleren oder unterdurchschnittlichen Einkommen betroffen sind. Die Gruppe, die zuerst da war, ist in der Lage, ein größeres Wohnungsangebot, das für viele andere Gruppen von Vorteil wäre, zu verhindern.«[7]

Diese Spannungen zwischen den Insidern, die ›am Drücker‹ sind, und den Outsidern, die ein besseres Leben wollen, kommen in allen Kontroversen über die Flächennutzungsplanungen zum Ausdruck. Im Grunde ist diese Maßnahme nichts anderes als der Versuch, das ›gemeine Fußvolk‹ von den Tennisplätzen fernzuhalten. Früher, als es sich Hinz und Kunz noch nicht leisten konnten, Tennis zu spielen, mußte man am Sonntagnachmittag oder an Werktagen noch nicht Schlange stehen, um einen freien Platz zu ergattern. Die Leute, die Geld hatten, genossen die angenehmen Dinge des Lebens in vollen Zügen und mußten keine Konkurrenz fürchten. Für sie war es nicht schwierig, einen Platz zu reservieren und den ganzen Tag lang Tennis zu spielen. Und wenn sie nach dem Spiel müde waren, konnten sie sich in ihre Landhäuser zurückziehen (ohne auf verstopften Straßen steckenzubleiben) und sich dort in luxuriöser Umgebung erholen. Sie konnten z. B. in Vermont für ein paar Dollar pro Hektar Land kaufen und bauen, sich wie der Landadel früher dem Nichtstun hingeben und den armen Bauern bei ihrer Plackerei in der Sommerhitze zusehen. Im Winter kamen die Reichen dorthin, um Ski zu laufen. Aber dann tauchte plötzlich das gemeine Fußvolk auf. Die Gewerkschaftsbosse und Würstchenbudenbesitzer aus Brooklyn hatten nämlich beschlossen, sich auch ein Haus auf dem Lande zu leisten. Also nisteten sie sich unbemerkt in Vermont ein und bauten ihre Hütten dort auf einem kleinen Grundstück. Da die Grundstücksnachfrage gewaltig stieg, erkannten die ortsansässigen Bauern, die bis dahin nie mehr als 10.000 Dollar pro Jahr verdient hatten, daß sie durch den Verkauf ihrer Grundstücke Millionäre werden konnten. Und warum auch nicht? Die Grund- und Vermögenssteuer würde sie sowieso ruinieren.
Diese Entwicklung machte eine ›Planung‹ immer dringlicher. Sie bot verschiedenen Menschen eine bequeme Möglichkeit, die

legalen Besitzer, im ökonomischen Sinn, zu enteignen. Flächennutzungs- und Bebauungsplanung waren also für die Leute, die davon profitierten, daß sie das Wachstum verzögerten, eine Quelle für Transfereinkommen.

Früher, als sich die einfachen Leute noch keine Häuser in Vermont kaufen konnten, brauchte man auch keine Gesetze, um sie daran zu hindern. Wie Thomas Salmon, der frühere Gouverneur von Vermont, dem Repräsentantenhaus vor einigen Jahren eröffnete, seien die Einkommen inzwischen so gestiegen, daß eine ›Planung‹ unbedingt erforderlich sei. Er sagte: »Die Nachfrage nach Land, insbesondere, um Zweitwohnungen darauf zu errichten, war enorm groß ... Trotz der Inflation ist das frei verfügbare Einkommen heute gestiegen.«[8] So wurde also die Flächennutzungsplanung ausschließlich zu dem Zweck eingeführt, die Grundstückspreise in die Höhe zu treiben und ›unwiederbringliche ästhetische Werte zu erhalten‹, die verlorengegangen wären, wenn Hinz und Kunz ihre Kate direkt vor die Nase der Reichen gesetzt hätten.

Man muß allerdings sagen, daß wir letztlich alle einen Vorteil davon haben, wenn durch die Bebauungsplanung die Erschließungskosten in schwindelerregende Höhen getrieben werden. Wir alle möchten ja wenigstens einen Teil unserer Umgebung vor den Schäden, die durch eine zu dichte Besiedlung entstehen, bewahren. Zweifellos brauchen wir dazu irgendein Mittel, das verhindert, daß Ackerland und Grünflächen unter dem Druck der Expansion weichen müssen; dieser Druck entsteht durch unser System der Besteuerung, wobei der Grundbesitz nach der jeweiligen Art der *möglichen* Nutzung taxiert wird. (Das ist genauso, meint Noel Perrin, als wenn das Finanzamt eine hübsche Frau mit einem Einkommen von 40.000 Dollar steuerlich höher veranschlagen würde, weil sie, »wenn sie in Baltimore als Prostituierte arbeiten würde, mindestens 90.000 Dollar pro Jahr verdienen könnte«.)[9] Zweifellos wären eine Änderung dieser Besteuerung und das Einfügen von Schutzklauseln in Baulandkaufverträge bessere Mittel, unbebaute Flächen zu erhalten, als die Bebauungsplanung.

Eine andere Möglichkeit, die man kaum in Betracht zieht, wäre, die Subventionen für die Erschließung abgelegener Gebiete zu streichen. Die Bewohner der erschlossenen Regionen werden

vom Staat gezwungen, den Aufbau der Infrastruktur von Straßennetz und Kommunikationsmitteln ›am Ende der Welt‹ zu finanzieren. Wenn solche Praktiken in unterentwickelten Ländern eingeführt werden, dann steht dahinter der wohlüberlegte Entschluß, die abgelegenen Gebiete wirtschaftlich zu erschließen. Bei uns hat das nur zur Folge, daß ein Brief von der Fifth Avenue nach Alaska genauso billig ist wie ein Brief von der Fifth Avenue zum Broadway. Wenn man derartige Maßnahmen beschränken und die Subventionen für den Flug- und Straßenverkehr, für die Bereitstellung von Elektrizität und Telefonen kürzen würde, wäre die Bürde, die die Erschließung abgelegener Gebiete für uns bedeutet, ein wenig leichter.
Aber das sind Punkte, auf die man noch im einzelnen eingehen sollte. Was uns in diesem Zusammenhang daran interessiert, ist, daß das Wachstum des Transfereinkommens in Form unserer Bebauungsplanung das Wohnungsangebot reduziert. Wenn der augenblickliche Trend weiter anhält und nicht durch einen Zusammenbruch des gesamten Grundstücksmarktes unterbrochen wird, würde eine weitere Verschärfung der Baubestimmungen nur dazu beitragen, daß noch weniger Wohnmöglichkeiten geschaffen werden. Gurney Breckenfeld schrieb in der Zeitschrift *Fortune:* »Einige Städteplaner behaupten ernsthaft, daß Wohneinheiten, wenn erst einmal der Bestand an Bauland in erschlossenen Gebieten in Amerika aufgebraucht sei, nur noch auf vereinzelten Grundstücken, die noch in Privathand sind, errichtet werden können – eine Vorstellung, bei der allein schon die Grundstückspreise in die Höhe schnellen.«[10]
Selbst wenn der Flächennutzungs- und Bebauungsplanungsprozeß nicht den Makel aufwiese, daß er aus unserer Weigerung heraus entstanden ist, der Zukunft realistisch ins Auge zu sehen und auch andere an der Zukunft teilhaben zu lassen; selbst wenn man dadurch das allgemeine Wohnungsangebot nicht bewußt einschränken würde, wäre etwas daran zu beanstanden: Niemand ist ein Prophet, niemand kann wirklich voraussehen, was wir morgen wissen. Jemand, der wie Stadtdirektor John Boland aus Minneapolis-St. Paul behauptet, ein Plan könne uns alles über die Zukunft sagen, ist einfach arrogant. Er meint, daß ein Plan, den er erstellt hat, es jedem Grundstücksbesitzer ermöglicht, »alles über seinen Besitz zu erfahren; die Stadtplaner

wissen, ob auf einem bestimmten Stück Land 1986 eine Schule gebaut wird«.[11] Selten hat jemand eine so großspurige und sachlich falsche Behauptung aufgestellt. Unsere Gesellschaft ist nicht statisch, sondern entwickelt sich aufgrund bestimmter Interaktionen. Weder der einzelne noch eine Gruppe unserer Gesellschaft ist in der Lage, die Zukunft den eigenen Wünschen entsprechend zu steuern. Deshalb ist vielleicht nichts amüsanter, als die Pläne und Voraussagen unserer ›Experten‹ von gestern zu studieren. Fast ohne Ausnahme haben sie sich geirrt. David Mandels Kommentar zum langwierigen Städteplanungsprozeß in New York lautet:

»Die New Yorker Städteplaner begannen 1913 mit dem Entwurf des Bebauungsplanes, der 1916 fertig wurde; er blieb bis 1939 ohne nennenswerte Revision. Wie alle Bebauungspläne ging auch dieser von einer schon vor Jahren eingeführten, allgemein bekannten Technologie aus und von Problemen, die schon vor Jahrzehnten oder Jahrhunderten begonnen hatten, aber erst zu diesem Zeitpunkt sichtbar wurden. An den lauteren Motiven und den Fähigkeiten der Stadtplaner will niemand zweifeln, aber ihre Voraussicht mußte zwangsläufig begrenzt sein. Ihr Bild von einer idealen Stadt war beeinflußt von ihren Erinnerungen an die ländlichen, weniger dicht besiedelten Städte ihrer Jugend. Sie bemühten sich, die Zukunft als eine möglichst geradlinige Verlängerung der Vergangenheit zu erhalten. Weder sie noch andere konnten die turbulenten Ereignisse der kommenden 23 Jahre voraussehen: Amerikas Eintritt in den Zweiten Weltkrieg, den Einwanderungsstopp nach 1924, die Große Depression, die überaus wichtige Rolle, die das Automobil, die Klimaanlage, der Supermarkt und das Penizillin spielen sollten.«[12]

Wenn man versucht, das Absurde, das zwangsläufig in jeder Bebauungsplanung enthalten ist, auszuschalten, schafft man nur eine günstige Profitmöglichkeit für sonst unproduktive Experten. Besonders die Anwälte verdienen nicht zu knapp an den Planfeststellungsstreitigkeiten, ebenso wie die anerkannten Experten, die die Fehler der Städteplaner aufdecken sollen. In gewisser Hinsicht machen sie deshalb ein so einträgliches Geschäft, weil es bei der Planung soviel Inkompetenz gibt. Man braucht diese renommierten Experten, damit sie die Fehler, die ihre Kollegen machen, berichtigen. Durch diese künstlich herbeigeführte Schwemme von Rechtsstreitigkeiten steigen natürlich die Baukosten. Je mehr Prozesse und bürokratische Maßnahmen erforderlich sind, bevor mit dem Bau begonnen werden kann, desto größer werden die Kosten für den Bauherrn. Folglich sind, wie Martin Mayer ganz richtig bemerkte, »nach Abschluß der Rechtsstreitigkeiten, die von Fall zu Fall entschieden werden, die Baukosten so gestiegen, daß der Bauherr gar nicht mehr daran denken kann, auf diesem Stück Land preisgünstig zu bauen«.[13]

Diese und viele andere Faktoren, die durch die Habgier der Bezieher von Transfereinkommen innerhalb und außerhalb des Staatsdienstes entstehen, haben verhindert, daß genügend Einfamilienhäuser bzw. Mietwohnungen gebaut werden. Eine Untersuchung, wie sich die Quetsche im Wohnungsbau auswirkt, wäre nicht vollständig, wenn man nicht zu erklären versuchte, wie Sanierungsprogramme, der soziale Wohnungsbau und rechtliche Maßnahmen, die den wirtschaftlichen Nutzen vom nominalen Eigentumsrecht bei Mietobjekten trennen sollen, das Wohnungsproblem noch verschärfen und die Wohnkosten für uns alle erhöhen.

In all den Jahren, in denen ein Wohnungsbauprogramm dem anderen folgte, unterstützt von der Öffentlichkeit in dem guten Glauben, daß durch diese Maßnahmen die Wohnqualität verbessert und die Wohnkosten gesenkt werden könnten, waren die Resultate genau das Gegenteil von dem, was man erwartet hatte. Hunderttausende von Wohneinheiten wurden buchstäblich zerstört. Und der Anreiz zur Zerstörung ist so groß, daß es eigentlich nur eine Frage der Zeit ist, wann es völlig unwirtschaftlich sein wird, überhaupt noch Mietwohnungen zu bauen. Die Konsequenzen hätten jedoch keinesfalls nur die Leute zu tragen, die in der Stadt oder in den Stadtrandgebieten eine Wohnung suchen. Überall in unserem Land wird man dann feststellen müssen, daß es sich nicht mehr lohnt zu bauen.

Für jemanden, der nicht in die Mysterien des städtischen Wohnungsbaus eingeweiht ist, scheint es vielleicht kein allzu großes Problem zu sein, wie der Staat das Wohnungsangebot für die Einkommensschwachen verbessern kann: indem er nämlich Riesensummen in den sozialen Wohnungsbau investiert oder mit Hilfe von Subventionen auch ihnen ermöglicht, in Wohnungen zu leben, die von privater Hand gebaut worden sind. Diese Vorstellung ist meilenweit von der Wirklichkeit entfernt. Es ist nicht nur unwahrscheinlich, sondern fast unmöglich, daß

der soziale Wohnungsbau befriedigende Resultate bringt. Die Gründe sind vielschichtig, hier seien nur vier wichtige genannt:
Erstens, wie bereits gesagt, trägt der bürokratische Apparat wesentlich dazu bei, daß einkommensschwache Familien sich keine bessere Wohnung leisten können. Weil sie gezwungenermaßen abhängig sind, haben sie nur wenig Gelegenheit, die Fähigkeiten zu entwickeln, die man braucht, um die Verantwortung für sein eigenes Leben zu übernehmen. Da man ihnen immer wieder gesagt hat, sie seien letztlich nicht verantwortlich und man könne es auch nicht von ihnen erwarten, verhalten sie sich diesen niedrigen Erwartungen entsprechend, nicht zuletzt auch deshalb, weil man sie dafür entschädigt.
Zweitens, der Versuch des Staates, das Wohnungsproblem zu lösen, ist zum Scheitern verurteilt, weil es im Augenblick kaum den Interessen derjenigen, die vom Wohnungsproblem profitieren, diente, wenn sich eine Lösung abzeichnen würde. Diejenigen, die direkt in diesen Prozeß einbezogen sind, die Bürokraten, Städteplaner, Anwälte, staatlich subventionierten Bauunternehmer, Baugewerkschaften, Bankiers usw., haben, zumindest zeitweise (die Bürokraten möglicherweise auf Dauer), finanzielle Vorteile, wenn die Krise im Wohnungsbau noch akuter wird. Das steigert die vom Staat bezahlte Nachfrage nach ihren Dienstleistungen. Je weniger Leute mit eigenen Mitteln bauen können, desto größer wird der Bedarf des Staates an Bauexperten, die Wohnungen zu so hohen Preisen errichten sollen, daß sie sich ein Privatmann gar nicht mehr leisten kann. Dadurch wird der Profit insgesamt künstlich in die Höhe getrieben. Martin Mayer hat geschätzt, daß z. B. die Subvention für ein Apartment mit 2 Schlafzimmern im Manhattan-Plaza-Apartmenthaus in New York 1200 Dollar pro Monat beträgt.[14] Das ist fast doppelt soviel, wie dem Durchschnittsbürger von seinem Verdienst nach Abzug der Steuern bleibt. Offensichtlich bietet der staatlich subventionierte Wohnungsbau einige äußerst attraktive Profitmöglichkeiten.
Drittens ist es wichtig, sich daran zu erinnern, daß dem Wohnungsbau von der Öffentlichkeit ein ziemlich schizophrenes Mandat übertragen worden ist. Wie ja ganz deutlich aus den Flächennutzungs- und Bebauungsbestimmungen hervorgeht,

haben diejenigen, die bereits ein Haus oder eine Wohnung besitzen, großes Interesse daran, daß andere nicht in diesen Genuß kommen. Maßnahmen, die das Wohnungsangebot einschränken oder den Bau neuer Wohneinheiten erschweren, steigern also den Profit der Leute, die bereits ein Haus oder eine Wohnung haben.

Viertens darf man nicht vergessen, daß durch unsere Gesetze die Zerstörung noch gefördert wird. Der Anreiz ist so groß, daß wir die Leute regelrecht dafür bezahlen, die Häuser niederzureißen.

Alle diese Tendenzen haben sich im staatlich subventionierten Wohnungsbau während der letzten Jahrzehnte sehr negativ bemerkbar gemacht. Viele Skandale und viel Dummheit sind nach und nach ans Tageslicht gekommen. Es gibt bereits mehrere Bücher, die sich mit diesem Thema befassen. Martin Mayers Buch *The Builders* (Die Bauherren) ist eine erst kürzlich erschienene, umfassende Analyse, die zeigt, daß »unsere augenblicklichen und absehbaren künftigen Probleme auf staatliches Verschulden zurückzuführen sind«.[15] Daß der Staat eine Ursache für unsere augenblickliche Wohnungsmisere ist, führt Martin Anderson in seinem Buch *The Federal Bulldozer* (Der staatliche Bulldozer) aus. Und Albert Lee beschreibt in seinem leider wenig beachteten Buch *Slum Lord*, wie die Regierung die Initiative von Privatpersonen, Wohnhäuser zu sanieren, abwürgte. Aus diesen und anderen Untersuchungen geht hervor, wie durch staatliche Maßnahmen, Inflation und hohe Besteuerung die Quetsche im Wohnungsbau geschaffen wurde.

Während der 50er und 60er Jahre fielen dem städtischen Sanierungsprogramm 425.000 Wohneinheiten zum Opfer. Fast alle Mieter gehörten zur niedrigen Einkommensklasse. Nur 125.000 Wohnungen wurden an ihrer Stelle gebaut, und die meisten wurden zu Preisen vermietet oder verkauft, die sich die ehemaligen Bewohner nicht leisten konnten. Und weil neue Wohnungen, die außerhalb des Sanierungsgebietes entstanden, bereits vergeben waren, hatte die steigende Nachfrage nach den noch freien Wohnungen zur Folge, daß erstens die allgemeinen Wohnkosten stiegen und zweitens die Qualität der Wohnungen sank. In manchen Städten mußten die Zwangsumsiedler 35 bis 40% mehr Miete zahlen, um überhaupt ein Dach über dem Kopf zu haben. Grundstücksmakler Chester Hartmann beschrieb die Situation, die durch die Städtesanierung entstand, so:

»Sanierungsprogramme zwingen 30, 40 und 50% der Umsiedler, in unterdurchschnittlichen Wohnverhältnissen zu leben; zahlreiche billige Mietwohnungen fallen diesen Programmen zum Opfer. Der Andrang in den Ballungsgebieten geht nicht zurück, sondern wird oft noch größer. Das ganze Wohngebiet verliert an Wert, deshalb ist es gleichgültig, wie der einzelne wohnt... Wenn einmal das Angebot an billigen Mietwohnungen, ob sie nun dem Standard entsprechen oder nicht, zurückgeht, lassen die Hausbesitzer ihr Eigentum verkommen; normalerweise lassen dann auch die Dienstleistungen der Stadt nach. Was zu dem Zeitpunkt, als der Zwangsumsiedler dorthin zog, noch als angemessenes Wohngebiet galt, ist zwei, drei Jahre später weit unter Standard.«[16]

Städtische Sanierungsprogramme werden noch mehr beeinträchtigt durch den Ausbau des überregionalen Fernverkehrsstraßennetzes. Oft sind die Städteplaner daran interessiert, wenig attraktive Wohngebiete einzuebnen; deshalb wird das Straßennetz mitten durch den Stadtkern gelegt – wobei die billigen Mietshäuser weichen müssen – anstatt außen herumgeführt, was wesentlich praktischer und kostensparender wäre.
Der soziale Wohnungsbau sollte das Wohnungsproblem der unteren Einkommensklassen lösen und ihnen ein Dach über dem Kopf sichern. Was es mit dem sozialen Wohnungsbau aber tatsächlich auf sich hat, sieht man am besten an der Geschichte des gigantischen Pruitt-Igoe-Wohnkomplexes in St. Louis. Dieser Komplex bestand ursprünglich aus 33 elfstöckigen Wohnhäusern; für das Design erhielten die Architekten einen Preis des Institutes für Architektur. Die Häuser sollten 2870 Familien beherbergen, aber viele Wohnungen blieben leer. Viele der Erstmieter waren Sozialhilfeempfänger oder Leute, die nicht fähig waren, auf so engem Raum oder in der Stadt zu leben. Nach kurzer Zeit waren die Fahrstühle kaputt. In den Eingangshallen trieben sich Diebe herum, die nur darauf warteten, ältere Leute oder Besucher auszuplündern. Da die Polizei machtlos war und die Mieter gezwungen waren, in einer Umgebung zu leben, in der sie sich nicht selbst schützen konnten, stieg die Kriminalität rapide an. Die Geschäfte weigerten sich, ihre Waren dorthin zu liefern, weil die Boten Angst um ihr Leben hatten. Diejenigen, die eine andere Bleibe finden konnten, zogen aus. Und weil nie-

mand ein Interesse daran hatte, die Gebäude in gutem Zustand zu erhalten, wurde nach und nach alles demoliert und abgebaut, was nicht niet- und nagelfest war. Sobald eine Wohnung leerstand, kamen die Plünderer und rissen Wände und Fußböden auf, montierten Steckdosen, Leitungen, Schalter, Rohre, Armaturen und sogar Fenster und Türen ab. Was nicht gestohlen wurde, verkam. Der Versuch der Hausverwaltung, die Mieten zu erhöhen, um die Reparaturkosten zu decken und unerwünschte Mieter fernzuhalten, scheiterte an einem neunmonatigen Mietstreik, nach dessen Beendigung die Projektleitung pleite war. 1970 waren bereits 27 Gebäude geschlossen. 1973 wurden 3 weitere Häuser von der Hausverwaltung absichtlich in die Luft gejagt. 1974, als die jährlichen Unkosten pro Wohneinheit sich auf 10.000 Dollar beliefen, wurde der gesamte Komplex geschlossen.

Das ist – im kleinen – die ganze Geschichte des sozialen Wohnungsbaus. 1968 lancierte die Bürokratie ein neues staatlich subventioniertes Wohnungsbauprojekt. Dieses Projekt sollte Hunderttausende staatlich subventionierte Wohnungen für Familien mit niedrigem Einkommen bereitstellen. Die Mittel für den Bau stammten aus Hypotheken, für die der Staat die volle Bürgschaft übernahm. Einkommensschwache Familien konnten also eine Hypothek aufnehmen, um eine eigene Wohnung zu kaufen, und für den Fall, daß sie sie nicht tilgen konnten, löste der Staat sie ab.

Dieses Programm schien auf den ersten Blick eine sehr gute Lösung zu sein, aber es erwies sich ebenfalls als Fehlschlag. Es war im Grunde nichts anderes als ein staatlich subventioniertes Bankrottunternehmen größeren Ausmaßes. Die Geldgeber verkauften die Wohnungen an die am wenigsten geeigneten Interessenten. In manchen Fällen holten sie sogar Landstreicher von der Straße und gaben ihnen den Schlüssel zu ihrem neuen Heim und die Hypotheken, für die die Federal Housing Administration voll und ganz die Bürgschaft übernommen hatte. Wenn, wie die Geldgeber hofften, die Käufer ihren Zahlungsverpflichtungen nach Ablauf eines Jahres nicht nachgekommen waren, konnten sie eine Zwangsvollstreckung einleiten. Nach Abschluß des Vollstreckungsverfahrens, also etwa 15 Monate später, zahlte das Amt für Wohnungsbeschaffung und städtebauliche Entwicklung die Hypothekenschuld voll zurück. Der Geldgeber verdiente dadurch mehr als doppelt soviel, als wenn er bis zur Fälligkeit gewartet hätte. Man kann sich vorstellen, warum bis 1977 die Käufer von mehr als 100.000 Wohnungen in Zahlungsverzug waren.

Fast ohne Ausnahme verkamen die Wohnungen nach der Zwangsvollstreckung; das lag z. T. auch daran, daß sie durchschnittlich mehr als vier Jahre leer blieben. So lange dauerte es nämlich, bis die Behörden ihren Besitzanspruch in einem langwierigen Papierkrieg geltend gemacht hatten. Man muß wohl nicht erst darauf hinweisen, wie sich die leerstehenden Gebäude auf das gesamte Wohngebiet auswirkten. Der verstorbene Bürgermeister von Chicago, Richard Daley, berichtete 1975 dem Bankenausschuß des Senats, daß das Programm weitreichender Zerstörung Vorschub geleistet habe. Daley sagte: »In den meisten Städten unseres Landes gibt es Tausende leerstehender und demolierter Wohnungen in einem Wohngebiet, das früher einmal als bevorzugt galt.«[17] Wenn die Hausbesitzer sehen, daß die Wohnblocks leerstehen und mutwillig zerstört worden sind, reagieren sie auf diese Wertminderung, indem sie so schnell wie möglich verkaufen, bevor alles aus den Wohnungen gestohlen wird. Das staatliche Programm minderte also die Wohnqualität und schuf Slums, wo vorher keine waren.

Viele Leute haben versucht zu verhindern, daß künstliche Slums entstehen; sie haben heruntergekommene Wohnhäuser gekauft und instand gesetzt. Albert Lees Buch *Slum Lord* (»Hausbesitzer in den Slums«) schildert die Bemühungen eines Mannes, der lange Zeit mit Erfolg die Wohnverhältnisse in den Elendsvierteln von Detroit zu verbessern versuchte. Mit eigenen Mitteln kaufte er ein Gebäude nach dem anderen und begann, sie zu renovieren. Die Häuser erhielten neue Leitungen, wurden repariert und neu gestrichen. Neue Installationsanlagen wurden angebracht, und die Wohnungen wurden ständig gewartet. Der Besitzer lebte in dem gleichen Viertel, um sicherzugehen, daß sein Besitz nicht verkam; der Wartungsdienst war auf seine Veranlassung hin rund um die Uhr einsatzbereit. Um der Rattenplage Herr zu werden, setzte er Prämien für jede tote Ratte aus, die seine Mieter ihm brachten. Das Ergebnis war, daß die Rattenbevölkerung stark dezimiert wurde.

Dieser Mann hätte ›das System schlagen‹ können. Er suchte seine Mieter sorgfältig aus und kündigte denen, die sich nicht um ihre Wohnung kümmerten. Dadurch schuf er eine gesunde, sichere Wohngegend, die es dort früher nicht gegeben hatte. Er verlangte nur wenig Miete und vermietete auch an Sozialhilfeempfänger, wenn sie sich schriftlich damit einverstanden erklärten, daß er die Miete von ihrer Beihilfe einbehielt, bevor sie das Geld ausgeben konnten.

Bei jedem Schritt, den er machte, stieß er jedoch auf den Widerstand der Behörden. Laufend wurde er von irgendwelchen jungen Rechtsanwälten und Jurastudenten, die die Mieter aufwiegelten, die Miete zurückzubehalten, vor Gericht gezerrt. Seine Versuche, die Häuser in gutem Zustand zu halten, wurden immer wieder von den Mietern boykottiert, die ihr Einkommen dadurch aufbesserten, daß sie Toiletten, Wände, Lampen und Fenster demolierten. Nach dem Gesetz waren sie nämlich berechtigt, die Miete so lange zurückzubehalten, bis der Hausbesitzer den Schaden reparieren konnte. Das war eine Art staatlich geförderter Zerstörung. Aber das war nicht der Grund dafür, warum dieser Mann schließlich doch aufgeben mußte.

Er scheiterte daran, daß es seinen Gegnern gelang, mit Hilfe des Detroiter Stadtrates eine Verordnung zu erlassen, die es einem Hausbesitzer fortan untersagte, Gelder aus Sozialhilfezahlungen einzuziehen. Die Folge davon war, daß immer weniger Leute ihre Miete bezahlten. Die meisten Sozialhilfeempfänger lösten ihre Schecks ein und gaben das Geld aus. Ohne die Mieteinnahmen hatte der Hausbesitzer keine andere Wahl, als seine Häuser zu schließen. Ein Haus nach dem anderen, alle auf Kredit gekauft, verfiel. Schließlich mußte der Mann den Bankrott erklären.

Was läßt sich aus dem konstruktiven Versuch dieses Mannes lernen? Der Philosoph John Hospers meinte: »Ein Teil der Stadt, den er vor Ratten und Vandalismus gerettet hatte, wurde wieder unbewohnbar; die Gebäude sind inzwischen verkommen, Heizung und Licht fehlen, die Ruinen stehen leer und dunkel da; die ehemaligen Mieter stehen auf der Straße und wissen nicht, wohin; und es gibt keinen Geschäftsmann, der es mit diesen unmöglichen behördlichen Bestimmungen aufnehmen würde. All das ist mit Billigung der städtischen Behörden geschehen, die den Mann zum ›Slum Lord‹ gestempelt haben und sich jetzt um Zuschüsse von Staat und Bund bemühen, um ›die Städte zu sanieren‹.«[18]

Das sind die destruktiven Folgen unserer heutigen Wohnungsbaupolitik. Die meisten Amerikaner haben sie nur indirekt, in Form von Kostensteigerungen und Qualitätsminderung im Bausektor, zu spüren bekommen. Am härtesten wurde ein kleiner Prozentsatz der Bevölkerung, nämlich die 10% der Einkommensschwächsten, davon betroffen; sie leben in heruntergekommenen Elendsvierteln, und ihre Bemühungen, ihre Wohnverhältnisse zu verbessern, werden noch bestraft, während der Zerstörung in vielen Fällen Vorschub geleistet wird.

Wenn der Trend, der sich schon in den letzten Jahrzehnten abgezeichnet hat, bestehenbleibt, wird es dem Durchschnittsbürger bald nicht besser ergehen als den sozial Schwachen. Die Inflation treibt die Baukosten und die Hypothekenzinsen in astronomische Höhen; Anwälte und die Bürokratie schlechthin verlängern die Bauzeit um Monate oder Jahre und bürden Bauherren und Käufern überflüssige Zusatzkosten auf; all das trägt dazu bei, daß eine katastrophale Entwicklung im Wohnungsbau, insbesondere in den Städten und Stadtrandgebieten, kaum noch aufzuhalten ist. Die staatlich geförderten Wohnungsbauprogramme sind ebenfalls dafür verantwortlich, daß viele Wohngegenden zerstört werden und sich die Slums ausbreiten, wie die Ratten z. B. die Pest verbreitet haben, und deshalb ist es keinesfalls unvorstellbar, daß bald noch viel mehr Amerikaner in unzumutbaren Wohnverhältnissen leben müssen. Wenn es sich nirgendwo mehr lohnt, Miethäuser zu bauen, wie das bald der Fall sein könnte, werden immer mehr Bezirke die verheerenden Konsequenzen der staatlichen Wohnungsbaupolitik tragen müssen.

Nirgendwo sind diese Konsequenzen deutlicher geworden als in der Süd-Bronx, einem Stadtbezirk von New York mit mehr Einwohnern, als Minneapolis hat. Hier hat sich die Vorhersage von Lord Macauley, die er gegenüber einem Biographen von Thomas Jefferson 1857 geäußert hat, bewahrheitet: Er glaubte, daß die amerikanische Regierung eines Tages Kräfte freisetzen würde, die die Zivilisation zerstören. ». . . Ihr Staat wird eines Tages von Barbaren des 20. Jahrhunderts ausgeplündert und zugrunde gerichtet werden, wie das Römische Reich im 5. Jahrhundert, aber mit dem Unterschied, daß die Hunnen und Vandalen fremde Völker waren, während Ihre Hunnen und Vandalen aus dem eigenen Land und aus Ihren eigenen Institutionen kommen.«

Jahrzehntelang schuf der Mieterschutzverband die Grundlagen für die Zerstörung in der Süd-Bronx. Er erreichte, daß die Mieten niedriger blieben als die Abschreibungskosten, wodurch die Mieter die wirtschaftlichen Nutznießer der Wohnungen wurden. Sie hatten jedoch kein Interesse daran, den Wert der Gebäude zu erhalten, sie wollten nur profitieren. Da die rechtmäßigen Besitzer, meistens Leute aus der mittleren Einkommensklasse, die in der Nachbarschaft wohnten, kein Geld hatten, um die Häuser instand zu halten, verkamen sie immer mehr, bis schließlich über Nacht ein großer Teil der Süd-Bronx den Flammen zum Opfer fiel. Als dann ein riesiger, staatlich subventionierter Neubaukomplex entstand, zogen Zehntausende dorthin. Damit brach auch noch der Rest an sozialer Stabilität zusammen. Das bekannte Muster wiederholte sich: Jeder, der irgendwie aus der Süd-Bronx herauskommen konnte, zog weg. Zurück blieben hauptsächlich Sozialhilfeempfänger und die Leute, die für das Großstadtleben ungeeignet waren. Dadurch wurden die Zustände dort so schlimm, daß man sie kaum noch nach normalen Maßstäben als zivilisiert bezeichnen konnte. Das Leben in der Süd-Bronx war ein Teufelskreis aus Gewalt, Vandalismus und Verfall. Viele Bewohner weigerten sich z. B., ihren Müll, so wie es unter zivilisierten Menschen üblich ist, in die dafür vorgesehenen Container zu werfen. In der Zeitschrift *Fortune* war zu lesen, daß »so viele Bewohner ihren Müll aus dem Fenster auf die Straße, Hinterhöfe und Gehsteige kippten, daß für unsere geplagte Gesellschaft ein neues Problem entstand, das des ›Luftpost-Mülls‹«.[19]

Sogar die Leute, die selbst dazu beitrugen, daß sich die Wohnverhältnisse immer mehr verschlechterten, versuchten, aus der Süd-Bronx herauszukommen. Für Sozialhilfeempfänger war das besonders schwer, weil die Wartelisten für Wohnungen aus dem sozialen Wohnungsbau lang waren. Und wenn sie endlich an der Reihe waren, konnten sie die Wohnung auch nur dann nehmen, wenn sie den Umzug selbst bezahlen konnten. Es gab nur eine Ausnahme: In jedem Wohlfahrtsamt hing ein Aushang, der besagte, daß jeder Mieter, dessen Wohnung abgebrannt war, automatisch eine Beihilfe zwischen 1000 und 3000 Dollar für neue Kleidung, Möbel und den Umzug erhielt. Er wurde außerdem automatisch an die Spitze der Warteliste für eine Sozialbauwohnung gesetzt. Deshalb fielen zwischen 1970 und 1975 68.456 Wohnungen in der Süd-Bronx dem Feuer zum Opfer.

Natürlich wurden nicht alle Feuer von den Sozialhilfeempfängern gelegt, die darin eine Chance sahen, der Bronx zu entkommen. Manche wurden auch von den Hausbesitzern gelegt, die auf diese Weise noch ein paar Dollar von den Versicherungen kassieren wollten, bevor ihre Versicherungspolicen storniert wurden. Einige Brände wurden von Plünderern und organisierten Straßenbanden gelegt, die durch die Häuser streunten und alles herausrissen und mitnahmen, was sich wegtragen ließ. Dann legten sie Feuer, um ihr Verbrechen zu vertuschen. Manche behaupten sogar, daß die Brände gelegt wurden, um den bestialischen Gestank von verrottendem Müll und Hundedreck durch den Brandgeruch zu überdecken.

Die Süd-Bronx ist das beste Beispiel dafür, was passieren kann, wenn menschliche Energie und Tatkraft systematisch abgewürgt oder destruktiv eingesetzt werden. Wenn die Zerstörungswut des Menschen auch noch belohnt wird und kein Anreiz, etwas Konstruktives zu leisten, besteht, dann muß man die Zivilisation, zumindest auf diesem Gebiet, in Frage stellen.

Für die meisten Amerikaner ist die Quetsche im Wohnungsbau momentan noch nicht so akut und wird möglicherweise auch nicht akut werden. Aber nach einer Periode des Fortschritts werden wir jetzt möglicherweise mit einer Phase des Rückschritts konfrontiert. Das Wachstum des Transfereinkommens in seinen vielfältigen Formen – Inflation, hohe Steuern und die Wohnungsbaupolitik des Staates – trägt zur Verschlechterung, wenn nicht zur totalen Katastrophe im Wohnungsbausektor bei. Wenn es völlig unwirtschaftlich wird, Mietshäuser zu bauen, dann wird der Tag kommen, an dem sich nur noch eine kleine Minderheit unserer Bevölkerung eine anständige Wohnung, so wie sie jeder möchte, leisten kann. Man kann sich kaum vorstellen, wie die Millionen um ihre Hoffnungen betro-

genen Amerikaner, allen voran die junge Generation, die kein Geld hat, um sich ein Haus zu kaufen, mit dieser Situation fertig werden.
Zu der Zeit, als man noch mit 780 Dollar Einkommen pro Jahr ein Haus kaufen konnte, konnten die Leute, die nicht an einem Eigenheim interessiert waren oder nicht das nötige Geld hatten, immer noch Landstreicher werden. Es gab früher Millionen Menschen, die in Güterzügen schliefen und mit ihnen durch die Lande fuhren, die frei und unabhängig waren und sich mit Rasenmähen ein kleines Taschengeld verdienten. Die Zeiten sind vorbei. Wir können nicht einmal mehr Landstreicher werden. Die Politiker haben dafür gesorgt, daß auch unsere Eisenbahnstrecken ruiniert worden sind.

Die Quetsche im Rechtswesen

»Es wird den Leuten wenig nützen, daß die Gesetze von Männern ihrer Wahl gemacht worden sind, wenn sie so voluminös sind, daß man sie nicht lesen kann, oder so unzusammenhängend, daß man sie nicht verstehen kann; wenn sie widerrufen oder revidiert werden, bevor sie in Kraft treten, oder so oft geändert werden, daß niemand, der die Gesetze heute kennt, auch nur ahnt, wie sie morgen beschaffen sein werden.«

James Madison

Ein Rechtsanwalt ist ein Mensch, der davon profitiert, daß er Verwirrung schafft. Oder, wenn ihm das nicht gelingt, von der Verwirrung, für die andere sorgen. In beiden Fällen ist die Verwirrung sein Betriebskapital. Je größer die Diskrepanz zwischen Form und Inhalt, zwischen Rechtsprechung und Gerechtigkeit, zwischen ›Juristenlatein‹ und gesundem Menschenverstand, desto größer ist sein Profit. Je mehr er zur Verschärfung der Probleme zwischen Besitzern in legalem Sinn und Nutznießern in wirtschaftlichem Sinn beitragen kann, desto mehr Geld wandert in seine eigene Tasche.

Die lukrative Monopolstellung des Anwalts gibt ihm die Möglichkeit, für Hindernisse im reibungslosen Zusammenleben der Mitglieder einer Gesellschaft zu sorgen. Durch seinen Einfluß auf die Politik, die Bürokratie und durch sein Monopol auf die Prozeßführung ist es ihm gelungen, sich in jede zwischenmenschliche Beziehung einzuschalten. Was Sie auch tun oder nicht tun, überall lauert ein Rechtsanwalt, der schon einen Vorwand findet, um Sie zur Verantwortung zu ziehen.

Betrachten Sie einmal folgende Beispiele; es handelt sich dabei um Prozesse, die in jüngster Zeit angestrengt worden sind:

Ein 24jähriger Mann aus Colorado verklagte seine Eltern auf eine Schadenersatzzahlung von 350.000 Dollar, weil sie ihn angeblich nicht zu einem vollwertigen Mitglied der Gesellschaft erzogen hatten.

Ein Mann verklagte die Verwaltung eines Nationalparks, nachdem er auf dem Parkgelände vom Blitz getroffen worden war, weil die Verwaltung es versäumt hatte, auf die Blitzschlaggefahr aufmerksam zu machen. Seine Schadenersatzklage auf 84.417 Dollar wurde in der Revision abgelehnt.

Eine Frau aus San Francisco verklagte die Stadt auf Schadenersatz in Höhe von 50.000 Dollar, weil sie nach einem Sturz in der Straßenbahn Nymphomanin geworden sei. Der Klage wurde stattgegeben.

Ein Häftling, der aus einem Gefängnis in Pennsylvania ausgebrochen war, verklagte den Bezirkssheriff und zwei Wachtposten auf 1 Million Dollar; er machte sie dafür verantwortlich, daß seine Flucht geglückt war und ihm nach seiner erneuten Festnahme eine noch längere Haftstrafe aufgebrummt wurde.

In Oak Parks, Illinois, wurde ein 16jähriges Mädchen von drei bewaffneten Gangstern überfallen. Sie identifizierte ihre Angreifer und half der Polizei bei der Festnahme. Die Verbrecher drehten den Spieß um und verklagten das Mädchen, weil es dazu beigetragen hätte, »ihre Rechte zu verletzen«.

Ein 27jähriger Mann aus Westland, Michigan, ging vor Gericht, weil er nach einem Auffahrunfall homosexuell geworden sei. Das Bezirksgericht von Wayne County sprach ihm 200.000 Dollar Schadenersatz zu.

In Los Angeles verklagte ein Schauspieler eine Bar, die einem Autofahrer Alkohol ausgeschenkt hatte, auf 1,9 Millionen Dollar. Der Autofahrer verursachte einen Unfall, bei dem die Beifahrerin des Schauspielers tödliche Verletzungen erlitt. Vorher hatte der Mime noch die Stadt verklagt, weil sich die Straße an der Unfallstelle ohne vorhergehende Warnung verengte; dafür erhielt er 175.000 Dollar. Der Mann, der den Unfall verursacht hatte, wurde von seinen Anwälten im Stich gelassen, als sie feststellten, daß er keine Rechtsschutzversicherung und kein Geld hatte.

Die Mitglieder des Stadtrates von Los Angeles wollten den Wissenschaftler James H. Whitcomb von der TU verklagen, weil dieser vorausgesagt hatte, daß im San Fernando-Tal ein mittleres bis starkes Erdbeben zu erwarten sei. Die Stadtratsmitglieder wollten Dr. Whitcomb für den möglichen Wertverlust der Grundstücke in diesem Gebiet haftbar machen.

Ein Arbeiter bei Ford in Detroit verklagte den Automobilhersteller auf 600.000 Dollar Schadenersatz, weil ihn seine Kollegen ständig wegen seiner polnischen Abstammung hänselten.

Ein Mädchen aus Connecticut brach sich beim Ballspiel in der Schule einen Finger, als sie den Ball fangen wollte, und verklagte die Schule und den Sportlehrer, weil man ihr die Technik des Ballspiels nicht richtig beigebracht hätte.

Ein Mann, der auf seinem eigenen Grundstück mit seinem Rasenmäher über einen rostigen Haken fuhr, verklagte den Hersteller und erhielt 775.000 Dollar Schmerzensgeld.

Ein Wohnwagenbesitzer verletzte sich beim Herumbasteln an der Maschine. Dennoch verklagte er den Hersteller und bekam 1.760.000 Dollar zuerkannt.

In Kalifornien verklagte ein enttäuschter Romeo seine Julia, weil er Zeit und Geld investiert hatte, um mit ihr auszugehen, und sie von zu Hause abgeholt und heimgefahren hatte.

Ein ehemaliger Manager von Ford verklagte seinen früheren Arbeitgeber, weil er aufgrund seiner Arbeitsüberlastung zum Alkoholiker geworden war.

Die Erben einer Kettenraucherin verklagten den Zigarettenhersteller, weil er dafür verantwortlich sei, daß die Frau an Krebs starb.

Ein ehemaliger Student aus Michigan verklagte die Universität auf 853.000 Dollar Schadenersatz, weil er ›seelische Schäden‹ aufgrund schlechter Noten im Deutschkurs davongetragen hätte.

Das sind nur einige Beispiele dafür, wie einem durch die von den Anwälten unterstützten Rechtsstreitigkeiten das Leben zur Hölle gemacht werden kann. Die Anwälte haben mit ihrer Arbeit dazu beigetragen, daß keiner mehr recht weiß, wo die Grenzen zwischenmenschlicher Beziehungen liegen. Sie haben nur Verwirrung gestiftet: zwischen Ehemann und Ehefrau, Verkäufern und Kunden, Eltern und Kindern, Herstellern und Verbrauchern, Freunden und Liebhabern, Lehrern und Schülern. Keine Klage ist ihnen zu ausgefallen oder zu abwegig. Heute kann sogar ein Paar, das nie verheiratet war, bei einer Trennung Klage auf Entschädigung einreichen – und damit durchkommen. Die Unberechenbarkeit der Rechtsprechung ist die größte Geldquelle der Anwälte. Sie haben alles darangesetzt, die Gesetzmäßigkeiten der Rechtsprechung ihren eigenen Interessen entsprechend zu manipulieren, eine ›neue Vermögensart‹ in Form des Transfereinkommens zu schaffen, wodurch die greifbare, materielle Welt neuen Gesetzmäßigkeiten und neuen Bestimmungen unterworfen wird, die größtenteils durch die Anwälte kontrolliert werden.

Im Gegensatz zu dem, was die Anwälte vielleicht behaupten, ist diese Entwicklung kein Fortschritt. Der einzelne kann sich nicht besser schützen, weil er ein ›Anrecht‹ auf seinen Arbeitsplatz geltend macht oder weil er einen Anwalt findet, der auf magische Art und Weise einen schriftlich fixierten Arbeitsvertrag oder eine mündliche Vereinbarung neu interpretiert. Wenn sich z. B. jemand an einen Börsenmakler wendet, damit dieser für ihn an der Börse spekuliert, glaubt er, daß ihm zwei Möglichkeiten offenstehen: Entweder hat der Makler das Geld gut für ihn angelegt, und er hat mit Gewinn investiert. Andernfalls kann er immer noch den Börsenmakler verklagen, weil er selbst keine Erfahrung mit Investitionen hatte und gar kein solches Risiko eingehen wollte. Manche Leute glauben vielleicht, diese Ausweichmöglichkeit sei ein Fortschritt. Sie machen sich selbst etwas vor. Juristische Zweideutigkeiten zerstören unsere Zukunft. Sie sind geradezu eine Garantie dafür, daß der Mensch für sein Verhalten nicht mehr verantwortlich gemacht wird. Wenn wir auch noch darin bestärkt werden, die Verantwortung für unser Handeln auf Faktoren außerhalb unseres Einflußbereiches abzuwälzen, untergraben wir unsere eigene menschliche und moralische Kompetenz. Für diese Beschuldigung müssen sich unsere Anwälte verantworten.

Sie sind mitschuldig an der moralischen Inkompetenz. Sie haben die Grenze zwischen Recht und Unrecht verwischt, so daß der normale Sterbliche ohne juristischen Beistand kaum noch beurteilen kann, ob er gesetzmäßig gehandelt hat oder nicht. Durch die unerbittliche Flut von Gesetzen, gesetzlichen Verordnungen und Gerichtsbeschlüssen ist die Frage, wer in einem Rechtsstreit ›Recht‹ bekommt, zu einem Kampf zwischen den Anwälten ausgeartet. Oft gewinnt dabei derjenige, der zuerst vor Gericht gegangen ist oder der das Gericht für sich einnehmen kann. *Bei uns herrscht nicht mehr das Gesetz, sondern die Gesetzesvertreter.*

Sie haben großen Einfluß auf alle staatlichen Institutionen, auf Bezirksgerichte, Stadtverwaltungen bis hin zum Kongreß. Sie bilden im Senat und im Repräsentantenhaus normalerweise die absolute Mehrheit. Sie arbeiten die Gesetzesentwürfe aus, die 20.000 Juristen ermächtigen, sich noch mehr Gesetzesvorschriften auszudenken, die wiederum allein von Anwälten interpretiert werden. Diese Machtkonzentration schafft einen außerordentlich großen Interessenkonflikt. Da die Juristen die Regierung stark beeinflussen und die Schlüsselpositionen in den Lobbys innehaben, wird heute automatisch fast jedes Problem auf dem Rechtsweg gelöst. Deshalb ist es nicht übertrieben, wenn wir uns voll und ganz der Meinung des Anwalts J. Harris Morgan anschließen, der in einem Film, der vor der Anwaltskammer gezeigt wurde, sagte: »In unserem Land hat man dafür gesorgt, daß die Anwälte gut leben können.«

Deshalb studieren so viele begabte junge Leute Jura. Anhand einer Studie läßt sich nachweisen, daß Mitte der 70er Jahre 20% aller ehrgeizigen jungen Leute auf dem juristischen Sektor Karriere machen wollten. Ob ihr Vorbild nun Ralph Nader war oder die Spitzenführungskräfte in der Industrie oder die brillanten Politiker und hohen Staatsbeamten – die Studenten hatten erkannt, daß Juristen Schlüsselpositionen in unserer Gesellschaft bekleiden, daß sie unter den heutigen Bedingungen das Gesetz von Angebot und Nachfrage umkehren können. Je mehr Rechtsanwälte es gibt, desto lukrativer ist es, zu diesem Berufsstand zu gehören.

Es gibt kein Land, in dem die Anwälte so gut verdienen wie in Amerika. Nie zuvor in der Geschichte gab es so viele Juristen, die für soviel Bürokratie und Inflexibilität in allen Bereichen menschlichen Handelns verantwortlich sind, die so viele simple Verfahren über Monate und Jahre, ja sogar über Jahrzehnte hinauszögern. In Amerika gibt es heute mehr Anwälte als in allen anderen Ländern der Welt zusammen. Wir werden von mindestens viermal mehr Anwälten – pro Kopf der Bevölkerung – ausgequetscht als die Einwohner Großbritanniens. Wir haben fünfmal mehr Anwälte als Deutschland, zehnmal mehr als Frankreich und, ob Sie es glauben oder nicht, zwanzigmal mehr Anwälte als Japan.

Diese Statistiken zeigen einen weiteren Grund dafür, warum die amerikanische Wirtschaft hinter der anderer Länder zurückbleibt. Das Verhältnis zwischen dem Wohlstand unserer Anwälte und der wirtschaftlichen Entwicklung hat sich umgekehrt. Das liegt zum Teil auch daran, daß es in einer komplexen modernen Wirtschaftsordnung eine entscheidende Rolle spielt, wie *schnell* man auf bestimmte Situationen reagiert. Da fast alle Entscheidungen, die Verluste für eine andere Partei bringen, von den Anwälten auf dem Rechtsweg geklärt werden, bleiben viele Möglichkeiten in der Wirtschaft ungenutzt, oder sie können erst ergriffen werden, nachdem sich die Anwälte damit befaßt haben. Lawrence H. Silberman schreibt: »Wirtschaftlicher Erfolg ist eindeutig darauf zurückzuführen, wie schnell man auf eine Veränderung der Marktsituation reagieren kann. Durch den Rechtsweg werden nicht nur Entscheidungen (die Bereitschaft, ein Risiko einzugehen) hinausgezögert, sondern auch die auf diesen Entscheidungen basierenden Aktionen. Die Struktur unseres Rechtswesens wird langsam zu einem beträchtlichen Hindernis für unsere Wirtschaft.«[1]

Als z. B. eine Brauerei in New York beschloß, den Betrieb in New York aufgrund finanzieller Verluste aufzugeben und in einem anderen Staat modernere Produktionsanlagen zu errichten, gingen die Gewerkschaften vor Gericht, weil die Arbeiter ihrer Meinung nach ein ›Anrecht‹ auf ihren Arbeitsplatz hatten. Das Gericht zwang die Brauerei, ihren Sitz in New York beizubehalten und mit Verlust weiterzuarbeiten. Die Juristen schufen eine neue Form des Anspruchs auf Transfereinkommen, indem sie die Gewerkschaftsfunktionäre zu den wirtschaftlichen Nutznießern der Brauerei deklarierten. Die Gerichte ermöglichten ihnen, das Kapital der Brauerei abzuziehen. Ähnliche Dinge sind in Amerika in den lezten Jahrzehnten hunderttausendmal vorgekommen; wirtschaftlich gesunde Unternehmen mußten aufgrund richterlicher Urteile und behördlich zu verantwortender Kosten und Verzögerungen empfindliche Verluste hinnehmen.

In Amerika dürfen sich Unternehmen laut Gesetz in einem Prozeß nicht selbst verteidigen; sie müssen sich einen teuren Anwalt nehmen, der ihre Interessen vor Gericht vertritt, es sei denn, sie verfügen über firmeneigene Juristen. Das heißt, daß ein Prozeß oder ein Rechtsstreit mit einer Behörde für ein kleines Unternehmen bereits den Ruin bedeuten kann. Die Anwalts- und Gerichtskosten verschlingen oft das gesamte Firmenkapital, was keineswegs so unwahrscheinlich ist, wie es sich zunächst anhört. Es gibt bei uns 500.000 Unternehmen mit einem Netto-Betriebskapital von weniger als 35.000 Dollar und weitere 500.000 Firmen, deren Betriebskapital 100.000 Dollar nicht übersteigt. Viele dieser Firmen gehen wegen der hohen Anwalts- und Gerichtskosten bankrott. Selbst wenn die Kosten von einer Rechtsschutzversicherung übernommen werden, lassen sie sich nicht umgehen, sondern werden lediglich auf eine

breitere Basis, nämlich die Versicherten, abgewälzt. Durch die Prämienerhöhungen, die in letzter Zeit so drastisch geworden sind, daß sich viele kleinere Firmen überhaupt keine Rechtsschutzversicherung mehr leisten können, wird die Gewinnspanne der Unternehmen reduziert. Diese Firmen leben ständig in der Angst, daß sie von den Juristen schachmatt gesetzt werden. Wenn sie z.B. auf Schadenersatz verklagt werden oder wegen eines Rechtsstreits mit einer Behörde vor Gericht gehen, müssen viele aufgrund der hohen Kosten, die sie für ihre eigene Verteidigung aufbringen müssen, den Bankrott anmelden, selbst wenn der Prozeß zu ihren Gunsten entschieden wird.
Charakteristisch für die amerikanische Rechtsprechung ist, daß eine zu Unrecht beschuldigte Partei nicht automatisch die Anwalts- und Gerichtskosten erstattet bekommt. In fast jedem Land der Welt muß jemand, der zu Unrecht oder leichtfertig gegen eine andere Partei Anklage erhebt, für alle Anwalts- und Gerichtskosten aufkommen, wenn er den Prozeß verliert. Dadurch kann man sich natürlich nicht so einfach mit Hilfe eines Gerichtsurteils bereichern. So gibt es natürlich auch weniger Prozesse. Und da die Anwälte daher auch weniger verdienen, haben sich unsere Rechtswissenschaftler etwas ausgedacht, was noch viel lukrativer ist. Bei uns muß eine prozeßführende Partei, auch wenn sie den Rechtsstreit gewinnt, mit dem Bankrott rechnen. Sie kann die Anwalts- und Gerichtskosten nur dann wieder hereinbekommen, wenn sie in einem neuen kostspieligen Prozeß diese Kosten einklagt. Wohin Sie auch schauen, wir werden von den Juristen ausgequetscht. Sie mißbrauchen ihre Monopolstellung dazu, Kapital aus unserer Wirtschaft abzuziehen. Sie haben ein Monopol auf alle möglichen Aufgaben, die jeder High-School-Absolvent verrichten könnte: z. B. eine Firma eintragen lassen, einen förmlichen Vertrag abschließen, zur Eigentumsfeststellung das öffentliche Register einsehen, Eigentum erwerben, ein Testament aufsetzen, den Nachlaß verwalten, eine Scheidungsklage in gegenseitigem Einverständnis aufsetzen und viele andere Angelegenheiten, die die Anwälte zu komplizierten Alpträumen gemacht haben. Diese Aufgaben sind regelrecht zum alleinigen ›Besitz‹ der Juristen geworden.
Das transzendentale Kapital des Anwalts, die Zulassung, seinen

Beruf auszuüben, ermöglicht es ihm manchmal, das Hundertfache und mehr von dem zu fordern, was seine Dienstleistungen wert sind. Diese Behauptung ist keinesfalls aus der Luft gegriffen. Wenn man die Anwaltskosten im Ausland mit unseren vergleicht, stellt man fest, daß wir weit mehr zahlen als andere Länder. In England muß man sich z. B. für eine Scheidung im gegenseitigen Einverständnis nur ein Formular besorgen, es ausfüllen, von Zeugen unterschreiben und beglaubigen lassen. Das kostet nur ein paar Dollar. In Amerika muß man damit zum Anwalt gehen, der bis zu 750 Dollar und mehr dafür verlangt. In Amerika war es 1973 hundertmal teurer, eine gerichtliche Testamentsbestätigung zu erhalten als in England. Erstaunlicherweise sind die Dienstleistungen bei uns schlechter, obwohl wir mehr dafür bezahlen. Die Zeit zwischen Tod und endgültigem Abschluß einer Nachlaßvollstreckung ist in Amerika z. B. siebzehnmal länger als in England.[2] In anderen Ländern, z. B. in der Bundesrepublik Deutschland, können die Erben in nur wenigen Wochen über den Nachlaß verfügen.

Man muß nicht erst den ganzen Globus absuchen, um zu beweisen, daß wir Amerikaner enorm viel Geld für Arbeiten bezahlen, die wir selbst erledigen könnten. Der Beweis dafür findet sich in jeder Anwaltskanzlei. Dort stehen die für jeden Bundesstaat gesondert gedruckten Standardwerke der Rechtswissenschaft mit den Standarddokumenten, die fast in jeder Rechtssache vorkommen. Der Anwalt muß seiner Sekretärin nur noch die in die Formulare einzusetzenden Namen und Daten mitteilen. Das einzige, was man hierfür wirklich können muß, ist Schreibmaschine schreiben.

Deshalb versuchen die Anwälte ständig, Sekretärinnen daran zu hindern, sich selbständig zu machen und die gleichen Dienstleistungen für einen Bruchteil der Kosten, die sie berechnen, anzubieten. Einige ehemalige Anwaltssekretärinnen aus Florida haben gutgehende Büros eingerichtet, in denen sie ihre Mandanten mit Verträgen, Dokumenten, Adoptionsunterlagen und Formularen für eine Scheidungsklage in gegenseitigem Einvernehmen versorgen. Dadurch konnten die Leute Hunderttausende Dollars sparen, die den Anwälten natürlich verlorengingen. Natürlich haben sie sich dagegen gewehrt und versucht, ihre Konkurrenten einzuschüchtern, ja, sie haben in manchen Fällen so-

gar dafür gesorgt, daß die Eindringlinge eingesperrt wurden, weil sie es gewagt hatten, ihre Monopolstellung anzutasten.
Marilyn Brumbaugh bearbeitete etwa 600 Fälle, bevor ein Gericht in Florida sie an der weiteren Ausübung ihres Berufes hinderte. Sie kam vor Gericht wegen ›unerlaubter Rechtsberatung‹. Ihr half kein Anwalt. Sie sagte: »Kein Anwalt wollte mich beraten, weil alle im gleichen Country Club sind. Ich habe niemanden gefunden, der bereit gewesen wäre, meine Verteidigung zu übernehmen. Sie unterstehen nämlich alle der Anwaltskammer von Florida.«
Frau Brumbaugh berichtet weiter, daß der Richter ihr sagte: »Wenn Sie nicht reden, lasse ich Sie einsperren, ohne daß jemand für Sie eine Kaution stellen darf.« Sie berief sich auf ihr verfassungsmäßig verbrieftes Recht, die Aussage zu verweigern. Daraufhin wurde sie für einige Stunden inhaftiert. Durch diese Erfahrung hat sie keine bessere Meinung von den Anwälten bekommen. In Zukunft will sie auf einen Anwalt verzichten. Sie sagt: »Ich weiß jetzt, was für ›Verbrecher‹ das sind; ich werde mich vor Gericht selbst verteidigen. Ich behaupte, daß jeder das tun kann, was ich getan habe, und die Anwälte haben das gesehen. Deshalb bin ich eine Bedrohung für sie.«
Eine weitere Bedrohung ist die Anwaltsstenotypistin Rosemary Furman, die geschiedenen Frauen half, eine einstweilige Verfügung gegen ihre zahlungsunwilligen oder zahlungsunfähigen Exehemänner zu erwirken. Frau Furman meinte: »Ich habe jahrelang für irgendwelche Rechtsanwälte diese Unterlagen bearbeitet. Warum sollte ich es jetzt nicht in eigener Regie machen?«
Sie nahm für ihre Arbeit 50 Dollar, und ihr Unternehmen florierte: Sie hatte pro Woche manchmal bis zu 20 Fälle. Als die Anwälte Wind von ihren Aktivitäten bekamen, reagierte die Anwaltskammer von Florida genauso wie im Fall Marilyn Brumbaugh. Der Oberste Gerichtshof von Florida beauftragte die Anwaltskammer, eine Untersuchung wegen unerlaubter Rechtsbeihilfe einzuleiten und ihren Fall zu verhandeln. Die Anwälte waren hier Richter und Geschworene in eigener Sache.
Genau wie Frau Brumbaugh war auch Rosemary Furman zunächst nicht in der Lage, einen Anwalt zu finden, der ihre Verteidigung übernehmen wollte. Schließlich gelang es ihr dann doch noch. Ob nun die Gerichte oder sogar der Oberste Ge-

richtshof den Anspruch der Anwälte auf ihre Monopolstellung anerkennen oder nicht – man sieht, daß hier nach anderen Regeln gespielt wird als beim Wettbewerb in der freien Marktwirtschaft. Wie auch das Urteil lauten mag, eins ist klar: Die Anwälte werden alles tun, um ihre Monopolstellung, mit deren Hilfe sie uns ausquetschen können, zu behalten.

Wie weit sie dabei zu gehen bereit sind, läßt sich schwer sagen, weil die meisten von uns ihren Einschüchterungstaktiken nicht gewachsen sind. Ein Mann, der stur genug war, um bis zum Ende durchzuhalten, ist Norman F. Dacey. Seit zwei Jahrzehnten prozessiert er und kann deshalb bezeugen, wie korrupt und ungerecht unsere heutige Rechtsprechung sein kann.

Daceys Kampf mit den Anwälten begann ganz harmlos Anfang der 60er Jahre. Der Investmentberater und Investmentfondsvermittler aus Connecticut begann, sich über die hohen Kosten bei der Nachlaßregelung zu wundern. Die Anwälte steckten nicht nur einen saftigen Anteil des Erbes in ihre eigenen Taschen, sondern die ständigen, zeitraubenden Verzögerungen, die sie verursachten, belasteten die Erben sehr. Dacey begann, Beweismaterial für den Mißbrauch bei Testamentsvollstreckungen zu sammeln. Eine dieser Geschichten wurde in einer Tageszeitung von Cincinnati unter der Überschrift abgedruckt: »Eine weitere Erbschaft zerronnen: Alles ging für die Anwaltskosten drauf!« Oder, wie in Missouri: »Anwaltskosten verschlangen die Hälfte des Vermögens!« In Salt Lake City mußte, laut Dacey, eine Frau Sozialhilfe beantragen, obwohl ihr Vater ihr fünf Jahre zuvor eine Erbschaft in Höhe von 765.000 Dollar hinterlassen hatte. Von ihrem Erbe hatte sie aufgrund des noch immer nicht abgeschlossenen Nachlaßverfahrens noch keinen Pfennig gesehen.

Dacey war aufgrund seiner Kenntnisse und Erfahrungen im Investmentbereich zu der Überzeugung gelangt, daß sich dieser Mißbrauch bei seinen Klienten vermeiden ließe. Er riet ihnen, eine Bank als Treuhänder einzusetzen. Seiner Meinung nach war das keine Rechtsberatung. Er nahm für diesen Hinweis auch kein Geld. Er verlangte nur das übliche Investmentberaterhonorar, das nicht höher war als sonst. Viele von Daceys Klienten befolgten seinen Rat – zum Leidwesen der Rechtsanwälte, die darauf verzichten mußten, durch die Nachlaßverwaltung ihr eigenes Schäfchen ins trockene zu bringen.

Dacey mußte feststellen, daß er sich bei der Anwaltschaft in Connecticut nicht besonders beliebt gemacht hatte. Aber wie unbeliebt er war, merkte er erst eines Abends, als er auf eine fette Schlagzeile in der Lokalzeitung aufmerksam gemacht wurde. Er erinnert sich: »Meine Frau fragte mich, ob ich schon die Zeitung gesehen hätte. Auf der Titelseite stand ein Artikel darüber, daß ein Gericht eine einstweilige Verfügung wegen unerlaubter Rechtsberatung gegen mich erlassen habe. Es gab keine Voruntersuchung. Ich erfuhr erst aus der Zeitung davon.« Danach hörte Dacey noch eine ganze Menge.
Er ging vor Gericht, um die einstweilige Verfügung aufheben zu lassen. Er sagte den Richtern, er habe nur eine High-School-Ausbildung und keinerlei Absicht gehabt, Rechtsbeihilfe zu leisten, sondern er sei lediglich daran interessiert gewesen, seine Klienten in Investmentfragen so gut wie möglich zu beraten. Dacey erinnert sich an die Verhandlung: »Die Anwaltskammer von Connecticut lud meine Klienten vor; sie mußten ihre Vermögenslage offenlegen. Alle waren sehr mit mir zufrieden. Die Richter behaupteten daraufhin, ich hätte die ›Öffentlichkeit‹ geschädigt. Ich bat sie, mir den Namen eines Menschen zu nennen, den ich geschädigt hatte. Das konnten sie nicht. Schließlich sagte der Vertreter der Anwaltskammer: ›Sie haben die Kammer geschädigt.‹«
Der Richter, der den Vorsitz führte, fand das offenbar einleuchtend. Er hob die einstweilige Verfügung nicht auf. Dacey legte beim Obersten Gerichtshof von Connecticut Revision ein. Auch dieser entschied zugunsten der Anwaltskammer und beurteilte Daceys Handlungsweise als ›eigennützig‹.
Die meisten Leute hätten an diesem Punkt bereits aufgegeben. Dacey hätte Versicherungen verkaufen oder seine Beratertätigkeit darauf beschränken können, seinen Klienten Tips zu geben, wie man sein Geld gewinnbringend investiert, anstatt ihnen zu helfen, ihr Vermögen zu behalten. Statt dessen schlug er zurück. Er schrieb ein Buch, *How to Avoid Probate* (»Wie man Nachlaßverfahren vermeidet«), in dem er gegen die Nachlaßregelung durch die Anwälte argumentierte. Er meinte dazu: »Als die einstweilige Verfügung gegen mich erlassen wurde, durfte ich den Leuten zwar nicht mehr *sagen*, wie sie sich vor dem Mißbrauch bei der Nachlaßregelung, den Verzögerungen, den ho-

hen Kosten und der Publicity schützen konnten, aber in dem Buch, das ich geschrieben habe, konnte jeder es nachlesen.« Die erste Auflage, die er auf eigene Kosten drucken ließ, war innerhalb von 16 Tagen vergriffen.

Im Januar 1967, als bereits 600.000 Exemplare seines Buches verkauft waren, wartete eine neue Überraschung auf ihn. Die Bezirksanwaltskammer leitete ein Verfahren wegen Mißachtung des Gerichts gegen ihn ein, weil er es gewagt hatte, dieses Buch zu schreiben. Dacey, sein neuer Verleger und zwei Buchhandlungen wurden der unerlaubten Rechtsberatung beschuldigt. Der Fall kam vor Richter Charles Marks vom Obersten Gerichtshof von New York, der Mitglied der Bezirksanwaltskammer war. Dacey lehnte den Richter als befangen ab, weil er in eigener Sache verhandle. Er forderte ein Geschworenengericht. Seine Forderung wurde ignoriert. Ohne weitere Anhörung sprach der Richter Dacey und die Buchhandlung schuldig und erließ eine einstweilige Verfügung, die ihnen den Verkauf und die Weitergabe des Buches untersagte. Dacey wurde zu 30 Tagen Gefängnis verurteilt. Er legte Berufung gegen dieses Urteil bei einem Berufungsgericht ein. Sein Fall wurde von fünf Richtern verhandelt. Vier gehörten der Anwaltskammer an. Der Vorsitzende Richter, Justice Stevens, war kein Mitglied. Das Urteil fiel 4 zu 1 gegen Dacey aus. Richter Stevens bestätigte in seiner Schlußrede, daß Dacey laut Zusatzartikel 1 zur Verfassung das Recht habe, Informationen darüber zu veröffentlichen, wie der einzelne seinen Nachlaß verwalten kann.

Dacey ging erneut in die Berufung, dieses Mal vor das Kammergericht von New York, die letzte Berufungsinstanz. Der Fall wurde von 7 Richtern verhandelt. Dacey hatte Glück, nur einer von ihnen gehörte der Anwaltskammer von New York an. Er war der einzige, der gegen Dacey entschied. Das Urteil fiel 6 zu 1 zugunsten von Dacey aus. Insgesamt hatten also 13 Richter den Fall ›Bezirksanwaltskammer von New York versus Norman F. Dacey‹ gehört. Alle Richter, die praktisch in eigener Sache verhandelten, sprachen ihn schuldig. Die sieben Richter, die nicht Mitglieder der Anwaltskammer waren, sprachen sich für ihn aus.

Dacey blieb ein weiterer Gefängnisaufenthalt erspart. Aber die Prozesse, die er zu seiner Rechtfertigung anstrengen mußte, kosteten ihn 50.000 Dollar. Dacey verklagte die Bezirksanwaltskammer von New York, weil sie ihm das Recht auf freie Meinungsäußerung verweigert hatte. Die Klage kam vor den Bundesgerichtshof; Vorsitzender Richter war Inzer Wyatt, Mitglied der New Yorker Anwaltskammer. Das Urteil lautete: Die Anwaltskammer ist *immun* gegen strafrechtliche Verfolgung. Die Klage wurde abgewiesen.

Das ist, in komprimierter Form, die Geschichte von Norman Daceys Leidensweg – eine Folge des Versuchs, anderen Menschen zu zeigen, wie man unnötige Anwalts- und Gerichtskosten sparen kann. Die Geschichte ist zu kompliziert, um sie in allen Einzelheiten zu schildern, zumal sie noch nicht zu Ende ist. Nach mehr als zwölf Jahren versucht Dacey noch immer, die Anwaltskammer von Connecticut wegen bösartiger Verleumdung zur Rechenschaft zu ziehen. Am 16. Juni 1974 sprach ein Geschworenengericht die Kammer schuldig und verurteilte sie zu Schadenersatzzahlungen an Dacey in Höhe von 60.000 Dollar plus Nebenkosten. Das Urteil wurde angefochten. Die Richter des Berufungsgerichts gehörten wieder alle der Anwaltskammer an. Sie verwarfen das Urteil und ordneten ein neues Verfahren an – ohne Vorlegung der Beweismittel, die die Geschworenen überzeugt hatten. Dacey protestierte – ohne Erfolg. Er wies darauf hin, daß die Richter schließlich ein finanzielles Interesse an seiner Verurteilung hätten. Er berief sich auf ein Gesetz, das Richtern, die ein finanzielles Interesse an einem Fall haben, nicht gestattet, diesen Fall zu verhandeln. Daraufhin brachte der Verwaltungsrat der Anwaltskammer von Connecticut eine Resolution ein, die alle Richter, die den Fall Dacey versus Anwaltskammer von Connecticut verhandelt hatten, von der Schadenersatzpflicht entband.

Dacey wird den Tag wohl kaum noch erleben, an dem er sein Recht bekommt. Aber er hat uns allein schon deshalb einen großen Dienst erwiesen, weil er so lange und so hartnäckig um sein Recht gekämpft hat. Seine Geschichte ist ein überzeugendes Beispiel dafür, daß Juristen, auch die, die auf dem Richterstuhl sitzen, sich gegenseitig verteidigen, daß sie Interessenkonflikte geradezu verhöhnen und daß sie, selbst wenn es um die freie Meinungsäußerung geht, alle Register ziehen, wenn sie ihre Monopolstellung bedroht sehen.

Die Monopolstellung der Anwälte, ihr Transfereinkommen, gibt ihnen das Recht, sich ihre Dienstleistungen teuer bezahlen zu lassen. Ohne die Macht, ›unerlaubte Rechtsberatung‹ zu verbieten, könnten sie niemanden daran hindern, ihnen Konkurrenz zu machen. Jeder, der lesen und einen Satz formulieren kann, wäre in der Lage, die meisten Aufgaben eines Anwalts zu übernehmen. Selbst bei unserem heutigen Bildungsniveau würde es genügend potentielle Konkurrenten geben, die sie daran hindern würden, zu intrigieren und Verwirrung zu stiften. Mit anderen Worten: Ohne die durch die Monopolstellung garantierte Macht, die sich die Anwälte aufgrund ihres Einflusses auf die Regierungsinstanzen selbst gegeben haben, wären die Anwalts- und Gerichtskosten bei weitem nicht so hoch. Das wären schlechte Neuigkeiten für die Juristen, die, wie die Anwaltskammer von Illinois meinte, »zu Recht an der Spitze der wirtschaftlichen Hierarchie stehen«.
Diese Machtposition kommt uns teuer zu stehen. Wie bereits angedeutet, kommen wir nicht nur für die tatsächlichen und angeblichen Dienstleistungen unserer Anwälte auf. Eine Folge dieses juristischen Machtanspruchs ist die allgemeine Tendenz, bei Entscheidungen möglichst kein Risiko einzugehen; dadurch wird die Leistungsfähigkeit unserer Wirtschaft stark eingeschränkt. Eine weitere Folge ist die zunehmende Bedeutung, die wir dem sogenannten ›Status‹ beimessen, worauf ich an anderer Stelle noch eingehen werde. Der Durchschnittsbürger ist zu der Überzeugung gelangt, daß ein Mensch mehr nach seinem Status und weniger nach seinen tatsächlichen produktiven Leistungen beurteilt wird. Das liegt zum Teil auch daran, daß die Juristen dieses Prinzip zum Grundsatz ihrer Arbeit gemacht haben.
Die Juristen verteilen ihre Macht nach Gesichtspunkten, die vom Status bestimmt werden. Nur Jurastudenten werden in ihre Reihen aufgenommen. Und genauso verteilen sie auch den ›Zuschlag‹ bei der Umverteilung des volkswirtschaftlichen Gesamtvermögens. Sie würden sich ein System wünschen – vielleicht nicht, wie Bernard Shaw gesagt haben soll, von »Fällen, in denen sich die streitenden Parteien selbst ruinieren« –, aber eines in dem jeder Nicht-Jurist einmal im Jahr vor einem bürokratischen ›Tribunal‹ erscheinen müßte, das sein Einkommen festsetzt. Logischerweise könnte eine derartige Einkommensfest-

setzung durch ein Gericht nur den ›Status‹ berücksichtigen, nämlich das, was jemand *darstellt*, und nicht das, was er *leistet*. Nur weil jemand ein College-Abschlußzeugnis vorweisen kann, er einer anerkannten Minderheit angehört, zum weiblichen Geschlecht zählt oder andere Attribute besitzt, die für Anwälte interessant sind, hält man ihn für ›berechtigt‹, Anspruch auf das Produktivkapital zu erheben. In den Gerichtssälen wimmelt es dann nur so von Chicanos, Negern, Indianern usw., die aufgrund ihres Status ihren Anspruch auf einen gesicherten Arbeitsplatz oder, in manchen Fällen, auf eine beträchtliche Entschädigung geltend machen. Ein Prozeß nach dem Prinzip »Ich bin wirklich ein Chicano« ist der erste Schritt auf dem Weg, die rechtliche Anerkennung seiner Benachteiligung durchzusetzen. Soweit das noch nicht geschehen ist, werden wir in Zukunft damit rechnen müssen, daß Angehörige *jeder* Minderheit sich einen Anwalt nehmen, der ihren Anspruch auf die angenehmen Dinge des Lebens vor Gericht vorbringt. Die in Amerika lebenden Albanier könnten z. B. von sich behaupten, sie seien eine Minderheit, obwohl sie bisher noch nicht als solche anerkannt worden sind. Und was ist mit den Waisen? Und kleinwüchsigen Menschen? Und den Dicken, Dünnen, Diabetikern, Vegetariern, Menschen mit einer Hasenscharte? Da jeder Mensch sich von anderen unterscheidet, also eine Ein-Mann-Minorität darstellt, könnten so viele Prozesse angestrengt werden, um einen bestimmten Status oder ein bestimmtes Recht zugesprochen zu bekommen, wie es Mitglieder in einer Gesellschaft gibt. Darüber hinaus gibt es auch für die mutmaßlich übrigbleibende, unzufriedene und leer ausgehende Mehrheit noch genügend Möglichkeiten, sich vor Gericht Verhör zu schaffen.
Dadurch, daß die Juristen die Bevölkerung in Gruppen aufteilen und den Angehörigen bestimmter Gruppen die Priorität beim Zugang zu allen möglichen Formen des Kapitals geben, haben sich in unserer Gesellschaft gegensätzliche Interessengruppen gebildet. Über kurz oder lang muß der logische Widerspruch zwischen den Forderungen nach einem privilegierten Status einerseits und den begrenzten Möglichkeiten, in den Genuß der angenehmen Dinge des Lebens zu kommen, die Widersacher vor Gericht oder zu den Behörden führen. Und das garantiert wiederum den Wohlstand vieler Anwälte.

Durch die neuen rechtswissenschaftlichen Theorien, die aufgestellt worden sind, um den Machtbereich der Bürokratie noch zu erweitern, ist ein blühendes Gewerbe entstanden. Die Juristen berufen sich immer häufiger und mit Erfolg auf die ›Anspruchsklausel‹ in unserer Verfassung, um Forderungen nach Umverteilungseinkommen, das vor dem Gesetz mittlerweile gleichbedeutend ist mit Vermögen, durchzusetzen. 1970 entschied der Oberste Gerichtshof im Prozeß Goldberg versus Kelley, daß Sozialhilfeempfänger Anspruch auf staatliche Beihilfe haben. Sie haben laut Gesetz einen ›Besitzanspruch‹ auf finanzielle Unterstützung. Man kann sie ihnen nicht verweigern, es sei denn, man läßt sich auf langwierige gerichtliche Verfahren ein, zu denen Vorladungen, Anhörungen und Berufungsprozesse gehören. Später entschieden die Gerichte, daß die Anspruchsklausel auch auf andere Formen des ›Besitzes‹ angewendet werden kann. 1972 entschied z. B. ein Gericht, daß der Kläger, ein Professor der politischen Wissenschaften an einem College in Texas, einen ›Besitzanspruch‹ auf seinen Arbeitsplatz habe. Da er seinen Posten ›besaß‹, konnte er ohne Gerichtsverfahren nicht entlassen werden, obwohl er keine unkündbare Stellung bekleidete. Mit anderen Worten, das Gericht legte fest, daß ein Arbeitnehmer nur auf dem Rechtsweg entlassen werden kann.

1974, im Fall Arnette versus Kennedy, feierte die ›Anspruchsklausel‹ einen weiteren Triumph: Ein Gericht verkündete, daß Beamte ein Anrecht auf ihren Posten bei der Regierung haben. Seit diesem Zeitpunkt kann man alle möglichen Anrechte auf das Umverteilungseinkommen geltend machen. Die Taxilizenz, das Recht des Arztes zu praktizieren und selbst die Monopolstellung bestimmter Berufsgruppen können nur auf dem Rechtsweg zurückgezogen werden, in Verfahren und Berufungsverfahren, repräsentiert von den Anwälten der Kläger und Beklagten. Die Konsequenzen, die sich daraus ergeben, sind in ihrer gesamten Tragweite noch gar nicht voll sichtbar. Möglicherweise kommt es noch soweit, wie Robert M. Kaus glaubt, »daß die Gerichte entscheiden, daß ein Politiker, der nicht wiedergewählt wird, mit Hilfe eines Gerichtsurteils sein Amt wiedererhält. Wie könnte unsere Rechtsprechung schließlich auch zulassen, daß er seine lukrative politische Tätigkeit aufgeben

muß, nur weil seine Ansichten in der Wahlkampagne keine Zustimmung gefunden haben?«[3]
Und wenn die Anspruchsklausel nicht auf so extreme Fälle angewendet wird, wäre das die einzige Gelegenheit, die sich die Anwälte, die sonst nur Verwirrung stiften, ›durch die Lappen gehen lassen‹. Jeden Tag versuchen sie, ihren Machtbereich ein wenig zu vergrößern, uns noch mehr Kosten aufzuhalsen, unsere Institutionen noch weniger flexibel und verantwortlich zu machen und uns zu zeigen, daß an Grant Gilmores Behauptung, die er in seinem Buch *The Ages of American Law* (»Die Zeitalter der amerikanischen Gesetze«) aufgestellt hat, etwas Wahres ist. Er sagt: »Je schlechter die Gesellschaft wird, desto mehr Gesetze wird es geben. In der Hölle gibt es nur noch Gesetze; dort wird peinlich genau darauf geachtet, daß die Anspruchsklausel anerkannt wird.«[4]
Wie groß die Probleme im amerikanischen Rechtswesen sind, läßt sich schon daran erkennen, daß jedes Jahr mehr als 150.000 neue Gesetze verabschiedet werden, und zwar in erster Linie vom Kongreß, dessen Mitglieder hauptsächlich Juristen sind, von den Länderparlamenten und den Stadt- und Gemeinderäten. Zusätzlich werden noch unzählige behördliche Verordnungen erlassen. Laut Senator Patrick Leahy wurden von Januar 1977 bis Mitte 1978 mehr bundesweite Verordnungen erlassen als Gesetze insgesamt vom Kongreß seit dem 18. Jahrhundert. Allein die Menge trägt dazu bei, daß unser Rechtswesen immer unverständlicher wird.
Selbst wenn die Gesetzestexte so abgefaßt wären, daß man sie verstehen könnte, was aber eindeutig nicht der Fall ist, müßte sich der Durchschnittsbürger in jeder Minute der ihn betreffenden Gesetze und Verordnungen bewußt sein. Howard Dearborn, der 3000 Dollar Anwalts- und Gerichtskosten zahlen mußte, als er Einspruch gegen eine Ordnungsstrafe von 25 Dollar erhob, sagte: »Auch Nichtwissen ist strafbar, obwohl wir vieles gar nicht wissen können. Heute werden von so vielen Leuten Gesetze gemacht, daß man sein ganzes Leben dazu brauchen würde, alle zu lesen.« Das Prinzip der Gesetzgebung, das die Gründer Amerikas befürwortet haben, nämlich die Gesetze kurz und verständlich abzufassen, haben wir schon lange fallenlassen. Edward Billing, der unsere Verfassung und die ersten

Gesetzesentwürfe in New Jersey ausgearbeitet hat, forderte: »Die Gesetze müssen so abgefaßt sein, daß jeder sie versteht, so daß niemand aufgrund eines Gesetzes verurteilt werden kann, das er nicht kennt, nicht versteht oder von dem er noch nie gehört hat.«[5]

Unser Rechtssystem basiert heute auf dem umgekehrten Prinzip. Weil die Unbegreiflichkeit den Profit der Juristen sichert, sind sie daran interessiert, daß jedes Gesetz und jeder juristische Schriftsatz so unklar wie möglich abgefaßt werden. Wenn Sie, als dritte prozeßführende Partei, ungeachtet Ihrer sonst vielleicht beachtlichen Fähigkeiten, nicht in der Lage sind, die Gesetze und Schriftsätze einer Gruppe von Anwälten, hiernach der zweiten prozeßführenden Partei, zu verstehen, sind Sie verpflichtet, einen weiteren Anwalt oder eine Gruppe von Anwälten, die erste prozeßführende Partei, hinzuzuziehen, die Ihnen erklären muß, was die zweite prozeßführende Partei unverständlich gemacht hat. Haben Sie verstanden?

Das Wachstum der Regierung, insbesondere aber der zunehmende Umfang unserer Gesetze und Verordnungen vergrößert den Wohlstand unserer Anwälte. In 99 von 100 Fällen geht es in den von der Regierung verabschiedeten neuen Gesetzen um Formen des Umverteilungseinkommens. Es sind Rechtsdokumente, die für einige Privatpersonen finanziellen Gewinn und für andere finanzielle Verluste bringen. Diese Privatisierung des Rechtswesens hilft den Anwälten, mehr Klienten zu bekommen. Der einzelne Bürger, Unternehmen, Gewerkschaften und andere Gruppierungen müssen feststellen, daß ihr Wohlstand mehr von den Gesetzen als von ihrer eigenen Leistungsfähigkeit abhängt. Deshalb sind sie daran interessiert, daß die Gesetze, die für sie Vorteile bringen, beibehalten werden. Wenn den Behörden die Macht gegeben wird, ein Unternehmen, eine Privatperson oder irgendeine Institution zu ruinieren, gleichgültig wie leistungsfähig sie auch sein mag, dann müssen – nach dem gleichen Prinzip – diejenigen, die ihre Interessen schützen wollen, sich einen Anwalt nehmen.

Diese Anwälte verdienen auch dann gut, wenn sie nie einen Gerichtssaal betreten haben. Im *Wall Street Journal* hieß es: »Ihr Kniff besteht darin, sich durch den bürokratischen Dschungel hindurchzulavieren. Sie beraten ihre Klienten über das Für und

Wider bestimmter Rechtsvorschriften, beeinflussen und arbeiten im Capitol die Gesetze aus und verhandeln mit den durchführenden Behörden.«[6] Die Nachfrage nach Rechtsberatung ist natürlich in einer Phase des Chaos am größten, wenn die Bürokratie ihren Zugriff verstärkt, in immer kürzeren Abständen neue Gesetze verabschiedet werden und niemand mehr ahnt, was kommen wird. Jedesmal, wenn ein Jurist im Kongreß einen neuen Gesetzesvorschlag einbringt, wächst die Zahl der Lobbyisten. Bei der riesigen Anzahl von Gesetzen, die hundertmal größer ist als die Zahl der Gesetzesanträge, die der erste Kongreß von 1789 bis 1790 eingebracht hat, braucht man nicht lange nach einer Erklärung dafür zu suchen, warum es den Washingtoner Anwälten finanziell so gutgeht. 1976 schrieb *The Washington Post*, daß nach vorsichtiger Schätzung mindestens 500 Juristen in der Hauptstadt mehr als 100.000 Dollar pro Jahr verdienten. In dem Jahr, bevor Joseph Califano Minister für Gesundheit, Erziehung und Soziales wurde, verdiente er mit seiner Anwaltskanzlei in Washington mehr als 500.000 Dollar. Diese Verdienstmöglichkeiten sind ein so großer Anreiz, daß nur ganz wenige Anwälte, die in den Kongreß gewählt werden, nach ihrem Ausscheiden in ihre Heimatorte zurückkehren. Sie und ihr Stab, die die Gesetzestexte entwerfen, bleiben als Experten in Washington; sie kassieren horrende Honorare, um die Geheimnisse zu lüften, die sie selbst geschaffen haben, als sie die Gesetze formulierten. Ein einziges Gesetz kann den Juristen einen Millionenverdienst einbringen, z. B. der Regionaleisenbahn-Reorganisations-Erlaß von 1973. Daraus entwickelte sich der längste, größte und zweifellos auch teuerste Prozeß, der je stattgefunden hat. 1979 hatte das eigentliche Verfahren noch nicht einmal begonnen, aber die prozeßführenden Anwälte hatten bereits Kosten in Höhe von 25 Millionen Dollar in Rechnung gestellt. Dazu kamen weitere 12 Millionen Dollar für die Ausgaben der Regierung, wozu u. a. auch die Gehälter von 17 Anwälten der Rechtsabteilung des US-Eisenbahnverbandes gehörten. Bis Ende 1978 hatten die dem Prozeß vorausgehenden juristischen Vorbereitungen bereits 3 Millionen Dollar verschlungen. Man erwartet, daß der Prozeß inklusive der möglichen Revisionsverfahren 10 Jahre lang dauern und den Steuerzahler insgesamt 13 Milliarden Dollar kosten wird. Das ist ein

weiteres Beispiel, das die Worte eines renommierten Anwaltes untermauert, der der *Washington Post* sagte: »Jedesmal, wenn der Kongreß zusammentritt, um Gesetze einzubringen, haben die Anwälte eine Goldgrube gefunden.«
Die einzige Art, Rechtsproblemen aus dem Weg zu gehen, ist, zu sterben und sie den Erben aufzuhalsen. Genau das passiert auch. Wie die Geier stürzen sich die Anwälte auf ihre Beute. Die Testamentsvollstreckung ist nichts anderes als ein ausgedehnter Raubzug der Juristen. In ihrem Buch *The American Way of Death* (Die amerikanische Art zu sterben) beklagt sich die Autorin Jessica Mitford über die hohen Beerdigungskosten. Aber die Bestattungsunternehmer sind Waisenknaben im Vergleich zu den Anwälten. Wenn ein Amerikaner stirbt und 60.000 Dollar hinterläßt (was fast bei jedem der Fall ist, der ein Haus besitzt), fordern die Anwälte durchschnittlich das Fünffache von dem, was ein Bestattungsunternehmen verlangt.
Wie teuer uns die Quetsche im Rechtswesen zu stehen kommt, läßt sich kaum schätzen, weil die meisten Kosten indirekt sind. Niemand kann sagen, welche Verluste wir hinnehmen müssen, wenn neue Produkte nicht auf den Markt kommen, weil die Anwälte Neuerungen im Wege stehen. Die Rechtsbestimmungen, die sie innerhalb des bürokratischen Apparats aufstellen, sorgen dafür, daß auch ihre Kollegen außerhalb der Bürokratie etwas zu tun bekommen; dadurch werden Kosten verursacht, die sich nur noch Großunternehmen leisten können. Und die werden wiederum entmutigt, neue Produkte einzuführen, weil sie dabei mit unvorhergesehenen Schadenersatzansprüchen konfrontiert werden könnten. Die Wahrscheinlichkeit, daß die Anwälte bei dem geringsten Anzeichen eines Schadens, der auch nur im entferntesten mit einem Produkt oder einer Dienstleistung in Verbindung gebracht werden kann, ein Verfahren gegen sie einleiten, ist so groß, daß sich das Risiko, neue, unerprobte Produkte auf den Markt zu bringen, kaum noch lohnt. Das gilt besonders, seit laut Gerichtsurteil die Hersteller auch für Verletzungen und Schäden bei Personen haftbar gemacht werden können, die Veränderungen an einem Produkt vorgenommen haben. Das heißt, ein Hersteller wird unter Umständen haftbar gemacht und muß zahlen, nicht weil er ein gefährliches Produkt hergestellt hat, sondern weil er ein Erzeugnis verkauft hat, das

gefährlich werden kann, wenn es verändert wird oder, was noch bemerkenswerter ist, wenn es nicht fachgemäß benutzt wird. Z. B. mußte der Hersteller einer Papierschneidemaschine 800.000 Dollar Schadenersatz an einen Arbeiter in Alabama zahlen, der sich an dem Gerät, das vor 13 Jahren bei dem Hersteller gekauft worden war, verletzt hatte. In der Zwischenzeit hatte der Arbeitgeber des Mannes mehrmals Veränderungen an der Maschine vorgenommen und die Sicherheitsvorrichtungen entfernt. Trotzdem machte das Gericht den Hersteller haftbar. Ist es da ein Wunder, daß, wie ein Hersteller in einem Interview im *U.S. News & World Report* sagte, »die Hersteller vorsichtig geworden sind, wenn es um die Einführung neuer Produkte geht, weil sie Angst davor haben, daß man ihnen einen Schadenersatzprozeß anhängt«?[7]

Die Tendenz, daß große Unternehmen lieber kleinere aufkaufen, als eigene neue Produkte herauszubringen, wird durch die Quetsche im Rechtswesen noch verstärkt. Es ist ein viel geringeres Risiko, bereits existierende Produkte zu übernehmen, als etwas Neues auszuprobieren, etwas, mit dem sich die Anwälte noch nicht eingehend befaßt haben und das daher zu Schadenersatzklagen führen könnte. Deshalb kaufen die großen Unternehmen kleinere auf, und das gibt, dem System ensprechend, den Anwälten wiederum die Möglichkeit, Klage wegen Verletzung der Kartellgesetze einzureichen.

Die Betrachtung der Quetsche im Rechtswesen wäre nicht vollständig, wenn man nicht auch auf die Zunahme der Verbrechen zu sprechen käme. Mehr als 600 Amerikaner werden pro Minute ausgeraubt, vergewaltigt, überfallen oder ermordet. Würde man die durch Sachbeschädigung entstehenden Kosten auf alle Amerikaner gleichmäßig verteilen, müßte jede Familie pro Jahr etwa 500 Dollar bezahlen.

Warum blüht das Verbrechen? Ein Grund dafür ist, daß das Verbrechen sich auszahlt. Thomas Plate hat in seinem Buch *Crime Pays* (»Verbrechen macht sich bezahlt«) sehr überzeugend dargestellt, daß es für die Straftäter ein lohnendes Geschäft ist, die Gesetze zu verletzten. Die Vorteile einer kriminellen Handlung sind immer noch größer als die Nachteile. Erfolgreiche Delinquenten verdienen zwischen 25.000 und 75.000 Dollar pro Jahr. Das verdanken sie, zumindest teilweise, den

Anwälten, die immer neue Möglichkeiten entdecken, Kriminellen eine Freiheitsstrafe zu ersparen. Die Aussicht, bei einem Verbrechen ungeschoren davonzukommen, ist sehr gut. Laut Aussage der Staatsanwaltschaft stehen in einigen Bezirken New Yorks die Chancen, selbst bei einem Raub nicht zu einer Gefängnisstrafe verurteilt zu werden, 100 zu 1 für den Straftäter. Unter solchen Bedingungen ist das Verbrechen oft viel lukrativer als produktive Arbeit. Ein Hoteldieb in New York erbeutet z. B. rund 75.000 Dollar; das ist acht- bis zehnmal mehr, als ein durchschnittlicher Angestellter des Hotels verdient. Wenn er zwei oder drei Jahre arbeitet, ohne eingesperrt zu werden, hat sich die Sache für ihn gelohnt, selbst wenn er gelegentlich gefaßt und vor Gericht gestellt wird. Er hat gute Chancen, nicht zu einer Freiheitsstrafe verurteilt zu werden. Eine Studie über die unterschiedliche Strafbemessung, die eine Justizbehörde durchführte, hat ergeben, daß selbst erwachsene Straftäter für bewaffneten Raubüberfall Bewährung oder Strafvollstreckungsaufschub bekommen. In einer anderen Studie, die auf Daten und Fakten, die in Washington zusammengetragen wurden, basiert, heißt es, daß 51,8% der Straftäter, die in einen bewaffneten Raubüberfall verwickelt waren, nur zu milden Freiheitsstrafen verurteilt wurden und ein Drittel der überführten Einbrecher gar keine Haftstrafe verbüßen mußte. Es gibt nicht nur mildere Freiheitsstrafen, sondern auch die Anzahl der tatsächlich angetretenen Freiheitsstrafen liegt unter 50%.
Zu diesen milden Strafurteilen haben in vieler Hinsicht die Rechtsanwälte beigetragen. Es ist ihnen immer wieder gelungen, Straftäter aus verfahrenstechnischen Gründen freizubekommen. Sie suchen ständig nach neuen Gründen, um das Urteil von anderen Faktoren als Schuld oder Unschuld des Angeklagten abhängig zu machen. Die gemeinsten Mörder wurden auf freien Fuß gesetzt, nicht, weil es etwa Zweifel an ihrer Schuld gab, sondern weil auf das ›ordnungsgemäße‹ verfahrenstechnische Ritual soviel Rücksicht genommen wird. Da ist z. B. der Fall Robert Williams. In der Nacht vor Weihnachten 1968 vergewaltigte und erwürgte Williams ein zehnjähriges Mädchen aus Iowa. Er wurde beobachtet, wie er die Leiche des Kindes in einem Auto verstaute, deshalb wurde ein Haftbefehl gegen ihn erlassen. Nach einer intensiven Fahn-

dungsaktion stellte sich Williams der Polizei in Davenport. Als er von der Polizei nach Des Moines, wo das Verbrechen stattgefunden hatte, gefahren wurde, versuchte ein Polizist, Williams zu überreden, ihm die Stelle zu zeigen, an der er die Leiche des Mädchens vergraben hatte. Der Polizist sagte: »Es wird heute abend früh dunkel. Für heute nacht ist Schneefall angesagt. Sie sind der einzige, der weiß, wo die Leiche des Mädchens ist; Sie sind erst einmal an dieser Stelle gewesen, und wenn erst Schnee gefallen ist, finden Sie den Ort vielleicht nicht wieder. Und da wir auf dem Weg nach Des Moines sowieso an diesem Gebiet vorbeikommen, sollten wir vielleicht anhalten und die Leiche bergen; ich finde, die Eltern des kleinen Mädchens, das am Abend vor Weihnachten ermordet wurde, haben das Recht auf ein christliches Begräbnis ihrer Tochter . . .« Der Polizist schloß mit den Worten: »Ich möchte nicht, daß Sie mir antworten. Ich möchte auch nicht weiter darüber sprechen.«
Williams wurde von drei Beamten und zwei Anwälten auf sein Recht, die Aussage zu verweigern, hingewiesen. Er schwieg auch noch eine weitere Stunde während der Fahrt und fragte dann, ob die Schuhe des Mädchens gefunden worden wären. Dannach bat er den Fahrer des Polizeifahrzeuges, an einer Tankstelle zu halten, und von dort aus führte er die Polizei zuerst zu den Schuhen, dann zu der Decke, in die er den Körper eingewickelt hatte, und zuletzt zu der Leiche.
Williams wurde des Mordes, den er zweifellos begangen hatte, überführt. Zehn Jahre später wurde sein Fall erneut aufgerollt, diesmal vom Obersten Gerichtshof, der den Schuldspruch mit der Begründung aufhob, daß bei dem Verhör im Polizeiauto die Sympathie des Mörders für die Eltern des Kindes ausgenutzt wurde, um ein Geständnis von ihm zu ›erpressen‹. Niemand leugnete, daß Williams auf sein Recht, die Aussage zu verweigern, mindestens fünfmal bevor er sein Geständnis ablegte, hingewiesen worden war. Aber der Oberste Gerichtshof entschied, daß man Williams seinen Anspruch auf Rechtsbeihilfe ›verwehrt‹ habe. Laut Bericht konnten das Geständnis und die dadurch gefundenen Beweismittel nicht gegen ihn verwendet werden, weil er nicht die ganze Zeit über in Begleitung eines Anwalts war, der bezeugen konnte, daß nicht doch vielleicht zufällig sein Recht, die Aussage zu verweigern, verletzt worden war.

Dabei geht man im Grunde von der Ansicht aus, der Mensch sei für das, was er tut, nicht verantwortlich. Richter Byron White, der dem Urteilsspruch nicht zustimmte, schrieb: »Normalerweise beabsichtigen die Menschen zu tun, was sie tun, und in diesem Bericht deutet nichts darauf hin, daß Williams Geständnis etwas anderes war als sein eigener freier Wille.« Aber im wesentlichen liegt der Strafgesetzgebung der Gedanke zugrunde, daß nur ein Strafverteidiger einen freien Willen hat und sonst niemand. Demzufolge könnte ein Straftäter der Strafe entgehen, indem er einfach so schnell ein Geständnis ablegt, daß die Beamten keine Chance haben, ihn vorher noch über seine Rechte zu belehren. Und das bedeutet wiederum, daß wir viel mehr Anwälte brauchen. Jemand, der schuldig ist, kann also nicht freiwillig ein Geständnis ablegen. Sein Geständnis zählt nur, wenn ein Anwalt dabei ist.

Der Fall Williams deckt ein weiteres Problem in unserem Rechtssystem auf, das unsere Aufmerksamkeit verdient. Die Hinhaltetaktiken der Anwälte – mit Klagen, Gegenklagen und Berufungsverfahren – haben dazu geführt, daß die Schuldfrage im Fall Williams erst 10 Jahre nach dem eindeutig von ihm begangenen Verbrechen geklärt wurde. Solche Verzögerungen bringen die Terminkalender der Gerichte durcheinander und verhindern, daß andere Fälle verhandelt werden können. Die Rechtsanwälte haben heute so viele Möglichkeiten, ein Verfahren in die Länge zu ziehen, die Urteilsfindung zu verzögern oder zu blockieren, daß es unmöglich geworden ist, alle Fälle strafrechtlich zu verfolgen. Dadurch ist die Zeitspanne zwischen Festnahme und Prozeß oft so lang, daß der Angeklagte zwischendurch wieder auf freien Fuß gesetzt werden muß. Logischerweise haben deshalb viele Opfer und Zeugen Angst, der Staatsanwaltschaft bei der Aufklärung zu helfen. Robert Kaye, der Chef einer Schutztruppe der Polizei, die schon oft für die Staatsanwaltschaft in Florida gearbeitet hat, sagte: »Die Leute haben einfach Angst. Sie fragen sich: ›Rächt sich der Angeklagte an mir, wenn er aus dem Gefängnis entlassen wird?‹« In vielen Fällen versuchen die Straftäter, die Zeugen einzuschüchtern, und ohne deren Aussage oder Mithilfe kann man sie oft nicht überführen. Sie kennen die Einschüchterungstaktiken genau, deshalb wenden sie sie auch an, und oft mit Erfolg. In man-

chen Gerichten sind mehr als 50% der geladenen Zeugen nicht erschienen. Und diejenigen, die aussagen wollen, werden oft mehrmals vorgeladen, wenn es den Strafverteidigern gelingt, einen Prozeß in die Länge zu ziehen. Eine Zeugin namens Patricia Finck, Kassiererin in einem Supermarkt, die in einem Verfahren wegen bewaffneten Raubüberfalls gegen zwei Männer aussagen mußte, durfte ihre Zeugenaussage insgesamt 56mal vor einem Gericht in Philadelphia wiederholen. Die meisten Zeugen hätten schon lange vorher aufgegeben, und das ist auch der Grund dafür, warum so viele Straftäter frei herumlaufen. Oft verbringen die Zeugen mehr Zeit im Gefängnis (weil sie in Schutzhaft genommen werden) als die Täter. In anderen Fällen wiederum erschwert der große Zeitabstand zwischen Tat und Prozeß die strafrechtliche Verfolgung, weil die Beweismittel vernichtet worden oder unauffindbar oder die Zeugen inzwischen gestorben sind. Wenn die Rechtsanwälte die strafrechtliche Verfolgung in die Länge ziehen, zeigt das, daß die Gerechtigkeit sie nicht interessiert.
Durch die Umkehrung des ursprünglichen Geschworenensystems haben die Anwälte eine weitere Möglichkeit gefunden, einen Straftäter ungeschoren davonkommen zu lassen. Es gibt heute bereits viele Fälle, in denen ein Gerichtsurteil aufgehoben worden ist, weil die Geschworenen möglicherweise schon vor der Verhandlung Kenntnisse von dem Fall hatten, über den sie zu Gericht saßen.
Wieviel Schaden unserem Rechtswesen durch dieses Prinzip zugefügt worden ist, sieht man am besten am Fall Elmer Wayne Henley, der gestanden hatte, in Houston 27 Jungen im Teenager-Alter bestialisch gefoltert und ermordet zu haben. Die Beweise gegen ihn waren völlig eindeutig. Dennoch hob ein Berufungsgericht den Schuldspruch auf, weil der Richter, der den Vorsitz im ersten Prozeß geführt hatte, der Aufforderung des Verteidigers, die Verhandlung ein zweites Mal an einen anderen Ort zu verlegen, nicht nachgekommen war. Der erste Prozeß war bereits von Houston, wo das Verbrechen stattgefunden hatte, nach San Antonio verlegt worden.
Die Folge dieses Gerichtsurteils ist klar – ein weiterer teurer Prozeß mit noch mehr Anwälten muß stattfinden. Aber hier macht sich auch noch eine viel subtilere und gefährlichere Ten-

denz bemerkbar: Die Anwälte bestehen auf Geschworenen, die so wenig wie möglich über den Fall, den sie beurteilen sollen, wissen. Der optimale Geschworene wäre, nach ihrer Auffassung, ein Mensch, der gerade aus einem tiefen Koma erwacht und absolut nichts von dem, was um ihn herum passiert ist, mitbekommen hat. Er hätte genau die Eigenschaften, die die Rechtsanwälte an einem Geschworenen so schätzen. Ihnen wäre es lieb, wenn die Geschworenen in einem Strafverfahren, besonders in einem spektakulären, vollkommen ahnungslos an den Fall herangehen. Je weniger sie über die Umstände wissen, die zu dem Verbrechen geführt haben, je weniger sie von den technischen Einzelheiten, die dabei eine Rolle spielen, verstehen, desto besser für die Anwälte. Die Geschworenen, vor denen sie agieren wollen, sollten im wahrsten Sinne des Wortes ›Ignoranten‹ sein. Sie brauchen keine Leute, die daran interessiert sind, daß der Gerechtigkeit Genüge getan wird; sie wünschen sich vielmehr ein Publikum, das sich leicht beeinflußen läßt, Personen, die ihre Entscheidung allein vom Auftreten der Anwälte abhängig machen.

Die heutige Vorstellung von einem Geschworenengericht ist genau das Gegenteil von der Auffassung, die einst das Schwurgericht für die amerikanische Rechtsprechung so wertvoll gemacht hat. Ursprünglich war der Geschworene nämlich kein *Ignorant*, sondern jemand, der über den Fall genau Bescheid wußte. Er hatte nicht nur von dem Verbrechen gehört, sondern kannte auch das Opfer oder den Angeklagten. Den Verhandlungsort zu verlegen und Geschworene entscheiden zu lassen, die nicht alle Einzelheiten des Tatvorgangs kannten, hätten die Amerikaner des 18. Jahrhunderts für eine himmelschreiende Ungerechtigkeit gehalten. Wenn sie einem Angeklagten das Recht zubilligten, daß Geschworene über ihn zu Gericht saßen, meinten sie damit ›Geschworene seines Vertrauens‹. Das heißt, daß die Geschworenen seine Nachbarn waren; sie kannten ihn und den Fall und waren daher viel eher in der Lage, die Gesetze und die Fakten gerecht zu beurteilen.

Heute können die Geschworenen nur noch die prozeßführenden Anwälte beurteilen. Ihre Funktion ist gleich Null; an ihnen läßt sich nur noch messen, wieviel Applaus der einzelne Anwalt bekommt. Dadurch wurde die Rechtsprechung zum Spielball der Anwälte, so daß das ganze System die Prahlerei des bekannten Strafverteidigers Jerry Paul rechtfertigt, der gesagt hat: »Mit genug Geld kann man sogar die Gerechtigkeit kaufen. Mit genug Geld kann ich jeden Prozeß in diesem Land gewinnen. Ein Geschworenengericht besteht aus 12 Leuten, die entscheiden, wer den besseren Anwalt hat.«[8]

Zwischen Anwalt und Straftäter besteht eine Symbiose. Obwohl die meisten Rechtsanwälte es abstreiten würden, steigt ihr Wohlstand mit der Verbrechensrate. Wenn der gleiche Straftäter fünfzigmal vor Gericht erscheinen muß, bedeutet das, das ein Anwalt fünfzigmal etwas zu tun bekommt. Damit das möglich ist, muß das Strafmaß bei Verbrechen niedrig sein. Ein Verbrechen muß sich also weiterhin auszahlen. Die Anwälte haben, mehr noch als andere Berufsgruppen, die Möglichkeit, dafür zu sorgen, daß das so bleibt, daß die zu erwartenden Strafen für kriminelle Handlungen möglichst leicht sind und daß ihnen die Straftäter als ›Stammkunden‹, die so dann und wann einmal wieder ihre Dienste benötigen, erhalten bleiben.

Natürlich sieht man eher ein, daß eine hohe Verbrechensquote für die Anwälte von Vorteil ist, als daß man versteht, wie die Monopolstellung der Juristen zur Ausbreitung der Verbrechen beigetragen hat. Die Tatsache allein, daß die Anwälte vom Verbrechen profitieren, beweist noch gar nichts. Die Automechaniker verdienen schließlich auch am schlechten Zustand unserer Straßen, aber sie haben wohl kaum Löcher in die Straßen gebohrt. Aber Löcher in die Straßen bohren ist etwas ganz anderes, als die Beweismittel zu manipulieren, die Bestimmungen, wie sich ein Geschworenengericht zusammensetzen sollte, zu beeinflussen, ein freiwilliges Geständnis nicht anzuerkennen, Meineiden Vorschub zu leisten und auf alle möglichen Tricks im Rechtssystem zurückzugreifen, um einen Angeklagten herauszupauken. Den Bemühungen unserer Anwälte ist es zu ›verdanken‹, daß die Zahl der Straftäter steigt, daß sich das Verbrechen bezahlt macht und daß folglich immer mehr Anwälte gebraucht werden.

Der springende Punkt in der Reform vieler Strafgesetze ist eigentlich der, den Bedarf an Juristen zu steigern. Das berühmte Urteil des Obersten Gerichtshofs von 1966, ›Miranda‹ genannt, lautete z. B., daß ein Angeklagter nicht das Recht hat, vor der

Polizei die Aussage zu verweigern. Das Recht auf Verweigerung der Aussage gab es in Amerika aber schon mindestens, seit die ersten zehn Zusatzartikel zur Verfassung ratifiziert wurden. Und wenn man den Experten, die sich mit den Naturrechten befaßt haben, glauben darf, gab es diese Klausel, die einen Beschuldigten davor schützt, sich selbst zu belasten, schon lange vorher. Der Oberste Gerichtshof ignorierte die »unabänderlichen ungeschriebenen Gesetze der Götter«, um Sophokles' Worte aus seiner *Antigone* zu zitieren. Was dieses Grundsatzurteil in Wirklichkeit bedeutet, ist, daß kein Fall ohne Anwalt geklärt werden kann. Folglich tragen die Polizisten jetzt die sogenannte ›Miranda-Karte‹ mit sich herum. Darauf steht unter anderem:

Sie haben das Recht auf den Beistand eines Anwaltes Ihrer Wahl vor und während des Verhörs. Wenn Sie sich keinen Anwalt leisten können, haben Sie das Recht, vor dem Verhör mit einem Pflichtverteidiger zu sprechen ...

Man braucht nicht lange zu überlegen, warum die Anwälte diese und ähnliche Maßnahmen für recht und billig halten. Es besteht kein Zweifel darüber, daß die Polizei manchmal übereifrig, voreingenommen oder sogar brutal sein kann. Das bekommen besonders die Menschen zu spüren, die zu schwach sind, auf ihrem Recht zu bestehen, besonders, wenn sie für dieses Recht auch noch bezahlen müssen. Aber das erklärt nicht, warum in den letzten Jahrzehnten die Anwälte an fast jeder Veränderung in der Strafgesetzgebung verdient haben. Es gibt keinen logischen Grund dafür, warum eine Erweiterung der Bürgerrechte eines Verdächtigen gleichzeitig den Anwälten noch mehr Profitmöglichkeiten zuspielen soll. Es gäbe ganz sicher auch andere Schutzmaßnahmen.

Die Intensivierung der rechtlichen Maßnahmen, die notwendig sind, um einen Straftäter zu überführen und rechtskräftig zu verurteilen, brachte mit sich, daß sich die Anzahl der Anwälte und der angehenden Anwälte drastisch erhöhte. Die Jurastudenten, die noch nicht praktizieren, haben natürlich größtes Interesse daran, die Präzedenzfälle zu unterstützen, die den Bedarf an weiteren Anwälten steigern. Das gleiche gilt auch für Jurastudenten, die sich auf Wirtschaftsrecht oder Nachlaßvollstreckung oder irgendein anderes der 57 Fachgebiete spezialisieren wollen. Gleichgültig, welche Fachrichtung sie einschlagen – sie alle wollen, daß sich ihr Studium später einmal bezahlt macht.

Die eigennützigen Interessen der Anwälte können sich in der Rechtsprechung verankern, weil die rechtstheoretischen Grundlagen nur von Rechtswissenschaftlern entwickelt und in juristischen Fachzeitschriften publiziert werden. Die Richter, die einen Fall verhandeln, halten sich bei der Urteilsfindung an diese neuen Theorien, die in die akademische Fachliteratur Eingang gefunden haben, Theorien, die natürlich dem Profit der Juristen dienen. Die Symbiose zwischen Anwalt und Straftäter ist im Grunde ein sekundäres Problem. Sie ist vielmehr eine logische Folge der Monopolstellung der Juristen. Was Amerikas Pioniere noch brandmarkten als ›exklusive Möglichkeit, wirtschaftliche Vorteile zu erlangen‹, spornt die Anwälte an, auf Kosten der Allgemeinheit ihr eigenes Einkommen zu sichern. Wir bezahlen unsere Anwälte dafür, daß sie neue Probleme schaffen, aus denen sich Kapital schlagen läßt. Das Recht dazu gibt ihnen ihre Zulassung als Anwalt, ihr transzendentales Kapital.

Wie verheerend sich dieses Recht auf ›wirtschaftliche Vorteile‹ auswirken kann, haben die ersten Siedler sehr gut verstanden. Viele waren aus England geflohen, weil sie sich von der Herrschaft der Rechtsgelehrten, die damals zur Elite des Landes gehörten, befreien wollten. Mehr als 600 adelige Familien hatten im 17. Jahrhundert in England ihre Titel und Ländereien durch die Berufsausübung der Anwälte erworben. Damals wie heute wurden die Anwälte reich, weil sie Verwirrung auf rechtlichem Gebiet stifteten, der Wirtschaft kostspielige Prozesse anhängten und die Regierung zu ihrem eigenen Vorteil manipulierten. Damals wie heute bestimmten die Juristen die Politik. Weder Royalisten noch Parlamentarier konnten ihren Einfluß einschränken. König James I. sagte von ihnen: »Es sind Spitzbuben.« Er machte Reformvorschläge, die zu nichts führten. Später, als Cromwell an der Macht war, schlug er neue Reformen vor, um das Prozeßwesen zu vereinfachen und die Kosten zu senken. Aber seine Vorschläge wurden vom Parlament, das sich hauptsächlich aus Juristen zusammensetzte, abgelehnt. Als Peter der Große England besuchte, war er über die Machtstellung der Juristen in der englischen Gesellschaft so entsetzt, daß er entschied als Teil der Reformversuche die Hälfte der Anwälte in Rußland aufhängen zu lassen. Die ersten Siedler in Amerika nahmen dieses Mißtrauen gegenüber den Anwälten in ihre neue Heimat mit, aber sie waren humaner. Mit Inkrafttreten des ›Kodex der Freiheit‹ des Staates Massachusetts im Jahr 1641 wurden die Anwälte aus der Kolonie verbannt, ebenso wie durch die Verfassung von Carolina, die von John Locke ausgearbeitet wurde. Anwälte wurden auch aus mehreren anderen Staaten verbannt und hatten weder in der Rats- noch in der gesetzgebenden Versammlung Stimmrecht. Der Ausschluß der Anwälte wurde von der Mehrheit der Bevölkerung gebilligt. Von Pennsylvania sagte man z. B.: »Dort gibt es keine Anwälte ... was für ein glückliches Land.«

Pennsylvania blieb noch lange Zeit ein ›glückliches Land‹. Noch im Jahre 1787, als die verfassunggebende Nationalversammlung in Philadelphia zusammentrat, schrieb John Quincy Adams in sein Tagebuch: »Allein der Titel Anwalt genügt, um das Vertrauen der Öffentlichkeit zu verlieren.« Noch viele Generationen lang blieb die feindselige Haltung den Anwälten gegenüber bestehen. Erst nach intensiver Öffentlichkeitsarbeit änderten die Menschen bis Mitte des 19. Jahrhunderts ihre negative Einstellung, und die Juristen konnten ihre Monopolstellung aufbauen und festigen. Maxwell Bloomfield berichtet in seinem Buch *Lawyers in a Changing Society 1776–1876*, daß die Anwälte sogar so weit gingen, Romane zu schreiben und zu veröffentlichen, um die allgemeine Abneigung gegen ihren Berufsstand abzubauen. In fast jeder Geschichte wurden die Anwälte als Volkshelden dargestellt, die durch harte Arbeit und selbstlose Aufopferung dem Wohl der Gesellschaft dienten.[9] Diese Werbekampagne muß wohl ihre Wirkung gehabt haben, weil es den Anwälten im Verlauf des 19. Jahrhunderts doch gelang, ihre Feinde mundtot zu machen.

Noch zur Zeit Abraham Lincolns war es nicht erforderlich, daß jemand, der auf juristischem Gebiet tätig war, die Rechte studiert oder eine spezifische Ausbildung hatte. Er brauchte lediglich Klienten. Jedem, der von sich glaubte, einen ›moralisch einwandfreien Charakter‹ zu haben und Rechtsprobleme lösen zu können, stand dieser Beruf offen, der ihm damals ein bescheidenes Einkommen versprach. Damals wurden nur ganz wenige Anwälte reich, weil die Konkurrenz groß war und die Gebühren niedrig. Lincoln verlangte z. B. für die Verwaltung eines Nachlasses von 100.000 Dollar ein Honorar von 5 Dollar.[10]

Das ist schon lange her. Unsere juristische Elite hat es inzwischen geschafft, die Konkurrenz mit Hilfe der Klausel »unerlaubte Rechtshilfe« auszuschalten. Dabei haben sie die Quetsche im Rechtswesen, die uns alle ausblutet, so angezogen, daß sogar jemand aus ihren eigenen Reihen, nämlich Warren Burger, Präsident des Obersten Gerichtshofes, warnte: »Wenn wir unsere augenblickliche Rechtsordnung nicht bald drastisch ändern, wird sich ein Schwarm von Anwälten, wie hungrige Heuschrecken, auf unsere Gesellschaft stürzen . . .«

Die Bürokratiequetsche

»Alles, was die Regierung anfaßt, wird zu Mist.«

Ringo Starr

Seit 1972 beziehen in Amerika mehr Menschen ihr Gehalt vom Staat als alle in der Gebrauchsgüterindustrie, bei den großen Automobilherstellern, in der Elektronikindustrie und in der Stahl- und Schwerindustrie Beschäftigten zusammen.[1] An jedem Werktag steigt die Zahl der Beamten um 1300. Und jeder neue Beamte trägt dazu bei, daß die allgemeinen Kosten bei allen Produkten, die man kaufen kann, steigen: Die Lebensmittelpreise steigen, weil bei der Herstellung eines einzigen Hamburgers 4100 Bestimmungen beachtet werden müssen. Wenn Sie ein neues Auto kaufen, zahlen Sie mehr für den bürokratischen Aufwand als für Ihr Vehikel: General Motors beschäftigt allein 23.000 Mitarbeiter, die die Formulare der Behörden ausfüllen. Wenn die Schätzung der Experten richtig ist, kostet die Durchführung der behördlichen Bestimmungen unsere Wirtschaft pro Jahr mehr als 130 Milliarden Dollar, das sind 2500 Dollar pro Haushalt.

Wohin Sie auch schauen, die Bürokratie kostet viel Geld.

Sie ist nicht nur dafür verantwortlich, daß die Preise so hoch sind, ihr ist es oft genug zu verdanken, daß sie angehoben werden. Beispielsweise hat die Bundesverkehrsbehörde dafür gesorgt, daß der Transport per Lkw, Bahn oder Schiff teuer bleibt. Die Bestimmungen haben derart überhandgenommen, daß Herbert Witten, ein Berater des Verkehrsministeriums, schätzte, daß 1971 bei der Bundesverkehrsbehörde mindestens 43 Billionen nicht angezeigter Gebührenbestimmungen herumlagen. Das sind mehr als 200.000 Bestimmungen für jeden Mann, jede Frau und jedes Kind, die in den USA leben. Laut Witten, der den Papierwust mit eigenen Augen gesehen hat, soll der Aktenberg allein bei der Bundesverkehrsbehörde achtmal so hoch sein wie das George-Washington-Denkmal.

Ein Blick in die Akten, die sich bei Behörden wie der Bundesverkehrsbehörde angesammelt haben, zeigt, daß die Bürokraten keinerlei Hemmungen haben, uns auszubeuten. Sie treiben auch Mißbrauch mit unserer Sprache. Betrachten Sie z. B. den folgenden Abschnitt, der einen Leitfaden zur Bestimmung des Warenverkehrs in nur einem Satz zusammenfaßt:

»Es ist davon auszugehen, daß Vergaser, Generatoren, Elektromotoren und ähnliche Güter nicht als ›Maschinen‹ gelten; daß elektrische Regulatoren nicht zu den ›maschinellen Anlagen‹ zählen; daß zu den ›Baumaterialien‹ nur die Materialien gehören, die zum Aufbau und zur Instandsetzung von Gebäuden und nicht zu anderweitigen Bauvorhaben verwendet werden, und daß demzufolge Materialien zum Brükkenbau nicht eingeschlossen sind, da eine Brücke nicht als Gebäude gilt; daß die Güterbezeichnung ›Nahrungsmittelprodukte‹ nur für die Erzeugnisse zutrifft, die zum Verbrauch durch den Menschen bestimmt sind; davon ausgeschlossen sind Konserven; daß sich das Wort ›konserviert‹ bei ›konservierten Nahrungsmitteln‹ auf den Konservierungsprozeß und nicht auf das Behältnis, in dem das Produkt angeboten wird und das sowohl aus Blech als auch aus Glas bestehen kann, bezieht; daß man als ›Lebensmittel‹ die Artikel definiert, die zum Verbrauch bestimmt sind und normalerweise als Nahrungsmittel oder zur Zubereitung von Nahrungsmitteln verwendet werden, ausgenommen ›Frischfleisch‹; daß Roh- oder unfertige Erzeugnisse die Warenbezeichnung ›Stahl- und Eisenartikel‹ tragen; daß Motoren und Maschinen nicht als ›Eisen- und Stahlartikel‹ bezeichnet werden dürfen; daß die Warenbezeichnung ›Papier und Papierprodukte‹ Zeitungen, Zeitschriften, Rundschreiben und andere Publikationen ausschließt; daß die Warenbezeichnung ›Frucht- und Gemüsesäfte‹ nicht für tiefgefrorene Säfte gilt; daß Benzin nicht zu den ›flüssigen Chemikalien‹ zählt und daß die Warenbezeichnung ›Glaswaren‹ nicht für Scheiben- und Tafelglas, Preßglas und Glasstäbe zutrifft.«[2]

Nur die Bürokraten können mit unbewegtem Gesicht erklären, daß Benzin nicht zu den ›flüssigen Chemikalien‹ gehört.

Beamte messen solchen Absurditäten die gleiche Bedeutung wie einem Gesetz bei. Das Landwirtschaftsministerium fordert z. B., daß die Temperatur in den Warenlagern niedrig sein muß. Aufgrund der Kälte gefriert aber das Wasser auf dem Boden. Die Behörde für Gesundheit und Sicherheit am Arbeitsplatz (im folgenden kurz BGSA genannt) sagt, daß ein vereister Boden gefährlich sei und deshalb Salz gestreut werden muß. Die Lagerhäuser, die sich nicht an die Bestimmungen halten, müssen mit empfindlichen Strafen rechnen. Die Umweltschutzbehörde behauptet aber, das Salz auf dem Boden trägt zur Umweltverschmutzung bei. Deshalb bekommen die Warenlager, die Salz auf den vereisten Boden streuen, zusätzliche Geldbußen aufgebrummt.

Das ist der Motor der bürokratischen Expansion. Eine Behörde sorgt dafür, daß die andere Arbeit hat und ein normaler Durchschnittsbürger es niemandem recht machen kann. Aber die wenigsten von uns haben Zeit oder Lust, die Arbeitsweise der Behörden so genau zu studieren, daß man sieht, wie sie wirklich ist. Die meisten Menschen erkennen nicht, daß fast jede Behörde, zu welchem Zweck sie auch existieren mag, nicht nur das Gegenteil von dem tut, was andere Behörden machen, sondern auch das Gegenteil von dem, was sie eigentlich tun sollte. Beispielsweise ordnete die BGSA an, daß Lastwagen und andere Fahrzeuge, die auf Baustellen eingesetzt werden, mit einem Gerät ausgestattet sein müssen, das jedesmal, bevor die Ladefläche gekippt wird, einen schrillen Signalton von sich gibt. Im Anschluß daran folgte eine weitere Bestimmung, daß nämlich die Bauarbeiter aufgrund des dadurch entstehenden Lärms einen Ohrenschutz tragen müssen.

Dieselben Beamten, die mit Hilfe ihrer Bestimmungen den Schutz der Gesundheit und Sicherheit am Arbeitsplatz fordern, haben auf jede nur erdenkliche Weise gegen ihre eigenen Verordnungen verstoßen. Als Beamte des Arbeitsministeriums dem Hauptsitz der BGSA einen Besuch abstatteten, waren dort viele Dinge zu beanstanden. Der rückwärtige Ausgang war z. B. durch einen riesigen zusammengerollten Teppich blockiert, und das, obwohl die BGSA-Beamten mehr über Ausgänge wissen als andere Leute. Sie sagen: »Ein Ausgang ist der Teil eines Gebäudes, der sich von allen anderen Gebäude- und Konstruktionsteilen unterscheiden muß, damit ein ungehindertes Verlassen des Gebäudes gewährleistet ist.« Die Besucher fanden in einem Flügel des ersten Stockwerks eine unvorschriftsmäßige Leiter. Die BGSA sagt über Leitern: »Leitern müssen so beschaffen sein, daß sie vorn eine minimale Neigung von 8,5 cm pro 33 cm Gesamtlänge haben und hinten eine minimale Neigung von 5 cm pro 33 cm Gesamtlänge; bei speziellen Wandleitern sollte die Neigung mindestens 37,5 cm betragen.« Die Besucher fanden noch viele andere Verstöße gegen die eigenen Sicherheitsvorschriften. Es

gab kein Notbeleuchtungssystem. Die Beamten der BGSA benutzten 54 offene Steckdosen. Und sie tranken Kaffee, der aus 24 Kaffeemaschinen kam, die nicht den Sicherheitsbestimmungen entsprachen. Kurz nach dem Besuch stolperte Samuel Sharkey, der Leiter der Informationsabteilung, über eine Schreibmaschinenschnur in seinem Büro und brach sich den Arm.
Daran sieht man, daß selbst die Behörden, die uns viel Geld kosten, unsere Probleme nicht immer lösen. Was man jedoch nicht begreifen kann, ist die Tatsache, daß *die Bürokratie unsere Steuergelder dafür ausgibt, die Probleme noch zu verschlimmern.* Das ist kein Zufall, sondern liegt in der Natur der bürokratischen Institution begründet.
Dieses Phänomen hat der scharfsinnige Engländer Dr. Max Gammon ›Theorie der bürokratischen Verlagerung‹ genannt. Er sagt, daß »in einem bürokratischen System ... eine Kostensteigerung mit einem Leistungsrückgang gekoppelt ist ... Solche Systeme haben die gleiche Wirkung wie die ›Schwarzen Löcher‹ im Universum; sie saugen die Kapitalreserven an und tragen zu einem sichtbaren ›Leistungsschwund‹ bei.«[3]
Die Behörde für Gesundheit und Sicherheit am Arbeitsplatz ist das beste Beispiel für Gammons bürokratische ›Schwarze Löcher‹. Trotz des Geldes und der Energie, die bei dieser Behörde in den ersten fünf Jahren ihres Bestehens verschwendet wurden, um den amerikanischen Arbeiter zu schützen, starben pro Tag etwa 300 Menschen an berufsbedingten Unfällen oder Krankheiten. Während die BGSA damit beschäftigt war, Bestimmungen auszuarbeiten, die vielleicht eine riesige Ranch in Texas gezwungen hätten, 5625 Toiletten auf ihrem Gelände zu installieren, damit ein Cowboy nicht länger als 10 Minuten zur nächsten Toilette gehen muß, starben Tausende von Menschen bei der Arbeit. Als die Bürokraten ihre Aufmerksamkeit der Sicherheit im Bergbau zuwandten, kamen sie mit einer neuen Definition des Begriffs Unfall heraus:

> Ein Unfall ist ein Ereignis in einer Mine, das zum Tode oder zu körperlichen Verletzungen eines Menschen führt, der zum Zeitpunkt, als das Ereignis stattfand, nicht in der Mine war.

Die Beamten befaßten sich auch intensiv mit dem Fall eines alten Indianers, der seit vielen Jahren als einziger in einer Mine in

Arizona arbeitete. Der Beamte, der den Fall bearbeitete, verlangte, daß die Mine geschlossen werden sollte, weil der alte Mann keinen den Sicherheitsbestimmungen entsprechenden Schutzhelm, keinen Sicherheitsgurt und kein Funksprechgerät hatte. Der Bergmann bestritt die Notwendigkeit einer solchen Ausrüstung, weil sich in den 15 Jahren, die er in dieser Mine arbeitete, nicht einmal ein Stein von der Decke des flachen, horizontal liegenden Stollens gelöst hatte. Er brauchte auch keinen Sicherheitsgurt, weil er in dem Stollen nicht tiefer fallen konnte als sonntags abends vom Barhocker, und ein Funksprechgerät war auch überflüssig, weil sowieso niemand da war, den er damit im Falle eines Unfalls hätte rufen können. Als die Behörde auf ihrer Forderung bestand, kaufte er einen gelben Schutzhelm, ein Funksprechgerät und einen Sicherheitsgurt, verstaute alles in einem Plastikbehälter und brachte ihn am Mineneingang an.[4] Was wurde dadurch gewonnen? Trotz 3500 zusätzlichen Beamten, die die Durchführung der Sicherheitsbestimmungen im Bergbau kontrollieren, steigt die Zahl der schweren Unfälle.

Das trifft auf viele Bereiche zu. Je mehr Bürokraten in den Landwirtschaftsbehörden arbeiten, desto weniger verdienen die Bauern. Je mehr Bürokraten auf dem Bildungssektor beschäftigt werden, desto stärker sinkt das Bildungsniveau. Es gibt einen einfachen Grund dafür, warum die Beamten so leistungsschwach sind: *Sie verfolgen nur ihre eigenen wirtschaftlichen Interessen.* Selbst Karl Marx, der mehr noch als irgendeine andere Persönlichkeit in der Geschichte mit seinen Schriften die Anregung (oder die Rechtfertigung) für den Ausbau der Machtstellung der Beamten gegeben hat, erkannte, daß Beamte nicht dem Wohl der Öffentlichkeit dienen, sondern nur für ihr eigenes Wohlergehen sorgen:

»Soweit es den einzelnen Beamten betrifft, sieht er in der Zielsetzung des Staates nur seine eigenen, ganz privaten Ziele: Er strebt nach einem besseren Posten, arbeitet an seiner Karriere . . . und seine Ziele stehen in krassem Gegensatz zu den privaten Zielen der anderen.«[5]

Es ist völlig logisch, daß das bürokratische System als Ganzes innerhalb seines Machtbereichs Krisen auslöst. Das liegt an der abstrakten Natur der bürokratischen Aufgaben. Im Gegensatz zu einem Schuhmacher, der seine Aufgabe darin sieht, Schuhe anzufertigen, die einem bestimmten Kunden auch tatsächlich passen, würde sich der Bürokrat nur für die Schuhe generell interessieren. Wenn beispielsweise plötzlich alle Schuhe, die in Amerika hergestellt werden, Löcher hätten, wäre das für ihn ein wahrer Segen. Denn nun würde die Öffentlichkeit auf diesen Mißstand aufmerksam und fordern, daß unbedingt ›etwas geschehen muß‹.

Wenn es ein abstraktes Problem gibt, das alle Bürger betrifft, steigt die Nachfrage nach der Dienstleistung der Bürokratie, je mehr sich die Situation verschlechtert. Daraus folgt, daß die Beamten mehr dabei zu gewinnen haben, wenn sie die Probleme noch zuspitzen, als wenn sie versuchen würden, sie zu lösen. Die Beamten tragen deshalb zu Krisen in fast allen Lebensbereichen bei – auf dem Energiesektor, im Wohnungsbau, im Gesundheits-, Bildungs- und Rechtswesen, auf dem Verkehrssektor –, überall dort, wo ihnen die Öffentlichkeit die Kontrolle über den produktiven Sektor überträgt.

Das heißt nicht, daß nicht der einzelne Beamte in guter Absicht handelt oder auf seinem Gebiet etwas leistet. Aber diejenigen unter ihnen, die ihre Verantwortung gegenüber der Öffentlichkeit zu ernst nehmen, sind fehl am Platz. Jeder wirkliche Fortschritt bei der Lösung von Problemen, die die Öffentlichkeit betreffen, könnte die Existenzberechtigung der Bürokratie gefährden. Und gerade das wollen die Beamten verhindern. Und deshalb kommt es nur gelegentlich einmal vor und grenzt schon fast an ein Wunder, daß man auf einen Beamten trifft – der zu naiv oder zu ehrenhaft ist und deshalb nicht in das System paßt –, der das tut, was die Öffentlichkeit von ihm erwartet, und sich so verhält, als sei sein Motiv das Wohl der Gesellschaft. Es gibt genügend Beweise dafür, daß solche Leute sehr schnell zu Außenseitern gestempelt werden, weil man in ihnen eine Gefahr für das ganze System sieht. Wenn man einen solchen Beamten nicht sofort rausschmeißt, was eigentlich selten vorkommt, weil nur einer von 10.000 Beamten entlassen wird, bestraft man ihn, indem man ihn schneidet oder bei der Beförderung übergeht. Wenn er es zu Beginn seiner beruflichen Laufbahn noch nicht wußte, im Laufe der Zeit merkt er, daß die Aufgabe eines Beamten nicht darin besteht, die Interessen der Öffentlichkeit zu wahren, sondern die Bürokratie zu festigen.

Am Beispiel von Ernest Fitzgerald sieht man vielleicht am deutlichsten, wie es einem ergeht, der sich dem bürokratischen System zu widersetzen wagt. Fitzgerald bekleidete 1968 eine führende Position als Management-Systemanalytiker im Pentagon. Er war nachweisbar ein fähiger Mann. Auch sein Privatleben war einwandfrei, und er hätte zweifellos Karriere gemacht, wenn er gewillt gewesen wäre, die Verschwendungssucht des Pentagon zu akzeptieren. Aber Fitzgerald sah seine Aufgabe als Management-Experte darin, die Bürde für den Steuerzahler zu erleichtern, anstatt sie zu vergrößern. Diese Ansicht und sein Verhalten machten seine Vorgesetzten und Kollegen nervös. Als Fitzgerald Einwände dagegen erhob, daß Angehörige des Militär- und Zivilpersonals sich einen Arbeitsplatz nach ihrem Ausscheiden aus dem Dienst bei den Firmen sicherten, die von ihnen Verteidigungsaufträge bekamen, waren die Pentagon-Leute entsetzt und warfen ihm vor, das eigene Nest zu beschmutzen. Als er von Senator William Proxmire aufgefordert wurde, seine Aussage über die schlampige Konstruktion des C-5-Frachtflugzeugs der Luftwaffe zu machen, enthüllte er die Wahrheit. Lockheed hatte nämlich geplant, den Kostenüberhang von 2 Milliarden Dollar dem Steuerzahler aufzubürden. In jedem Wirtschaftsunternehmen wäre jeder, der auch nur einen Bruchteil dieser 2 Milliarden hätte einsparen wollen, ein Held gewesen. Und wenn es auch nur um eine Einsparung von 2 Millionen oder 200.000 Dollar gegangen wäre, er wäre sicher befördert worden, und man hätte ihm ein fürstliches Essen spendiert. So wäre es, wenn es den Leuten wirklich darum ginge, Kosten zu sparen. Aber das sieht in der Bürokratie ganz anders aus.

Als Fitzgerald versuchte, Steuergelder einzusparen, machte er sich die Bürokratie zum Feind. Seine ehrliche Meinung, daß der Kauf dieses Flugzeugtyps Verschwendung sei, war eine Bedrohung für alle, die vom Kostenüberhang der Firma Lockheed profitierten. Das konnte man nicht hinnehmen. Sofort nachdem Fitzgeralds Beurteilung publik geworden war, lieferten die Pentagon-Beamten neue, falsche Zahlen über die Konstruktionsverbesserungen der C-5. Diese falschen Angaben machten die

Runde. Der damalige Luftfahrtbeauftragte Harold Brown, Fitzgeralds Vorgesetzter, gab den Beamten in seinem Hauptquartier die Anweisung, Beweismaterial für Fitzgeralds Anschuldigungen vor dem Kongreß zurückzuhalten. Dann überlegte er, wie man Fitzgerald am besten loswerden könnte. Er fand einen Weg, und Fitzgerald mußte seinen Hut nehmen.
Aber damit war die Angelegenheit noch nicht abgeschlossen. Fitzgerald war zu verbohrt, um es dabei bewenden zu lassen. Mit Unterstützung von Senator Proxmire ging Fitzgerald vor Gericht und kämpfte um seine Rehabilitierung. Der Prozeß dauerte Jahre und kostete 400.000 Dollar, aber Fitzgerald mußte wieder eingestellt werden. Aber er hatte nun nichts mehr zu tun. Die anderen Beamten und Militärs, mit denen er früher zusammengearbeitet hatte und die sich an die Spielregeln gehalten hatten, waren inzwischen seine Vorgesetzten. Harold Brown, der eine äußerst fragwürdige Rolle bei der Vorlage der Beweismittel spielte, wurde von Jimmy Carter zum Verteidigungsminister ernannt.
Ein weiterer Fall ist Frank J. Keliher, der früher in der Kongreßbibliothek beschäftigt war. Der Bibliothekar hatte tatsächlich die Standesordnung für Beamte gelesen. Er stieß dabei auf einen Absatz, der besagt, daß ein Beamter die Pflicht habe, die Arbeitsmethoden des Staates rationeller und wirksamer zu gestalten. Er nahm sich diese Pflicht zu Herzen. Er setzte eine Aktennotiz auf, in der es hieß, daß es im Patentamt viel zu viele überflüssige Formulare gebe. Außerdem könne man sparen, wenn die Beamten angehalten würden, nur einmal benutzte Gummibänder und Heftklammern nicht wegzuwerfen, sondern aufzuheben. Keliher machte auch Vorschläge, wie man in der Kongreßbibliothek die Post besser sammeln und verteilen könne. Er wurde daraufhin aus dem Postraum ›verbannt‹. Er verfaßte ein neues Memorandum, in dem er weitere Sparmaßnahmen vorschlug. Dieses Mal schickten ihn seine Vorgesetzten zum hauseigenen Psychiater, der entschied, daß Keliher zu viele Aktennotizen geschrieben hätte und deshalb für seine Stellung nicht geeignet sei. Keliher, der inzwischen die Nase voll hatte, stimmte ihm zu und suchte sich einen neuen Arbeitgeber, der seinen Wunsch, Kosten zu sparen, nicht für verrückt hielt.
John Coplin gehörte auch zu den Beamten, wie sie sich der Bür-

ger vorstellt und wie sie eigentlich sein sollten. Kurz nachdem er seinen Dienst als staatlicher Veterinärmediziner und Beauftragter des Landwirtschaftsministeriums angetreten hatte, entdeckte er, daß seine Kollegen in den Schlachthöfen von Chicago bei der Fleischbeschau oft beide Augen zudrückten. Coplin machte Meldung beim FBI und arbeitete im Hintergrund an einer Untersuchung mit, die die Entlassung bzw. den Rücktritt von drei Viertel der Fleischbeschauer Chicagos zur Folge hatte. Seine berufliche Laufbahn ließ sich gut an, und er zeichnete sich auch später noch mehrmals aus. Er genoß in Fachkreisen so großes Ansehen, daß Universitäten ihn zu Vorträgen einluden und die Öffentlichkeit seine Arbeit schätzte. Nur im Staatsdienst hatte er keinen Erfolg. Er hielt den Rekord als der Beamte im Landwirtschaftsministerium, der die längste Zeit nicht befördert wurde – nämlich 26 Jahre lang.
Robert F. Sullivan gehörte zu einem Untersuchungsausschuß, der Nachforschungen für eine Verwaltungsbehörde der Streitkräfte anstellte. Seit Jahren gingen bereits Gerüchte über Korruption in dieser Behörde um. Im Januar 1975 sollte Sullivan mögliche Unregelmäßigkeiten bei der Vergabe von Rüstungsaufträgen in New England untersuchen. Er sprach vorher noch mit einem anderen Beamten dieser Behörde, Robert J. Tucker. Tucker bestätigte ihm, was ohnehin alle Welt wußte, daß die Beamten im Bostoner Raum Profit aus den Regierungsaufträgen schlugen. Tuckers Behauptung stützte sich nicht nur auf Gerüchte. Er hatte einschlägige Beweise, die er bereits an den FBI weitergeleitet hatte. Während der Untersuchung entdeckten Tuckers Vorgesetzte, was er angerichtet hatte, und feuerten ihn mit der Begründung, er habe »Unterlagen der Regierung entwendet«. Sullivan dachte daran, wie es Tucker ergangen war, und wußte, daß er möglicherweise seinen Job aufs Spiel setzte, wenn er seine Nachforschungen fortsetzte. Monatelang kämpfte er mit sich. Sollte er den Skandal aufdecken oder vertuschen? Schließlich teilte er seinen Vorgesetzten mit, was sie bereits wußten, nämlich, daß es in der Behörde Fälle von Korruption gebe. Er wartete. Nichts geschah. Da die offiziellen Stellen nicht daran dachten einzugreifen, informierte Sullivan die Presse, in der Hoffnung, daß etwas geschehen würde, wenn der Skandal an die Öffentlichkeit käme. Es geschah auch etwas.

Sullivan wurde rausgeschmissen. In seinem Entlassungszeugnis lobte man ihn für seine ›Selbstlosigkeit und seinen guten Willen‹.

Es gibt viele Beispiele, die den Ausspruch untermauern, ›was für die Öffentlichkeit gut ist, ist schlecht für die Bürokratie‹:

Der bekannte Seuchenspezialist Dr. J. Anthony Morris, der früher einmal im staatlichen Gesundheitsdienst gearbeitet hatte, wurde entlassen, weil er darauf hingewiesen hatte, daß die staatlichen Impfprogramme nicht sicher und nicht wirksam seien.

Der Wissenschaftler William C. Bush, der früher bei der NASA gearbeitet hatte, wurde entlassen, nachdem er bei seinen Vorgesetzten, bei Kongreßmitgliedern und einer Kommission des Verwaltungsdienstes den Vorschlag gemacht hatte, seine Abteilung aufzulösen. Sein Arbeitsplatz und die Arbeitsplätze seiner sechs Assistenten waren seiner Meinung nach völlig überflüssig. Er hätte direkt gekündigt, aber er wollte verhindern, daß ein anderer seine Stelle übernahm und die völlig überflüssigen Arbeitsplätze bis in alle Ewigkeit erhalten blieben. Der Eigennutz der Bürokraten war jedoch stärker als Bushs patriotische Einstellung.

Sandra Kramer und Valerie Koster arbeiteten als Krankenschwestern in der Gesundheitsbehörde für Indianer in Shiprock, New Mexico. Als sie sich bei der Presse und beim Kongreß über die schlechten sanitären Bedingungen, die dort herrschten, beklagten, bekamen sie postwendend die Antwort: Sie wurden entlassen.

Ralph Applegate wurde von der Rüstungszulieferungszentrale des Verteidigungsministeriums in Columbia, Ohio, eingestellt, um eine Preiskalkulation für kleinere Rüstungsprodukte vorzunehmen. Als er sich darüber beklagte, daß seine Dienststelle darauf bestand, Rüstungsgegenstände zu weit über dem Marktwert liegenden Preisen zu kaufen, wurde er entlassen.

James Armet mußte seinen Dienst bei der Sozialversicherungsbehörde quittieren, weil er sich darüber beschwert hatte, daß Steuergelder in Höhe von 750.000 Dollar für die Gestaltung einer ›Bürolandschaft‹ ausgegeben werden sollten.

Demetrios Basdekas wurde aus dem Nuklearen Überwachungsausschuß hinauskatapultiert, weil er Zweifel an den Sicherheitsvorkehrungen des von der Regierung geplanten Baus eines schnellen Brüters zur Herstellung des tödlichen Plutoniums geäußert hatte.

In keinem der obengenannten Fälle bestanden Zweifel an der Richtigkeit der Informationen, die diese mutigen Leute gesammelt hatten. Sie wurden nicht entlassen oder bestraft, weil sie eine falsche Aussage gemacht hatten oder nicht kompetent waren, sondern weil sie es gewagt hatten, die Fehlhandlungen der Behörden in Frage zu stellen und aufzudecken.

Diese Geschichten haben natürlich noch weitere interessante Details, und es gibt auch noch viel mehr Beispiele. Jeder, der daran interessiert ist, mehr darüber zu erfahren, kann sich anhand der Veröffentlichung der Untersuchungskommission des Senats *The Whistle Blowers: A Report on Federal Employees who disclose Acts of Governmental Waste, Abuse and Corruption* (etwa: Die Trommler: Ein Bericht über Regierungsangestellte, die Fälle von Verschwendung, Mißbrauch und Korruption in der Regierung aufgedeckt haben) informieren.[6] In diesem Bericht findet man unzählige Beweise dafür, daß die Bürokratie allein zu ihrem eigenen Nutzen arbeitet, und nur gelegentlich zum Wohl der Bürger.

Der einzelne Beamte handelt nur im Interesse der Bürokratie. Und das besteht nicht etwa darin, der Öffentlichkeit einen guten Dienst zu leisten. Die Beamten sind nicht übellaunig oder boshaft. Es liegt einfach an der Natur des Systems, daß ihre Fähigkeiten so eingesetzt werden, daß möglichst wenig zur wirklichen Lösung eines Problems geschieht. Wäre dem nicht so, würde der Beamte das Boot, in dem er sitzt, zum Schaukeln bringen. Und dann muß er damit rechnen, daß er nur Unannehmlichkeiten bekommt und wenig Dank erntet. Jeder Beamte, der etwas anderes erwartet, gilt als ebenso schrullig wie beispielsweise ein englischer Lord, der mit seinem Hund zu Abend speist; und er muß für diese Marotte zahlen. Nur wenige können sich das leisten. John Gonzales, ein Veteran unter den Beamten, hat erklärt, die erste Spielregel laute: »Was immer du tust, schütze deinen eigenen Hintern.« Das ist eine Umschreibung, deren Bedeutung jedem klar ist, besonders aber einem Beamten. Er weiß, daß er entlassen werden kann, wenn er das tut, was die Öffentlichkeit von ihm erwartet, und wenn er sich dem widersetzt, was seine Vorgesetzten von ihm fordern. Er weiß, daß erfahrungsgemäß kaum jemand entlassen wird, weil er schlecht oder überhaupt nicht arbeitet. In einem offiziellen Bericht der Dienststelle für Organisation und Budget heißt es, man müßte Dutzende von Angestellten haben, die 85 mit Akten beladene Kartons, die man zwei Stockwerke hoch stapeln könnte, zusammentragen müßten, um einen Regierungsangestellten wegen Unpünktlichkeit oder dauernder Abwesenheit zu entlassen.

Präsident Carters Verwaltungsreform hat wenig daran geändert. Nach Ansicht vieler Experten, darunter auch A. Ernest Fitzgerald, haben die Dienstleistungen der Beamten dadurch nur noch mehr gelitten. Wenn das stimmt, dann liegt es vielleicht daran, daß einige der gesetzlichen Bestimmungen zum Schutze der ›Trommler‹ durch die Reform weggefallen sind. Obwohl Präsident Carter behauptete, daß die Beamten, die Verschwendung, Korruption und Betrug in der Regierung aufdecken, nach wie vor geschützt sind, sind viele da ganz anderer Meinung. Gonzales meint:

»Die meisten Beamten, die ich kenne, wissen genau, daß A. Ernest Fitzgerald, der Steuersparer, zwar von den Senatoren und Medien ›geschützt‹ wurde, aber heute dafür keine richtige Arbeit und hohe Schulden hat; sie glauben, daß die ›Trommler‹, die von ihren ›Beschützern‹ wieder auf ihre alten Posten gesetzt wurden, keine Zukunft im Staatsdienst haben. Sie sind gebrandmarkt, weil sie sich nicht an die Spielregeln halten wollen.«[7]

Ein typischer Beamter ist an drei Dingen interessiert: an Macht, Prestige und Geld. Diese Ziele erreicht er, wenn seine Dienststelle größer wird. Das bedeutet, daß alles, was zur Vergrößerung seiner Behörde beiträgt, für ihn von Vorteil ist, auch wenn dabei Steuergelder bewußt verschwendet werden. Je mehr Geld eine Dienststelle pro Jahr verbraucht, desto größer ist das Budget für das kommende Jahr. Und da die Gehälter der Beamten in etwa den Geldern, die sie verwalten, entsprechen, bringt ein höheres Budget den Beamten höhere Gehälter und höhere Sozialleistungen. Wie bereits erwähnt, besitzt der Beamte die Fähigkeit, die Nachfrage der Öffentlichkeit nach seinen Dienstleistungen zu steigern, indem er die Gelder, die helfen könnten, Probleme zu lösen, in andere Kanäle fließen läßt. Mit ein wenig Glück kann er die Probleme sogar noch zuspitzen. Das nutzt wiederum ihm, weil seine Dienststelle dann mehr zu tun bekommt und sein Gehalt schließlich auch erhöht.

Das alles führt dazu, daß die Öffentlichkeit quasi ›enteignet‹ wird. In den Wirtschaftsbereichen, in die die Bürokratie noch nicht direkt eingegriffen hat, beispielsweise in der Automobilherstellung und Treibstoffgewinnung, sind die Kosten für den Verbraucher durch die staatlichen Bestimmungen gestiegen, und die Qualität hat nachgelassen. Auch wenn die Hersteller selbst daran interessiert sind, daß es diese Bestimmungen gibt, wie im Fall der Eisenbahn, die inzwischen in Händen zweier staatlicher Organisationen, der AMTRAK und der CONRAIL ist, werden die Dienstleistungen dadurch meistens unrentabel. Das führt schließlich dazu, daß sie, wie im Fall der Eisenbahn, ganz von den Behörden übernommen werden. Und in den Bereichen der Wirtschaft, in denen die Behörden bestimmte Dienstleistungen bereits übernommen haben, geht der Wettbewerb zurück. Je erfolgreicher die Bürokraten die Konkurrenz ausschalten können, desto mehr können sie ihre Monopolstellung festigen. Ein Beispiel dafür ist das Bildungswesen. Es gibt heute kaum einen anderen Bereich, in dem die Bürokratie die Konkurrenz so erfolgreich abwürgen konnte. Senator Daniel Patrick Moynihan meinte dazu:

»Ein Bildungsprogramm folgt dem anderen, eine Bestimmung jagt die andere; dadurch ist es dem Staat gelungen, die privaten Bildungsinstitutionen in eine Nebenrolle abzudrängen. Möglicherweise haben die Verantwortlichen das nicht einmal bemerkt; sie stellen sich sowieso blind, wenn es um den Unterschied zwischen privat und öffentlich geht. Aber sie sind es natürlich nicht. Sie können es nicht sein, weil es für den Staat charakteristisch ist, seine eigenen Schöpfungen automatisch zu bevorzugen. Er kann gar nicht anders handeln.«[8]

Es ist nicht nur eine aus den Fingern gesogene Vermutung, daß die Bürokratie nichtstaatliche Institutionen abschaffen will. Kardinal John Krol wirft den Behörden vor, gegen kirchliche Institutionen mit ›subversiver Tätigkeit‹ und ›terroristischer Taktik‹ vorzugehen.[9] Selbst wenn die nichtstaatlichen Institutionen sich gegen den Zugriff des Staats zur Wehr setzen können, müssen sie, um wirksam Widerstand zu leisten, zu genau den Mitteln greifen, die für die Bürokratie so charakteristisch sind. Sie müssen, wie das Reed College erfahren mußte, noch mehr Mitarbeiter einstellen, um den Papierkram, der nichts mit ihrer eigentlichen Aufgabe zu tun hat, zu bewältigen. Das Ergebnis ist, daß produktiv arbeitende Institutionen ihrer eigentlichen Bestimmung nicht mehr gerecht werden und C. Northcote Parkinsons Ausspruch, daß »ein Beamter die Anzahl seiner Un-

tergebenen, und nicht die Anzahl seiner Rivalen, vergrößern will«, sich bewahrheitet.
Die Tendenz, daß die Bürokratie möglichst alles in den Griff bekommen will, ist nicht auf den Ehrgeiz einzelner Beamter zurückzuführen, sondern auf das bürokratische System selbst. Das hat schon Alexis de Tocqueville erkannt. Er hat vor fast anderthalb Jahrhunderten Amerika besucht und festgestellt, daß selbst in der Anfangsphase das bürokratische System zur ›obersten Macht‹ zu werden drohte. Er sah voraus, welchen Einfluß die Bürokratie auf alle Bereiche des Lebens gewinnen würde:

»Sie hat praktisch die gleiche Autorität wie Eltern, wenn sie es sich zum Ziel gesetzt hätte, einen mündigen Menschen in die Gesellschaft zu entlassen; aber die Bürokratie möchte den Menschen in ewiger Abhängigkeit halten ..., nachdem sie jeden einzelnen fest im Griff und ihn nach ihrem Willen geformt hat. Dann kann sie die Hand nach der ganzen Gesellschaft ausstrecken. Sie durchsetzt die Gesellschaft mit einem feinen Netzwerk von komplizierten allgemeinen und detaillierten Regeln, denen sich selbst Individualisten und charakterstarke Menschen nicht widersetzen können, um sich aus der Masse hervorzuheben. Der Wille des Menschen wird nicht zerstört, sondern aufgerieben, gebeugt und gelenkt; der Bürger wird selten gezwungen zu handeln, aber seine Handlungsfreiheit wird eingeschränkt. Eine solche Macht zerstört nicht, sondern verhindert, daß eine andere Macht entsteht; sie tyrannisiert ein Volk nicht, sondern unterdrückt es, schwächt es, löscht es aus und stumpft es ab, so daß es schließlich zu einer Herde eingeschüchterter willfähriger Schafe wird; und der Staat übernimmt die Rolle des ›guten Hirten‹.«[10]

Tocquevilles Analyse weist nur einen kleinen Fehler auf: Er sah nicht voraus, daß Bürokratie sehr wohl zerstört.
Bei den Einwohnern von Horicon, Wisconsin, gibt es darüber keinen Zweifel. Sie haben selbst erlebt, wie zerstörerisch die Bürokratie arbeitet. In Horicon gab es ein kleines Unternehmen, die Marlin-Spielzeugfabrik, in der 85 Einwohner der Kleinstadt beschäftigt waren. Zu den wenigen Artikeln, die bei Marlin hergestellt wurden, gehörten Plastikbälle für Kleinkinder und Kinder im Vorschulalter. In den durchsichtigen Bällen waren Schmetterlinge, Vögel und bunte Kügelchen, die sich bewegten, wenn man den Ball rollte, was für die Kinder natürlich sehr interessant war.
Nachdem das Werk bereits jahrzehntelang dieses Spielzeug verkauft hatte, ohne daß Unfälle oder auch nur Beschwerden über

eine mögliche Unfallgefahr bekanntgeworden waren, erklärte die Lebensmittelüberwachungsbehörde, dieses Spielzeug sei gefährlich. Die Kinder könnten die Plastikteile in den Mund nehmen und verschlucken, wenn der Ball kaputtginge. Diesen Gesichtspunkt hatte der Hersteller auch schon bedacht und die Bälle, bevor sie auf den Markt kamen, strengen Sicherheitstests unterzogen. Sowohl der Hersteller als auch eine Kaufhauskette, die das Spielzeug anbot, hatten zusätzliche Tests gemacht, um sich der Sicherheit des Produkts zu vergewissern. Alle waren davon überzeugt, daß Marlins Artikel ungefährlich sei. Als die Behörden anders darüber urteilten, beugte sich die Firma sofort dieser Entscheidung. Sie zog alle nicht verkauften Artikel zurück, was einen Verlust von 100.000 Dollar mit sich brachte. Marlins Designer setzten sich mit den Behörden zusammen, um das Spielzeug, den Sicherheitsbestimmungen entsprechend, neu zu entwerfen. Nachdem es endlich zu einer Einigung gekommen war, setzte Marlin im Sommer 1973 alle verfügbaren Reserven ein, um den Verlust wettzumachen. Gerade, als sich Hunderttausende neue Bälle in den Warenlagern der Kaufhäuser türmten und mit dem Verkauf begonnen wurde, schlug die Bürokratie erneut zu. Im September 1973 veröffentlichte die Verbraucherschutzkommission eine schwarze Liste, in der alle Spielzeugartikel, die zu Weihnachten nicht verkauft werden durften, namentlich aufgeführt waren. Zu den ›gefährlichen‹ Artikeln gehörten auch Marlins Spielzeuge, die, den Sicherheitsbestimmungen der Behörden entsprechend, ein neues Design hatten. Was war geschehen? Einige Monate später, nachdem alle Weihnachtsaufträge der Firma Marlin storniert worden waren und das Unternehmen Verluste in Höhe von 1,2 Millionen Dollar zu verbuchen hatte, gab die Behörde die Erklärung ab, das ganze sei auf einen ›Druckfehler‹ zurückzuführen. Zu schade!

Jetzt sind die Mitarbeiter der Firma Marlin arbeitslos. Sie stehen Schlange vorm Arbeitsamt, um ihre Arbeitslosenunterstützung oder andere Sozialhilfen abzuholen, die sie gar nicht wollten oder brauchten, bis die Behörden ihren Arbeitgeber so in die Mangel nahmen, daß er seinen Betrieb nicht mehr weiterführen konnte.

Daß die Bürokratie von dem Schaden, den sie anrichtet, profitiert, gehört zur Logik des Systems. So nett der einzelne Beamte auch sein mag, auf lange Sicht handelt er nur im Interesse und zum Wohl der Bürokratie. Sein Motto ist: ›Schütze deinen eigenen Hintern‹; und dieser Grundsatz, der ihn an das System bindet, gibt ihm die Möglichkeit, alternative Institutionen auszulöschen und, was ganz sicher ist, Unabhängigkeit und Eigenständigkeit, in welcher Form sie auch auftreten, zu zerstören. Deshalb setzt die Bürokratie alles daran, den Bürger abhängig zu machen. In den Großstädten versucht sie nicht nur, einkommensschwache Personen als Dauerkunden zu gewinnen, sondern sie geht sogar von Tür zu Tür und mischt sich in die Angelegenheiten der Bürger. Durch die Steuergesetze und behördlichen Bestimmungen steigen die Kosten der Unabhängigkeit, und Millionen reagieren, wie erwartet; sie bleiben abhängig, und genau das wollen die Bürokraten. Jedes Individuum, das sich selbst verwirklichen möchte, geht dem bürokratischen System verloren. Das will man natürlich nicht. Man wünscht sich noch mehr hilflose, hoffnungslose Bürger, die von der Bürokratie abhängig sind und deren Bedürfnisse nur sie befriedigen kann.

Es gibt kein besseres Beispiel für die persönlichen Folgen des bürokratischen Machtanspruchs als den Fall Mary Wimberley. Sie hatte von Geburt an den Grauen Star und ist heute blind. Trotz ihres Leidens eröffnete sie in ihrem großen Haus in Anaheim, Kalifornien, eine Pension für andere Behinderte. Ihre Gäste sind entweder Sehbehinderte oder geistig Behinderte, die sonst in Pflegeanstalten leben müßten. Da Mary Wimberley selbst lange Zeit in Pflegeheimen zugebracht hatte, wollte sie ihren Leidensgenossen ein richtiges Zuhause geben. »Die Behinderten, die in Pflegeheimen untergebracht sind, haben nichts von ihrem Leben. Dort existiert man nur, aber wenn man ein richtiges Zuhause hat, lebt man«, sagte sie.

Mary Wimberley mußte feststellen, daß es nicht genügt, seinen Mitmenschen helfen zu wollen. Dazu braucht man die Genehmigung der Behörden, und die weigerten sich, weil selbst eine so kleine Geste der Unabhängigkeit, wie geistig und körperlich behinderten Menschen zu helfen, von den Bürokraten als Affront aufgefaßt wird. Diese Geste diente in ihren Augen dazu, die Bürokratie überflüssig zu machen, und nicht dazu, ihren Einflußbereich zu vergrößern. Deshalb mußte Mary Wimberley um das

Recht, eine Pension für Behinderte zu eröffnen, kämpfen. Aus dem langen nachfolgenden Kampf, an dem ganz Amerika teilnahm, ging sie schließlich als Siegerin hervor, aber nicht als strahlende Siegerin. Sie sagte: »Der Kampf gegen den Bürokratismus war so hart, daß ich manchmal am liebsten aufgegeben hätte.«

Zum Glück tat sie es nicht. Die Empörung der Öffentlichkeit trug dazu bei, daß sie ihr Recht durchsetzte und so leben konnte, wie sie es sich vorgestellt hatte. Aber solche Triumphe sind heute selten. Die meisten Menschen, die um ihre Unabhängigkeit kämpfen, sind nicht wie Mary Wimberley blind und daher ein Sonderfall, sondern ganz gewöhnliche Leute, deren Schicksal für die Medien uninteressant ist und deren Geschichte sich durch nichts von anderen Kämpfen um Gerechtigkeit unterscheidet und deshalb kaum Aufmerksamkeit erregt.

Aus dieser traurigen Perspektive müssen wir die Situation des gewöhnlichen, produktiv arbeitenden Bürgers sehen. Die Bürokratie macht tagaus, tagein seine Bemühungen zunichte und reduziert oder nimmt ihm die Möglichkeiten, sich frei, zu seinem eigenen und zum Wohl der Allgemeinheit, zu entscheiden. Diese Tendenz der Bürokratie, sich alles untertan zu machen, führt dazu, daß die Großen eindeutige Vorteile den Kleinen gegenüber haben. Ein eingeführtes Unternehmen, das den Behörden bekannt und durchschaubar ist, läßt sich nicht nur leichter kontrollieren, sondern es kann trotz der behördlichen Kontrollen weiterbestehen. Ein großes Unternehmen verkraftet die gesetzlichen Bestimmungen und die firmenpolitischen und juristischen Folgen, die dann entstehen, wenn man sich an die behördlichen Bestimmungen hält, viel leichter.

Die Behörden haben mehr als 7000 verbindliche Auflagen für alle Zweige der Wirtschaft gemacht; allein deshalb können kleinere Firmen schon gar nicht mehr wirksam mit den großen, mächtigen Unternehmen konkurrieren. Die Bürokratie verlangt unter Strafandrohung, daß die Unternehmer ihre Zeit damit verbringen, Formulare auszufüllen; dadurch ›verschlingen‹ sie die Verdienstspanne der kleinen Firmen. Manche Formulare sind 70 Seiten lang, und die des Finanzamts z. B. sind genauso unverständlich wie Thomas Paines Werk *Common Sense* (Gesunder Menschenverstand). Der ehemalige Senator Thomas J.

McIntyre schrieb: »Die Unternehmen werden dadurch gezwungen, zu schließen oder sich mit größeren Firmen zusammenzutun, die über genügend Mitarbeiter verfügen, um den Behörden Rede und Antwort zu stehen. Wenn der Papierkrieg weitergeht, bedeutet das möglicherweise das Ende des freien Unternehmertums in Amerika.«

Genau das ist es, was unsere Bürokratie beabsichtigt. Sie legt nur ein Lippenbekenntnis ab, wenn es um Ideale wie Wettbewerb, Unabhängigkeit und Unternehmungsgeist geht. Ihre Worte sind genauso leer und nichtssagend wie das Versprechen eines Anwalts, der ein Nachlaßverfahren so schnell wie möglich abschließen will. Die Bürokratie will kontrollieren und vorschreiben. Das gelingt ihr am besten, wenn sie den Wirtschaftsunternehmen so viele Vorschriften wie möglich macht, so daß sich nur wenige Konkurrenten halten können. Die Firmen, die ihre Existenz sichern wollen, sind deshalb genauso von ihrem transzendentalen Kapital in Form von Lizenzen, Betriebsvorschriften, Tarifen und anderen bürokratischen Barrieren für einen freien Wettbewerb abhängig wie von ihrer wirtschaftlichen Leistungsfähigkeit. Das macht sie von der Bürokratie abhängig. Diese möchte wiederum den Status quo beibehalten und sieht es lieber, wenn nur einige wenige große Firmen bestehenbleiben und sich nur wenige Konkurrenzunternehmen, deren Reaktionen sie nicht kennen, etablieren können. Selbst in der Landwirtschaft, wo die Konkurrenz noch stark ist, versuchen die Behörden, durch Preisbindungskartelle den Wettbewerb zu drosseln, auf Kosten einzelner, unabhängiger landwirtschaftlicher Betriebe.

Das hat auch der Plantagenbesitzer Jacques Giddens zu spüren bekommen. Er hat von seinen Ersparnissen 16 Hektar Land in Kalifornien gekauft und baut dort Orangen an. Die Ernte ist immer so gut, daß er mit Profit arbeiten könnte. Aber die Behörden verlangen von ihm, daß er den Ernteertrag von rund 5 Hektar wegwirft, weil der Navel-Orangen-Verwaltungsausschuß den freien Handel mit Orangen einschränken will. Dieser Ausschuß setzt Quoten fest; er bestimmt, wie viele Orangen wo und zu welchem Preis verkauft werden dürfen. Deshalb durfte Giddens nie mehr als 65% seines Obstes verkaufen. Die Behörden erlauben ihm jedoch, die restlichen 35% seiner Ernte als Abfallprodukt für 10 Dollar pro Tonne an eine Fabrik zu liefern. Aber da damit die Kosten für Ernte und Transport einer Tonne Orangen nicht gedeckt sind, ist es günstiger, sie verrotten zu lassen. Giddens kann auch keine Kosten sparen, wenn er auf dem Stück Land, dessen Erträge er nicht verkaufen darf, nichts mehr anpflanzt. Dadurch würde sich sein Verkaufskontingent verringern, und er würde noch mehr Geld einbüßen. Giddens sagt: »Das Gesetz ist verrückt. Es gibt soviel Hunger in der Welt; mein Obst ist gut, und wenn ich es wegwerfe, bedeutet das nur, daß eine Hausfrau in Los Angeles von ein paar Halsabschneidern gezwungen wird, noch mehr Geld für ihre Orangen zu bezahlen.«

Giddens trotzte den Behörden und verkaufte 3441 Kisten Orangen für 15.000 Dollar. Die Behörden rächten sich, indem sie ihm eine Verfügung des Bundesgerichtshofes zustellten, die besagte, daß er sich an die festgesetzten Quoten zu halten habe, ansonsten müsse er mit einer Geldbuße bzw. Freiheitsstrafe rechnen. Wie viele andere ist auch Giddens ein Opfer der Bürokratie. Er hat am eigenen Leibe zu spüren bekommen, wie die Behörden von seiner Hilflosigkeit und Unzufriedenheit profitieren. Aber auch die Politiker haben einen Nutzen davon, wenn durch die Inkompetenz der Bürokratie die bestehenden Probleme noch vertieft werden und ihre Dienstleistungen alles andere als zufriedenstellend sind. Je mehr Schaden sie anrichten, je hilfloser der einzelne sich gegenüber dem riesigen, undurchschaubaren System fühlt, desto besser für die Politiker. Jeder Hilferuf ist der Karriere eines Amtsinhabers förderlich. Charles Klapp analysiert die Situation so:

»Der Wähler wendet sich an den Kongreßabgeordneten, wenn die Behörden bei einem Problem, das ihn unmittelbar betrifft, gegen ihn entscheiden; wenn ihre Entscheidungen grundlos hinausgeschoben werden; wenn er sich im Dschungel der Bürokratie nicht mehr zurechtfindet und nicht weiß, an wen er sich um Hilfe wenden soll. Diese Bittgesuche sind für die politische Laufbahn eines Kongreßabgeordneten von großem Nutzen, weil der Wähler persönlich betroffen ist.«[11]

Nichts ist so wohltuend für den Wähler, als wenn sich sein Abgeordneter persönlich für ihn einsetzt. Je mehr Schwierigkeiten er durch die Bürokratie bekommt, desto dringender wird der Kongreßabgeordnete gebraucht und desto mehr steigt sein An-

sehen in der Öffentlichkeit. Morris T. Fiorina meinte dazu: »Kongreßabgeordnete können sich nahezu unentbehrlich machen, wenn sie dazu beitragen, daß die Bürokratie sich noch mehr ausweitet. Je mehr Entscheidungen die Bürokratie zu treffen hat, desto mehr Erfolge können sie für sich verbuchen.«[12]
So funktioniert das System. Fiorina sagt außerdem: »Ganz Washington profitiert, wenn der Einfluß der Bürokratie stärker wird. Je undurchsichtiger und unproduktiver sie arbeitet, desto hilfloser wird der Bürger. Mit jedem Unternehmen, das sie in den Bankrott treibt, mit jedem Arbeitsplatz, der durch ihre Schuld verlorengeht, wächst die Zahl derer, die von ihrer Hilfe abhängig sind. Je mehr die Bürokratie an ihrer eigentlichen Bestimmung vorbeigeht, je mehr alternative Institutionen sie zerstört oder ihrem Willen unterwirft, desto mehr steigt die Nachfrage nach ihren Dienstleistungen. Um den Bildungssektor beherrschen zu können, ist ihr mehr mit einem niedrigen als mit einem hohen Bildungsniveau gedient. Je weniger Menschen ihre in unverständlicher Bürokratensprache abgefaßten Mitteilungen verstehen, desto mehr ›Lesehilfe‹ brauchen sie. Dadurch steigt der Bedarf an Leuten, die sich auf diesem Gebiet auskennen und Kommentare abgeben wie: »Daß die mit diesem Lesehilfeprogramm angesprochenen Bedürfnisse wirklich befriedigt werden können, kann nicht gewährleistet werden.« (Das ist tatsächlich ein Auszug aus der Bewertung eines Lesehilfeprogramms für behördliche Formulare.) Die Politiker, die solchen Unsinn gutheißen und unterstützen, werden von der Öffentlichkeit, die inzwischen schon so erschöpft ist, daß sie selbst für den kleinsten Gunstbeweis dankbar ist, wiedergewählt.
Wir haben ein System geschaffen, das wir nicht verstehen. Wir haben den Eigennutz vor die Interessen der Allgemeinheit gestellt, indem wir Millionen Menschen erlauben, die Rechte anderer zu verletzen. Wir haben diesen Leuten die absolute Macht gegeben, für uns zu sprechen, das Monopol, zu entscheiden, was gut für uns ist. Die Bürokraten sind die einzigen, die nicht nach ihren Leistungen beurteilt werden. Sie werden auch nicht fürs Reden bezahlt. Reden ist ja etwas, was man *tut.* Und diejenigen, die es tun, reden im allgemeinen flüssig und sind unterhaltsam. Dem Bürokraten fehlen diese Eigenschaften. Er handelt nach einem ganz anderen Prinzip: Die Bürokratie profitiert

nicht von ihren guten Leistungen, sondern von ihren guten Absichten. Diesen Unterschied hat Tom Bethell in seinem Essay *The Wealth of Washington* (»Washingtons Reichtum«) herausgestellt:

»Arbeiten Sie nicht für eine Ölgesellschaft – Sie könnten Ihre Hände schmutzig machen. Arbeiten Sie lieber für das Energieministerium, und machen Sie sich für staatliche Maßnahmen auf dem Energiesektor stark, das hebt Ihr Prestige. Sind Sie Krankenschwester? Sie müssen Nachttöpfe leeren und die Bezahlung ist miserabel. Suchen Sie sich einen Platz im Gesundheitsministerium und schreiben Sie über das heutige ›Gesundheitssystem‹. Sind Sie Maler? Viel zuviel Arbeit! Arbeiten Sie bei der Nationalen Stiftung für Künstler mit und halten Sie bei Versammlungen Vorträge über kreative Partnerschaft, dann ist Ihr Einkommen gesichert!«[13]

Die Bürokratie, die gute Absicht und Weisheit verkörpern sollte, zeigt weder das eine noch das andere. Das ist teilweise auch darauf zurückzuführen, daß die Öffentlichkeit mißversteht, wie eine Gesellschaft wirklich funktioniert. Die Bürokratie ist auf einem Bluff aufgebaut, weil wir mit unserem gesunden Menschenverstand versuchen, die Welt besser zu verstehen. Wir gehen fälschlicherweise davon aus, daß die Gesellschaft genauso funktioniert wie die Familie. Wenn der Vater möchte, daß seine Kinder den Rasen mähen, zeigt er auf den Geräteschuppen und gibt ihnen mehr oder weniger freundlich die Anweisung, den Rasen zu mähen. Die meisten Menschen glauben, daß die Gesellschaft ähnlich auf Anweisungen reagiert. Sie sind davon überzeugt, daß das Familienleben funktioniert, wenn jeder seine Pflichten zugewiesen bekommt. Deshalb sind sie der Ansicht, wenn der ›nationale‹ Rasen gemäht werden muß, braucht man nur auf den Geräteschuppen zu zeigen und hoffen, daß bei allen Rasenmähern Umformer und Walzen intakt sind.
Aber die Gesellschaft funktioniert im allgemeinen nicht auf Kommando. Die Bürokratie hat zwar die Macht, Anweisungen zu geben, aber die Folgen sind oft ganz anders, als es sich die Öffentlichkeit vorgestellt hatte, als sie versprach, die guten Absichten der Bürokratie tatkräftig zu unterstützen. Es stimmt nicht, daß die Bürokratie Gutes tut, weil man das von ihr erwartet. Sie muß Fehler machen und versagen, weil der Vorsatz, Gutes zu tun, sich nicht mit den eigennützigen Interessen der

Bürokratie vereinbaren läßt. Selbst wenn das anders wäre, könnten viele bürokratische Systeme mit ihrer stark zentralisierten Macht dem Anspruch des Bürgers nicht gerecht werden, weil ihnen das nötige Wissen fehlt, um ihre guten Vorsätze in die Tat umzusetzen. Eine bürokratische Organisation ist in vieler Hinsicht, wie ihre Kritiker behaupten, eine Institutionalisierung der Unwissenheit. B. F. Kline und N. H. Martin meinten:

»Hauptmerkmal der Befehlshierarchie ist nicht Wissen, sondern Unwissenheit. Der Mensch kennt nur einen Bruchteil von dem, was um ihn herum vorgeht, und das meiste, was er davon weiß, ist falsch ... Meistens ist die Unkenntnis größer als das Wissen, nicht nur bei dem einzelnen Befehlsempfänger, sondern bei allen Befehlsstellen ... Deshalb ist es durchaus möglich, daß wir eine Befehlshierarchie aufgebaut haben, die unsere Leistungen verbessern soll, die in Wirklichkeit aber nur die Unwissenheit institutionalisiert.«[14]

Wir haben eine Bürokratie aufgebaut, die uns eigentlich das Lesen beibringen, bessere Straßen bauen, die Armut abbauen sollte usw. Aber nichts dergleichen geschieht. Sie schadet uns nur, ist ein Hindernis und kostet pro Familie obendrein noch 2500 Dollar im Jahr. Wir werden ausgequetscht, während sie immer reicher wird. Sie saugt den Metzger, den Bierbrauer und den Bäcker bis zum letzten Blutstropfen aus – und das alles im Namen des guten Willens. Gerade heute kann man wohl mit Recht behaupten, daß der Weg zur Hölle mit guten Absichten gepflastert ist.

Die Energiequetsche

»Es ist sicher, daß der Despotismus den Menschen zugrunde richtet; er verhindert, daß der Mensch Wohlstand schaffen und genießen kann; er trocknet die Quellen des Reichtums aus . . .«

Alexis de Tocqueville

»Wenn das so weitergeht, landen wir noch im Armenhaus«, sagte der Mann zu seiner Frau.
»Da sind wir bereits«, lautete die Antwort.
Dieser Kommentar von ganz normalen Durchschnittsbürgern, der in *The Washington Post* stand, rückt die Energiequetsche in die richtige Perspektive. Wenn die Leute erzählen, sie müßten in Zukunft wohl im Sommer schwitzen und im Winter frieren, ist das ein Zeichen für schwindenden Wohlstand und eine finanzielle Krise und nicht geologisch oder physikalisch bedingt. Inflation und Steuern haben unser Einkommen verringert, so daß wir uns die Energie, die Politiker und Bürokraten künstlich verteuert haben, bald nicht mehr leisten können.
Die ›Energiekrise‹ ist überhaupt keine Energiekrise, sondern eine Krisensituation, die erst durch Inflation und politische Maßnahmen ausgelöst wurde. Heute sind unsere Energiereserven nachweislich größer als je zuvor; dennoch wird der Verbraucher mit einer Verknappung der Rohölreserven konfrontiert; er muß damit rechnen, daß das Benzin rationiert wird, Geschäfte schließen müssen, usw. Washingtons Bürokraten wollen Ihnen sogar vorschreiben, wann und wo Sie Ihr Auto benutzen dürfen. Im Kongreß wurde bereits ein Antrag eingebracht, der der Öffentlichkeit noch mehr Opfer abverlangt und uns alle zwingt, ›unseren Beitrag‹ zur Bewältigung einer Krise zu leisten, die in erster Linie die Politiker heraufbeschworen haben.
Viele Menschen sind der Ansicht, daß unsere ›Energiereserven‹ bald verbraucht sein werden. Diesen Mythos hat man seit der Industriellen Revolution schon mehrmals geschaffen. Er ent-

steht immer dann, wenn aufgrund technologischer Veränderungen die bestehenden Energiequellen nicht ausreichend erscheinen oder, wie das heute der Fall ist, wenn finanzielle oder politische Krisen in der Regierung ein ausgewogenes Verhältnis von Angebot und Nachfrage verhindern.

Die weltweiten Energiereserven sind keinesfalls ›erschöpft‹. Das ist nichts als blinder Alarm. Energie und Materie wird es geben, solange das Universum existiert. Wir stehen lediglich vor einem ökonomischen Problem: die billigste Form der Energie für einen bestimmten Zweck zu finden und zu nutzen.

Es spielt keine Rolle, was Politiker und Bürokraten sagen; die Energiereserven sind noch *nicht* erschöpft – außer vielleicht in einem Sinn, den Politiker und Bürokraten gar nicht meinen. Die Sonnenenergie wird eines Tages erschöpft sein, da sie an andere Teile des Universums abgegeben wird. In diesem Sinn könnte man von einer Energieverknappung sprechen, die aber frühestens in 5 Milliarden Jahren auftreten könnte.

Überall um uns herum wird hochwertige Energie produziert, in solchen Mengen, daß es für den Menschen direkt eine Herausforderung ist zu erkennen, wieviel es davon gibt. An einem einzigen Tag scheint die Sonne in Kalifornien so stark, daß man die ganze Welt eine Woche lang mit Energie versorgen könnte. Und das Sonnenlicht gehört zu den Energiequellen, die noch längst nicht ausreichend genutzt werden. Wenn Sie einen Moment nachdenken, fallen Ihnen sicher noch viele andere ein. Da ist z. B. die Schwerkraft. Solange der Mond die Erde umkreist und auf die Weltmeere einwirkt, gibt es Ebbe und Flut mit ihrer phänomenalen Kraft. Auch diese Kraft könnte man nutzen. Auch der Wind (bzw. die indirekte Sonnenenergie) gehört zu den Energieträgern. Es gibt tief im Erdinnern die Geothermalenergie. Es besteht die Möglichkeit, die Kraft der kontrollierten Kernfusion zu nutzen – ohne die Gefahren radioaktiven Abfalls; damit könnte man Wasser als Brennstoff nutzen und die gleichen gewaltigen Kräfte entfesseln, die in der Sonne am Werk sind.

Aus Öl, Kohle und Erdgas läßt sich Energie gewinnen. Sowohl Methanol (Methylalkohol) als auch Ethanol (Äthylalkohol) eignen sich als Kraftstoff für Verbrennungsmaschinen. Abfallprodukte, Müll, Zeitungen, fast alles ließe sich in chemische

Brennstoffe umwandeln, wenn man kostensparende Verfahren entwickeln würde.
Wir stehen genausowenig vor einer ›Energiekrise‹ wie 1840 oder 1850. Damals wurde der Walfischtran teurer, und das Holz, das man zu der Zeit noch zur Eisenverarbeitung und zum Heizen der Kessel bei Dampflokomotiven brauchte, wurde knapp. Waren die Energiereserven deshalb erschöpft? Keineswegs. Sobald der Abbau von Kohle wirtschaftlich interessant wurde, gewann man die Energie weitgehend aus Kohle. Das Leuchtgas löste den Tran ab, mit dem man früher die Lampen füllte, und die meisten Industriezweige stellten von Holz und Holzkohle auf Kohle um. Gleich nach der Umstellung entwikkelte sich eine neue Energieform, das Erdöl, das man anfangs noch für zwei Dollar pro Barrel kaufen konnte; aber das war zu einer Zeit, als ein Steak in einem Restaurant in New York auch nur 50 Cents kostete.
Als das erste Öl auf den Markt kam, behaupteten die ›Experten‹ bereits, daß die Erdölreserven nur noch für 5 bis 10 Jahre reichen würden. 1868 schlug die US-Regierung die Herstellung synthetischer Kraftstoffe vor, um für die Zeit, wenn es kein Erdöl mehr gäbe, gerüstet zu sein. 1891 warnte eine staatliche geologische Untersuchungskommission, daß die Erdölreserven innerhalb der nächsten 20 Jahre verbraucht sein würden. Nach dem Ersten Weltkrieg reisten unsere Regierungsexperten nach Schottland, um Versuchen, aus Schiefergestein Öl zu gewinnen, beizuwohnen. 1946 kündigte man wieder eine Ölverknappung an. Die Öffentlichkeit wurde darauf vorbereitet, daß die Erdölreserven bald verbraucht sein würden. Was passierte dann? Die durch den Zweiten Weltkrieg bedingten Preiskontrollen wurden aufgehoben, und es gab wieder Energie im Überfluß.
Die ›Experten‹ meinen also schon über 100 Jahre lang, daß das Öl nur noch ein paar Jahre reichen würde. Wir verbrauchen zwar von Jahr zu Jahr mehr Öl, aber unsere Reserven sind noch nicht aufgebraucht, weil Jahr für Jahr mehr Erdöl entdeckt wurde, als wir verbraucht haben.
Selbst wenn das nicht so wäre, müßten wir nicht damit rechnen, bald keine Energie mehr zu haben. Wir müssen uns nur damit abfinden, daß wir für unseren Energieverbrauch zahlen müssen. Das ist das, was Emerson »das absolute Gleichgewicht des Ge-

bens und Nehmens, die Lehre, daß alles seinen Preis hat«, nannte. Je höher der Preis, desto mehr Energie ist verfügbar und desto weniger wird verbraucht.

Wie wirkt sich das in der Praxis aus? Es gibt kein besseres Beispiel als die Einführung von automatischen Wärmereglern für Heizungen in Privatwohnungen. Zu der Zeit, als das Heizöl noch rund 3 Cent pro Liter kostete, war der Bedarf an automatischen Wärmereglern gering. Sie kosteten weit mehr, als sich damals einsparen ließ, wenn man einen besaß. Deshalb gab es kaum Firmen, die sie herstellten, weil es einfach keinen Markt dafür gab. Als die Heizölpreise jedoch stiegen, stieg auch die Nachfrage nach automatischen Wärmereglern. Schließlich waren deren Kosten niedriger als die Öl- und Gaskosten, die sich dadurch einsparen ließen. Die höheren Preise trugen also zu einem geringeren Energieverbrauch bei.

Das gleiche gilt auch für den umgekehrten Fall. Wenn die Energiepreise fallen sollten, müßte man mit einem größeren Energieverbrauch rechnen. Man würde weniger energiesparende Geräte benutzen. An der Konstruktion von Gebäuden, Autos, Motorbooten und Elektrogeräten könnte man auf den ersten Blick sehen, daß die Energie wenig kostet, da der Verbrauch entsprechend hoch sein würde.

Aus diesem Grund wurden in den 60er und 70er Jahren Autos gebaut, die mehr Kraftstoff pro Kilometer verbrauchten als frühere Modelle. Bis auf die letzten Jahre waren die Preise für Treibstoff niedrig. Deshalb hatten die Autofahrer auch keinen Anlaß, den Benzinverbrauch einzuschränken. Das gleiche galt für andere Energieformen. Ende der 60er Jahre baute man noch Häuser, die viel weniger energiefreundlich waren als Häuser aus den weiter zurückliegenden Jahrzehnten. Da die Energie noch billig war, dachten die Architekten natürlich noch nicht daran, energiesparende Bautechniken in ihrer Planung zu berücksichtigen. Dr. Charles Lawrence, ein Spezialist der New Yorker Versorgungsbetriebe, führte eine Studie über den Energieverbrauch von 80 Bürogebäuden durch, die nach dem Zweiten Weltkrieg in New York errichtet worden waren. In den Gebäuden, die zu dem Zeitpunkt, als die Energie noch billig war, erbaut worden waren, wurde mehr Energie verbraucht.

Energieverbrauch und Energieproduktion werden durch den

Preis bestimmt. Vor dem ›Erdölzeitalter‹ – als man Öl noch für eine schmierige Substanz hielt, die sich kaum aus der Kleidung herauswaschen ließ – war kaum jemand an diesem Rohstoff interessiert. Öl war damals weniger wert als Wasser. Die Farmer gruben Brunnen für ihr Vieh oder um ihre Felder zu bewässern. Wenn sie dabei auf Öl stießen, murrten sie und hoben an einer anderen Stelle einen Brunnen aus. Erst als die Preise stiegen, wurde Öl zu einer wichtigen Energiequelle.

Je höher der Energiepreis, desto mehr Energiequellen gibt es. Unser gesunder Menschenverstand sagt uns, daß Energieproduktion und Energieerhaltung auf diesem Grundsatz basieren. Die Energiekrise ist entstanden, weil die Energiepolitik des Staates nicht immer auf dem gesunden Menschenverstand beruht. Politiker und Bürokraten haben diese Krise herbeigeführt, indem sie dem Energieverbraucher noch mehr Kosten aufgeladen haben, ohne daß durch diese Preiserhöhung eine bessere Energieversorgung gewährleistet ist. Sie halten den Verbraucher an, Energie zu sparen und nicht zu verschwenden; aber sie selbst unterstützen die Verschwendung und machen die Energieerhaltung unwirtschaftlich. Während die Regierung ständig über die ›Abhängigkeit von ausländischem Öl‹ jammert, hat sie in Wirklichkeit mit Hilfe eines ausgeklügelten Systems die Öleinfuhren unterstützt. Durch diese Unterstützung und die Preiskontrollen wurde, wie vorauszusehen war, die Erdölproduktion im eigenen Land gedrosselt; das führte zur Vormachtstellung der ›Organisation der Erdölexportierenden Länder (OPEC).‹ Tatsache ist, daß die US-Regierung den OPEC-Staaten die Kontrolle über einen Großteil der weltweiten Erdölreserven überlassen hat, so daß diese heute die Preise nach Belieben erhöhen können. Man könnte, salopp ausgedrückt, sagen, daß unsere Politiker die OPEC-Staaten subventioniert haben.

Es hätte die OPEC vielleicht nie gegeben, wenn die Regierung nicht versucht hätte, Amerika im Hinblick auf die Ölversorgung ›auszutrocknen‹. Vor 1973 kostete das Öl weniger als frisches Quellwasser; damals wurden die Ölgesellschaften von der Regierung angehalten, ihr Öl versickern zu lassen, weil bei den damaligen Weltmarktpreisen die Förderung unrentabel war. Die Einfuhrkontrollen, die der Kongreß dann einführte, trugen zu einer künstlichen Preissteigerung des Öls bei; dadurch wurde nun wieder mehr Öl gefördert. Der Wettbewerb ausländischer Lieferanten, die ihr Öl billiger anboten, wurde eingeschränkt. Die Politiker hatten also das Preisniveau künstlich in die Höhe getrieben, und der Verbraucher mußte mehr zahlen. Die politischen Maßnahmen zur Ölpreisanhebung richteten sich auch gegen die Wiederaufbereitungsindustrie, die vom Öl abhängig war. Unternehmen, die z. B. schmutziges Motorenöl wiederaufbereitet hatten, wurden mit höheren Steuern belegt. Die Folge war, daß viele Firmen ihre Tore schließen mußten. Das trug wiederum zu einer weiteren Verteuerung bei, da auch das Angebot an wiederaufbereitetem Öl eingeschränkt wurde.

Die politischen Maßnahmen zur künstlichen Verteuerung inländischen Öls endeten abrupt im Jahre 1973. Statt dessen unterstützte der Staat nun die Einfuhr aus dem Ausland und hielt die Preise für inländisches Öl künstlich niedrig.

Diese absurden, widersprüchlichen politischen Maßnahmen waren eine Folge der weltweiten Veränderungen in der Währungssituation. Der Verfall des amerikanischen Dollars, der durch die wachsende Inflation in unserem Land bedingt war, führte zu einer Reihe politischer Schachzüge, die den ständigen Abstieg unserer Wirtschaft vertuschen sollten.

Um diese Situation verstehen zu können, muß man in die Zeit zurückgehen, als Lyndon Johnson die Geldmenge, die im Umlauf war, vergrößerte, um den Vietnamkrieg und seine umfangreichen Sozialprogramme finanzieren zu können. Dadurch stiegen nicht nur die Lebenshaltungskosten in Amerika, sondern auch die weltweite Währungsstruktur wurde empfindlich gestört. Es wurde so viel Geld ohne Deckung in Umlauf gebracht, daß die internationalen Schulden nicht mehr mit Gold beglichen werden konnten. Am 15. August 1971 teilte Nixon der Welt offiziell mit, daß die US-Regierung pleite sei. Er gab Anweisung, weitere Zahlungen in Gold an ausländische Zentralbanken einzustellen, und beseitigte damit auch das letzte Hindernis für eine Ausweitung der Inflation und der Schulden. Die ›Wechselkursfreigabe‹ brachte nichts. Andere Staaten werteten ihre Währungen so oft ab, daß es zu einem Kopf-an-Kopf-Rennen kam, in dem es nur darum geht, welche Währung als erste völlig wertlos wird.

Unter diesen Bedingungen – wenn ungedeckte Zahlungsmittel

die internationalen Handelsbeziehungen stören – bleiben nur wenige Möglichkeiten, die Zahlungsunfähigkeit einzelner Staaten zu beheben. Kurzfristig erhielten dadurch die großen Banken die Chance, ihre Gewinne zu vergrößern, indem sie den Ländern, die in einer finanziellen Krise steckten, Milliarden-Kredite zu hohen Zinsen gewährten. Mit Hilfe dieser Kredite konnten sie ihre Schulden bezahlen.
Das Ganze sieht nach einem geschickten Schachzug aus, aber es gibt dabei ein Problem. Jeder kann jemandem, der in einer finanziellen Klemme steckt, Geld leihen und hohe Zinsen dafür verlangen. Der Trick besteht nur darin, daß man das Geld auch zurückbekommt. Ende 1979 hatte z. B. die Chase Manhattan-Bank Kredite in Höhe von 53 Milliarden Dollar vergeben. Aber keine Bank kann es sich leisten, solche Summen zu verlieren, wenn sie weiterhin flüssig bleiben will. In Zukunft sehen die Banken noch trüberen Zeiten entgegen. Die Konten der nicht ölproduzierenden Entwicklungsländer, die die Hauptschuldner der Banken sind, wurden durch die erneuten Ölpreissteigerungen 1979 noch mehr belastet. Dabei hatten diese Länder nicht einmal ihre alten Schulden nach der Ölpreissteigerung im Jahre 1973 zurückgezahlt. Wenn nicht im internationalen Devisenfluß drastische Veränderungen eintreten, könnte das zum Zusammenbruch der Banken führen.
Schon jetzt wurde manchen Schuldnern ein ›Zahlungsaufschub‹ gewährt – eine höfliche Art zu sagen, daß sie mit ihren Zahlungen in Verzug sind. 1978 erhielt z. B. Peru, das Schulden in Höhe von 250 Millionen Dollar hatte, von einem Bankenkonsortium einen automatisch sich erneuernden Kredit zur Amortisation seiner Schulden.
Natürlich tun die Banken alles, was in ihrer Macht steht, um ihren ›Tag des Jüngsten Gerichts‹ hinauszuschieben. Sie wissen, daß Milliarden flüssig gemacht werden könnten, vielleicht sogar genug, um die Schulden zurückzuzahlen, wenn der internationale Ölpreis fiele. Aber da die Kapazitätsgrenze der Ölproduktion noch nicht erreicht worden ist, kann der Ölpreis nicht fallen. Selbst als Ende 1978 und Anfang 1979 der Iran die Ölproduktion stoppte, produzierte man in anderen Ländern soviel, daß die gesamte Erdölförderung um 5% stieg. Seither hat Mexiko neue Ölfelder entdeckt, die vielleicht genauso ergiebig

sind wie die in Saudi-Arabien. Venezuela hat die Produktion um 20% gesenkt. China exportiert heute Öl. Und die Ölproduktion steigt auch in den Ländern, die nicht zur OPEC gehören. Durch den Produktionszuwachs könnten die Ölpreise sinken, wenn Amerika den Ölimport einschränken würde, was die Befürworter eines harten Kurses auf dem Energiesektor begrüßen würden. Senator Jacob Javits meint: »Die Vereinigten Staaten – der größte Ölimporteur – müssen zu Energiesparmaßnahmen greifen, damit das Gleichgewicht in der internationalen Zahlungsbilanz wiederhergestellt wird. Die Situation ist so ernst, daß selbst eine Benzinrationierung nicht ausgeschlossen weren kann.«

Der Grund für die Energiekrise ist eindeutig nicht eine Ölverknappung, sondern die finanzielle Situation der Länder. Die Krise ist auf die Finanzlage und die Kreditausweitung zurückzuführen, die den Zusammenbruch der großen Banken auslösen könnten. Noch auswegloser wird die Situation durch die Tatsache, daß die Inflationstreiber den Ölpreis im eigenen Land anheben und die Ölpreise des Auslands senken wollen. Diese Haltung spiegelt sich in den ›Energieprogrammen‹ der Nixon-, Ford- und Carter-Ären wider. Carter versuchte sogar, die Einfuhrquoten des billigeren ausländischen Öls zu drosseln und gleichzeitig für die Entwicklung alternativer synthetischer Energieformen 100 Milliarden Dollar aufzuwenden. Carters Plan hätte die inländische Ölproduktion wegen der steuerlichen Aspekte eingeschränkt und die Entwicklung teurer synthetischer Energie mit staatlichen Mitteln unterstützt. Dadurch wären die Auslandskredite der Banken gerettet und ihre Gewinne durch eine weitere Kreditvergabe sicher gewesen. Die Banken hätten mit Milliardenkrediten die Ölproduktion aus Schiefergestein für 50 Dollar pro Barrel finanziert, und der Verbraucher hätte das Nachsehen gehabt.

Den Politikern fällt es gar nicht schwer, solche Maßnahmen durchzusetzen, weil viele Interessengruppen darin eine Chance sehen, sich ›eine goldene Nase zu verdienen‹. Der Kohlebergbau, die Leute, die sich um staatliche Forschungsaufträge auf dem Energiesektor bemühen, die gut bezahlten Bürokraten im Energieministerium, diejenigen, die für den Bau von Atomkraftwerken plädieren, die Eigentümer von Schieferbergwerken und viele, viele andere unterstützten die Energieprogramme des Staates, von denen sie selbst profitieren können. Die Politiker haben sogar schon ein System gefunden, um den Profit, den sie aus der Energiequetsche ziehen, über die Bürokraten und staatlich subventionierten Unternehmen hinaus auch an ganz normale Durchschnittsbürger weiterzugeben. Sie wollen das Benzin rationieren.

Das von Carter vorgeschlagene System, um das es viele Diskussionen gegeben hat, sieht vor, Coupons auszugeben (man muß sicher Schlange stehen, wenn man sie abholen will), und zwar für maximal drei Fahrzeuge pro Familie. Nicht benutzte Coupons könnten dann weiterverkauft werden – an Besitzer von Zweitfahrzeugen, an diejenigen, die ein großes Auto fahren, an die Leute, die in Urlaub fahren wollen, an die Autobesitzer, die sich kein neues, benzinsparendes Fahrzeug leisten können, an Personen, die zu ihrem Vergnügen oft das Auto benutzen usw. Die Benzin-Coupons würden also zu einem Anspruch auf Umverteilungseinkommen werden. Dadurch könnte jeder vom Verkauf des Benzins profitieren – ausgenommen diejenigen, die das Öl produzieren. Diejenigen, die Benzincoupons besitzen, sie aber nicht brauchen, verdienen daran, daß sie andere, die nicht genügend Coupons besitzen, aber das Benzin brauchen, ausbeuten. Diese ›Kleinverdiener‹ würden natürlich die Maßnahmen des Energieministeriums, z. B. die Preiskontrollen, Zuteilungen, Verbraucherhöchstpreise, Ausgabe von Berechtigungsscheinen usw. unterstützen, da sie ja zu der für sie äußerst rentablen Energieverknappung geführt haben.

Die Benzinrationierung ist nur eine Möglichkeit, an der Energiekrise zu verdienen. Der ›unerwartete Steuergewinn‹ bestärkt die Regierung darin, die OPEC-Staaten zu unterstützen und die Ölproduktion im Inland zu drosseln. Dieser Gewinn verteilt sich auf mehr als 20.000 Bürokraten, ein Heer von Professoren, auf eine große Schar von ›Schmarotzerfirmen‹ und auf jeden, der sich mit den Behörden gutstellt und in der Lage ist, einen Antrag auf irgendwelche Zuschüsse auszufüllen.

Dadurch verdienen viele Leute mehr oder weniger an der Energiequetsche. Dadurch werden aber weder die Energieproduktion gesteigert noch die Verbraucherkosten gesenkt.

Für die Bürokratie wäre das ein Triumph. Sie hätte es wieder einmal geschafft, den Wettbewerb zu drosseln und Produktivkapital in Transfereinkommen umzuwandeln. Selbst ohne die hohe Besteuerung hätte das Energieministerium den kleinen Firmen untragbare Kosten aufgebürdet und die unabhängigen Unternehmer mit seiner Paragraphenreiterei erstickt. In *The Washington Post* wurde eine Reportage unter der Überschrift »Ölgesellschaft wird vom Energieministerium ruiniert, was vom Energieministerium bestätigt wird« abgedruckt. Dieser Bericht schildert die Ursachen und Folgen der Energiequetsche so eindrucksvoll, daß ich daraus zitieren möchte:

»Der Vizepräsident einer Ölgesellschaft in Kansas, die 225 freie Tankstellen in 27 Staaten der USA beliefert, kam gestern nach Washington und beklagte sich darüber, daß die Preis- und Zuteilungsbestimmungen des Energieministeriums seine Firma in den Bankrott treiben. Das Energieministerium stimmte ihm zu.
›Ich bin in Washington, weil das Energieministerium mir mein Geschäft kaputtmacht‹, sagte R. J. Gaffney, Vizepräsident der Highway Ölgesellschaft, die ihren Hauptsitz in Topeka hat.
›Er hat recht‹, sagte der offizielle Sprecher des Energieministeriums, der darum bat, nicht namentlich genannt zu werden, weil seine Behörde ohnehin schon genug Probleme wegen ihres Image habe. ›Er hat genau beschrieben, wie sich die Bestimmungen unseres Ministeriums auf die Industrie auswirken.‹
Gaffney warf dem Energieministerium vor, daß sich in seinem Unternehmen aufgrund der staatlichen Bestimmungen 5000 Aufträge angesammelt hätten, die er nicht ausführen könne. ›Das Energieministerium hat sich unsere Unterlagen nicht einmal angeschaut‹, beklagte er sich.
Gaffney berichtete, daß das Energieministerium seine Gesellschaft dazu ermutigt habe, 300.000 Dollar in Produktionsanlagen zur Herstellung eines Benzin-Alkohol-Gemisches zu investieren. ›Aber uns fehlt das Benzin, um die Produktion in Gang zu bringen‹, sagte er, ›und das Energieministerium tut nichts dazu, daß wir es bekommen.‹
›Auch das stimmt‹ gab der Sprecher des Energieministeriums zu. ›Es bleibt nur eine Möglichkeit: diese Bestimmungen abzuschaffen. Sie bringen nichts. Sie schützen den Verbraucher nicht, sie haben ihn nie geschützt.‹«[1]

Das ist Präsident Carters ›moralisches Gegenstück zum Krieg‹. Es ist kein Krieg gegen einen Feind, sondern gegen die eigene Wirtschaft. Es ist ein Krieg, den einige wenige Menschen gegen die Existenzgrundlage anderer führen. Einige Leute wandeln gesetzliche Bestimmungen in transzendentales Kapital um – in ganz private Vermögenswerte, die es ihnen erlauben, auf Kosten anderer zu profitieren, was sie ohne diese Bestimmungen nicht könnten, ohne sich strafbar zu machen. Das ›moralische Gegenstück zum Krieg‹ sorgt dafür, daß die Bürokratie aus dem Schaden der Bürger Nutzen zieht. Es ist für die Schlangen an den Tankstellen verantwortlich und dafür, daß wir im Sommer schwitzen und im Winter frieren müssen. Es hat bewirkt, daß unser Lebensstandard gesunken ist, daß viele Firmen den Bankrott erklären mußten und die Arbeitslosigkeit zunimmt. Carter hätte keinen besseren Ausdruck finden können, um das Energieprogramm seiner Regierung zu beschreiben. William James nannte das ›moralische Gegenstück zum Krieg‹ ein langes Leiden, das nichts mit Krieg zu tun hat, sondern mit »Unbequemlichkeiten und Ärger, Hunger und Nässe, Schmerz und Kälte, Dreck und Unrat«.

Wie man sich aus der Quetsche befreit

»Jeder Mensch glaubt, er müsse ein Phönix sein.«

John Donne

»Wenn wir menschlich bleiben wollen, gibt es nur einen Weg, den Weg in die offene Gesellschaft. Wir müssen uns ins Unbekannte, Ungewisse und Unsichere wagen.«

Sir Karl Popper

Die Dringlichkeit von Reformen

»Es stellt sich heraus, daß unser Leben nicht nur nicht frei, sondern auch nicht sicher ist.«
Maxwell Anderson

In diesem letzten Teil des Buches möchte ich einige der Fragen beantworten, die ich weiter vorne angeschnitten habe. In erster Linie wollte ich, so gut ich konnte, zeigen, wo Amerikas Schwächen liegen. Nun wende ich mich der schwierigeren Aufgabe zu, Anregungen zur Lösung der Probleme unseres Landes zu geben. Ich gebe zu, daß meine Vorschläge nicht immer befriedigend sind. Das liegt zum Teil daran, daß unsere Schwierigkeiten zu komplex sind, um in kürzester Zeit behoben zu werden. Zum Teil ergeben sich auch unlösbare Probleme aus den Interaktionen von Milliarden Menschen, deren politische und wirtschaftliche Kontakte unsere moderne Gesellschaft formen.
Ich weiß nicht, ob das wahr ist. Ich kann nicht alle Aspekte menschlichen Handelns in einer komplexen Gesellschaftsstruktur aufzeigen. Ich kann nicht mit Sicherheit sagen, welche sozialen und wirtschaftlichen Schwierigkeiten ein unabänderlicher Bestandteil menschlicher Konflikte sind und welche erst aus der gegenwärtigen Misere, in der wir uns befinden, entstanden sind. Dennoch glaube ich fest daran, daß wir unsere Probleme lösen können. Vielleicht urteile ich in dieser Hinsicht nicht objektiv. Aber es ist besser, daran zu glauben, daß wir mit unseren Schwierigeiten fertig werden können, als zu glauben, unsere Situation sei hoffnungslos.
Wenn es uns gelingt, hoffnungsvoll in unsere Zukunft zu blikken, haben wir den Kampf schon halb gewonnen. Wenn wir unsere zukunftsorientierte Lebensform, oder zumindest den Teil, der uns daran gut erscheint, erhalten wollen, müssen wir mit all unseren Kräften nach einer Lösung suchen, die unsere soziale Ordnung wiederherstellt und nicht nur einigen wenigen ermöglicht, im Wohlstand zu leben, wie die Elite des Römischen Reiches oder die Feudalherren, Herzöge und Grafen, die das Le-

ben im Mittelalter bestimmten. Es wäre absurd, heute noch den Rückzug auf das Schloß als die Problemlösung zu betrachten. Nicht jeder kann sich ein Schloß leisten. Und selbst die, die es könnten, dürfen nicht meinen, sie könnten ihren Wohlstand genießen, während um sie herum die soziale Ordnung zusammenbricht. »Das Elend bleibt nicht allein«, hieß es schon, bevor der Ruf nach Gleichheit zu einem moralischen Appell wurde, der fast noch dringlicher war als die Zehn Gebote. Um in der Isolation überleben zu können, müßten auf jeden Herren hundert Bauern kommen, und allein daran würde das Experiment scheitern.

Es ist auch sinnlos, daran zu denken, uns in selbstauferlegter Genügsamkeit aus der Gesellschaft zurückzuziehen und ein Volk von Bauern zu werden. Sie tun sich selbst, außer vielleicht in streng moralischem Sinn, nichts Gutes, wenn Sie meinen, Sie könnten außerhalb des komplexen gesellschaftlichen Gefüges überleben und es würde sich schon irgend jemand finden, der Sie durch die kommende Eiszeit hindurchschleust. Selbst wenn dieser Jemand eine Suppe aus Gräsern zubereiten könnte, von der Sie keine Diarrhöe bekommen, sollte die Hoffnung des Menschen nicht in einer Rückkehr zu den Anfängen der Menschheitsgeschichte liegen. So erstrebenswert unsere Selbständigkeit auch ist und so wichtig für die Erneuerung unseres Lebensstils – weder Sie noch sonst jemand kann allein auf der Selbständigkeit eine sichere Zukunft aufbauen.

Was an uns Menschen so bewundernswert ist, ist die Tatsache, daß unser Interesse für uns selbst so komplex ist. Wir denken nicht nur über das nach, was wir *haben,* sondern auch über das, was wir *sind.* Im geeigneten Augenblick interessieren wir uns lebhaft für den Sinn unserer Existenz. Deshalb ist die Geschichte der menschlichen Zivilisation, angefangen bei den Sumerern bis hin zum heutigen Zeitpunkt, mehr als die Summe unserer Taten. Das hervorstechendste Merkmal des Menschen ist sein ständiger Versuch, das Unendliche zu begreifen, seine Sehnsucht, ein wichtiger Bestandteil des Universums zu sein. Die Götter und Helden in unseren Mythen, unsere Religionen und selbst unsere Astronomie, die versucht, die Geheimnisse des Universums zu ergründen, weisen auf die komplexe Beschaffenheit des menschlichen Charakters hin. Unsere Träume von einer besseren Welt und unsere Lebensphilosophie, die letztlich eine Suche nach dem Guten ist, beruht nicht nur auf leerem Geschwätz. Sie stellen eine starke, motivierende Kraft dar, die uns anspornen kann und die wir vielleicht brauchen, damit die menschliche Rasse überlebt.

Damit möchte ich sagen, daß der Mensch seine Fehler korrigieren kann, zumindest einige, wenn er den Willen dazu hat. Aber der gute Wille allein genügt nicht. Wir brauchen Wissen und Entschlußfreudigkeit, um wirksame Veränderungen herbeizuführen. Wir würden uns vor unserer Verantwortung drücken, wenn wir glaubten, mit Nächstenliebe allein unsere Probleme lösen zu können. Wenn jeder seinen Nächsten umarmen und küssen würde, würde sich wenig ändern, außer daß sich vielleicht ansteckende Krankheiten noch schneller verbreiten. Unsere Probleme sind zu komplex, als daß sie sich allein mit gutem Willen lösen ließen. Die Quetsche kann nicht mit einer Umarmung durchbrochen werden.

Wir brauchen eine neue Lebensphilosophie, eine, die das Paradoxe unseres gesellschaftlichen Lebens berücksichtigt: daß soziales Verhalten und private Interessen aufeinander abgestimmt sein müssen.

Die Eigennützigkeit unserer Pläne und Absichten hat dazu geführt, daß wir überschätzen, in welchem Ausmaß sie die Gesellschaft, die wir geschaffen haben, bestimmen. Das war einer unserer Hauptfehler. In unserem tiefsten Innern setzen wir voraus, daß wir ›Gutes tun‹ wollen, und das allein zählt für uns. Wir halten uns nicht damit auf, nachzuforschen, wie die tatsächlichen Folgen unserer Gesetzgebung, Programme und behördlichen Bestimmungen, dazu da, um die Slums niederzureißen, den Krebs zu bekämpfen und die›Energiekrise‹ zu bewältigen, aussehen. Es ist nicht besonders angenehm, herauszufinden, was aus unseren großen und noblen Gesten geworden ist, weil wir dann hart nachdenken und eingehend nachforschen müßten. Und deshalb gehen wir dieser Aufgabe nur allzugern aus dem Weg. Statt dessen beschäftigen wir uns lieber mit Dingen, die mit weniger Aufwand verbunden sind – mit dem, was wir wollen und wünschen. Wir nehmen eine gottähnliche Haltung ein und glauben, unsere guten Absichten ließen sich mit der Zauberformel ›Abrakadabra‹ realisieren.

Wir sollten uns auf eine weniger hochmütige und realistischere Haltung besinnen. Adam Ferguson, der große schottische Philosoph, hat uns den Weg gewiesen, als er schrieb:

»Die Lebensform der Biber, die Gestaltung des Ameisen- und Bienenstaates schreibt man der Weisheit der Natur zu. Aber die Gestaltung des menschlichen Zusammenlebens hält man allein ihm selbst und seiner Überlegenheit gegenüber primitiveren Lebewesen zugute. Was der Mensch geschaffen hat, ist, wie bei jedem Tier, auf seine Natur und seinen Instinkt zurückzuführen und wird von den verschiedenartigen Situationen, in denen sich der Mensch gerade befindet, diktiert. Die Art des menschlichen Zusammenlebens ist erst durch die allmähliche Entwicklung, die wir durchgemacht haben, entstanden, ohne Berücksichtigung ihrer allgemeinen Auswirkungen. Dadurch ist die Lage des Menschen komplizierter geworden, als selbst die Fähigsten unter uns je begreifen können. Selbst wenn unser Wissen größer wäre, könnten wir das menschliche Zusammenleben in seinem vollen Ausmaß nicht begreifen.«[1]

Würden mehr Menschen diese Ansicht teilen, könnten wir eine bessere Form des menschlichen Zusammenlebens finden, eine, die berücksichtigt, daß wir beinahe instinktiv unsere eigenen Interessen verfolgen; dadurch blieben uns viele Schwierigkeiten erspart, die durch unseren selbstsüchtigen Wunsch, zu planen und zu steuern, entstehen.
Unsere heutige Gesellschaftsform berücksichtigt die Selbstsucht des einzelnen nur teilweise. Wir sind gern bereit, zuzugeben, daß das Profitdenken der Motor unserer Leistungsfähigkeit ist. Aber der Prozentsatz unserer Mitbürger, der tatsächlich etwas Produktives leistet, wird immer geringer. Immer mehr Menschen versuchen, sich mit Hilfe des Umverteilungseinkommens, der abstrakten Form des Eigentums, die der Staat geschaffen hat, wirtschaftliche Vorteile zu verschaffen. Und gerade in diesem Bereich des Lebens wird ein großer Teil der Gesellschaft durch die eigennützigen Interessen einzelner benachteiligt. Unser Gesellschaftssystem ist im großen und ganzen so angelegt, daß der Mensch, wenn er zum Wohle aller handelt, seine eigenen Interessen zurückstellen muß. So ist es z. B. in der Bürokratie. Leute, die Milliarden verwalten, sind angehalten, Gelder zu verschwenden, anstatt sparsam damit umzugehen, Probleme zu schaffen, wo es vorher keine gab, und das nur, um eine Existenzberechtigung zu haben. Unsere Politiker leiden

unter der gleichen Widersprüchlichkeit zwischen persönlichen Interessen und dem, was die Öffentlichkeit von ihnen erwartet. Man erwartet von ihnen, daß sie die Interessen jedes einzelnen von uns vertreten. Aber sie haben tausendfach größere Chancen, wiedergewählt zu werden, wenn sie sich statt dessen nur für die persönlichen Interessen einzelner Gruppen einsetzen. Wenn man es rein vom logischen Standpunkt aus betrachtet, kann es den Politikern nur nutzen, wenn sie die Bürokratie stärken und die Öffentlichkeit schwächen, weil dadurch der Bedarf nach ihrer Dienstleistung steigt. Auch die Wähler müssen mit dem Widerspruch zwischen privaten Interessen und ihrer Funktion im gesamten gesellschaftlichen System fertig werden. Sie sollen die Politiker kontrollieren, aber um zu wissen, was die Politiker wirklich tun, müßten sie so viel Zeit und Energie für ihre Nachforschungen aufbringen, daß der Aufwand sich kaum lohnt, wenn man bedenkt, wie wenig Einfluß sie im Grunde auf das Ergebnis haben. Die Chancen stehen 10 Millionen zu eins, oder noch schlechter, daß ein einziger Wähler etwas am Wahlergebnis ändern kann; schlechtes Wetter hält vielleicht Millionen davon ab, zur Wahlurne zu gehen, woran man sieht, daß für viele eine Wahl keinen größeren Stellenwert im Leben hat als der Entschluß, an einem Imbißstand Hähnchen und Pommes frites zum Mittagessen zu kaufen.

In den vorhergehenden Kapiteln habe ich versucht, die negativen Folgen dieser Situation aufzuzeigen. Die wichtigsten Einrichtungen unserer Gesellschaft nehmen keine Rücksicht auf die persönlichen Interessen des Bürgers und funktionieren meistens so schlecht, daß sie die Gesellschaft an den Rand des Ruins getrieben haben. Es gibt keinen plausiblen Grund für die Annahme, daß diese Fehler sich von selbst korrigieren. Alles deutet auf das Gegenteil hin.

Es hat sehr lange gedauert, bis unsere demokratische Gesellschaftsform ihren heutigen Tiefstand erreicht hat. Viele Jahre lang hielt sich der Staat zurück. Es gab Funktionen, die die Öffentlichkeit prinzipiell nicht in den Händen der Politiker sehen wollte. Diese Abwehrhaltung gegen eine Ausweitung der politischen Macht hielt das Wachstum des Transfereinkommens in Grenzen. Aber als die Opposition schwächer wurde und schließlich ganz verschwand, sah der Staat seine Chance, seinen

Anspruch auf unsere Vermögenswerte geltend zu machen, mit denen er heute so verschwenderisch umgeht. Wie bereits gesagt, hat die Schwächung unserer Wirtschaft – eine Folge der hohen Steuern und der wachsenden Inflation – bewirkt, daß immer mehr Menschen vom Staat profitieren wollen. Um uns aus diesem Teufelskreis zu lösen, müssen wir unsere gesellschaftlichen Institutionen reformieren, damit die Interessen aller Bürger gewahrt werden. Ohne diese Reformen werden sie noch unproduktiver, als sie ohnehin schon sind.

Der normale Durchschnittsbürger wird nicht mehr schlau aus den abstrakten Beziehungen, die durch das Durcheinander von Gesetzen und Bestimmungen entstanden sind und durch die der Staat Macht über die Gesellschaft erlangt hat. Daß überhaupt eine ›neue Form des Eigentums‹ entstehen konnte, zeigt ganz deutlich, daß sich zwei voneinander verschiedene Welten entwickelt haben: die Welt der materiellen Objekte und die Welt der abstrakten Ansprüche. Unglücklicherweise werden wirtschaftliche Vor- und Nachteile in der abstrakten Welt kalkuliert. Diese Welt ist mit unseren Sinnesorganen nicht direkt faßbar und läßt sich auch nicht exakt mit Worten beschreiben. Nur aufgrund dieser abstrakten Beziehungen, die wir mit unserem alltäglichen Wortschatz nicht beschreiben können, konnte das transzendentale Kapital entstehen und angesammelt werden. Deshalb war es für mich auch so schwierig, dieses Buch zu schreiben; mir fehlten manchmal einfach die richtigen Worte, um zu beschreiben, was da vor sich geht. So gern ich auch den Rat eines Dirigenten befolgt hätte, der seinen Musikern sagte: »Bleibt mit den Füßen auf der Erde, Leute« – ich war gezwungen, nach neuen Ausdrucksmöglichkeiten und Definitionen für die wirtschaftlichen Beziehungen zu suchen, die die Entwicklung unserer Gesellschaft bestimmen. Beispielsweise würde wohl niemand auf die Idee kommen, den Begriff ›Transfereinkommen‹ in einem oberflächlichen Gespräch in irgendeiner Bar zu verwenden. Schon deshalb ist es extrem schwierig für mich, das, was ich sagen will, auch allen Lesern verständlich zu machen.

Tatsache ist jedoch, daß die Bezieher von Transfereinkommen das Vokalubar und das normale Denkmuster zu einer Waffe gemacht haben, die sie gegen ihre Mitbürger einsetzen. Ihnen ist jede Propaganda und jeder Mißbrauch der Sprache und Logik recht, um der Öffentlichkeit Sand in die Augen zu streuen und das tatsächliche Geschehen in der Wirtschaftspolitik zu verschleiern. Solche Tricks gelingen sogar. In seinem Buch *1984* beschrieb George Orwell, daß diese Tricks sogar eine Voraussetzung dafür sind, daß der Staat die Gesellschaft ausbeuten kann. Die über Lautsprecher überall verbreitete Stimme des Großen Bruders manipuliert die Menge, weil sie mit Worten, die für etwas Gutes stehen, etwas Schlechtes bezeichnet. So steht z. B. für Krieg das Wort ›Frieden‹ und für Haß das Wort ›Liebe‹. Durch diese Sprachmanipulation kann der Große Bruder seine Untertanen steuern.

Unsere heutige Form der Ausbeutung ist viel subtiler und weniger heimtückisch, aber sie nutzt genauso unsere Schwäche aus, dem Wort eine fast magische Bedeutung beizumessen. Wenn wir die ›Verteidigung‹ unseres Landes für etwas Positives halten, unterstützen wir in Wirklichkeit Ausgaben des Staates, die im Namen der Verteidigung gemacht werden. Wenn wir an den ›Bildungsgedanken‹ glauben, rechtfertigen wir Programme, die angeblich bilden sollen, aber diejenigen, die sie durchlaufen haben, können weder richtig schreiben noch lesen, weder addieren noch subtrahieren. Wir befürworten Wohnungsbauprogramme, die letztlich die Lage auf dem Wohnungsmarkt noch verschärfen, nur weil uns die Theorie zusagt. Wir begrüßen die ›Gesundheitsfürsorge‹, deshalb unterstützen wir unser Gesundheitssystem, ob es nun leistungsfähig ist oder nicht. Das Thema ›Gerechtigkeit‹ ist für uns wichtig; deshalb gelingt es den Anwälten auch, uns aufgrund ihrer Monopolstellung auszubeuten. All das kann passieren, weil es für den normalen Durchschnittsbürger schwer ist, Schein und Wirklichkeit bei den Dingen, die er nicht mit seinen Sinnesorganen fassen kann, zu unterscheiden. Der Staat hat dazu beigetragen, unsere Unzulänglichkeit noch zu vergrößern, indem er in fast alle Bereiche unseres Lebens eingegriffen und eine abstrakte Form des Besitzes geschaffen hat, die sich vom Begriff Besitz im rechtlichen Sinn unterscheidet.

Die Bezieher von Transfereinkommen haben das Alltagsleben so kompliziert, daß es ihnen nicht schwerfällt, uns auszubeuten. Sie haben vielen Bürgern die Möglichkeit genommen, am

Kampf um die angenehmen Dinge des Lebens teilzunehmen. Die meisten Leute sind nämlich nicht in der Lage, von der abstrakten Form des Besitzes zu profitieren, weil sie, was das Besitzrecht und den Besitzanspruch betrifft, anders ist als alle anderen Formen des Vermögens, die wir kennen. Dadurch, daß einige wenige um jeden Preis profitieren wollen, indem sie die Spielregeln der Gesellschaft zu ihren Gunsten manipulieren, wird das gesamte System noch komplizierter. Dadurch, daß sich unsere Gesetze und gesetzlichen Bestimmungen ständig ändern, kann schließlich niemand mehr sagen, was diese Veränderungen bedeuten sollen. Was uns z. B. die Politik in Zukunft bringt, kann schon heute niemand mehr sagen. Der Dichter Thomas Traherne hat schon vor langer Zeit behauptet: »Eine Welt ohne greifbare Dinge ist eine spürbare Leere.«

Niemand kann heute mit Sicherheit sagen, was uns die nächsten sechs Monate, geschweige denn die nächsten sechs Jahre bringen werden. Die Zukunft hat sich unserer Kontrolle entzogen. Und das ist die größte Ironie des Schicksals. Wir wollten die Zukunft sicher und überschaubar machen und haben sie nicht mehr im Griff. Vielleicht haben wir sogar von Anfang an gewußt, daß die Politiker uns ausgebeutet haben, aber wir haben nichts dagegen unternommen. Das war der Preis, den wir gern dafür bezahlt haben, daß unsere Zukunft vorhersehbar wurde. Wir wollten die Zukunft erobern, indem wir uns an die Routine geklammert haben; wir haben versucht, uns den Erfolg zu sichern, indem wir unsere Zeit geopfert haben, um Qualifikationen zu erhalten und Berufe auszuüben, die uns, ungeachtet unserer wirklichen Leistungen, den Lebensunterhalt garantieren. Wir haben hingenommen, daß man uns ausquetscht, und haben ständig Kompromisse gemacht. Wir haben bereitwillig unseren eigenen Untergang eingeleitet, weil wir dachten, die politischen Institutionen, die wir auf unsere Kosten errichtet haben, könnten uns dabei helfen, unsere Zukunft zu sichern. Wir haben die Bürokratie geduldet, sind sogar selber zu Bürokraten geworden, weil die bürokratischen Methoden uns in unserer Selbsttäuschung noch bestärkt haben. Die Bürokratie verfolgte dabei einen bestimmten Plan. Sie wollte alles kontrollieren, angefangen vom Benzinpreis bis hin zur Erlaubnis, welcher Fan eines Basketballteams im Mannschaftsbus mitfahren darf. Sie wollte

Risiken ausschließen, indem sie unser Leben bis ins kleinste Detail steuerte.
All das sollte uns die Illusion von Sicherheit vermitteln. Aber unser Plan, Risikobereitschaft und Eigeninitiative durch bürokratische Planung zu ersetzen, mußte fehlschlagen. Wenn der Mensch tatsächlich genug wüßte, um künftige Risiken zu vermeiden, wäre die Bürokratie völlig überflüssig. Logischerweise hätten wir uns die kostspieligen und zeitraubenden Vorkehrungen sparen können, wenn die Zukunft im voraus berechenbar wäre. Aber sie läßt sich nicht voraussehen. Genau das ist der Grund, warum unsere Bemühungen, uns vor dem Unbekannten zu schützen und unsere Zukunft sicher zu gestalten, von Anfang an umsonst gewesen sind. Die Pläne der bürokratischen Institutionen – auch wenn sie nicht fehlgeleitet wären, da sie ja nur den eigenen Interessen dienen – sind von vornherein zum Scheitern verurteilt, weil sie völlig falsch einschätzen, was sich in unserem Leben berechnen läßt.
Vieles, was die Planer angeblich wissen, kann der Mensch im Prinzip gar nicht wissen. Das macht sie zu einer Gefahr für die Öffentlichkeit. Ihre Versuche, unsere Zukunft risikofrei zu gestalten, haben nur unseren Handlungsspielraum eingeschränkt. Wir haben heute mehr Angst vor der Zukunft und fühlen uns unsicherer als frühere Generationen. Unternehmen, die früher langfristig investierten, scheuen heute davor zurück, sich auf ein Geschäft einzulassen, das nicht innerhalb von drei Jahren einen sicheren Gewinn verspricht. In vielen Wirtschaftsbereichen ist selbst diese kurze Zeitspanne zu lang. Im Januar 1979 z. B. war der Rindviehbestand in Amerika gegenüber 1974 um fast 40 Millionen Tiere zurückgegangen. Trotz der höheren Preise, die beim Verkauf erzielt wurden, waren die Farmer nicht bereit, größere Herden zu halten, weil sie die Kosten für die Aufzucht, die 2½ Jahre dauert, nicht berechnen konnten. Wegen der wachsenden Inflation und der sprunghaften Änderungen der Bestimmungen des Landwirtschaftsministeriums schien es ihnen sicherer, auf Schweine- und Hühnerzucht umzustellen, weil diese Tiere schneller auf den Markt gebracht werden können – Schweine nach elf Monaten und Hühner schon nach sechs Wochen.
In mancher Hinsicht gelten ähnliche Überlegungen auch für

den Menschen. Wie zuversichtlich wir unsere Zukunftsaussichten beurteilen, sieht man schon an der Bevölkerungszuwachsrate, die bei uns stark rückläufig ist.
Wir brauchen nicht lange nach Beweisen dafür zu suchen, daß die Zukunft uns aus den Händen geglitten ist. Unsere Enttäuschung und unsere Angst vor der Zukunft sind spürbar geworden. Langsam erkennen wir, daß wir unseren Wohlstand auf einem Kartenhaus von falschen Vorstellungen und falschen Hoffnungen aufgebaut haben; und daß dieses Kartenhaus einstürzen könnte, leugnen nicht einmal unsere ranghöchsten Politiker. Alfred Kahn, einer der unermüdlichsten Bekämpfer der Inflation im Kabinett Präsident Carters, hat z. B. den Begriff ›Depression‹ wieder in die öffentliche Diskussion eingeführt. Der ›lange Weg‹ bezeichnet nicht mehr die Unannehmlichkeiten, die, wie wir heimlich befürchten, unsere Enkelkinder vielleicht irgendwann einmal, wenn wir schon lange wohlhabend und friedlich in unserem Bett gestorben sind, haben könnten. Der ›lange Weg‹ hat schon begonnen.
Ob Amerikas Niedergang in Form einer Depression oder einer Hyperinflation seinen Fortgang nimmt oder ob unsere Wirtschaft durch eine ›Stagflation‹ völlig ins Abseits gerät und der Durchschnittsbürger zwischen steigenden Preisen und sinkendem Einkommen hin- und hergerissen wird, entzieht sich meiner Kenntnis. Aber was immer auch passieren mag, Reformen bleiben nach wie vor dringend notwendig.

Was Sie tun können

»Die Wahrheit wird nicht nur durch Unaufrichtigkeit verletzt, sondern auch durch Schweigen.«

Henri Frédéric Amiel

Ich könnte natürlich eine lange Liste aller spezifischen sozialen, politischen und wirtschaftlichen Reformen ausarbeiten, die meiner Meinung nach notwendig sind, weil Transfereinkommen soviel Profit bringt und produktive Arbeit sich kaum noch lohnt. Aber der Katalog der notwendigen Reformen wäre zu umfangreich für dieses Buch. Der Versuch, bis ins kleinste Detail aufzuzeigen, welche Reformen unsere Gesellschaft braucht, wäre genauso sinnlos wie das, was unsere Politiker und Bürokraten bis heute auf diesem Gebiet unternommen haben. Unsere Probleme sind so vielfältig, daß man sie nicht auf Anhieb oder mit guten Absichten und wohlgemeinten Ratschlägen lösen kann. Es wäre unverantwortlich, den Weg in ein neues Utopia bis in alle Einzelheiten festzulegen, und gerade die Verantwortung sollte ein wichtiger Bestandteil unseres gesellschaftlichen Wiederaufbaus sein. An dieser Aufgabe sind schon kompetentere Menschen, als ich es bin, gescheitert.
Ich möchte mich für Veränderungen einsetzen, die mir vielversprechend erscheinen, die eine Entwicklung unserer Gesellschaft in produktivere Bahnen fördern, ohne mich im voraus darauf festzulegen, welche Aufgaben jeder einzelnen Institution dabei zufallen. Ich möchte auf die enorm großen Probleme eingehen, die derartige Reformen mit sich bringen. Ich möchte in diesem Kapitel darüber sprechen, was der einzelne innerhalb unserer bestehenden gesellschaftlichen Strukturen tun und wie er sich verhalten kann, um an die künftigen Veränderungen in unserem Leben besser angepaßt zu sein. Im folgenden Kapitel möchte ich auf die Prinzipien eingehen, die die Grundlage dafür bilden, daß unsere gesellschaftlichen Institutionen auf lange Sicht ihrer Aufgabe gerecht werden.

Risiken übernehmen

Damit es uns gelingt, unser Leben positiv zu verändern, müssen wir bereit sein, Risiken einzugehen. Um das, was uns die Zukunft zu bieten hat, voll ausschöpfen zu können, müssen wir lernen, Risiken und Unsicherheiten in Kauf zu nehmen. Nur wenn wir uns neuen Möglichkeiten und Ideen öffnen und selbst die gewagtesten Vorstellungen akzeptieren, kann unser Vorhaben gelingen.

Die wahre Quelle des menschlichen Fortschritts ist nicht Fachwissen, sondern Kreativität. Ein Experte ist nichts weiter als ein Mensch, der sich das, was andere vor ihm in einer Art Geistesblitz entdeckt haben und was wirklich genial war, angeeignet hat. Aber Kreativität kann man sich nicht aneignen. Wir bringen keine neuen Edisons hervor, wenn wir ein Heer von Wissenschaftlern an die Arbeit in ihre von der Regierung finanzierten Labors schicken, um die gleichen Bedingungen zu schaffen, die Edison damals zu seinen Ideen inspiriert haben. Auch die Leistungsfähigkeit von Handel und Industrie ist nicht gesichert, wenn wir uns um jeden Preis an die Einrichtungen klammern, die früher einmal als Ausdruck individuellen Unternehmergeistes und individueller Voraussicht galten. Daß Alexander Graham Bell das Telefon erfunden hat, bedeutet nicht, daß das Bell-System zu dem Durchbruch führt, den wir brauchen, um den Anforderungen, die die Zukunft an uns stellt, gewachsen zu sein.

Wenn wir die uns bekannten, bestehenden Institutionen durch Privilegien, Zollbestimmungen, staatliche Subventionen und behördliche Verordnungen – ihrer Vorteile wegen – um jeden Preis erhalten wollen, gewinnen wir nichts. Wir schaffen dadurch nur eine anachronistische Gesellschaft, die sich an veraltete Wirtschaftspraktiken klammert, die man künstlich rentabel erhält.

Wir schaffen eine Situation, in der Risikofeindlichkeit belohnt und Risikofreude bestraft wird. Und gerade weil die Risikofreude, die Bereitschaft, sich auf das Unbekannte, Ungewisse einzulassen, für unsere Zukunft so wichtig sind, schaden wir uns nur selber. Wenn jeder einzelne von uns versucht, Risiken in seinem Leben zu vermeiden, schaffen wir Bedingungen, an denen die Gesellschaft als Ganzes scheitern muß. Deshalb müssen wir grundsätzlich bereit sein, Risiken einzugehen, Risiken, die sich gar nicht vermeiden lassen, wenn wir Reformen einleiten wollen.

Vom risikofeindlichen Standpunkt aus betrachtet, wäre es z. B. sinnlos, 50 Dollar oder ein paar Stunden Zeit zu opfern, um uns aus der Umklammerung unserer sterbenden Institutionen zu befreien und unseren eigenen Handlungsspielraum dadurch zu erweitern. Wie vorteilhaft es auch scheinen mag, es bliebe immer das Risiko, daß die Reformen scheitern könnten. Sie sind für manche Leute sogar ausgesprochen unpopulär. Es besteht ja immer die Möglichkeit, daß sich die Bürokratie, wenn sie ihre Existenzgrundlage und ihr einträgliches Wachstum durch den größeren Freiraum der Bürger bedroht sieht, sich an Ihnen rächt. Und außer dem Risiko, daß Sie Ihr Geld und Ihre Zeit opfern, ohne etwas zu erreichen, besteht noch das Risiko, daß Ihre Mühe ganz umsonst war, weil es auch ohne Sie gegangen wäre. Von einem risikofeindlichen Standpunkt aus ist deshalb jeder Versuch der Öffentlichkeit, gemeinsam die augenblicklichen Zustände zu verändern, im Hinblick auf das Ergebnis unzureichend oder überflüssig. Aber eines wird dabei nicht bedacht: *Sie* könnten derjenige sein, der den entscheidenden Unterschied ausmacht. Der Versuch, Veränderungen herbeizuführen, muß scheitern, wenn Sie nicht selbst an ein Gelingen glauben.

Deshalb können wir die für unsere Gesellschaft notwendigen Veränderungen nicht allein an unserem Wissen bemessen. Wir müssen erkennen, daß der Beitrag jedes einzelnen von uns, die Zukunft mitzugestalten, wichtig ist. Der erste Schritt zur Reform besteht darin, zu erkennen, daß wir nur dann Erfolgschancen haben, wenn jeder von uns bereit ist, Risiken einzugehen und über die bekannten und kurzfristigen Vorteile hinauszusehen. Wir müssen dabei etwas berücksichtigen, was sich nicht in einer mathematischen Gleichung vorausberechnen läßt: unser eigenes ungenutztes Potential. Wenn wir unseren Niedergang stoppen und an unserer Zukunft nicht scheitern wollen, müssen wir wieder ein wenig von dem Geist zeigen, der bei allen großen geschichtlichen Ereignissen zu spüren ist: die Bereitschaft zu handeln, ohne allzusehr auf die Nachteile zu sehen. Nur so

können wir das wahre Ausmaß menschlichen Potentials entdekken.
Amerika konnte nur entstehen, weil die Gründerväter auch ohne eine gute Landkarte hier siedelten. Sie zogen mit ihrem gesamten Hausrat unter primitivsten und unerträglichen Bedingungen in ein Grenzgebiet, das wild und unzivilisiert war. Die Antriebskraft dieser Pioniere – die gleiche Antriebskraft, die für die Entwicklungsgeschichte der Menschheit verantwortlich ist – wuchs aus Hoffnungen, die uns bei näherer Betrachtung äußerst fragwürdig scheinen.
Das Grenzgebiet unseres Wachstums war immer voller Risiken und Ungewißheit. Deshalb müssen wir uns, genau wie unsere Mitbürger, dem Risiko stellen und uns gegenseitig helfen, wie es früher bei Nachbarn üblich war, wenn sie sich gegenseitig halfen, ihre Häuser in der Prärie zu bauen. Wir müssen Reformen unterstützen, die den Unternehmer- und Abenteuergeist in unserem Land wieder wecken.

Das Haushaltsbudget des Staates im Gleichgewicht halten

Eine Reform unserer gesellschaftlichen Einrichtungen, die viel dazu beitragen könnte, das Verhalten von Politikern und die Interessen der Öffentlichkeit in Einklang zu bringen, wäre die bereits vorgeschlagene Verfassungsänderung, die besagt, daß das Haushaltsbudget des Staates ausgeglichen sein soll. Eine solche Verfassungsänderung wäre besonders wirksam, wenn sie mit der Einführung einer proportionalen Steuer (siehe S. 284 f.) gekoppelt würde. Dadurch könnten die Politiker weniger Profit aus der Inflation ziehen, und das Wachstum der Transfereinkommen würde eingeschränkt.
Im Augenblick haben die Politiker großes Interesse daran, der Öffentlichkeit die Kosten der Inflation aufzubürden. Weil unser Staat so verschuldet ist, können sie einem bestimmten Wählerkreis Gelder zufließen lassen, während die Inflationskosten dadurch vertuscht werden, daß sie dem Rest der Gesellschaft aufgeladen werden. Die Nutznießer dieser staatlichen ›Finanzhilfen‹ wissen sehr wohl, wem sie ihren Profit zu verdanken haben. Aber die anderen Bürger, die nicht dazu gehören, erkennen

oft gar nicht, welche politischen Maßnahmen zu ihrer Benachteiligung geführt haben. Den Politikern kann eine Erhöhung der Staatsausgaben und das wachsende Haushaltsdefizit nur nutzen. Wenn sie weitere Ausgaben unterstützen, haben sie, politisch gesehen, größere Vor- als Nachteile.

Wenn in unserer Verfassung festgelegt würde, daß das Haushaltsbudget des Staates ausgeglichen sein muß, ließen sich viele Fehler unseres heutigen Systems korrigieren. Zumindest würde man damit bewirken, daß die Politiker nicht länger Gelder aus der Öffentlichkeit herauspressen können, ohne direkte Steuern zu erheben. Dann wäre es unwahrscheinlich, daß die Öffentlichkeit noch länger widerstandslos hinnehmen würde, daß die Transfereinkommen so weiterwachsen wie in den letzten Jahrzehnten. Eine Verfassungsänderung, die vorschreibt, daß der Haushalt ausgeglichen werden müßte, könnte viele unserer Probleme lösen; und das ist auch genau der Grund, warum sich die Politiker so dagegen wehren.

Eine stabile Währung einführen

Eine weitere Möglichkeit der Inflationsbekämpfung wäre die Einführung einer stabilen Silber- oder Goldwährung. Wenn uns die Entwicklungsgeschichte der Währungssysteme eines gelehrt hat, dann dies, daß Papiergeld nur zur Verschuldung beiträgt und schließlich wertlos werden muß. Nobelpreisträger und Wirtschaftsexperte F. A. von Hayek schrieb dazu: »Praktisch alle Staaten der Welt haben ihre ausschließliche Macht, Geld in Umlauf zu bringen, dazu mißbraucht, die Leute zu betrügen und auszuplündern.«[1] Nur eine Währung, die sich auf so beständige Werte wie Gold oder Silber stützt, kann auf lange Sicht auch ihren Wert behalten.

Steuern senken

Das bedeutet, Gesetzesänderungen zu unterstützten, die die Risikobereitschaft stärken, anstatt sie zu bestrafen. Die Kapitalzuwachssteuern, die von den Unternehmen verlangt werden, die unerwartete Gewinne zu verzeichnen haben, sollten ganz fallengelassen werden. Diese Steuern zahlen fast nur neue, aufsteigende Unternehmen und selten die alteingesessenen, marktbeherrschenden Firmen. Durch die Abschaffung der Kapitalzuwachssteuer würde die Unternehmertätigkeit belebt, die Wagemutigen hätten wieder einen Anreiz, genauso wie einst die Goldgräber in Kalifornien, ihr Glück zu versuchen.

Dadurch könnte neues Kapital angesammelt und der Besitz breiter gestreut werden, was den verwegensten Experimenten – nicht nur in der Wirtschaft, sondern auch im Bereich der Philanthropie, der Erziehung und Ausbildung und der Kunst förderlich wäre. Dadurch würden neue Aktivitäten entstehen. Wir hätten viel mehr Chancen, produktive, wenn nicht sogar völlig unerwartete Leistungen zu vollbringen, wenn unser Aktionsradius durch empirische Methoden vergrößert würde.

Auch wenn wir die Auswirkungen der Quetsche in Amerika bis in alle Einzelheiten betrachten, findet sich kein Beweis dafür, daß der amerikanische Durchschnittsbürger sich schlecht an das wirtschaftliche Geschehen anpassen kann. Im Gegenteil, er hat bewiesen, daß er sich gut anpassen kann, indem er die Möglichkeiten nutzt, die ihm das Wachstum des Transfereinkommens bietet. Wenn man die Kapitalzuwachssteuer, mit der produktive Wirtschaftsunternehmen belegt werden, abschaffen und produktive Arbeit wieder lohnenswert gestalten würde, könnte man der Gesellschaft einen großen Dienst erweisen.

Anstatt Möglichkeiten zu schaffen, von den Problemen der Gesellschaft zu profitieren – z. B. durch das Wachstum des transzendentalen Kapitals oder die steigende Anzahl der Bürger, die im Staatsdienst beschäftigt sind oder von staatlichen Zuschüssen leben und weiterhin unfähig bleiben, ihren Lebensunterhalt selber zu verdienen –, sollten wir dafür sorgen, daß wirtschaftlicher Erfolg erstrebenswert wird. Die Einkommensteuergesetze sollten durch eine proportionale Besteuerung, die für alle Einkommensklassen gleich ist, ersetzt werden. Wenn 10% des Bruttoeinkommens ohne Steuervergünstigungen und Freibeträge abgeführt werden müßten, sollte das eigentlich mehr als genug sein, um alle sinnvollen Programme der Regierung realisieren zu können. Dadurch würde man phantastische Einsparungen machen – umgerechnet fast 21 Milliarden Arbeitsstunden –, die man jetzt noch darauf verschwendet, die riesigen Aktenberge, die sich in den Finanzämtern angesammelt haben, zu durchforsten. Wenn Anwälte, Steuerberater und Bürokraten kein Kapital mehr aus den undurchsichtigen Steuergesetzen schlagen können, würde eine Durchschnittsfamilie 400 Dollar pro Jahr sparen.

Ich muß allerdings zugeben, daß eine proportionale Steuer zwar generell das Steueraufkommen verringert, aber für einkommensschwache Familien eine größere Belastung darstellt als für höhere Einkommensklassen. Aber das wäre gleichzeitig auch ein Anreiz, sich aus eigener Kraft finanziell zu verbessern. Vom gesellschaftlichen Standpunkt aus wäre eine solche Entwicklung zu begrüßen, denn unser augenblickliches Steuersystem hat nur dazu beigetragen, daß die sozial Schwachen erkannt haben, daß es sich besser von der Sozialhilfe leben läßt als von produktiver Arbeit.

Wenn es gelingen würde, sie wieder in den Arbeitsprozeß einzugliedern, wäre das für uns alle von Vorteil. Sie standen schon viel zu lange im gesellschaftlichen Abseits. Man hat ihnen immer wieder ›eingehämmert‹, sie seien für ihre Lage nicht verantwortlich, und sie mit Geld abgespeist. Es gehört zu den Eigenarten des Menschen, daß er mit der Zeit in die Rolle, die man von ihm erwartet, hineinwächst. Wir haben unsere sozial schwachen Mitbürger als Menschen zweiter Klasse behandelt, haben ihnen die Verantwortung für ihr Leben abgenommen, sie vom Wohlwollen der Bürokratie abhängig gemacht und sie diskriminiert.

Wenn wir darauf bestehen, die Verantwortung für uns selbst zu tragen, müssen wir sie auch anderen zugestehen. Wir dürfen sie nicht länger mit irgendwelchen Sprüchen abspeisen. Wir müssen ihr Interesse daran wecken, ihren Lebensunterhalt selbst zu verdienen, sich für ihre eigenen Belange einzusetzen und aktiv an der Entwicklung unserer Gesellschaft mitzuwirken. Eine Steuersenkung auf der Basis einer proportionalen Steuer könnte, vielleicht mehr noch als andere Reformen, das Energiepotential der Einkommensschwachen freisetzen.

Eine Durchschnittsfamilie büßt aufgrund staatlicher Maßnahmen heute ein Vermögen ein. Aber wenn die Steuern, die Inflation und die gesetzlichen Bestimmungen, durch die wir ausgequetscht werden, auch nur ein wenig unter Kontrolle gebracht werden könnten, wenn die Kosten, die der Durchschnittsfamilie aufgebürdet werden, sich auch nur um 20% verringerten, wäre ihr Nettoeinkommen um 100.000 Dollar höher. Schon eine solche Entlastung würde das Bild unserer Gesellschaft verändern. Der Durchschnittsbürger könnte wieder sparen und würde dadurch unabhängiger. Er müßte sich nicht mehr so große Sorgen um die Erhaltung seines Arbeitsplatzes machen, ob er nun produktiv arbeitet oder nicht. Anstatt daß die Leute dafür bezahlt werden, daß sie nicht arbeiten, und somit von unserem Kapital, das man besser für produktivere Zwecke nutzen könnte, zehren, sollten wir ihnen mehr von dem Geld lassen, das heute noch die Steuer frißt, damit sie sich eine nützliche Arbeit schaffen können.

Die Monopolstellung verschiedener Berufsgruppen brechen

Wenn wir die Eigenverantwortung und die Risikobereitschaft unterstützen, müssen wir auch in den Bereichen, die bis jetzt noch fest in den Händen verschiedener Berufsgruppen sind, autonom werden. Aus Gründen, die ich schon erwähnt habe, müssen wir Ärzte und Rechtsanwälte daran hindern, die Öffentlichkeit für dumm zu verkaufen und mehr für ihre Dienstleistungen zu verlangen, als diese wert sind. Wir müssen die Zulassungsbestimmungen ändern, so daß in diesen Berufssparten ein freier Wettbewerb ermöglicht wird. Wir sollten dabei John Stuart Mills Vorschlag, den er in seinem Essay *On Liberty* (»Über die Freiheit«) vor mehr als einem Jahrhundert gemacht hat, in Erwägung ziehen:

»Titel oder Zeugnisse für akademische oder fachliche Leistungen sollten alle diejenigen erhalten, die eine Prüfung ablegen und bestehen; diese Zeugnisse sollten ihnen keine Vorteile ihren Konkurrenten gegenüber verschaffen; man sollte ihnen nicht mehr Gewicht beimessen, als man der Beurteilung ihrer fachlichen Leistungen durch die Bevölkerung beimißt.«[2]

Nur wenn man die Monopolstellung der Mediziner auflöst, kann man feststellen, was ihre Dienstleistungen wirklich wert sind. Wenn jeder, der sich zur Heilkunst berufen fühlt, vom

Homöopathen bis hin zum Akupunkteur, eine Praxis aufmachen und Patienten behandeln dürfte, gäbe es mehr Behandlungsmethoden, unter denen der Patient die auswählen kann, die ihm am meisten zusagt. Und da das Vertrauensverhältnis zwischen Arzt und Patient für den Heilungsprozeß sehr wichtig ist, könnte ich mir vorstellen, daß in manchen Fällen sogar ganz absurde Theorien erfolgreich sind, wenn eine Behandlungsmethode nach herkömmlicher Art versagt.
Das wäre eine der positiven Folgen, die sich ergeben, wenn man die Monopolstellung der Mediziner auflösen würde. Ein anderer Aspekt wäre sicher, daß Behandlungsmethoden eingeführt würden, die völlig unwirksam sind oder sogar dem Patienten schaden. Irgend jemand würde bestimmt William Radams ›Mikrobenkiller‹ wiederentdecken; Radam wandte ihn täglich in seiner Praxis gegen alle möglichen ›Bazillen, Bakterien und Pilze‹ an und kurierte damit angeblich seine Patienten von all ihren Leiden – vom Krebs bis zur Erkältung. Es gäbe sicher auch wieder Mittel und Methoden, um der Natur ein wenig nachzuhelfen, z. B. eine neue Ausführung der elektrischen Gurte zur Stärkung der Geschlechtsorgane oder magnetische Pulswärmer gegen die Arthritis, neue Wunderdrogen aus Seetang, psychedelischen Pilzen und Castros Barthaaren. Quacksalberei in alter und neuer Form würde eine Blütezeit erleben. Wenn die Menschen früher schon dumm genug waren zu glauben, daß man Asthma heilen kann, wenn man um Mitternacht bei Vollmond seine Haare an einer Esche festnagelt und dann abschneidet, würden sie sich sicher nur allzu bereitwillig wieder rupfen lassen.
Die meisten dieser obskuren Behandlungsmethoden wären sicher harmlos. Kein Quacksalber mit ein bißchen Geschäftssinn würde eine Medizin zusammenbrauen, die tödlich wirkt oder starke Gegenreaktionen im Körper hervorruft. Die Patienten zahlen schließlich für ihre Hoffnung auf Heilung und Regeneration, und beides ist mit angenehmen Gefühlen verbunden. Jeder Quacksalber weiß das. Everett Hughes hat einmal gesagt: »Ein Quacksalber ... ist ein Mann, der seine Patienten zufriedenstellt, aber nicht seine Kollegen.«[3] Deshalb richten selbst die größten Scharlatane keinen nennenswerten Schaden an; man verschwendet nur seine Zeit und sein Geld, wenn man sich von

ihnen behandeln läßt. Natürlich kann es durchaus auch vorkommen, daß Patienten Schäden davontragen oder sterben, weil sie einem Quacksalber in die Hände gefallen sind und mit völlig unwirksamen Medikamenten gegen Krankheiten behandelt werden, für die es in der konventionellen Medizin viel bessere Therapiemöglichkeiten gibt.

Und wenn auch die Quacksalber wieder Hochkonjunktur haben sollten, ihre Opfer wären bei weitem nicht so zahlreich wie die der heutigen Medizin. Wie ich bereits gesagt habe, sind approbierte Ärzte dafür verantwortlich, daß Hunderttausende von Patienten falsch behandelt werden und bleibende Schäden davontragen, daß Zehntausende jährlich sterben oder ihr Tod durch ärztliche Behandlung beschleunigt wird. Aber weil die Arbeit der Ärzte den Stempel der Wissenschaft trägt, fügen sich die Opfer, ohne zu klagen, in ihr Schicksal. Wenn es wieder mehr Scharlatane geben würde, wären wir sicher etwas vorsichtiger. Selbst diejenigen, die sich ständig etwas vormachen lassen, würden erkennen, daß es im medizinischen Bereich auch Behandlungsmethoden gibt, die zweifelhaft oder sogar gefährlich sind. Und diejenigen, die kritiklos jegliche Art medizinischer Fürsorge hinnehmen, würden nachdenklich werden.

Diese zweifellos heilsame Lehre hätte zur Folge, daß jeder von uns mehr Entscheidungsfreiheit hätte. Wir könnten frei wählen, welche Art der medizinischen Dienstleistung wir in Anspruch nehmen wollen. Und wenn im Gesundheitswesen freie Wettbewerbsbedingungen herrschen würden, könnten wir vielleicht eher anhand der erzielten Ergebnisse sehen, daß die Gesundheit nicht zu den Gütern gehört, die man kaufen oder verkaufen kann, sondern ein Zustand ist; und daß wir, wenn wir gesund sind und bleiben, besser mit den Problemen des Alterns und dem damit verbundenen Leistungsabfall und schließlich dem Tod fertig werden. Gesund werden und gesund bleiben ist eine Herausforderung an den Menschen; dabei spielen viele komplizierte und sogar unberechenbare Faktoren eine Rolle. Aber letztlich ist niemand für unsere Gesundheit mehr verantwortlich als wir selbst. Selbst die besten Ärzte können uns diese Verantwortung nicht abnehmen. Péguy hat einmal gesagt: »Wenn ein Mensch stirbt, stirbt er nicht an der Krankheit, die er hat, sondern an seinem ganzen Leben.«

Wenn wir uns wieder darauf besinnen, wie wir uns selber helfen können, knüpfen wir an eine der ältesten amerikanischen Traditionen an. Guenter B. Risse und die Co-Autoren des interessanten Buches *Medicine Without Doctors: Home Health Care in American History* (»Medizin ohne Ärzte: Die Geschichte der Laienmedizin in Amerika«) haben gezeigt, daß die medizinische Selbsthilfe schon bei den ersten Siedlern in allen sozialen Schichten üblich war. Selbst die Reichen, die sich einen Arzt hätten leisten können, zogen es vor, selbst für ihre Gesundheit zu sorgen. Sie verließen sich auf Heilmittel, die in medizinischen Büchern wie Rezepte abgedruckt waren, und kurierten damit Krankheiten, mit denen wir heute sofort zum Arzt gehen würden. Es ist unwahrscheinlich, daß wir es wieder genauso machen würden wie sie, aber wenn wir die Monopolstellung der Ärzte ein wenig abbauen würden, würden vielleicht wieder mehr Menschen, wenn sie Probleme mit ihrer Gesundheit haben, zur Selbsthilfe greifen.

Wie wir schon gesehen haben, werden wir auch von den Rechtsanwälten ausgequetscht. Deshalb brauchen wir Rechtsreformen, die, wie im 17. Jahrhundert in England, das Bild unserer Gesellschaft verändern. Eine Organisation, die sich das zum Ziel gesetzt hat, ist HALT (Help Abolish Legal Tyranny - Helfen Sie, die Tyrannei des Rechtswesens zu beenden). HALT versucht, die Privilegien der Anwälte abzubauen, die ihnen das Recht geben zu entscheiden, wann es sich um Besitz in wirtschaftlichem Sinn und Besitz in legalem Sinn handelt. HALT möchte die Milliarden einsparen, die heute den Anwälten gezahlt werden, weil sie für eine Scheidung im gegenseitigen Einvernehmen 750 Dollar verlangen, während die für die Abwicklung notwendigen Formulare, wenn es im Rechtswesen einen freien Wettbewerb gäbe, nur 7,50 Dollar kosten würden.

Die Bestimmungen im Wohnungsbau ändern

Staatliche, bundesstaatliche und kommunale Baubestimmungen, z. B. die Richtlinien über die Mindestgröße der Wohneinheiten, die die Bundesstelle für den Wohnungsbau erlassen hat, machen es den sozial Schwachen unmöglich, eine angemessene

Wohnung zu bekommen. Früher baute man Häuser und verkaufte sie im Rohzustand. Die künftigen Bewohner bauten diese Häuser zusammen mit Freunden und Nachbarn aus: Sie zogen Wände, bauten Heizungen oder Badezimmer ein, tauschten Holzöfen gegen Gas- oder Elektroöfen aus und richteten ihr Haus ihren Mitteln und Möglichkeiten entsprechend her; sie besaßen noch den gleichen Pioniergeist wie unsere Vorfahren, die ihre Häuser noch Stück für Stück aufbauten, das Holz, das sie brauchten, selber fällten oder ihre Ziegelsteine selber herstellten. Und da, wo das Holz knapp war, z. B. in der Prärie, gruben sie anfangs Erdlöcher in die Hügel und stellten eine vierte Wand aus Torfplatten auf. Die Dächer waren grasbewachsen, und da es kaum Glas gab, fehlten die Fenster, oder die Fensterscheiben bestanden aus Wachspapier. Aber innerhalb weniger Jahre hatten die Siedler frei stehende Holzhäuser errichtet, und die Grasbunker dienten als Stall für ihre Tiere.
Dieses Prinzip ließe sich auch heute noch anwenden, wenn man es uns gestatten würde. Die wichtigste Voraussetzung für eine Verbesserung der Wohnungslage ist, daß jeder sich für seine eigene Wohnungssituation verantwortlich fühlen muß. Unsere einkommensschwachen Mitbürger sind viel reicher als die Pioniere damals waren. Sie haben besseres Werkzeug, besseres Baumaterial, und es gibt inzwischen tausend neue Improvisationsmöglichkeiten und Bautechniken, von denen unsere Vorfahren nicht einmal geträumt haben. Aber da ihnen die Gesetze einen Strich durch die Rechnung machen, nützt es ihnen wenig, ob sie theoretisch fähig wären, ihr Haus selbst zu bauen, oder nicht. Jack Anderson meinte dazu: »Vielleicht wären sie sogar würdige Nachfahren unserer Pioniere, die damals die Wildnis erschlossen haben. Aber heute beschwert sich ja schon jeder, wenn die Hausverwaltung nach ein paar Wochen noch niemanden vorbeigeschickt hat, der die Toilette repariert oder den abbröckelnden Putz von den Wänden kratzt.«[4]
Wenn man nicht gerade davon ausgeht, daß wir Amerikaner heute unter Degenerationserscheinungen leiden, was unsinnig und völlig übertrieben wäre, gibt es nur eine Erklärung dafür, warum die Einkommensschwachen ihre Wohnungslage nicht verbessern können und die allgemeine Krise im Wohnungsbau uns alle belastet: Unsere Gesetze verhindern, daß sich die

Wohnverhältnisse bessern, und durch die Entstehung des transzendentalen Kapitals ist der Wohnungsbau unrentabel geworden.
Durch flexiblere Bestimmungen im Wohnungsbau ließe sich Abhilfe schaffen, wie man am Beispiel Japans sieht. Die Japaner haben trotz ihres phantastischen Wirtschaftswachstums nur 70% des Einkommens, über das ein Durchschnittsamerikaner verfügt. 1960 betrug der durchschnittliche Verdienst in Japan nur 10% des unsrigen. Folglich müßte es dem Durchschnittsjapaner eigentlich völlig unmöglich sein, eine Wohnung oder ein Haus zu haben, die dem amerikanischen – bürokratisch festgelegten – Standard entsprechen. Nebenbei bemerkt konnten sich im großen und ganzen die meisten Amerikaner solche Häuser und Wohnungen leisten. Wenn unsere Baubestimmungen auch in Japan gelten würden, wäre es mit dem Wirtschaftswachstum des Landes wohl bald vorbei, und es würde das gleiche Chaos wie bei uns geben, wobei die sozial Schwachen am stärksten von der Wohnungsnot betroffen wären. Die Japaner waren nicht so dumm, sich in eine solche Krise hineinzulavieren. In Japan darf man weiterhin Häuser bauen, die sich die Bevölkerung auch wirklich leisten kann. Dadurch entstanden natürlich viele Mietwohnungen, die nur so groß waren, daß man gerade ein Einzelbett darin unterbringen konnte. Die Mieter mußten sich oft Badezimmer, Toilette und Küche teilen, aber sie hatten ein Dach über dem Kopf. Man baute auch viele moderne Wohnsilos, ähnlich den Mietskasernen, die in unseren Großstädten Ende des 19. Jahrhunderts aus dem Boden gestampft wurden, um die Einwandererwellen, die ins Land kamen, unterzubringen. Dadurch, daß eine große Personenzahl auf engstem Raum zusammenlebte und die Wohneinheiten kleiner wurden, konnte sich jeder eine Unterkunft leisten.
Das ist natürlich nur eine Möglichkeit, um genügend Wohnungen zu beschaffen, die sich jeder leisten kann. Wenn man sich in anderen Ländern umschaut, sieht man, daß es für die Qualität der Wohnungen keinen absoluten Maßstab gibt. Eine Wohnung ist gut oder schlecht im Verhältnis zu dem, was sich der Bewohner leisten kann. Eine Wellblechhütte oder eine Notunterkunft aus Holzlatten und Pappkartons, wie man sie in den Außenbezirken lateinamerikanischer Großstädte findet, würde

sicher nicht als Anregung in einer ›Schöner Wohnen‹-Zeitschrift angepriesen; aber selbst ein solches Elendsquartier ist der erste und notwendige Schritt, die Armut zu bekämpfen. In Amerika kann sich fast jeder etwas Besseres als eine schäbige Wellblechhütte leisten. Ich bin auch nicht der Meinung, daß wir unsere Wohnungsprobleme dadurch lösen, daß wir solche Notunterkünfte bauen. Aber es gibt zwischen Wellblechhütte und Palast genügend andere Wohnmöglichkeiten, die den Bedürfnissen der Einkommensschwachen gerecht werden, aber dazu müssen die Baubestimmungen geändert werden. Und man sollte sich auch vor Augen halten, daß es, weiß Gott, keine Schande ist, in einer Wohnung zu leben, die nicht den Richtlinien der Baubehörden entspricht. Nur wenige der Paläste, die Könige und Adel früher bewohnten, könnten heute vor den strengen Augen eines Bauinspektors bestehen. Außer daß es keine sanitären Einrichtungen und keine elektrischen Leitungen gab, wiesen die Paläste noch viele weitere Mängel auf. Sie waren schlecht beheizt, es gab nach heutigem Standard zu wenige Fenster, zu wenige Ausgänge, das Baumaterial entsprach nicht den heutigen Normen, sie waren schlecht isoliert und entsprachen nicht den feuerpolizeilichen Bestimmungen. Daran sieht man, wie relativ der Begriff ›Standard‹ ist. Was früher einmal als Luxus galt, wäre heute weit unter Standard.

Das Wachstum der Bürokratie stoppen

Ein weiterer Punkt in der Liste der Reformen wäre, die Bezüge und Lohnnebenleistungen der Beamten auf unbestimmte Zeit einzufrieren, bis man in der Wirtschaft wieder mehr verdienen kann als im Staatsdienst. Wann dieser Zeitpunkt erreicht ist, läßt sich ganz einfach bestimmen, nämlich dann, wenn es im Staatsdienst wieder mehr freie Stellen gibt als Bewerber. Die Beamten werden heute immer noch besser bezahlt als die Arbeitnehmer in der freien Wirtschaft. Deshalb gibt es im Staatsdienst keinen Personalmangel wie in manchen anderen Wirtschaftszweigen. Es ist eine absolute Verschwendung unseres Arbeitskräftepotentials, wenn Beamte so gut verdienen, daß jeder sich um eine Anstellung im Staatsdienst reißt.

Die Dienstzeit der Beamten verkürzen

Ein anderer Reformvorschlag, um die Öffentlichkeit vor der Ausbeutung durch die Bürokraten zu schützen, wäre die Verkürzung der Dienstzeit bei Beamten. Wenn jeder, der sich um eine Anstellung im Staatsdienst bewirbt, von vornherein weiß, daß er sich nach Beendigung seiner Dienstzeit einen anderen Arbeitsplatz auf dem produktiven Sektor suchen muß, würden sich die Beamten gut überlegen, ob es sich lohnt, Probleme und Krisen zu schaffen, von der allein die Bürokratie profitiert. Wenn die Beamten damit rechnen müßten, später selbst zu denen zu gehören, die sie jetzt noch ausbeuten können, würden sich revolutionäre Veränderungen in der Arbeitsweise der Behörden anbahnen.

Die Staatspensionen streichen

Wir sollten, um das Bild unserer Gesellschaft zu verändern, die Staatspensionen streichen. Wenn sich die Beamten genauso wie alle anderen Bürger selbst versichern müßten, um eine Altersrente zu beziehen, könnten sie nicht länger ihre privilegierte Stellung dazu benützen, sich selber zu bereichern und den Rest der Gesellschaft auszubeuten. Wenn die Beamten von der wirtschaftlichen Leistungsfähigkeit abhängig wären, anstatt von der Macht des Staates, Steuern zu erheben und Geld zu drucken, würden sich ihre Interessen bestimmt eher mit denen der Öffentlichkeit decken. Diese Reform ließe sich ohne Schwierigkeiten durchführen. Man könnte dabei nach folgendem System vorgehen: Beamte, die weniger als zehn Jahre im Dienst oder unter 40 sind, bekommen keine Staatspension mehr, sondern müssen wie alle anderen Arbeitnehmer, die nicht rentenberechtigt sind, eine private Rentenversicherung abschließen. Dadurch würde die Bürokratie auf viele Maßnahmen verzichten, die zur Verstärkung der Inflation beitragen.

Ein Prämiensystem für Sparmaßnahmen bei den Behörden einführen

Wir brauchen dringend ein individuelles Prämiensystem, um unseren Beamten einen Anreiz zu geben, Kosten einzusparen, anstatt sie zu steigern. Eine bewährte Methode ist das Prämiensystem: Anstatt, wie das heute der Fall ist, seine Karriere aufs Spiel zu setzen, erhält der Beamte einen Bonus, wenn er Vorschläge macht, die zu Einsparungen oder kostensparenden Verbesserungen führen; die Höhe der Prämie sollte sich nach der eingesparten Summe richten. Auf diese Art und Weise könnte man die Milliardenbeträge, die heute verschwendet werden, sinnvoll nutzen.
Es wäre auch wünschenswert, das Profitdenken unserer Politiker abzubauen. Nehmen wir z. B. die Kongreßmitglieder: Wenn man die Funktion des Ombudsmannes von der des Gesetzgebers trennen würde, gäbe es für sie keinen Grund mehr, die Fehler, die der Bürokratie unterlaufen, zu decken. Je mehr Engpässe die Bürokratie schafft, desto größer werden die Chancen des Politikers, wiedergewählt zu werden. Leider sind solche Reformen wohl undurchführbar. Es wird schon schwierig genug sein, die anderen hier genannten Reformen zu verwirklichen, aber ein direkter Angriff auf die Vormachtstellung der Politiker wäre unmöglich. Sie wären wohl kaum damit einverstanden, auf ihre Rechte zu verzichten, und es gäbe bestimmt ein genauso großes Gezeter wie bei Gänsen, die zur Schlachtbank geführt werden.

Das Energieministerium abschaffen

Es gibt sicher kein Problem der Transfereinkommen, das sich so leicht lösen ließe wie die ›Energiekrise‹, die zu Schlangen an den Tankstellen und zu Störungen des Gleichgewichts auf dem Energiemarkt geführt hat. Wenn man das Energieministerium und seinen Einfluß auf die Erdgas-, Rohöl- und Kraftstoffeinzelhandelspreise abschaffen und dem Staat das Recht, Benzinzuteilungs- und Benzinberechtigungsscheine auszustellen, entziehen würde, ließe sich das Gleichgewicht von Angebot und

Nachfrage auf dem Energiemarkt wiederherstellen, und die Verbraucherkosten im In- und Ausland würden sich verringern. Dadurch könnte der Steuerzahler mehr sparen, als alle Ölgesellschaften zusammen verdienen. Wenn das Energieministerium abgeschafft würde, würde man auch nicht länger für den Import ausländischen Öls Subventionen zahlen, die sich im Sommer 1973 auf 1,79 Dollar pro Barrel beliefen,[5] sondern die Ölproduktion im eigenen Land ankurbeln, wobei dann unseren einheimischen Ölgesellschaften der Profit, den heute noch andere machen, zugute käme. In einer Studie der Zeitschrift *Public Interest* heißt es, daß das allein für die amerikanischen Öllieferanten ein solcher Ansporn wäre, daß die Öleinfuhren aus dem Ausland auf weniger als ein Drittel zurückgehen würden.[6] Ohne das Energieministerium mit seinen willkürlichen Bestimmungen gäbe es keine Schlangen an unseren Tankstellen – in anderen Ländern gab es schließlich auch keine. Das Zuteilungsschema der Regierung beruhte nicht auf dem augenblicklichen, sondern auf dem weiter zurückliegenden Verbrauch; dabei wurden natürlich Umschichtungsprozesse in der Bevölkerung und eine Veränderung des Wirtschaftswachstums nicht mit berücksichtigt. Beispielsweise gab es im Mai 1979 in Kalifornien 800.000 Kraftfahrzeuge mehr als im Vorjahr. Dennoch entschied das Energieministerium, Kalifornien weniger Benzin zuzuteilen als 1978. Daß es daraufhin zu Versorgungsengpässen kam, war unvermeidlich. Unsere Probleme auf dem Energiesektor bekommen wir nur in den Griff, wenn wir das Energieministerium auflösen. Wir sollten einen Brief an den für uns zuständigen Kongreßabgeordneten schicken und fordern, daß die staatlichen Kontrollen über den Energiesektor, die Subventionen, Vorrechte und Einfuhrkontingente abgeschafft werden. Dadurch wird die Energie billiger, auch für Sie!

Seien Sie skeptisch, wenn es um Politik geht

Um die Fakten und Theorien, mit deren Hilfe uns die Politiker ausbeuten können, besser zu durchschauen, sollten wir uns eine Art Informationsfilter zulegen. Da sich jeder Politiker bemüht, uns von der Richtigkeit seiner Meinung zu überzeugen, und schließlich niemand mehr weiß, um was es eigentlich bei einer politischen Auseinandersetzung geht, ist es dem Wähler, wie ich bereits gesagt habe, fast unmöglich, den wahren Inhalt einer politischen Aussage zu begreifen. Es würde ihn viel zuviel Zeit kosten. Wenn Sie sich nicht mit einseitigen Informationen zufriedengeben wollen wie die Parteianhänger, müssen Sie nach einer anderen Möglichkeit suchen, um zu verstehen, was auf der politischen Bühne wirklich vor sich geht.

Ich glaube, daß eine gesunde Portion Skepsis gegenüber dem politischen Geschehen angebracht ist. Wir sollten uns davor hüten, weiter Machtansprüche unserer Regierung zu unterstützen. Wie überzeugend sie auch für ein neues Ministerium argumentiert, vergessen Sie nicht, daß dadurch zusätzliches Transfereinkommen entsteht, das durch den erwarteten Profit der Politiker, die sich dafür einsetzen, finanziert wird. Und da die Bezieher dieser Einkommen für ihre Ansichten über politische Streitfragen viel besser die Werbetrommel rühren können als jeder andere, sind sie tonangebend. Ein Unternehmen, das von einer neuen Form der Subvention profitieren möchte, oder eine Gewerkschaft, deren Mitglieder hoffen, in einer neu gegründeten Behörde eine Anstellung zu finden, können ihre ›Werbekampagne‹ leicht von dem Transfereinkommen finanzieren, das ihnen winkt, wenn sich ihre Hoffnungen erfüllen. Aber diejenigen, die sich gegen einen Zuwachs der Transfereinkommen wehren, haben nichts zu gewinnen. Deshalb sind die Befürworter einer Machtausweitung des Staates darauf bedacht, die öffentliche Meinung in Bahnen zu lenken, die ihren eigenen Interessen dienen. Die englische Schriftstellerin Charlotte Lennox hat folgende Beobachtung gemacht: »Die politischen Machthaber wollen jeden davon überzeugen, daß ihre Argumente richtig oder ihre Maßnahmen, die nur ihren Interessen dienen, gerechtfertigt sind.«

Daß Bürokraten und Politiker nur in ihrem eigenen Interesse handeln, wenn sie die Öffentlichkeit mit Argumenten überzeugen wollen, an die sie möglicherweise sogar selber glauben und die nur dazu beitragen, ihren Machtbereich zu vergrößern und ihr Schäfchen ins Trockene zu bringen, das ist wohl nicht zu ändern. Sie können sich nur schützen, wenn Sie sich skeptisch verhalten: wenn Sie sich weigern zu glauben, daß Steuererhöhungen und mehr Macht für den Staat notwendig sind, wenn Sie Maßnahmen unterstützen, die eine Steuersenkung bewirken, die die Macht der Politiker einschränken und damit auch das Wachstum des Transfereinkommens.

Diese Haltung wird nicht nur bewirken, daß Besitz im wirtschaftlichen und Besitz im rechtlichen Sinn wieder zu einer Einheit werden und daß manche Leute durch die Verwirrung, die um diese Begriffe entstanden ist, nicht länger profitieren können, sondern Sie persönlich erhalten dadurch auch mehr Verantwortung und Autonomie, was ganz sicher zu einem echten Fortschritt der Zivilisation beiträgt. Mit der Entwicklung des moralischen Verantwortungsgefühls hat sich bereits James H. Breasted in seinem Buch *The Development of Religion and Thought in Ancient Egypt* (»Entwicklung der Religion und des Denkens im Alten Ägypten«) eingehend befaßt. Für ihn spielt der Skeptizismus eine wichtige Rolle im Entwicklungsprozeß der Menschheit. Er schreibt:

»Skeptizismus kann sich nur durch eine langjährige Auseinandersetzung mit überlieferten Glaubensvorstellungen entwickeln, durch eine Erforschung der Dinge, an die wir bisher nicht geglaubt haben; dadurch, daß wir uns bewußt machen, daß die Entscheidung, zu glauben oder nicht zu glauben, allein bei uns liegt; dadurch wagen wir den entscheidenden Schritt zur Entwicklung unseres Selbstbewußtseins und unserer persönlichen Initiative. Nur ein wirklich zivilisiertes Volk kann Skeptizismus entwickeln, bei primitiveren Völkern findet man ihn nicht.«[7]

Was für die Religion gilt, gilt auch für die Politik. Eine skeptische Beurteilung politischer Ansprüche wäre ein Fortschritt für unsere Gesellschaft und würde unsere Eigenverantwortlichkeit und unsere Autonomie stärken. Wenn wir uns für eine positive Entwicklung unserer Kultur einsetzen, dürfen wir uns nicht zu sehr vom Staat abhängig machen lassen. Wenn wir diesen Rat befolgen, könnten wir sicher mehr aus unserem Leben machen.

Wenn Sie sich von Politikern und Behörden abhängig machen, ergeht es Ihnen vielleicht genauso wie Hazel Wiggens. Sie mußte feststellen, daß die Sicherheit, die sie versprechen, nichts als ein leeres Wort ist. Mrs. Wiggens war 76 Jahre alt und bezog eine Sozialrente. Eines Tages stellte das Sozialamt aufgrund ei-

nes Fehlers die Zahlungen ein. Mrs. Wiggens wandte sich an die Behörden um Hilfe. Nach fünf Monaten bekam sie eine Antwort auf ihr Bittgesuch. Zu diesem Zeitpunkt war Hazel Wiggens bereits tot.
Daß solche Dinge immer wieder passieren, obwohl das bürokratische System im Verhältnis zu dem, was uns vielleicht noch bevorsteht, sogar noch einigermaßen funktioniert, sollte uns zu denken geben. Wenn wir versuchen, unsere Unabhängigkeit von den Behörden weitgehendst zu bewahren, hätten wir nicht nur persönliche, sondern auch politische Vorteile. Wenn Sie und andere die Dienstleistungen der Behörden weniger in Anspruch nehmen, würde die Machtposition der Bürokratie geschwächt und weniger Schaden angerichtet.

Leisten Sie Widerstand gegen das Steuersystem, damit die Steuern gesenkt werden

Eine andere Möglichkeit ist der offene Widerstand gegen unser Steuersystem oder das, was die Zeitschrift *The Economist* den »privaten Guerilla-Krieg der Steuergegner« nennt. Selbst wenn Sie nach reiflicher Überlegung zu dem Entschluß gekommen sind, daß Ihnen persönlich das Risiko, gegen die Steuergesetze zu verstoßen, zu groß ist, sollten Sie zumindest die unterstützen, die es tun. Dieser Rat ist ziemlich radikal, das ist mir klar. Aber ich habe mir oft überlegt, wie die Gründerväter Amerikas, die auch zu radikalen Mitteln gegriffen haben, damit sich unsere Gesellschaft positiv entwickeln konnte, darüber gedacht hätten. Sie hätten, wie Jefferson ausdrücklich betont, ganz sicher befürwortet, daß wir der Regierung zeigen, daß der Widerstandsgeist in unserer Bevölkerung noch nicht erloschen ist. Einer der Vorteile, die wir dadurch hätten, wäre eine Steuersenkung. Im Gegensatz zur weitverbreiteten Auffassung, die uns die Steuerbehörden immer wieder einzureden versuchen, wenn sie gegen Bürger vorgehen, die gegen die Steuergesetze verstoßen, müssen gesetzestreue Bürger nämlich nicht *mehr* Steuern zahlen, weil andere sich weigern, ihren Obulus zu entrichten. Im Gegenteil: Je größter der Widerstand gegen unser heutiges Steuersystem, je zahlreicher die Steuerzahler werden, die sich

weigern, noch mehr Steuern abzuführen, desto weniger Steuern müssen die gesetzestreueren Bürger entrichten.
Der Grund dafür ist, daß die meisten Leute nicht deshalb Steuern zahlen, weil sie nicht gegen die geltenden Gesetze verstoßen wollen, sondern weil sie Angst haben vor den Folgen, die eine solche Gesetzwidrigkeit nach sich ziehen würde. Das ist ein großer Unterschied. Wenn diejenigen, die sich weigern, ihre Steuern zu bezahlen, nicht mehr bestraft würden, sondern ihnen klargemacht würde, daß es ihre Pflicht als Bürger ist, Steuern abzuführen, sähe die Situation ganz anders aus. Mit anderen Worten: Wenn jeder Bürger einsähe, daß es seine Pflicht ist, Steuern zu zahlen, daß er aber nicht bestraft wird, wenn er seiner Verpflichtung nicht nachkommt, müßten wir nicht so hohe Steuern zahlen. Man kann uns nur deshalb zwingen, so hohe Steuern abzuführen, weil man uns mit Strafe droht. Ohne diese Strafandrohung würde die Steuerlast geringer statt größer.
Die Liste der möglichen Reformen, die sofort zu unterstützen sich lohnen würde, ist lang. Um noch mehr Kenntnis davon zu haben, müssen wir einen ständigen Lernprozeß durchmachen.

Gerechtigkeit aus einer neuen Perspektive

»Wenn Sie Luftschlösser gebaut haben, muß Ihre Arbeit nicht umsonst gewesen sein, wenn Sie jetzt für ein festes Fundament sorgen.«

Henri David Thoreau

Der radikale Vorschlag, den ich auf den letzten Seiten gemacht habe, ist vielleicht eine ganz gute Einleitung für die kurze Betrachtung über die Prinzipien, die die Grundlage für eine künftige positivere Entwicklung unserer Gesellschaft bilden. Wir sollten versuchen, den Marxismus von innen nach außen zu kehren und unsere gesellschaftlichen Ideale zu verwirklichen, wobei wir das wirklich Soziale in den zwischenmenschlichen Beziehungen in den Vordergrund stellen und unsere persönlichen Interessen hinter die der Allgemeinheit zurückstellen sollten. Den größten Schaden richten die Bezieher von Transfereinkommen in unserer Gesellschaft an, die unsere Gesetze zur Verwirklichung ihrer eigenen, persönlichen Ziele benutzen.

Die Spielregeln unserer Gesellschaft gelten nicht für alle. Sie werden immer mehr Mittel zum Zweck – zum Besitz einiger Privatpersonen. So wie IBM- oder *Disney*-Aktien an der Börse gehandelt werden, lassen sich auch unsere Gesetze, die zu privaten Vermögenswerten geworden sind, manipulieren. Um das zu ändern, müssen unsere Gesetze wieder für alle gelten, dürfen niemandem ›gehören‹, niemandem das Recht geben, Dinge zu tun, die für andere gesetzwidrig sind. Nur wenn die Gesetze nicht länger Privatbesitz sind, der wirtschaftliche Vorteile verspricht, kann es uns gelingen, die fast instinktive Neigung des Menschen, selbstsüchtig zu handeln, zum Wohle der gesamten Gesellschaft zu nutzen. Solange wir aber Institutionen haben, die es einzelnen Personen erlauben, mit Hilfe der Gesetze ihren persönlichen Vorteil zu suchen, läßt sich gar nicht vermeiden, daß einige Menschen dem öffentlichen Interesse zuwiderhandeln und nur ihre eigenen, privaten Interessen verfolgen. Deshalb müssen die Gesetze wieder für alle gelten. Nur so kann man erreichen, daß einige Bürger, wie es in unserem heutigen System der Fall ist, nicht länger benachteiligt sind; daß das Transfereinkommen aufgelöst und allen in Form von niedrigeren Preisen zugute kommt; daß es keinen Unterschied mehr zwischen Besitz im juristischen und Besitz im wirtschaftlichen Sinn gibt; daß unsere gesellschaftlichen Institutionen transparenter werden und auch die Bürger aktiv am gesellschaftlichen Leben teilnehmen, die nicht in der Lage sind, die Verschleierungstaktiken, die in unserem heutigen System angewandt werden, zu durchschauen.

Wenn die Gesetze nicht mehr von Privatpersonen manipuliert werden können, gäbe es in Zukunft weniger Gesetze und die bestehenden Gesetze würden nicht so häufig geändert. Auf diese Art und Weise ließe sich die soziale Gerechtigkeit eher verwirklichen als durch irgendeine andere Reform. Wenn sich eine *Situation* ändert, können das selbst Menschen, die weniger intelligent sind als andere, verstehen, aber nicht, wenn sich die *Gesetze* ändern. Stellen Sie sich z. B. einmal vor, Sie hätten Ihre Brieftasche zu Hause vergessen und gingen, ohne das zu ahnen, einkaufen. Wenn Sie dann feststellen, daß sie nicht bezahlen können, gibt es nichts, was daran unverständlich wäre. Anders ist es, wenn sich die Gesetze ändern. Wenn Sie z. B. einen Mixer kaufen wollen und feststellen müssen, daß es wegen der Preiskontrollen keine mehr gibt, stehen Sie vor einem echten Problem. Sie verstehen einfach nicht, warum die Regale leer sind und daß es sich nicht nur darum handelt, den Warenbestand wieder aufzufüllen. Jetzt wollen Sie wissen, was wirklich dahintersteckt. Das herauszufinden wird aber dadurch erschwert, daß diejenigen, die die Gesetze zu ihrem eigenen Vorteil nutzen, das größte Interesse daran haben, Ihnen falsche Informationen zu liefern.

Wenn unsere Gesetze wieder für alle gelten würden, wäre damit Schluß. Dadurch hätten wir Milliarden mehr zur Verfügung, die heute unnötigerweise für die ausgegeben werden, die zwar versuchen, aber es nicht schaffen, ihnen unverständliche Gesetze zu befolgen, oder für die Gesellschaft unproduktiv bleiben, weil sie nicht in die Mühle von Gesetzen und Bestimmungen geraten wollen, die manche zu ihrem persönlichen Vorteil manipulieren. Gesetze, die für alle gleichermaßen gelten, müßten notwendigerweise einfach, klar und vollständig sein, so daß nicht Sie unter das eine und Ihr Nachbar unter ein anderes Steuergesetz fällt. Alle müßten die gleichen, proportionalen Steuerbeträge abführen.

Wenn die Gesetze für alle gelten würden, gäbe es in vieler Hinsicht weniger Nachteile für unsere Gesellschaft, Nachteile, die dadurch entstehen, daß die Gesetze heute von einigen Menschen noch zu ihrem persönlichen Vorteil manipuliert werden können. Die Steuern würden drastisch gesenkt, der bürokratische Apparat verkleinert und die Inflation gebremst werden; und wir würden von einem weiteren Übel befreit, der Kontrolle des Managements über einen Vermögenswert, der ihm nicht gehört. Viele Faktoren sind dafür verantwortlich, daß durch die Verwirrung, die um den Begriff Besitz in wirtschaftlichem und Besitz in legalem Sinn entstanden ist, die nominellen Besitzer eines Unternehmens die Kontrolle an das Management verloren haben. In den meisten Fällen decken sich die Interessen der Besitzer mit denen des Managements. Aber da, wo sie auseinandergehen, sind die Besitzer in erster Linie daran interessiert, ihr Firmenkapital so produktiv wie möglich zu nutzen, während das Management häufig dazu neigt, in seinem eigenen Interesse Gelder zu verschwenden. Es gibt z. B. Manager, die Wert auf ein luxuriös ausgestattetes Büro oder andere ›betriebliche Nebenleistungen‹ legen, die gar nichts zur Leistungsfähigkeit eines Unternehmens beitragen. Sie gehen vielleicht gern auf Firmenkosten zum Essen und schicken die Rechnung dem Firmeninhaber, oder sie reisen zu irgendwelchen Tagungen in der Welt herum oder lassen Untergebene für sich privat arbeiten. All das sind sichtbare, schon lange bekannte und nachgewiesene Anzeichen dafür, daß das Management versucht, die ihm anvertrauten Gelder für sich selbst zu nutzen. Selbst wenn sich die Interessen von Besitzer und Management decken, kann ein Manager unter Umständen ein Motiv haben, alles daranzusetzen, um ein Wachstum seiner Firma zu verhindern, weil er dadurch seinen Arbeitsplatz verlieren könnte. Das gleiche gilt, wenn sich seine beruflichen Fähigkeiten auf ein bestimmtes Produktionsverfahren beschränken. Unter diesen Umständen wird er verhindern, daß Neuerungen eingeführt werden, und die Firma bleibt bei ih-

ren veralteten Produktionsmethoden. Für den Besitzer ist es aber wichtig, daß seine Produktionsmethoden optimal sind.[1]
Wenn die rechtmäßigen Besitzer eines Wirtschaftsunternehmens wieder eine echte Kontrolle über ihre Firmen hätten, würde weniger Betriebskapital verschwendet und die Leistungsfähigkeit eines Unternehmens gesteigert. Das hätte wiederum zur Folge, daß die Produkte besser und die Preise für Güter und Dienstleistungen niedriger würden.

Die Wiederherstellung der Einheit von Besitz im juristischen und Besitz im wirtschaftlichen Sinn würde unsere Gesellschaft revolutionieren. Die Interessen des einzelnen und die der Öffentlichkeit würden in Einklang gebracht werden. Die Bezieher von Transfereinkommen hätten keine Möglichkeit mehr, den Rest der Gesellschaft auszubeuten. Weder die Arbeitnehmer in der Wirtschaft noch die Beamten hätten ein Anrecht auf ihren Arbeitsplatz. Das Kapital würde für produktive Zwecke genutzt und nicht, um die selbstsüchtigen Bedürfnisse der Leute zu befriedigen, die zufällig einen Arbeitsplatz gefunden haben. Das Verhältnis von Arbeit und Leistung wäre ausgewogener; für den Arbeitnehmer wäre dann der Beitrag, den er leistet, wichtiger als das Geld, das auf Kosten anderer, ungeachtet seiner tatsächlichen Leistung, in seine eigene Tasche fließt.

Nicht jeder würde das Ergebnis begrüßen, da es ihn ja auch ganz persönlich trifft, aber die Konsequenzen, die sich daraus für die gesamte Gesellschaft ergeben würden, wären erfreulich. Das sollte das Hauptziel unserer Sozialpolitik sein. Nur dann können wir Spinozas Satz verstehen, der eigentlich der Grundgedanke unserer Lebensphilosophie sein sollte, »daß das Fundament der Tugend das Streben nach Selbsterhaltung sei.« Wenn wir das erkennen, berücksichtigen wir im Grunde nur die ursprünglichsten Motive unseres Handelns. Aber weil wir es meistens abstreiten, haben wir versucht, den Profitgedanken aus unseren gesellschaftlichen Institutionen zu verbannen. In Wirklichkeit haben wir damit nur erreicht, daß der einzelne die Möglichkeit hat, seine eigenen Interessen zu wahren und der Gesellschaft dadurch zu schaden.

Es kann keinen Zweifel darüber geben, daß wir uns wieder auf unseren Mut und unsere Verantwortung besinnen müssen, um so zu handeln, daß die Interessen der Öffentlichkeit Vorrang haben. Warum das notwendig ist, habe ich bereits erläutert. Ich möchte mich auch nicht lange mit der Tatsache aufhalten, daß wir in erster Linie deshalb unsere Gesetze unterstützen, weil sie den Menschen, denen unser Mitleid gilt, helfen. Wenn wir sehen, daß jemand verhungert, ist es uns recht, daß aufgrund unserer Gesetze Abhilfe geschaffen wird, selbst wenn das bedeutet, daß einem Menschen, den wir kennen, geholfen wird, während zehn andere, die wir nicht kennen, zugrunde gehen. Es läßt sich nicht leugnen, daß man meistens aus selbstsüchtigen Motiven wohltätig ist. Wenn Zehntausende, Hunderttausende oder sogar Millionen Menschen irgendwo auf der Welt verhungern, berührt uns das weniger, und wir sind nicht so schnell zu helfen bereit, als wenn wir einen einzigen Menschen, den wir kennen, Not leiden sehen. So ist es mit vielen Dingen, die zum Handeln auffordern. Wenn wir uns ganz nüchtern und selbstlos wünschen, daß unsere Gesellschaft auf einem Fundament aufgebaut sein soll, das allen Bürgern Gerechtigkeit verspricht, dürfen wir nicht zulassen, daß zehn Menschen, die wir nicht kennen, Schaden zugefügt wird, um einem Menschen, den wir kennen, zu helfen. Mit anderen Worten: Wenn die Spielregeln unserer Gesellschaft wieder für alle gelten, könnte niemand sie für sich in Anspruch nehmen, um sich einen persönlichen Vorteil zu verschaffen oder um sein Gewissen auf Kosten der Öffentlichkeit zu erleichtern. Und außerdem können wir nicht wirklich helfen, wenn wir unsere eigene Verantwortung nicht erkennen. Es läuft, im Grunde genommen, alles auf die Erkenntnis hinaus, die Phil Tracey in der Aprilausgabe 1976 der Zeitschrift *The Village Voice* so formuliert hat:

»Sie sehen, das schmutzige Geheimnis, das Washington vor uns verstecken will, ist die Erkenntnis, daß wir nicht jemanden dafür bezahlen können, an unserer Stelle zu helfen. Wenn nicht jeder einzelne von uns hilft, hilft niemand.«

Natürlich müssen wir helfen, müssen wir uns unserer Verantwortung bewußt sein, und wir wären es sicher auch, wenn der Staat nicht die Hilfe an unserer Stelle leisten würde und uns somit auch die Verantwortung abgenommen hätte.
Wir sollten versuchen, unsere Gesellschaft so zu verändern, daß jeder von uns seine Verantwortung gegenüber der Gesellschaft

erkennt und entsprechend handelt. Und da dann auch die Leistungsfähigkeit unserer Wirtschaft wachsen würde, bin ich fest davon überzeugt, daß allen geholfen wäre, wenn die gesellschaftlichen Spielregeln wieder für alle gelten würden. Der Fortschritt und alles, was dazu gehört, wäre gesichert. Wirtschaftlicher Erfolg würde belohnt und nicht mehr bestraft. Die Gesetze wären wieder für alle da. Den einkommensschwachen Mitbürgern wäre damit mehr geholfen als durch die Hilfsmaßnahmen unseres heutigen Systems. Selbst ein Wirtschaftswachstum von nur 1 % wäre besser für den sozial schwachen Teil unserer Bevölkerung als jede nur denkbare Umverteilung des Vermögens.[2]

Die Theorien, die ich aufgestellt habe, sind sehr komplex und meine Ziele hoch gesteckt. Es ist viel einfacher zu sagen, was man tun könnte, als es selbst zu tun und zu sehen, ob es gelingt. Es ist sicher vernünftig, darüber nachzudenken, ob sich solche hochgesteckten Ziele überhaupt verwirklichen lassen. Ich glaube daran. Ich glaube, daß nichts, was ich hier dargestellt habe, unmöglich ist. Wenn wir alle zusammenarbeiten, um Amerika gemeinsam aus der Quetsche zu befreien, können wir es schaffen. Und die Erhaltung des Fortschritts, eine bessere Gesellschaft und unsere Selbstverwirklichung, die durch das Wachstum des Transfereinkommens gefährdet worden sind, sind es wert, daß man mit allen Mitteln darum kämpft.

Die Quetsche hat sich auf alle Bereiche unseres Lebens ausgedehnt und ist so angezogen worden, daß wir daran zu ersticken drohen. Es ist höchste Zeit, daß wir uns zur Wehr setzen und versuchen, den ›Amerikanischen Traum‹ doch noch zu verwirklichen. Dabei setzen wir uns für mehr ein als für das, was uns Amerikanern wichtig ist. Wir verteidigen die Hoffnungen aller Menschen, das Bedürfnis nach Freiheit und Selbstverwirklichung, das ›große Abenteuer des Westens‹, wie der französische Theologe Jacques Ellul es einmal genannt hat. Es kann nicht nur, es muß auch gelingen. Wir müssen beweisen, daß jeder von uns diszipliniert und verantwortlich handeln kann und wir alle eine ›unsichtbare Gemeinschaft‹ bilden können, die Wunder vollbringen kann, die ein System, das ihrer Kontrolle entglitten ist, zu ändern vermag.

Wir verfügen über die Mittel, die dazu notwendig sind: Wir haben demokratische Institutionen und mancherorts das Recht, durch Anträge auf Verfassungsänderungen, Volksentscheid und Widerruf eines Gesetzes Veränderungen herbeizuführen. Wir können Druck auf die Parlamente der einzelnen Bundesländer ausüben, einen Verfassungsausschuß einzuberufen. Wir können dafür sorgen, daß die ungleiche Machtverteilung, die durch den Einfluß einzelner Interessengruppen auf den Kongreß und führende Politiker entsteht, ausgeglichen wird. Und, was vielleicht am wichtigsten ist, wir können die Organisationen unterstützen, die sich aktiv für sinnvolle Reformen einsetzen.

Sie selber müssen dabei mithelfen, unsere Gesellschaft zu verändern. An Ihnen liegt es, Risiken zu akzeptieren, zusammen mit Ihren Mitbürgern, die Sie vielleicht niemals kennenlernen werden, nach dem Unbekannten zu greifen, unser Gesellschaftssystem wieder ins Gleichgewicht zu bringen, Fehler zu korrigieren und dabei vielleicht eine Welt zu schaffen, die besser als die heutige ist.

Anmerkungen

Das Erwachen aus dem amerikanischen Traum

1 Reston, James, »A Personal Communiqué from Robert Frost«, *The New York Times*, 27. Oktober 1957, S. 8E.

Aufstieg und Fall des Fortschritts

1 Mackay, Charles, *Extraordinary Popular Delusions and the Madness of Crowds* (New York, Farrar and Straus, 1932), S. 260.

Das Informationsdefizit

1 Weitere Informationen siehe: Lee Benham und Alexandra Benham, »Regulating Through the Professions: A Perspective on Information Control«, *Journal of Law and Economics*, XVIII: 421-47 (Oktober 1975).
2 Whitehead, Alfred North, *Introduction to Mathematics* (New York, Oxford University Press, 1948), S. 42.
3 Adult Performance Level Project, University of Texas at Austin, Division of Extension, Industrial and Business Training Bureau, *Adult Functional Competency in Texas*, prepared for the Texas State Manpower Services Council and the Texas Education Agency (Austin, The Project, 1975).
4 Williams, Raymond, *Key Words: A Vocabulary of Culture and Society* (New York, Oxford University Press, 1976), S. 127.

Die Illusionen der Politik

1 Plamenatz, John, *Democracy and Illusion* (London, Longman, 1973), S. 26.
2 Douglas, William O., Zitat aus seiner Rede über die individuelle Freiheit im Center for the Study of Democratic Institutions, 7.-9. Dezember 1978.
3 Fiorina, Morris P., *Congress – Keystone of the Washington Establishment* (New Haven, Yale University Press, 1977), S. 39.
4 Bajt, Aleksander, »Property in Capital and in the Means of Production in Socialist Economics«, *Journal of Law and Economics*, XI: 1 (April 1968).

Die drei Arten des Kapitals

1 Barber, Benjamin R., *The Death of Communal Liberty: A History of Freedom in a Swiss Mountain Canton* (Princeton, N.J., Princeton University Press, 1974), S. 152–153.
2 Schumpeter, Joseph, *Capitalism, Socialism, and Democracy* (New York, Harper and Brothers, 1942), S. 198.
3 Kitch, E. W., et al., »Regulation of Taxicabs in Chicago«, *Journal of Law and Economics,* XIV: 285–350 (Oktober 1971).
4 »Koch Threatens to Fire City Welfare Cheats«, *New York Post,* 15. Oktober 1978, S. 27.
5 »Costly Pensions: Fire, Police Disability Payments Escalating«, *The Washington Post,* 8. Januar 1978, S. A 1.
6 Ebd., S. A 18.

Die Geldquetsche

1 Hayek, F. A. von, *Individualism and Economic Order* (Chicago, University of Chicago Press, 1948), S. 86–87; dt.: Individualismus und wirtschaftliche Ordnung, München: Philosophia Verlag, 1976.
2 *The Cambridge Ancient History,* Bd. XII: »The Imperial Crisis and Recovery AD 193–324«, Herausgeber: S. A. Cook, F. E. Adcock, M. P. Charlesworth und N. H. Baynes (Cambridge, Cambridge University Press, 1939), S. 266.
3 Groseclose, Elgin, *Money and Man: A Survey of Monetary Experience* (New York, Fredrick Ungar Publishing Co., 1967), S. 74–75.
4 Ebd., S. 117.
5 Ebd., S. 118.
6 Hayek, F. A. von, *The Constitution of Liberty* (Chicago, Henry Regnery, 1972), S. 331.
7 Ebd., S. 332.
8 Geldzufluß in Form von Bankguthaben bringt den Banken Gewinne; sie verleihen dieses Kapital und verlangen dafür Zinsen. Die Tatsache, daß es den Banken erlaubt ist, den größten Teil der Einlagen zu verleihen und nur eine minimale Reserve zurückzubehalten, sichert ihren Profit. Der Staat garantiert den Sparern durch die Bundesversicherungsanstalt für den Schutz von Bankeinlegern, daß ihr Geld nicht gefährdet ist. Der Bankeinleger geht dadurch genausowenig ein Risiko ein, wenn die Banken das Geld verleihen, als wenn es dem Reservefonds zugeführt würde. Ohne ein solches Arrangement könnten die Banken die Einlagen nicht verleihen; sie würden das Vertrauen ihrer Kunden verlieren. Die Banken brauchen also die Hilfe der Regierung und haben somit großes Interesse am Fortbestand der Inflation. Bankaktien sind daher eine erstklassige Form des transzendentalen Kapitals. Der Aktienpreis wird an der Börse in die Höhe getrieben; das spiegelt den hohen Aktienwert wider. Die Aktionäre erhalten eine gute Verzinsung für ihre

Investitionen, deshalb sind auch sie am Weiterbestand der Inflation interessiert.

9 Zitiert von John A. Pugsley in »How to Survive Runaway Inflation«, *The Inflation Survival Letter,* 13. Juli 1977.

10 Hayek, S. 331.

11 Viele Wirtschaftsexperten behaupten, es bestünde vom wirtschaftlichen Standpunkt aus kein Unterschied, ob ein Unternehmen über eigenes Anlagekapital verfügt oder mit Krediten arbeitet. Dabei vergißt man aber, welche Konsequenzen eine hohe Verschuldung auf das gesamte Wirtschaftsgefüge hat und daß gerade die hohe Verschuldung unserer Wirtschaftsunternehmen die inflationelle Entwicklung vorantreibt. Und wenn man behauptet, es gäbe keinen Unterschied zwischen Firmenbesitzern und Management, leugnet man, daß es tatsächlich zu einem Interessenkonflikt kommen kann, weil ein Firmenbesitzer – und für diese Behauptung gibt es viele sichtbare Beweise – oft andere Prioritäten setzt als der Manager.

12 Chou, Shun-hsin, *The Chinese Inflation, 1937–1947* (New York, Columbia University Press, 1963), S. 261.

13 Martin, Robert P., »China in the '40s«, *U.S. News & World Report,* 2. Oktober 1978, S. 37–38.

14 Ebd., S. 38.

15 Naipaul, V. S., »A Country Dying on Its Fee«, *New York Review of Books,* 4. April 1974, S. 21–23.

Die Steuerquetsche

1 Calhoun, John C., *A Disquisition on Government* (New York, Liberal Arts Press, 1953), S. 16–18, zitiert von Murray Rothbard in *Power & Market: Government and the Economy* (Menlo Park, California, Institute for Humane Studies, 1970), S. 12–13.

2 Roberts, Paul Craig, »Disguising the Tax Burden«, *Harper's,* März 1978, S. 35–36.

3 Nelson, Michael, »Where Do All the Taxcuts Go?«, *The Washington Post Magazine,* 5. März 1978, S. 30.

4 Feldstein, Martin, und Slemrod, J., »Inflation and the Excess Taxation of Capital Gains«, *National Tax Journal,* 31: 107 (Juni 1978).

5 Clark, Colin, *Welfare and Taxation* (Oxford, Catholic Social Guild, 1954), S. 51.

6 Roberts, Paul Craig, »Bursting the Balloons of Income Tax Reform«, *San Francisco Chronicle,* 13. Mai 1978, S. 34.

7 Allgemein schätzt man 20% bis zur Jahrhundertwende. 60% schätzt E. C. Harwood in *The Money Mirage* (Bermuda, 1976), S. 16.

Die Qualitätsquetsche

1 Melman, Seymour, »American Technology: The Big Machine Breaks Down«, *The Nation*, 20. März 1972, S. 364.
2 Main, Jeremy, »They Don't Make Things Like They Used To ... Or Do They?«, *Money*, Dezember 1976, S. 66.
3 Marvin, Mickey, »My Favorite Jokes«, *Parade*, 17. Dezember 1978, S. 20.
4 Kamen, Joseph M., »Controlling ›Just Noticeable Differences‹ in Quality«, *Harvard Business Review*, November – Dezember 1977, S. 16.
5 Melman, Seymour, S. 364.
6 Interview mit Calvin Trillin, »Ways to Find Good Food in America«, *U.S. News & World Report*, 18. Dezember 1978, S. 70.
7 Mein Dank für diesen Hinweis gilt William Bonner.
8 Kamen, S. 16.
9 Ebd., S. 16.
10 Cole, David E., Interview mit dem Autor, 7. Dezember 1978.
11 Dole, Charles E., »Auto Recalls: Uphill Fight for Quality«, *The Christian Science Monitor*, 4. Januar 1973, S. 9.
12 Andreason, Allen, und Best, Arthur, »Consumers Complain – Does Business Respond?«, *Harvard Business Review*, Juli – August 1977, S. 93–101.
13. »The Angry Consumer: ›No Words Can Express My Disgust‹«, *U.S. News & World Report*, 15. Juli 1974, S. 43.
14 Ebd., S. 42–43.
15 »When Dream Homes Turn into Nightmares«, *U.S. News & World Report*, 11. Dezember 1978, S. 43.
16 »Report Complains About the People Who Handle Complaints«, *The Washington Star*, 6. Dezember 1978, S. A 6.
17 Ebd., S. A 6.
18 »Towards a Keynesian Friedmanism«, *The Economist*, 17. – 23. Juni 1978, S. 38.
19 Jacobs, Jane, *The Death and Life of Great American Cities* (New York, Random House, 1961), S. 4.

Die Unterbeschäftigungsquetsche

1 Burns, Scott, »National Parenting and the Capital Gains Tax«, *Dollars and Sense*, Juli – August 1976, S. 4.
2 »Paychecks, Here and Abroad«, *The Washington Post*, 11. November 1978, S. A 16.
3. Möglicherweise ist die Annahme falsch, daß das Ausmaß des Transfereinkommens daran gemessen werden kann, welchen Anteil der Staatsverbrauch am Bruttosozialprodukt eines Landes hat. Die wichtigsten Größen im Hinblick auf die Zuwachsraten können Formen des transzendentalen Kapitals sein (z. B. staatliche Bestim-

mungen, Einschränkungen, Handelsbarrieren, vorher abgesprochene Verträge, »Rechtsansprüche«, Monopolrechte usw.), die das Einkommen von Privatpersonen schützen. Es besteht Grund zu der Annahme, daß Großbritannien als einzige Industrienation das gleiche Wachstum und die gleiche Ausweitung transzendentaler Kapitalformen zu verzeichnen hat wie Amerika. Siehe: Olson, Mancur, »The Political Economy of Comparative Growth Rates«.

4 »The Breakdown of U.S. Innovation«, *Business Week,* 16. Februar 1976, S. 56.

5 Melman, Seymour, »American Technology: The Big Machine Breaks Down«, *The Nation,* 20. März 1972, S. 364.

6 Crowe, Kenneth, *America for Sale* (Garden City, N.Y., Doubleday, 1978).

7 Simon, John, »Teacher, Heal Thyself«, *Esquire,* 1. März 1978, S. 38.

8 »Board Agrees to Pass 2 of 4 Who Failed Math at College«, *The Washington Post,* 12. Mai 1977, S. A 1, A 4.

9 Hoffman, Nicholas von, »Reversing the Laws of Supply and Demand«, *The Washington Post,* 6. Juni 1978, S. B 4.

10 Anderson, Sherwood, *Winesburg, Ohio* (New York, The Viking Press, 1960), S. 87–88.

11 »Challenge to U.S.: 72,000 New Jobs Needed Every Week«, *U.S. News & World Report,* 28. Juni 1976, S. 20–24.

12 »Value of a College Diploma: Center of Growing Debate«, *U.S. News & World Report,* 13. Oktober 1975, S. 37.

13 Jencks, Christopher, *Inequality: A Reassessment of the Effect of Family and Schooling in America* (New York, Basic Books, 1973).

14 Bird, Caroline, *The Case Against College,* herausgegeben von Helene Mandelbaum (New York, David McKay Company, Inc., 1974), S. 64–65.

15 Vaizey, John, *The Political Economy of Education* (London, Duckworth, 1972).

16 Melman, Seymour, *Pentagon Capitalism: The Political Economy of War* (New York, McGraw-Hill, 1970), Kapitel 8.

17 Lachmann, Ludwig M., *Capital, Expectations and the Market Process,* Herausgeber: Walter E. Grinder (Kansas City, Sheed Andrews and McMeel, 1977); dt.: Marktprozeß und Erwartungen. Studien zur Theorie der Marktwirtschaft. München: Philosophia Verlag, 1982.

18 »Value of a College Diploma: Center of Growing Debate«, *U.S. News & World Report,* 13. Oktober 1975, S. 37.

19 Reed, Fred, »More Jobs for More People Doing Much Less«, *The Washington Post,* 2. Dezember 1978, S. A 19.

20 Anderson, Martin, »The Roller-Coaster Income Tax«, *The Public Interest,* 50: 17–28 (Winter 1978).

21 Williams, Walter E., »Government Sanctioned Restraints That Reduce Economic Opportunities for Minorities«, *Policy Review,* Herbst 1977, S. 20.

Die Quetsche im Gesundheitswesen

1 Illich, Ivan, *Medical Nemesis: The Expropriation of Health* (New York, Pantheon Books, 1976), S. 16.
2 Bjorksten, Dr. Johan, »The Relevance of Research to Preserve Vitality«, *The Relevant Scientist,* 1: 29 (November 1979).
3 Crapsey, Edward, *The Nether Side of New York* (Montclair, N. J., Patterson Smith, 1969), S. 155.
4 McNeill, William H., *Plagues and Peoples* (Oxford, Basil Blackwell, 1977), S. 175.
5 »Yes, Clean Living Does Pay Off«, *U.S. News & World Report,* 16. November 1975, S. 58.
6 U.S. Bureau of the Budget, *Special Analysis K: Health Special Analysis* (Washington, D.C., U.S. Government Printing Office, 1977), S. 208.
7 Cousins, Norman, und Schiefelbein, Susan, »Mysterious Placebo: How Mind Helps Medicine Work«, *Saturday Review,* 1. Oktober 1977, S. 8–12.
8 Illich, S. 26.
9 »What Hospitals Are Doing to Cut Down Accidents«, *U.S. News & World Report,* 29. März 1976, S. 37.
10 Winchester, James H., »The Shocking Truth About Medical Lab Reports«, *The Reader's Digest,* Juli 1976, S. 57–58.
11 Illich, S. 31.
12 »Death Rate in LA Fell in Slowdown by Doctors«, *The Washington Post,* 30. August, 1976, S. A 6.
13 »Senate Probe Finds ›Rampant‹ Medicaid Fraud«, *The Washington Post,* 30. August 1976, S. A 1.
14 Thomasson, Dan, und West, Carl, »Our Multi-Billion Dollar Medicaid Scandal«, *The Reader's Digest,* Mai 1977, S. 88.
15 Illich, S. 22.
16 MacKay, William, Bericht an Maureen Mylander, in *Salesman–Surgeon: The Incredible Story of an Amateur in the Operating Room* (New York, McGraw-Hill, 1978).
17. Illich, S. 59.

Die Quetsche im Wohnungsbau

1 Nach Vordal Granlee, Leiter der National Association of Home Builders.
2 Bereits im Jahre 1903 veröffentlichte das *Ladies' Home Journal* einige Artikel über Sparen für das eigene Haus; im gleichen Jahr erschienen weitere Artikel unter den Überschriften: »How We Saved for a Home« (»Wie wir für unser Haus sparten«), Januar 1903, S. 18–19. – »How Some Young Couples Have Saved for a Home« (»Wie junge Leute heute für ein eigenes Haus sparten«), Februar 1903, S. 20–21. – »How Some Young Couples Have Saved for a

Home«, März 1903, S. 22–33. – »How Some Young Couples Have Saved for a Home«, April 1903, S. 26–27. – »How Some Young Men Saved for a Home Before Marriage« (»Wie junge Männer vor der Ehe für ein eigenes Haus sparten«), Mai 1903, S. 24–25. – »Houses Saved for on Less than $15 a Week« (»Häuser, mit Ersparnissen von weniger als 15 Dollar pro Woche gebaut«), Juni 1903, S. 22–23. – »Four Families' Different Ways of Saving for Homes« (»Vier Familien sparen für das eigene Haus«), Juli 1903, S. 27. – »From Practically Nothing to Their Own Homes« (»Vom Nichts zum eigenen Haus«), August 1903, S. 27. – »Houses Saved for on Less than $15 a Week«, September 1903, S. 20–21. – »How Some Families Have Saved for Homes« (»Wie Familien für ihr eigenes Haus sparten«), Oktober 1903, S. 22. – »How Women Have Saved for Homes« (»Wie Frauen für ihr eigenes Haus sparten«), Oktober 1903, S. 23.

3 Seidel, Stephen R., *Housing Costs and Government Regulations* (New Brunswick, N.J., The Center for Urban Policy Research, 1978), S. 88.

4 Zitiert von Mayer, Martin, in *The Builders: Houses, People, Neighborhoods, Governments* (New York, Norton 1978), S. 73.

5 Ebd., S. 111.

6 Nähere Angaben: ebd., S. 67–69.

7 Siegan, Bernard, *Land Use Without Zoning* (Lexington, Mass., Lexington Books, 1972), S. 87.

8 Hearing vor dem Subcommittee on the Environment des Committee on Interior and Insular Affairs, House of Representatives, on H.R. 10294, 23., 25. und 26. April 1974 (Washington, D.C., U.S. Government Printing Office, 1974), S. 110–111.

9 Perrin, Noel, »The Possibility Tax«, *Inquiry*, 6. Februar 1978, S. 31.

10 Breckenfeld, Gurney, »Is the One-Family House Becoming a Fossil? Far from It«, *Fortune*, April 1976, S. 89.

11 Mayer, S. 72.

12 Mandel, David J., »Zoning Laws: The Case for Repeal«, *Architectural Forum*, Dezember 1971, S. 58–59.

13 Mayer, S. 75.

14 Ebd., S. 221.

15 Ebd., S. 226.

16 Hartmann, Chester, »The Politics of Housing: Displaced Persons«, *Society*, Juli – August 1972, S. 61.

17 Hearings vor dem Committee on Banking, Housing and Urban Affairs, U.S. Senate, über das Management von staatlichen Wohnungsbauprogrammen durch die Federal Housing Administration und das Department of Housing and Urban Development, 14. 7. 1975 (Washington, D.C., U.S. Government Printing Office, 1975), S. 4.

18 Hospers, John, »A Plague on All Your Houses«, *Reason*, Dezember 1978, S. 32.

19 Meyer, Herbert E., »How Government Helped the South Bronx«, *Fortune*, November 1975, S. 144.

Die Quetsche im Rechtswesen

1 Silberman, Lawrence H., »Will Lawyering Strangle Democratic Capitalism?«, *Regulation,* März/April 1978, S. 21.
2 Scoles, Eugene F., und Halbach, Edward C. jun., *Problems and Materials on Decedents' Estates and Trusts* (Boston, Little, Brown and Co., 1973).
3 Kaus, Robert M., »How the Supreme Court Sabotaged Civil Service Reform«, *Washington Monthly,* Dezember 1978, S. 44.
4 Gilmore, Grant, *The Ages of American Law* (New Haven, Yale University Press, 1977), S. 111.
5 Zitiert von Donald Veall in *The Popular Movement for Law Reform, 1640–1660* (Oxford, The Clarendon Press, 1970), S. 121.
6 »A Washington Lawyer Thrives by Negotiating in a Bureaucratic Maze«, *Wall Street Journal,* 14. August 1978, S. 1.
7 »Why Everybody Is Suing Everybody«, *U.S. News & World Report,* 4. Dezember 1978, S. 52.
8 »Joan Little's Lawyer Scorns Legal System and Says He ›Bought‹ Her Acquittal«, *The New York Times,* 20. Oktober 1975, S. 23.
9 Bloomfield, Maxwell H., *American Lawyers in a Changing Society, 1776–1876* (Cambridge, Harvard University Press, 1976), Kapitel 5.
10 McCarthy, Eugene, *America Revisited: 150 Years After Tocqueville* (Garden City, New York, Doubleday, 1978), S. 118.

Die Bürokratiequetsche

1 Rosenbloom, Richard S., »The Real Productivity Crisis Is in Government«, *Harvard Business Review,* September – Oktober 1973, S. 156.
2 Schuck, Peter H., »Why Regulation Fails«, *Harper's,* September 1975, S. 16.
3 Friedman, Milton, »Gammon's ›Black Holes‹«, *Newsweek,* 7. November 1977, S. 84.
4 »Why OSHA Should Be Dissolved«, ein *Factory* Special Report, *Factory,* August 1976, S. 18.
5 Marx, Karl, *Critique of Hegel's Philosophy of Right,* dt.: Zur Kritik der Hegelschen Rechtsphilosophie, 1843/44 (übersetzt aus dem Deutschen von Annette Jolin und Joseph O'Malley), Herausgeber: Joseph O'Malley (Cambridge, Cambridge University Press, 1970), S. 47–48.
6 The Bureaucracy Task Force, *The Wistle Blowers: A Report on Federal Employees Who Disclose Acts of Governmental Waste, Abuse, and Corruption,* Bericht für das Committee on Governmental Affairs, U.S. Senate (Washington, D.C., U.S. Government Printing Office, 1978).